JN168430

近代日本の都市社会政策とマイノリティ—歴史都市の社会史—

杉 本 弘 幸

思文閣出版

目次

第二部　都市社会政策と社会的マイノリティ

近代日本の都市社会政策とマイノリティ

――歴史都市の社会史――

凡　例

一、引用文以外の年代表記は、原則として西暦を用いた。
一、引用史料はカッコ書きで表記し、出典は註で示した。
一、引用文の表記は出典に拠ったが、明らかな誤記と誤植は訂正もしくは（ママ）を付した。
一、引用文中の旧字は新字に、略字と俗字および変体がななどは通常の字体に改めた。
一、引用文のかなづかい、送りがなは原文通りとした。
一、引用文のルビは原則として省略した。
一、引用文は読みやすさを考慮して、必要に応じて、句読点の加除をおこなった。
一、『大阪朝日新聞』と『大阪毎日新聞』の京都地方版は年代によって、呼称が変化し、煩雑なので、『大阪朝日新聞京都版』、『大阪毎日新聞京都版』と表記を統一した。
一、史料名や本文からの引用の際、現在からみて、差別的で不適切な用語を使用しているが、原文の表記・内容とその歴史的意味の復元を優先し、あえて原文のままとした。

序章　課題と方法

翻って我が国の過去の歴史的記録労作を顧みると、殆ど全てが自慢史ばかりである。……真の成功は失敗を素直にかつ科学的に究明したうえに築かるべきものであろう。

渋沢敬三「失敗史は書けぬものか」（一九五三年）

一　はじめに

現在の日本社会は貧困と格差が蔓延している。それについて、日本の社会政策・社会福祉・社会保障は新たな対応を模索しつづけているのが現状であろう。本書は、近代日本の社会政策／社会福祉の受益者たる社会的マイノリティがどのように政策形成に関与しようとしたのか、あるいは政策に包摂されていったのかを実証研究によって明らかにし、政策の受益者の動向から再構成した社会政策史／社会福祉史研究を提示することで、現在の社会政策／社会福祉にインパクトを与えることを企図している。

本書の主題は、今日の人文・社会科学に関連する諸学会が、東日本大震災以降の状況にどのように向き合うかということをみずから問うている状況と強く共鳴している。歴史的なアプローチによる実証研究を提示することが、切実な問いをともにする学会状況に対しての一つの貢献になると考えている。本書をいま・ここに問うておきたい。

日本近代都市史研究は、周知の通り一九八〇年代に研究分野として自立した。それは、原田敬一[1]、横井敏郎[2]、成田龍一[3]、水内俊雄[4]、芝村篤樹[5]、大石嘉一郎・金澤史男[6]など多くの研究史整理論文が明らかにするところであるが、それにともない、「都市下層社会」研究も多大な成果をあげている。一九一〇年代以降日本の近代都市では、貧困者層の集住地区である都市スラムや被差別部落に、植民地朝鮮から朝鮮人が[7]、そのほか沖縄本島を中心とする南西諸島地域から移住する人々[8]が流入、あるいは新たな集住地区を形成して、複合的な「都市下層社会」が成立する。それらの「社会問題」と認識された階層の人々を対象に想定し、都市社会政策が積極的におこなわれた。「都市下層社会」と都市社会政策の研究によって、近代都市もまた「差別と排除の共同体」であり、衛生問題や都市問題への対応の過程で新しい社会的差別が創出されていく事実[9]が明らかにされているといえよう。

本章では「都市下層社会」研究のうち、特に近現代日本都市社会政策と社会的マイノリティ[10]に関わる研究を対象に成果と課題を論じることで、本書の分析視角を提示したい。

研究視角としては、これまで被差別部落史や在日朝鮮人史、あるいは、社会政策史／社会福祉史研究の「分野史」ごとにおこなわれてきた研究動向を打破するため、先に指摘しておいた複合的な「都市下層社会」やマイノリティに対する政策的対応を統一した視点で論じる必要性を提起する。近代「部落史」研究や在日朝鮮人史研究は、社会的差別の歴史的研究の中でも多くの研究成果をあげてきた。「貧困層」や「労働者」を対象とした社会政策史／社会福祉史研究も重厚な蓄積を有している。しかし、これらの「都市下層社会」やマイノリティの形成と構造をめぐる力学は互いに複雑に絡み合っており、より大きな枠組みの中で実証研究を進めなければ研究の発展もないのである。

これまでの研究動向では、一九一〇年代以降に推進された都市社会政策において、あらゆるマイノリティの問題が「都市問題」「社会問題」という枠組みの中で論じられてきたということが等閑視されてきた。そこで都市社会行政の立場から都市社会に関するさまざまな問題を俯瞰することで、視点の統一をはかり、複合的にとらえなおさなければならないだろう。

私はこのような視角からアプローチする場合、近代都市京都を分析の対象とすることがきわめて有効であると考えている。それは以下の理由による。

まず近代都市京都には近世都市以来の町組が存続し、小学校を維持するための学区が存在した。学区が都市政治の基盤になるという論点は、大阪市や東京市の分析でもとりあげられているが、京都市における学区は地域自治組織としての性格を非常に強くもっており、「他都市従来のそれとは全然其の趣を異とし、単に法規上の学区たるに止まらず、実に本市自治機構のきわめて健全なる一細胞」(11)であると位置づけられていた。すでに辻ミチ子(12)や小林丈広(13)の研究で指摘されているように、京都という都市の特徴として、学区、公同組合や同業組合を中核とした強固な「自治」を担う主体の存在があった。このような都市の「自治」を担う存在と、被差別部落などその対極にある存在に対する社会的差別とを、どのように構造的に位置づけるのかは、近代都市京都を描くうえで必要不可欠な論点である。

また、日本の近代都市の大多数は、近世以来の城下町や宿場町などの系譜を引く「歴史都市」である(14)。そこでは京都の町組のような地域の社会関係や住民組織が発達しており、内部には住民の同質化や排除のメカニズムが存在する。近代都市京都は「歴史都市」の代表的な存在であり、その実態の研究は近代都市史研究にも大きく貢献するだろう。さらに、京都市においては、不良住宅地区の問題が被差別部落の問題と密接にかかわっている。一九二〇年代以降、京都市では朝鮮人の流入が全市域で本格化し、不良住宅地区・被差別部落・在日朝鮮人という複合的な「都市下層社会」が形成された。以上の特徴をもつ近代都市京都は、マイノリティと、都市社会政策との関係を問うための格好のフィールドなのである。

本章では、以下の各章で近代都市京都に関する分析をおこなう前提として、都市社会政策についての研究上の諸課題を整理しておきたい。第一に都市政治史的なアプローチによって造り上げられた「都市専門官僚制」概念を再検討し、そこで自明のものとされてきた都市社会政策自体の構造を明確にすることによって、都市社会政策の研究において、都市社会行政の内部構造の検討と市会などとの相互関係の分析に重点をおくべきであることを明らかにする。また漠然と国家の役割を強調したり都市行政の先進性を指摘したりするのではなく、国—府県—市町村—地域社会という支配系列各段階の関係構造とその変容を丁寧に跡づける必要性にも言及する。第二に一般の都市社会政策と融和政策・内鮮融和政策の関係構造分析と、地域社会の都市社会政策による変化を重視するべきであることを指摘する。そして労働運動や水平運動、在日朝鮮人運動などの社会運動や都市社会行政、融和団体、内鮮融和団体への地域社会のリーダー層の参加によって、都市社会政策自体が変質していくという視点を提起する。第三に特に研究蓄積の乏しい都市社会政策とマイノリティ研究に関して、問題提起をおこない、戦前・戦時・戦後を統一的にとらえることの重要性を指摘したい。

二　戦前期都市社会政策の構造分析をめぐって

日本近代都市史研究においてもっとも大きな成果をあげたのは、周知の通り、都市の政治構造・地域支配構造研究である。小路田泰直[15]、原田敬一[16]、芝村篤樹[17]・松下孝昭[18]の大阪市などを事例とした分析により、導き出された成果を、最大公約数的にまとめれば次のようになる。明治地方自治制下の市政運営においては、大阪市の政治・社会の基礎的単位である学区に影響力を有する地域有力者（商工業者などの名望家層）が、市会議員に多数当選し、市会をそれぞれの地域利害の調整や要求の場として「都市支配」を担う、いわゆる「予選体制」が造り上げられた。しかし、一九二〇～三〇年代には都市行政が肥大し、複雑化した。そのうえ、普通選挙の施行による公民権の拡大などを背景に、関一を中心とする「都市専門官僚」が、市会議員や地域有力者に対して、さまざまな都市改良事業や都市社会政策の継続的な散布をおこない、同意調達をはかり、事実上市政運営を独占するという体制を造り上げたのである。

このように「予選体制」から「都市専門官僚制」へ移行するという認識はそれぞれの論者に共通しているが、特に小路田泰直は、一九二〇年代に「予選体制」を支えた名誉職自治が破綻し、「都市専門官僚制」が登場すると展望して、次のように指摘した。「要するに関に代表される都市の官僚層は、米騒動以後の労農運動・デモクラシー運動の高揚と、その結果としての都市名望家支配の崩壊といった現実に対して、次のように対応したといえるだろう。即ち、市会から相対的に自立した専門官支配（中略）を確立する事によって、一面普選を容認しながらに市会全体の力を制限し、積極的に都市改良（都市計画事業・市営事業経営）都市社会政策（公設市場・職業紹介所・冬季失対事業・市営失業保険）に取り組む事によって、まさに『制度の運用』を通じて、『上からの社会政策的統合』とでもいうべき方法によって、都市支配の再編をはかっていこうとしたのであった[19]」とし、さらに「以上のような専門官僚制の上からの統合論が、市民の政治参加を極力防ぎながら成立する為には、都市改良・社会政策の継続的展開が制度の運用の市民性を確保する条件として必然化されるのは当然である[20]」と位置づけたのである。

小路田のきわめてネガティブな把握に対し、芝村篤樹は関一の分析を通して、その官治的な性格を認めつつも、内務省の社会派官僚や大都市の行政担当者に共通する都市社会政策を展開したことを指摘し、大都市行政が当時の国家体制にくらべて、相対的に自治や社会政策において先進的な役割を果たしたと「都市専門官僚制」について積極的に評価した[21]。

また、玉井金五も大阪市社会部の社会事業行政を検討した結果、大阪市の社会政策が当時の国の社会政策の展開にくらべて、相対的に先進的な政策や事業を展開し、戦前の大阪市の社会事業が広範な生活全般に主要な事業や社会調査の照準をあわせていたと、高い評価を与えている[22]。大阪市の事例の分析においても「都市専門官僚制」概念や、都市社会政策自体についてさまざまな評価がなされているのである。

しかし、大阪市を事例として打ち出された、いわゆる「予選体制」から「都市専門官僚制」へというシェーマに対しては、すでに疑問が提起されている。重松正史は和歌山市を事例に分析した結果、市会に対する行政優位の市政は「関一が擁した大阪市政についてはともかく、一般的には妥当しないと考える」[23]と疑義を呈した。伊藤之雄も京都市の事例を中心に大阪市以外の事例を分析し、同様の指摘をしている。五大都市においては市会の政党化が進み、市会が市行政に対して一定の拘束力をもっていること、国際的な都市経営の観点から、「都市専門官僚制」という概念が、誤っていることがその理由である。[24]桜井良樹も東京市政の検討から、「『予選体制』が地域政治から市政構造を照射しようとしている事は明白である。『都市専門官僚支配』という概念は、市政執行部のあり方からとらえられる場合と、官僚制支配の地域への浸透という観点からとらえられる場合があるように思われる。『都市専門官僚支配』を、もし前者のように理解すると、『都市専門官僚支配』というのは市政運営の側面におもに注目したものになるから、『予選体制』と次元の異なる側面を説明したものに過ぎず、この二つの側面を単に組みあわせても明治期から昭和期までの市政構造の変化全体を説明した事にはならない。また後者のとらえ方は、地域に焦点をあてて、そこに現われた支配構造を見ようとしている点では『予選体制』の視角に共通するが『都市専門官僚制』が所与のものとしてあるため、市政運営の変化の方は軽視されてしまう。つまり『都市専門官僚』がいかなるものかが（これは前者の研究においても）不明確なまま、言葉だけが一人歩きしているように感じるのである」とのべている。[25]このように「都市専門官僚制」については、大阪市にみられるモデルが他都市において本当に成立していたのか否かという点を念頭に置いて、研究を進めなければならないだろう。

以上みてきた通り、「都市専門官僚制」の概念が不明確なのは、実際の都市問題の展開の中でおこなわれた、都市社会政策の具体像が明らかでないことに大きな要因がある。一般的に、都市社会行政については、自治体史などで公設市場、職業紹介所といった社会事業施設の設置、方面委員制度の展開や失業救済事業などの実施を年表的に記載することがほとんどで、その機能や地域社会における具体的な成果、政策形成にともなう矛盾、社会運動との関連などの分析は深められず、通史叙述に解消されてしまっている。今後は市長・市会・都市社会行政機構との関係構造の研究をおこなう必要がある。つまり都市の政治構造研究のみではなく、都市社会政策を推進した都市社会行政自体の分析を進めなければならないのである。

　これまでの都市社会行政を分析した研究としては、管見の限り、大阪市を事例とした玉井金五[26]、松下孝昭[27]、佐賀朝[28]、永井良和[29]、神奈川県川崎市で検討をおこなった沼尻晃伸[30]、東京については源川真希[31]の研究があるにすぎない。先にあげた視点にもとづいた実証研究を積極的におこなっていくべきであろう。

　都市社会政策をめぐる行政機構は、四、五年たらずの間に膨大な人員、予算が割り当てられて形成される。そこには帝国大学・高等専門学校などで高等教育を受け、専門的な能力をもった人材が配置される。都市社会行政機構の形成を跡づけながら実際の政策形成過程を検討し、さまざまな社会問題や社会的差別が都市社会行政機構によってどのような経緯で「発見」され、「問題化」し、政策対象とされていくのかというプロセスに焦点を当てる必要があるだろう。

　また、都市社会調査の開始や方面委員制度の成立は、地方における都市社会行政機構の形成を示している。今後は中央の社会行政に規定されつつも、地方独自に展開した都市社会行政の存在形態を明らかにする必要がある。現状では労働政策史に限定されている日本社会政策史を、社会事業や生活問題全般を含めた幅広いものとして位置づけることが求められている。

　こうした視点でみれば、各府県会・市会などでも都市社会政策の問題は多く議論されており、都市社会行政機構の形成過程とともに地方議会での審議や答弁を分析し、都市政治と都市社会行政機構の相互関係を把握していくことが可能になる。先にあげたような地方公共団体の社会事業行政の確立が、大規模な都市にほぼ限られているという事実は、社会事業を進めてゆく条件として、専門の職員や行政機構、社会調査担当部門の存在と、それを支える財政力が必要であったことを示している(32)。その際、大阪市政をモデルに打ち出された不明確な「都市専門官僚制」という言辞にとらわれず分析を進めることが重要である。

都市社会政策を推進する主体としての社会事業行政に関する研究の蓄積は十分とはいいがたい。制度・組織面の研究では、社会福祉史研究者が担っている状況である(33)。日本近現代史の立場からは、田子一民を中心とする一九二〇年代初期の社会官僚の思想が着目されてきた(34)。内務省の社会局官僚の研究は、史料的制約もあり、一九二〇年代を除けばごく少ない(35)。また、社会福祉史の分野においても、全国的な都市社会行政の動向に着目した研究はわずかで、通史的叙述を除けば寺脇隆夫のものが管見の限り唯一の研究である(36)。これまでの研究史上、都市社会政策は「都市下層社会」の統合策として位置づけられており、その役割については、社会事業行政や方面委員制度の展開によって社会階層間格差の是正をおこない、米騒動以降の大規模な民衆騒擾を抑止した、あるいは都市支配を貫徹したと評価されてきた。しかし、市会や選挙における政策的な争点や、行政施策としての都市社会政策自体の分析は、きわめて立ち遅れているのが現状である。都市政治分析や、都市社会史研究などの成果を反映しながら、今後重点的に取り組むべき研究課題であろう。

三　不良住宅地区・被差別部落・在日朝鮮人

もうひとつ研究史上の重要な課題として、マイノリティに関する政策の研究があげられる。一般の都市社会政策と被差別部落対象の融和政策、在日朝鮮人対象の内鮮融和政策との関係構造の分析である。内務省社会局は、一九一〇年代に始まる社会政策の形成過程で、一九二〇年代以降、外郭団体を次々と設立し始める。社会事業を管轄する団体としてすでに立ち上げられていた中央慈善協会を改組した中央社会事業協会、被差別部落対象の融和事業を管轄する中央融和事業協会、在日朝鮮人対象の内鮮融和事業・協和事業を対象とした中央協和会などである。こうした団体の研究は融和政策[37]、内鮮融和政策の研究[38]という個別領域で積み重ねられているが、それを統合する視点の研究はいまだおこなわれていない。しかし、これら分野別の諸団体と、それを統括する内務省社会局との関係構造をみていくことで、さまざまな問題を国がどのように統一して把握し、政策形成をおこなおうとしたのかを明らかにすることが可能になる。

今後の課題として国家レベルの政策形成過程を明らかにしたうえで、それに規定されつつ、一九一〇年代から戦時期にいたるまでの、被差別部落を対象とした政策、在日朝鮮人を対象とした政策が、都市社会政策の中でどのように位置づけられているかを検討しなければならない。これまでも都市スラム・被差別部落・在日朝鮮人集住地区の構造的な連関は注目されてきたが、それらの政策形成過程への影響は等閑視されてきた[39]。府県の例をみると社会事業行政の設立時には融和事業も、在日朝鮮人対象の内鮮融和事業も、それぞれ一つの部署で管轄しているが、その後府県管轄の社会事業団体・融和団体・内鮮融和団体を外郭団体として設立し、徐々に独自性をもたせた運営をおこなっていることがこれまでの研究で明らかになっている。しかし、社会事業団体・融和団体・内鮮融和団体の相互関係は管見の限り検討されていないといっていい[40]。政策形成や政策そのものの位置づけなどを検討し、そのうえで政策対象となる不良住宅地区・被差別部落・在日朝鮮人集住地区など、周囲から社会的差別を受けている地域をとりまく環境や、社会構造を分析することが今後重要になるだろう。

近年、都市政治と被差別部落、「都市下層社会」との関係については、和歌山を事例とした重松正史[41]、京都を事例とした朝治武[42]などにより研究の進展がみられる。また、鈴木良[43]が被差別部落民のおこなう水平運動と憲政会地方支部の、あるいは重松のいう侠客など「都市下層社会」を基盤とする「国粋会的勢力」との深い関係を指摘している。在日朝鮮人史においても、松田利彦[44]、岡本真希子[45]が、これまで注目されてきた社会運動との関係にとどまらず、在日朝鮮人の国・府県・市町村会それぞれへの政治参加の実態を明らかにしており、それらをうけたあらたな研究も出始めている[46]。

以上のようにマイノリティの政治参加に関する研究は進んできているが、問題は彼／彼女らが都市社会行政に対して、具体的にどのように参画していったかという視点が欠如していることである。女性史研究の分野では、すでにグレゴリー・M・フルーグフェルダーによって、秋田県を事例とし、婦人参政権運動をおこなっていた婦人活動家たちが、嘱託や各種の委員を担うことにより、行政に参加していく姿が描かれている[47]。融和運動史や在日朝鮮人史においても、行政の主導で組織された融和団体・内鮮融和団体や協和会などへの在日朝鮮人運動の担い手層や地域のリーダー層の参加が指摘されている。こうした研究は運動を傘下の組織に編成しようとする政治や行政に対して、積極的にその内部に参加していくことによって、「権力」そのものを変質させていく動きがみられることを明らかにした。このとき、「権力」に参画することによって、運動自体が変容していくという部分も見逃してはならないだろう。

社会的マイノリティが多く居住し、周囲から社会的差別を受けている地域においては、さまざまな生活改善要求や、差別への抗議、そして都市政治や都市行政そのものに参入していく動きがみられる。こうした地域の自律的な動きが、どのような地域社会構造を反映して成立したのか、その契機は何かが問われなければならない。それらの分析には当然、被差別部落史研究、在日朝鮮人史研究、狭義の都市スラム研究としての「都市下層社会史」研究といった研究蓄積をふまえる必要がある。そして、それぞれの研究領域がもつ固有の論理、あるいは「生活世界」に寄り添いながら、普遍化しようとする視座が求められている。

近年、佐賀朝は近代都市社会史研究の現状について、都市政治構造分析を主軸とした都市問題論的な研究と、国民国家論の視点からおこなわれた都市社会史研究の二つの潮流があると整理した。そして、どちらの研究に対しても批判を展開し、都市社会を抽象的な都市一般としてとらえるのではなく「その内部の諸要素を空間的に、あるいは階層的に分節化して具体的に把握し、その構造を明らかに」することが重要であり、「巨大都市をいくつかの都市内地域社会に解体してそれら一つひとつをシラミつぶしに分析していく事が必要である」とのべた。さらに「実体的な社会的諸関係、すなわち都市に存在する諸階層のそれぞれの具体的な存在形態とその相互の関係を」分析し、「政治支配やイデオロギーの局面での分析を、生産・流通、労働・営業を骨格とする社会構造の問題と結びつけて論じ」ながら、一次史料を分析的に読み、社会構造の解明を進めていく方法を深めることが必要であると問題提起した。佐賀の分析視角は吉田伸之、塚田孝の近世都市社会史研究の影響を色濃く受けている(48)。こうした分析視角は、すでに能川泰治が批判しているように、ある種の限界をはらんでいる。都市の部分社会の個別分析をいくら積み上げても、都市社会の全体像を明らかにすることは不可能である(49)。特に近代都市の場合は、本章でも指摘した通り、都市行政やそれにともなう公共業務の編成のあり方を無視して、議論をたてることはできない。しかし佐賀は個別分析の重要性を語るのみで、普遍化・概念化のための展望を示していない。

私は、佐賀の指摘とは逆に、これまでの研究で明らかにされてきたのは「都市下層社会」としてくくられる「社会」の内部や、相互関係に対する分析の必要性であると考える。そのために、社会を「分節化」する手法では限界があるだろう。都市全体の空間を射程にいれた実証研究が求められているのである。

佐賀の視角では複合的な「都市下層社会」の実態をとらえることはできない。今後は独自の分析視角にもとづいた普遍化・概念化のための方法論の提起を期待したい。

四　都市社会政策とマイノリティ

本書はここまでのべてきた通り、都市社会政策の構造を把握し、そのうえでマイノリティとの相互関係をとらえるという立場である。具体的な手順としては、戦前期都市社会政策史研究や、マイノリティ研究の成果をふまえながら、都市社会政策とマイノリティの関係を分析する必要がある。ただし、戦前期から、高度経済成長期にかけてを対象とした研究はほとんど蓄積がない。この期間については特に重点をおいて、都市社会政策と社会的差別との関係構造分析をおこなうべきだろう。

その際に注意すべきことは、安易な戦前・戦時・戦後の連続論に陥ってはならないということである。たとえば、源川真希(50)や、大門正克・森武麿など(51)の研究にみられるように、地域の実態にそくしながら、一九二〇年代、戦時期、占領改革期、高度経済成長期というそれぞれの画期をふまえたうえで、関係構造とその変容を検討する必要がある。

都市社会政策史研究の大きな課題は、戦時期からもちこされたさまざまな組織のあり方や、行政のシステムが、占領改革と高度経済成長という二つのインパクトに、どう対応しようとしていたのか、また運動を組織したり、社会政策／社会福祉の「対象」となった人々が、都市社会政策自体にどのようにアプローチしようとしていたのかを明らかにすることである。そのためには戦前・戦時・戦後の連続と断絶のありようを、理論的・実証的に把握することが重要である。

しかし、そこで安易な戦時戦後連続論に陥らず、戦時と戦後の連続と断絶を統合的に把握するためには、戦時体制が地域社会や都市行政をどのように変化させ、戦後のありようを準備したかについて、高度経済成長を視野にいれながら展望しなければならない。本書においては、特に戦時期の総力戦体制の構築と、戦後の占領改革という衝撃の中で、戦時期から戦後にかけて何が引き継がれ、何が引き継がれないのかを重視して、地域社会のさまざまな運動や、都市社会行政の変容、そして両者のせめぎあいを、全体として分析する研究を目指したい。

現在のところ、マイノリティを組み込んだ、あるいは主体とした都市社会政策史／社会福祉史研究は、先にあげたいくつかの研究を除くと、ほぼ皆無の状態である。しかし近年、岩田正美[52]、武川正吾[53]によって、マイノリティの存在を組み込んだ社会政策史研究が提起された。特に岩田正美による「ターゲット型特別政策」の提唱は注目に値する。これは、限られた社会資源を当該マイノリティに集中的に投入し、社会的包摂を図るという政策上のアプローチである。岩田はこの方法のデメリットとして、「マジョリティ」からの反発や、政策から洩れる層に対するあらたな社会的排除の創出が生じることをあげている。また、玉井金五も、戦後社会政策とマイノリティの関係において、いまだマイノリティの位置づけが不十分であることにふれ、マイノリティの機能と役割を究明することが必要であると提起し、非常に重大なテーマであると指摘した[54]。

また、「戦後日本」を対象とする社会政策史の実証研究は東京の浮浪者、貧困層を対象とした岩田正美、大阪府和泉市の被差別部落を事例とした大西祥恵[55]などの研究がある程度である。その一方で、水内俊雄などに代表されるような、被差別部落民、在日朝鮮人、日雇労働者、女性といったマイノリティを、政策対象別、あるいは居住地域別に分類して分析する手法の個別研究がある[56]。研究の空白を埋めるという意味でも、現代都市社会政策への歴史的連関という観点からも、個別研究の成果を生かしつつマイノリティの存在を組み込む形の社会政策／社会福祉史研究は、今後の研究においてきわめて有意義であると考えられる。

五　おわりに

本章では、第一に都市社会政策の構造分析、第二に都市社会政策・融和政策・内鮮融和政策の統一的な把握、第三に都市政治や都市社会行政マイノリティが関与することによっておこる「権力」の変質への着目の必要性を提起してきた。近代都市史研究のメインストリームであった都市政治史研究と都市社会史研究のはざまにあって、都市行政自体の構造分析は一九八〇年代の段階からほとんど前進していないといっていい。問題は関一ひきいる大阪市政をモデルとした「都市専門官僚制」論が所与の前提とされていることにある。また被差別部落史や在日朝鮮人史の研究成果も、一九一〇年代以降を対象とした近現代都市史研究に十分反映されているとは言い難い。研究史上重要な位置づけをなされている都市社会政策についても、これまでの研究では未検討の課題が残されていることを確認した。くわえて、都市社会政策とマイノリティの関係を分析することは重要な研究課題であるにもかかわらず、ほとんど未検討のままであることも指摘した。

以上みてきたように、今後の都市社会政策史研究においては、都市社会行政・都市政治・都市社会構造の実証研究の上にたち、各都市間での都市問題のあらわれ方について大胆に相互比較をおこない、共通点と相違点を明らかにし、一九一〇年代、戦時期、戦後の、それぞれの画期をふまえたうえで、一九一〇年代以降、戦後を通じた、都市社会行政の構造とその変容を分析する必要があるだろう。

本書で目指す分析視角が広く認知されれば、都市問題や人権問題、外国人問題を含み込んだ形で近代から現代にいたるまでの「都市下層社会」やマイノリティと都市社会政策との関係の形成過程が明らかになり、現代的意義は大きい。また、東アジア世界における国際比較の素材としても、重要な材料を提供することができるだろう。

（1） 原田敬一「都市問題論から近代社会論へ――近代都市史の研究成果をめぐって――」（『日本近代都市史研究』思文閣出版、一九九七年、初出一九八九年）、同「都市法史」（石川一三夫・中尾敏充・矢野達雄編『日本近代法制史研究の現状と課題』弘文堂、二〇〇三年）。

（2）横井敏郎「日本近代都市史研究の動向」（『ヒストリア』一三〇号、一九九一年）。
（3）成田龍一「近代日本都市史研究のセカンドステージ」（『近代都市空間の文化経験』岩波書店、二〇〇三年、初出一九九一年）、同「日本近代都市史研究における閉塞・相克と新たな兆候」（中野隆生編『都市空間の社会史　日本とフランス』山川出版社、二〇〇四年）。
（4）水内俊雄「近代都市史研究と地理学」（『経済地理学年報』四〇巻一号、一九九四年）。
（5）芝村篤樹「日本近代都市史研究の現状と課題」（『日本近代都市の成立――一九二〇・三〇年代の大阪――』松籟社、一九九八年、初出一九九六年）。
（6）大石嘉一郎・金澤史男「序章　課題と方法」（大石嘉一郎・金沢史男編『近代日本都市史研究――地方都市からの再構成――』日本経済評論社、二〇〇三年）。
（7）代表的な研究に西成田豊『在日朝鮮人の「世界」と「帝国」国家』（東京大学出版会、一九九七年）、河明生『韓人日本移民社会経済史（戦前編）』（明石書店、一九九七年）、高野昭雄『近代都市の形成と在日朝鮮人』（人文書院、二〇〇九年）がある。
（8）現在のところ冨山一郎『近代日本社会と沖縄人――日本人になるという事――』（日本経済評論社、一九九一年）がもっとも包括的な研究である。
（9）代表的なものとして安保則夫『ミナト神戸・コレラ・ペスト・スラム――社会的差別形成史の研究――』（学芸出版社、一九八九年）、原田敬一『日本近代都市史研究』（前掲註1）、布川弘『神戸における都市「下層」社会の形成と構造』（兵庫部落問題研究所、一九九四年）、北原糸子『都市と貧困の社会史』（吉川弘文館、一九九五年）、小林丈広『近代日本と公衆衛生――都市社会史の試み――』（雄山閣出版、二〇〇一年）、加藤政洋『大阪のスラムと盛り場――近代都市と場所の系譜学――』（創元社、二〇〇二年）、吉村智博『近代大阪の部落と寄せ場――都市の周縁社会史――』（明石書店、二〇一二年）などがあげられる。「都市下層社会」研究に絞った研究史整理としては今西一「都市『下層』社会論と部落問題」（今西一『国民国家とマイノリティ』日本経済評論社、二〇〇〇年）などがある。
（10）本書では、被差別部落民、在日朝鮮人、女性、「沖縄人」などといった個別対象を絶対的に「マイノリティ」と定義する構えをとっていない。あくまで「マイノリティ」は社会的関係において流動し、「マジョリティ」と「マイノリティ」は相互往復的に入れ替わる可能性があることを前提とした。また「マイノリティ」内および「マイノリティ」間における階層性や社会的差別のあり方をも問題化したいという意図をこめている。

（11）『京都市政史』上（京都市、一九四一年、四〇二頁）。

（12）辻ミチ子『転生の都市　京都――民衆の社会と生活――』（阿吽社、一九九九年）。

（13）小林丈広『近代日本と公衆衛生』（前掲註9）、小林の研究については、拙稿「小林丈広著『近代日本と公衆衛生』」（『日本史研究』四七八号、二〇〇二年）参照。

（14）近世に地域の中心都市であった城下町から近代都市への空間的な変貌を描いた研究に佐藤滋『城下町の近代都市づくり』（鹿島出版会、一九九五年）などがある。

（15）小路田泰直『日本近代都市史研究序説』（柏書房、一九九一年）。

（16）原田敬一『日本近代都市史研究』（前掲註1）。

（17）芝村篤樹『関一――都市思想のパイオニア――』（松籟社、一九八九年）、同『日本近代都市の成立――一九二〇年代の大阪――』（松籟社、一九九八年）。

（18）松下孝昭「大阪市学区廃止問題の展開――近代都市史研究の一視角として――」（『日本史研究』二八九号、一九八六年）、同「一九二〇年代の借家争議調停と都市地域社会――大阪市の事例を中心に――」（『日本史研究』二九九号、一九八七年）、同「都市社会事業の成立と地域社会」（『歴史学研究』八三七号、二〇〇八年）、同「都市社会事業の展開と地域社会」（『神女大史学』二八号、二〇一一年）。

（19）前掲註(15)小路田書、二七五頁。

（20）同右、二七六頁。

（21）前掲註(17)芝村書参照。

（22）玉井金五「日本資本主義と〈都市〉社会政策――大阪市社会事業を中心に――」（同『防貧の創造』啓文社、一九九二年、初出一九八六年所収）。

（23）重松正史「都市下層社会をめぐる政治状況」（『日本史研究』三八〇号、一九九四年、一一七頁）。重松の研究は同『大正デモクラシーの研究』（清文堂出版、二〇〇二年）参照。

(24)　伊藤之雄「解説　近代京都の生成」（京都市政史編纂委員会編『京都市政史　第四巻』京都市、二〇〇二年）、同「はしがき」（『近代京都の改造』ミネルヴァ書房、二〇〇六年）。京都市政史編纂委員会編『京都市政史』第一巻（京都市、二〇〇九年）。
(25)　桜井良樹『帝都東京の近代政治史――市政運営と地域政治――』（日本経済評論社、二〇〇三年、二頁）。逆に「都市専門官僚制」を積極的に採用した研究に大西比呂志『横浜市政史の研究――近代都市における政党と官僚――』（有隣堂、二〇〇四年）がある。
(26)　前掲註(22)玉井論文。
(27)　前掲註(18)松下論文。
(28)　佐賀朝『近代大阪の都市社会構造』（日本経済評論社、二〇〇七年）。
(29)　永井良和「山口正と大阪市社会部」（戦時下日本社会研究会編『戦時下の日本』――昭和前期の歴史社会学――』行路社、一九九二年）。そのほか、山口正や志賀志那人に関しては柴田善守編『山口正・志賀志那人集』（鳳書院、一九八一年）、木村寿「大阪市社会部長山口正について」（大阪教育大学歴史学会『歴史研究』一八号、一九八一年）、森田康夫『地に這いて――近代福祉の開拓者　志賀志那人――』（大阪都市協会、一九八七年）などの伝記的な研究がある。
(30)　沼尻晃伸「第一世界大戦期から一九三〇年代の川崎市行財政」（大石嘉一郎・金沢史男編『近代日本都市史研究――地方都市からの再構成――』日本経済評論社、二〇〇三年、第四章第三節）。
(31)　源川真希『東京市政――首都の近現代史――』（日本経済評論社、二〇〇七年、第二～六章）。源川の研究で本書にとって特に重要なのは、磯村英一を中心に東京市社会局の動向を描いた、同「東京都政形成史研究序説」（東京都立大学『人文学報』三四六号、二〇〇五年）である。また、東京市における一九二〇～三〇年代の状況を概観した大杉由香「戦間期東京市における貧困・生存をめぐる関係」（『歴史学研究』八八六号、二〇一一年）もある。
(32)　内務省社会局社会部『社会事業機関及経費の概況』三頁によれば、社会事業行政機構の成立は、一九一八年の大阪市救済課がもっとも早いが、一九二〇年に設置が完了した六大都市を除くと、すべての都市において設置が順調に進んだ訳ではない。一九二七年段階では社会事業行政機構の設置が確認できるのは市制施行の一〇二市中で二七市にすぎなかった。

(33) 代表的なものとして池田敬正『日本社会福祉史』(法律文化社、一九八六年)、池本美和子『日本における社会事業の形成――内務行政と連帯思想をめぐって――』(法律文化社、一九九九年)がある。
(34) 加藤千香子「大正デモクラシー期における『国民』統合と家――内務官僚・田子一民の思想――」(『日本史研究』三九八号、一九九五年)、同「近代日本の国家と家族に関する一考察――大正期・内務官僚の思想にみる――」(『横浜国立大学人文紀要第一類』第四二輯、一九九六年)、黒川みどり「第一世界大戦後の支配構想――田子一民における自治・デモクラシー・社会連帯――」(内務省研究会編『内務省と国民』文献出版、一九九八年)、笛木俊一「一九二〇年代初頭における内務官僚の社会事業論のための覚え書――〈田子一民・社会事業論〉研究ノート――」(『社会事業史研究』二一・二二号、一九九三・一九九四年)など。
(35) 大日方純夫「内務省社会局官僚と社会事業行政」(波形昭一・堀越芳昭編『近代日本の経済官僚』日本経済評論社、二〇〇〇年)がほぼ唯一の専論である。
(36) 寺脇隆夫「『社会事業行政』調査について――戦前期における社会事業行政の成立と展開――」(社会福祉調査研究会編『戦前期日本社会事業調査資料集成』第一〇巻、一九九五年、「解説」)のような通史的叙述を除くと、研究はきわめて少ないのが現状である。
(37) 主要な研究として藤野豊『同和政策の歴史』(解放出版社、一九八四年)、中村福治『融和運動史研究』(部落問題研究所、一九八九年)、竹永三男『近代日本の地域社会と部落問題』(部落問題研究所、一九九八年)、秋定嘉和『近代日本の水平運動と融和運動』(解放出版社、二〇〇六年)などをあげておく。
(38) 主要な研究として植民地支配の統合策として内鮮融和団体を描いた樋口雄一『協和会――戦時下朝鮮人統制組織の研究――』(社会評論社、一九八六年)がある。しかしその一方で堀内稔「阪神消費組合について――一九三〇年代――」(『在日朝鮮人史研究』七号、一九八〇年)、同「戦前期尼崎の朝鮮人融和団体・内鮮同愛会について」(『在日朝鮮人史研究』二九号、一九九九年)、杉原達『越境する民』(新幹社、二〇〇〇年)、外村大「親睦扶助団体と在日朝鮮人運動」(『在日朝鮮人史研究』二三号、一九九三年)、同「戦時下の在日朝鮮人社会」(『社会科学討究』一二一号、一九九六年)、同「戦前期在日朝鮮人社会のリーダー層――存在形態・経歴・社会的活動――」(『社会科学討究』一二四号、一九九七年)、同「戦前期在日朝鮮人における社会的上昇」(『社会科学討究』一二七号、一九九八年)など、内鮮融和団体や協和会に生活改善や差別解消などを目指す在日朝鮮人が積極的に参加していくという研究成果もある。以上の外村論文については『在日朝鮮人社会の歴史的研究』（緑蔭書房、二〇〇四年）にまとめられている。また大阪を対象としている塚崎昌之の一連の研究も重要である。

(39) 主要な研究として杉原薫・玉井金五編『大正・大阪・スラム――もうひとつの日本近代史――』（新評論、一九八六年）、河明生『韓人日本移民社会経済史（戦前編）』（前掲註7）、西成田豊『在日朝鮮人の「世界」と「帝国」国家』（前掲註7）、杉原達『越境する民――近代大阪の朝鮮人史――』（新幹社、一九九八年）。高野昭雄『近代都市の形成と在日朝鮮人』（前掲註7）。特に被差別部落と在日朝鮮人の関係については座談会であるが、友常勉・河明生「被差別部落民と在日韓人――社会経済史的視点――」（『現代思想』二七巻二号、一九九九年）がある。

(40) このような問題を先駆的に指摘したのは中村福治『融和運動史研究』（部落問題研究所、一九八八年）だが、いまだ研究が深められているとは言い難い。

(41) 重松正史『大正デモクラシーの研究』（前掲註23）。

(42) 朝治武「創立期全国水平社と南梅吉」（上）（中）（下）（『京都部落史研究所報』一〇～一二号、一九九九年、二〇〇〇年）、同『アジア太平洋戦争と全国水平社』（解放出版社、二〇〇八年）。

(43) 鈴木良『水平社創立の研究』（部落問題研究所、二〇〇五年）が五～七章で京都市を事例として、大日本国粋会や侠客と水平社との関係に言及している。

(44) 松田利彦『戦前期の在日朝鮮人と参政権』（明石書店、一九九五年）。

(45) 岡本真希子「植民地時期における在日朝鮮人の選挙運動――一九三〇年代後半まで――」（『在日朝鮮人史研究』二四号、一九九四年）。

(46) 大岡聡「昭和恐慌前後の都市下層をめぐって」（『一橋論叢』一一八巻二号、一九九七年）、同「戦間期都市の地域と政治」（『日本史研究』四六四号、二〇〇一年）、外村大「戦間期都市の政治状況をいかにみるべきか」（『日本史研究』四六四号、二〇〇一年）、加藤千香子「第四章　第二節　一九一〇年―三〇年代川崎における政治状況の変容過程」（大石嘉一郎・金澤史男編『近代日本都市史研究――地方都市からの再構成――』日本経済評論社、二〇〇三年）など参照。

(47) グレゴリー・M・フルーグフェルダー『政治と台所――秋田県婦人参政権運動史――』（ドメス出版、一九八六年）。

(48) 佐賀朝「近代巨大都市の社会構造――明治期大阪の都市内地域――」(佐藤信・吉田伸之編『新体系日本史 六都市社会史』山川出版社、二〇〇一年)など。
(49) 能川泰治「近現代史部会共同研究報告 戦間期における「帝都」東京のデモクラシーと文化」準備ペーパー(『日本史研究』四七〇号、二〇〇一年)。同「佐賀朝著『近代大阪の都市社会構造』」(『歴史学研究』八五〇号、二〇〇九年)
(50) 源川真希『近現代日本の地域政治構造』(日本経済評論社、二〇〇一年)。
(51) 大門正克・森武麿編『地域における戦時と戦後』(日本経済評論社、二〇〇一年)。
(52) 岩田正美「政策と貧困」(『貧困と社会的排除』ミネルヴァ書房、二〇〇五年)、同『戦後社会福祉と大都市最底辺』(ミネルヴァ書房、一九九五年)。
(53) 武川正吾「福祉国家と個人化」(『社会学評論』五四巻四号、二〇〇四年)。
(54) 玉井金五「課題と方法」(玉井金五・久本憲夫編『高度成長の中の社会政策』ミネルヴァ書房、二〇〇四年)
(55) 大西祥恵「マイノリティの労働市場参入についての一考察」(『経済学雑誌』一〇六巻四号、二〇〇六年)などの一連の研究を参照。
(56) 水内俊雄「戦後大阪の都市政治における社会的・空間的排除と包摂」(『歴史学研究』八〇七号、二〇〇五年)など。そのほか、被差別部落を対象とした前川修、若松司、在日朝鮮人集住地区やスラムを対象とする加藤政洋、本岡拓哉、福本拓などの諸研究があげられる。

第一部　都市社会行政の形成と展開

第一章　都市社会行政機構の形成

一　はじめに

本章は京都市における都市社会事業行政の成立過程を検討し、一九一〇年代から二〇年代にかけての都市社会事業行政の具体的な成立過程と、京都市社会事業行政の歴史的位置をあきらかにするものである。まず先行研究を概観すると、池田敬正を代表とするこれまでの研究では、国家レベルの社会政策の分析から、それらの政策が「慈恵的・恩恵的」と把握されているように、日本における社会政策の劣悪さが指摘されてきた(1)。このような研究状況の中で、玉井金五は、大阪市社会事業行政を事例として、米騒動以後深刻化する都市問題に対して、社会政策を推進した主体が国よりも都市社会行政であったとして、その政策や、事業展開を高く評価した(2)。

大阪市以外の都市に関する都市社会事業行政の成立過程をめぐっては、管見の限り、各地の自治体史や社会調査報告書の史料解題や、沼尻晃伸が検討した神奈川県川崎市の研究、源川真希が検討した東京市社会行政の研究がある(3)。玉井が明らかにしたように、関一・山口正・志賀志那人などの都市社会政策に関する専門家を擁し、すでに一九二〇年代前半には全国的にも非常に高い水準の都市社会政策を推進していた大阪市の事例を一般化することは当然できないだろう。いまだ他都市の都市社会事業行政の実証的な検討が必要とされる研究段階にある。

そこで本章では、六大都市の一つであり、これまで比較的高く評価されてきた京都市社会事業行政を事例とすることで、以上の課題の克服を図りたい。(4) 京都市社会事業行政については、被差別部落改善事業や融和事業をめぐって、本章の対象とする一九一〇年代後半から一九二〇年代前半に限ってもいくつかの研究がある。まず、秋定嘉和は、社会調査や統計資料を駆使し、京都市の被差別部落改善事業全般と被差別部落に設置された施設であるトラホーム診療所、託児所、隣保館、家事見習所、授産場、公設浴場などについて予算や施設の概略や利用実態などを中心に分析した。(5) 中村福治は、京都市社会課の社会事業行政や被差別部落改善事業に対し、市社会課の職員である漆《うる》葉《は》見龍《けんりゆう》の果たした役割が大きいことを先駆的に指摘した。(6) 横井敏郎も、一九一〇年代から二〇年代にかけて、町村合併によって被差別部落が京都市域に編入される過程で、社会事業行政の中で、大きな一つの問題として部落問題があつかわれてくることを論じた。(7)

伊藤悦子は、京都市の託児所事業を検討し、京都市においては託児所事業が米騒動以後の防犯・治安対策として地方改善事業の中心事業であったことを明らかにした。特にこれらの託児所の運営が被差別部落の地域有力者に委託され、地域住民を組み込んだ形で運営の省力化や円滑化が図られていたと指摘したことが注目される。(8) このように京都市社会事業行政については、被差別部落に対する隣保事業、託児所事業の性格や位置づけ、被差別部落改善事業の施設配置、事業運営や成果にかんして非常に実証的かつ詳細に明らかにされていることが確認できる。

また、京都市の都市社会事業行政自体の検討は、京都市社会課調査の実行主体や背景などを検討した浜岡正好(9)の研究と、単なる史料紹介にすぎないが、京都市社会課の児童調査を分析して都市社会調査の権力的性格を明らかにしようとした白木正俊の研究がある。(10) さらに、そのほかの事業展開やその性格・概略については、自治体史である『京都の歴史』『京都市政史』の概説的な叙述がある。(11) 浜岡と白木の研究は京都市社会課の社会調査に分析対象を限定したものである。特に浜岡の研究は『京都市社会課調査報告』の調査主体である京都市社会課のスタッフや、調査自体の検討をおこなった包括的なものであるが、社会事業行政自体の性格や位置づけには言及していない。

また、松下孝昭は、京都市域における一九一八年以降の学区制度と地域社会における機能を分析し、学区制度が地域政治構造の基底となると指摘した(12)。そして、京都市においても方面委員制度が学区を基軸とした地域社会秩序に接合する形で創設され、京都府・市が設置する社会事業施設との相互補完関係を形成し、被差別部落を含む都市社会の新たな地域支配構造として機能したことを論じた(13)。松下の研究によって、地域社会と社会事業の全体系におよぶ構造が解明されたのである。その後も、早崎真魚が、方面委員の担い手の分析をおこなった(14)。

ところで、従来の研究では、監督官庁である府県と市行政の相互関係にふれたものが存在しない。同時並列的に府県と市の施策や施設の設置を叙述するレベルにとどまっている。よって本章では、できるだけ京都府・京都市の社会事業行政の相互関係にも留意しながら叙述を進めていきたい。

まず、第一に京都市社会課が成立した一九一八年から、主要な社会政策施設がほぼ完成した一九二〇年代前半までの展開をあきらかにする。第二に京都府社会事業行政とのかかわり方や、京都府と京都市の社会事業行政の手法をめぐる相克をあきらかにし、京都市社会事業行政について新たな位置づけをおこないたい。なお本章で検討の対象とする都市社会事業行政とは、京都市としてはじめて都市社会事業専管機構として設立された京都市社会課のことである。また京都府の都市社会事業行政とは京都府社会課を指している。

二　京都市社会事業行政機構の成立

まず、京都市が都市社会事業行政の専管機構である社会課を、作り上げなければならなかった背景をみてみよう。第一に産業構造の問題がある。一九一〇年代から二〇年代の京都市では、積極的な機械工業振興策がとられ、徐々に重工業のウエートも全国平均に近づいていくが、基本的には西陣織や京友禅などを中心とする染織業や、生活用品などを製造する軽工業が中心産業であった。第二にこれらの製造業の大部分は零細企業や、自営業の形態で経営され、経済不況の波を直接うけるような脆弱な経営基盤しかもっていなかったことである。また経営の破綻によって生まれた失業者群を吸収する重工業や大工場などの割合が低いために、京都市域やその周辺には恒常的に失業者群が堆積しているという状況であった。第三にやはり米騒動のインパクトが、非常に大きい。一九一八年八月一〇日、京都市南部の崇仁地区からはじまった米騒動は全市に拡大し、参加者の総人数は約二万人に達した。米騒動関係の被起訴者は三二六人にもおよぶ。このとき皇室からは下賜金が与えられ、京都府・市では外米の輸入や米の安売りなどをおこなった。また京都市内の有力者は臨時救済団を組織し、寄付金を集め、米の割引販売や施米などの対策をおこなった。これらの事態は、それまでの応急的かつ慈恵的な社会問題対策でなく、本格的な社会問題への対策機構と対応策の必要を喚起するものだったのである。(15)

米騒動ののち、さまざまな都市問題や「都市下層社会」への対応を迫られた京都市は、一九一八年一二月、勧業課に、初めての社会事業専管機構である救済係を設置した。(16) 最初の救済係長に任命された銅直勇《どうなおいさむ》は京都帝国大学で米田庄太郎に社会学・社会事業などを学んだ新進の人材であった。(17) 銅直はまず共同宿泊所・市営住宅・児童相談所・職業紹介所・方面委員制度の設置を検討するため、先に社会事業行政専管機構を設置していた大阪市・神戸市の視察をおこなった。(18) 後述の通り、京都府はのちに京都府公同委員制度を創設するが、当初京都市も方面委員制度設立の構想をもっていたことは興味深い。

その後、救済係では他都市の社会事業行政の視察結果をもとに市内の貧民部落を調査して、一九一九年度の社会事業関係予算を編成しようとした。(19) この頃、全国的な動きとして社会事業行政組織が整備されてくる。都市社会事業行政に関していえば、一九一七年七月の大阪市救済課の設置を皮切りに、都市社会事業行政機構としての救済課や社会課が順次設置され、各都市で独自の社会事業行政が推進されていくようになる。京都市を含む六大都市では、一九二〇年までにすべて設置が終了する。しかし、ほかの都市ではその設置は順調には進まず、一九二七年においても、都市社会事業行政機構を設置しているのは、市制を施行している一〇二市の中で二七市にすぎなかった[20]。京都市の事例は全国的にみても早い段階での設置といえる。銅直救済係長は、他都市や京都市内の状況を踏まえ京都市の社会事業予算は大阪市と比較して惨めであると語ったうえで、市の事業計画について次のようにのべた。「京都市は大阪市のような商工業地帯と大分相違して居るから職業紹介を求むる労働者の数も少ないので勢ひ規模が小さい、京都市に於ても簡易食堂などを設置しやうとの計画をたててみたが、大阪市とは大分趣きが異なって居るから（中略）この計画は中止した、それから小児託児所は京都市に是非なくてはならぬものだと思ふ[21]」というのである。京都市の地域的特徴から、託児所設置の重要性を強調するにいたったのである。京都市救済係が次におこなったのは市内貧困者の生活実態調査である。その結果、極貧困者三二九戸、九六七名、貧困者二七九戸、一七二八名という情報を得て、市は具体的な方策の立案にかかったのである[22]。

結局、京都市救済係は一九二〇年の社会事業として、簡易食堂、託児所、無料浴場の設置計画を立て、一〇万円の予算を計上したと報道された[23]。翌一九二〇年七月七日には、それまでの救済係を格上げして教育部内に社会課を新設した[24]。こうして京都市も、社会事業施設の設置を中心とした本格的かつ「防貧的」な都市社会事業を開始するのである。

三　京都府社会事業行政機構の成立

では、京都市と同様に社会事業行政機構を作り上げた京都府が、どのような動きをとったのかみてみよう。京都府社会課は京都市社会課に遅れること約二か月後の、一九二〇年九月一四日に創設される[25]。しかし、京都府としては府社会課の創設以前にも、さまざまな社会問題対策を打ち出していた。一九二〇年五月、京都府は西陣方面に救済事業が必要であるという認識を示し、恩賜財団済生会の経営する診療所を千本釈迦堂内に設置し、貧民患者に対する救療事業を推進した。また貧困のため出産費用のない妊産婦に対しては、京都市産婆組合にその施療を委託した(26)。

次に一九二〇年九月九日、京都府慈善協会に委託し、これも千本釈迦堂内に西陣託児所を開設した。京都府の調査では西陣地域の託児所需要は約三〇〇名を超えるという結果が出ており、十分な調査にもとづいての施策であった(27)。

そして、もっとも大きな施策は京都府公同委員制度の創設である。第一回の公同委員総会は一九二〇年八月一七日、京都市岡崎公会堂で開催された。すでに京都府参事会は一九二〇年五月一七日、隣保相扶の精神にもとづいた京都府公同委員制度の実施にともなう予算を可決していたが、馬淵鋭太郎京都府知事は総会の場で改めて社会事業施設や調査の必要を論じた。この制度はのちに作られた京都府社会課が担当課になり、京都市独自の町組織である公同組合の役員や地域の小学校長、在郷軍人会分会長および篤志家に公同委員を委嘱し、一二名の公同主事が事務連絡にあたり、社会事業の推進を目的として運営されたのである(28)。

京都府社会課設立後の一九二〇年九月一八日には、京都府庁を会場に第一回公同常務委員会を開催し、貧民調査結果のカード化や人員の配置、軍事救護における該当者の調査について、議論をおこなった。この時、京都市内を全一二大区に分割し、各公同主事担当地域を設定した(29)。

このように初期の京都府社会事業行政は、既存の社会事業団体に委託する形での西陣地域への社会事業施設の設置と、京都府公同委員制度の運用による貧民の直接的救済事業の二つが主軸であった。特に地域社会に密着した公同委員制度を利用して、京都府社会課はその後もきめ細かな施策をおこなっていく。第一に社会事業奨励のための機関紙『社会』を発刊したことである。この雑誌はのちに『社会時報』と改題するが、京都府社会事業嘱託の海野幸徳などが執筆し、公同委員・京都府会議員・社会事業団体などに無料頒布していた(30)。次に貧窮者一人一人の家族構成や職業、収入などを細かく把握するために作られた方面カードを利用した貧民調査の実施である。京都府社会課は公同委員の作った方面カードによって京都市内の貧民の生活実態調査を実施し、京都市内の貧民は約四万～五万人におよぶと指摘した(31)。さらに、京都府下全体の貧民率は約一五パーセントであるが、市内の貧民密集部落では二七～三〇パーセントにのぼることが明らかになったのである(32)。その後も二年あまりを費やして調査は続けられた。一九二二年三月には貧民分布図を完成させ、最終的に京都市内の貧民数を全市民の三〇パーセントと報告するにいたった(33)。

京都府がこうした活動をおこなうのと並行して、公同委員は各学区で着々と貧民の実状を把握し、衛生・風紀の改善、貧窮児童救済、物価状態、貧民救助などの問題について討議をおこなっていた(34)。あくまで京都府社会課の管轄下にありながら、制度を運用する段階においては自主的に活発な活動をおこなっていることがみてとれる。

その後の京都府社会課の事業展開をみていくと、公同委員制度をできるだけ利用する意図がはっきりとあらわれてくる。一九二三年五月一日には、貧しい妊婦の無料助産を京都市産婆組合へ委託した。方法は府の費用負担で助産婦紹介券を発行して各公同主事に交付するというものであった(35)。さらに六月には、京都市医師会が京都府の補助金や篤志家の寄付を基金として救療事業を開始し、府社会課は公同主事を通じて、無料救療券と、実費の半額を患者が負担する診療券を頒布した(36)。このように委託事業についても公同主事を通じて依頼する形になったのである。

そして、一九二四年三月二二日、京都府は京都府方面委員規程・方面常務委員会規程・方面委員会規程を定めた。さらに公同委員を公同組合と区別するために、方面委員と改称した(37)。その後も方面委員制度をできるだけ活用しようとした施策は続く。府は済生会診療所や日赤京都支部診療所への貧困患者救済紹介を新たに方面委員に委嘱した[38]。そのほか、一〇〇円を限度として、原則一〇か月で月賦返済する細民生業資金貸付制度を実施した[39]。このような京都府社会課の直接的救済事業を重視する路線が、のちに京都市社会課との相克となってあらわれてくるのである。

四　府・市社会事業行政の相克

次第に軌道に乗ってきた京都市社会事業行政は、その体制や運用をめぐってさまざまな批判を受けるようになる。まず京都市社会課が設置されてすぐに次のような批判をうけている。

府の社会課が全市の公同幹事に委員を嘱託すると市も負ぬ気になって市内公私立慈善団体代表者を公会堂に集めて救済事業協議会を開くそうだ▲一タイ市の社会事業は其の施設比較的早かりしに拘らず一向これといふ成績があがらぬので▲監督官庁たる府も座視するに忍びず府市社会事業の競争といふ変梃なことになったのだが▲其の原因は市が社会施設に要する財源を悉く内務省の低利資金に仰ぐ如き消極的な態度を採れるところにある（後略[40]）

これは、前述の通り京都市社会課の設置とほぼ同時期の一九二〇年八月に、京都府が貧困者の直接的な保護救済を地域の有力者に委嘱する京都府公同委員制度を創設した直後の史料である。

表1-1をみての通り、前年の一九一九年に京都市営の社会事業施設は職業紹介所、三条託児所が設置され、いまだ施設が十分でないという批判を浴びていたことが分かる。さらに、このような状況を背景として、京都府の社会事業嘱託である海野幸徳は「この頃府市社会事業の関係が、しばしば世評にのぼり、府と市が反目しあっているやうす取沙汰（中略）市の仕事は凡て市だと云ふような単純な構想から来る地域別の思想は却って府市の

表１－１　京都市社会課関係年表

年月	社会課関係事項
1918年９月	北野、川端、七条の３か所に公設市場を設立
12月	勧業課に救済係設置
1919年６月	京都市職業紹介所開設
12月	三条託児所設立
1920年４月	職業紹介所に副業紹介、無料法律相談事業、無料宿泊所を併置
７月	社会課を教育部内に新設
８月	京都府公同委員制度新設
10月	大蔵省からの第１回低利資金で新町頭住宅建設（市営住宅１号）
11月	養正託児所、崇仁託児所設立
1921年１月	田中市営住宅建設、御前通市営住宅建設
６月	壬生職業紹介所開設
10月	養正および崇仁家事見習所設立（託児所に併設）
11月	三条および崇仁家事見習所設立（託児所に併設）
1922年１月	住宅組合法による低利資金の貸付開始
４月	七条職業紹介所設立（京都市職業紹介所を移転）
５月	東福寺市営住宅建設
７月	崇仁託児所新築、七条簡易食堂設立
８月	崇仁公設浴場設立、養正公設浴場設立
1924年３月	簡易宿泊所設立、養正託児所新築移転
５月	壬生託児所設立、錦林託児所設立
８月	錦林家事見習所設立
12月	三条託児所新設移転
1925年５月	この時初めて直接的な貧民救助事業開始、京都市市民共済会を社会課内に設立 中央職業紹介所および中央簡易食堂設立（壬生職業紹介所を移転新築） 楽只託児所移転
1926年４月	中央授産場設立（京都職業紹介所併設）

出典：『京都市社会事業要覧』各年度版

相互扶助作用を防げる（中略）江湖においても府市間の協調進めるやうに希望する」[41]と京都市の社会事業行政に対する意見を述べ、府・市間の社会事業行政の連携のまずさを指摘した。この問題はのちに貧困者の直接的な救護・救済をめぐる京都府・京都市の姿勢の違いとしてあらわれてくることになる。

一九二〇年一〇月にも京都市の社会事業行政に関する批判は続き、次のような指摘がなされた。

本市社会課には未だ専任課長なく調査、経営の両係を置くと雖も予算僅少にして殆んど仕事をなすを得ず、他の大都市に追従して僅かに形式的に之を模倣し申訳的に設置するに過ぎざるの観あり（中略）之れ安藤市長が社会政策的施設の如き新思想的事業には理解と同情とを欠き、之れが遂行に熱意なき結果に依るものなりとの批難少からざるが（中略）特に施設及ばざるは社会教化の方面にして、現に施設され居るは小売市場の如き市営住宅の如き職業紹介所の如き単に差し迫れる一部市民の窮迫を緩和するに止まり、何等根本的救済策改善策の一端だに指を染められ居らず市民の世論は更に徹底的なる社会政策的施設の遂行を要求し居る[42]

ほかの大都市にくらべ、その体制や社会事業施設の設置が明らかに劣っており、公設市場や市営住宅、職業紹介所などの経済保護事業に偏っていると認識されている。この段階で京都市社会事業行政はその内実が問われ始め、行政機構自体も批判の対象となっていくのである。

京都市社会事業行政が重点的に整備した社会事業施設についても、一九二二年九月に浄土真宗本願寺派管長代理の大谷尊由が京都市の救済事業や社会事業施設を視察した感想として、以下のようにのべた。

私の感じた点は京都市内の救済事業や社会事業なるものが徒ら形式に流れて一種のミエに終わり内容の充実といふことに多大の遺憾があることである。当事者は外観を整へるために創設費に可なり経費をかける。それゆえ看板や建物だけは堂々たるものが出来上がるが、サテ肝心の事業を営む段になると、経常費を出し惜しむために本当の仕事が出来ない、何々院だとか何々会だとか名だけ聞けば立派であるが、視察にでかけて

も空家同然でなかにはヨボヨボした老人や活気のない事務員が差控へているといふばかりである（後略）[43]

京都市の社会事業施設を設置したあとの運営予算が不十分で、実質がともなっていないという、きわめて厳しい批判をうけていたのである。

また、京都市会においても、一九二二年一一月二九日に、市会議員田崎信蔵が社会事業の問題点を指摘した。第一に、市は社会事業施設を作っているが、調査がたらないのか、熱心さがたらないのか有効利用されていない。第二に、その点、京都府は各学区の公同主事がよく調査している。京都市の調査がたらないのは、怠慢なのか人がたらないのかどちらなのか。第三に公同主事と市社会課は連携をとって事業を遂行しているのかどうか具体的に聞きたい、第四に馬淵市長に知事時代から市長時代において組織の基本調査ができているのか、具体的に調査ができていれば内容を尋ねたい[44]。以上が田崎の発言の要旨である。これに対し、市助役の多久安信は次のように答えた。まず、府の公同主事と市の社会事業もなるべく連絡をとり活動している。また、府の社会課はきちんと調査をしているが、市の調査は十分でないので、府の成果をできるだけ利用させてもらっている。つまり京都市は市社会課の調査が不十分なことを認めていたのである[45]。

こうした批判を受けながらも、京都市が社会事業施設の設置を進めたことは表1-1をみての通りである。一九二五年九月時点の施設について、「現在本市は職業紹介所二ヶ所、副業ミシン裁縫講習所一ヶ所、託児所六ヶ所、児童遊園六ヶ所、児童水泳場一ヶ所、市営住宅二百六十ヶ所、現業員寄宿舎二ヶ所、無料宿泊所各一ヶ所、公設市場六ヶ所、簡易食堂二ヶ所、浴場二ヶ所、トラホーム診療所三ヶ所、肺結核療養所一ヶ所、家事見習所五ヶ所、洋裁編物講習、無料法律相談各一ヶ所経営している外、中央卸売市場の建設中であり、大いに都市社会政策の具現完成に努力しているのである[46]」という市社会課の説明にみるかぎり多数の社会事業施設を配置している。では、その施設の分布はどのような状況であったのだろうか。図1-1をみての通り、市内の各地域に均等にま

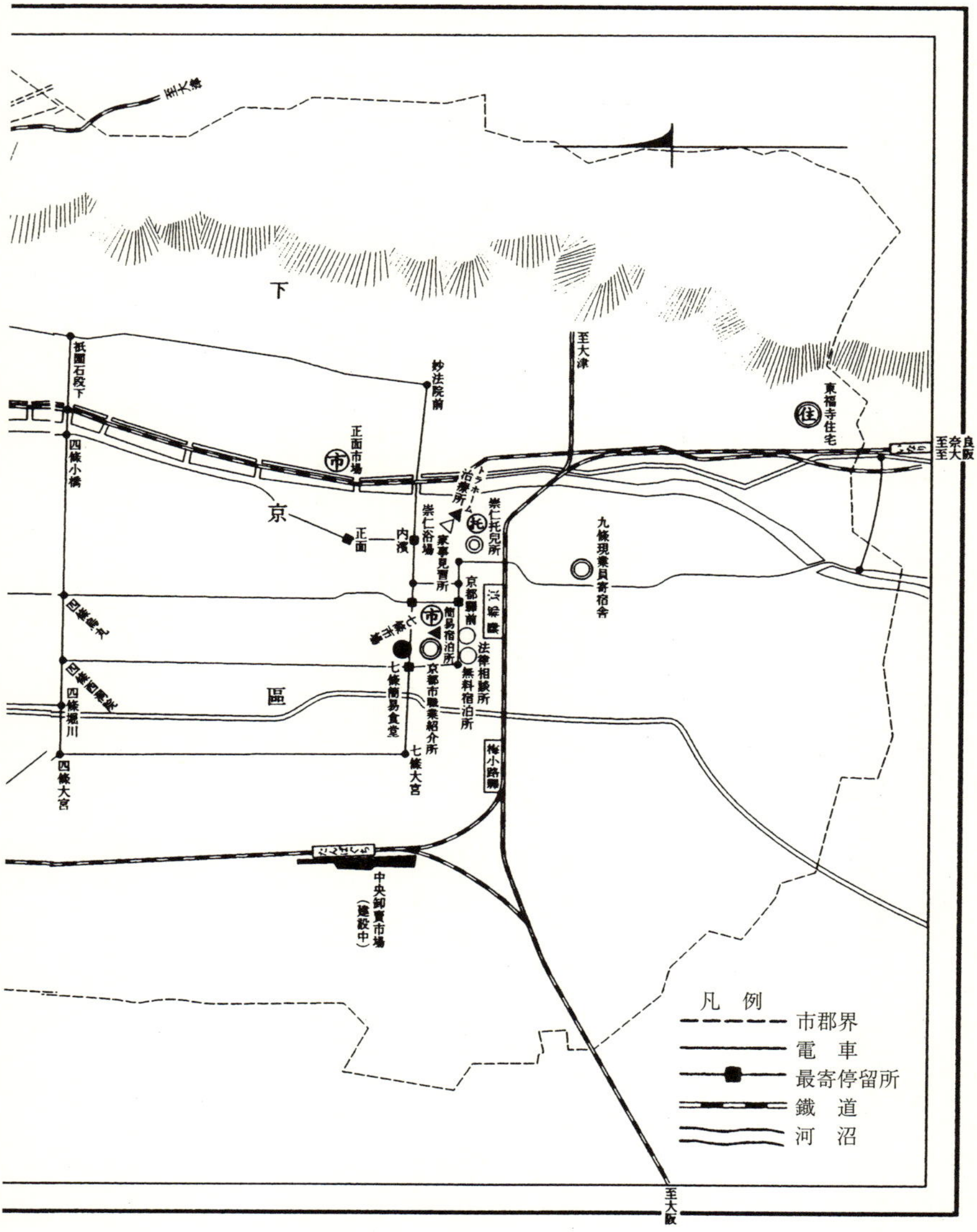
下
京
區
祇園石段下
妙法院前
正面市場
四條小橋
正面
内濱
崇仁浴場
家事見習所
崇仁托兒所
トラホーム治療所
京都驛
九條現業員寄宿舍
東福寺住宅
至奈良
至大阪
至大津
京都驛前
簡易宿泊所
七條市場
法律相談所
無料宿泊所
京都市職業紹介所
七條簡易食堂
七條大宮
四條堀川
四條大宮
梅小路驛
中央卸賣市場（建設中）
至大阪
凡例
市郡界
電車
最寄停留所
鐵道
河沼

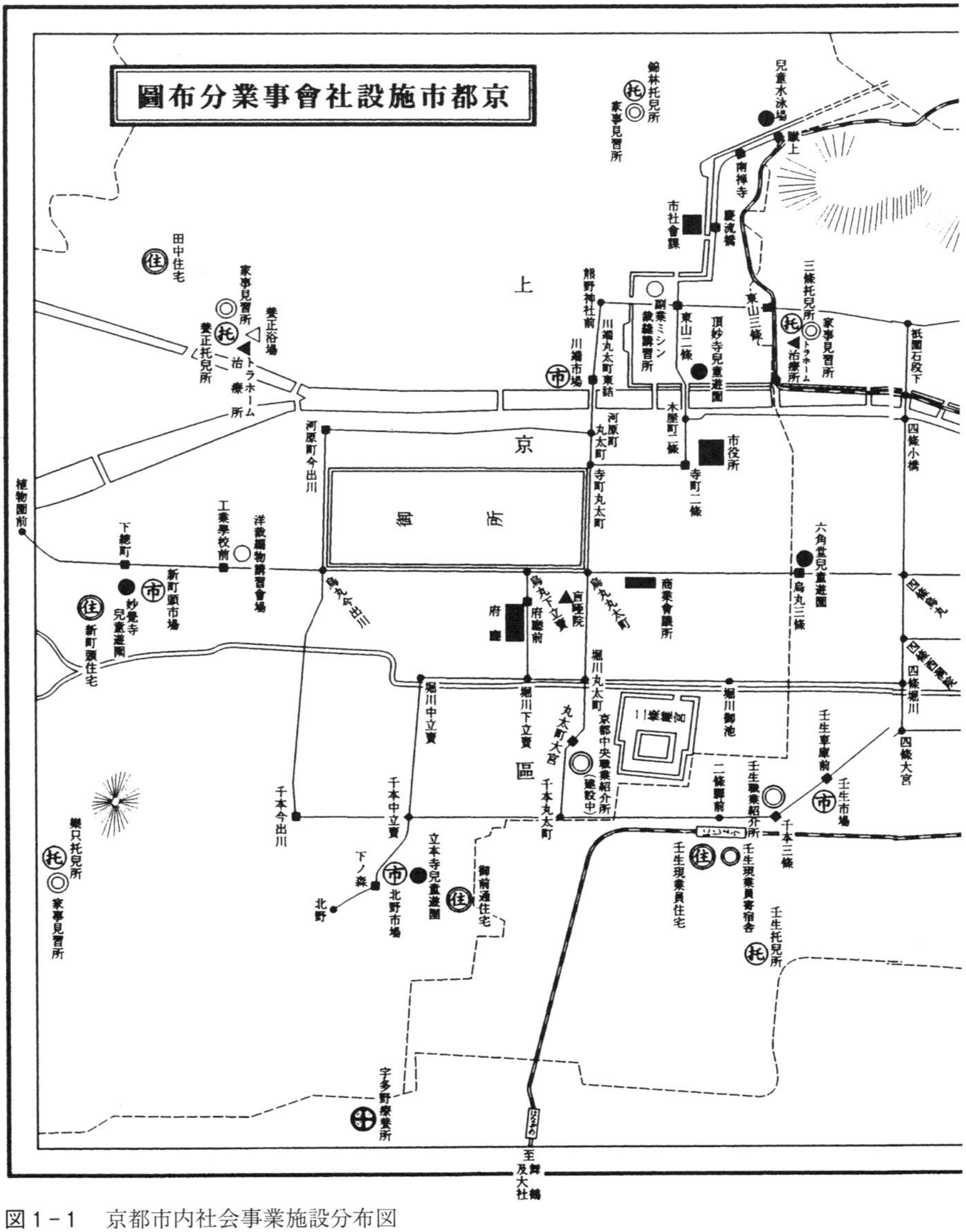

図１－１　京都市内社会事業施設分布図

出典：『京都市施設社会事業一覧』京都市社会課（1924年12月）

表1－2　京都市社会事業決算　（単位：円）

普通経済（経常部）	1919年	1920年	1921年	1922年	1923年	1924年	1925年	1926年
救済費	1629.44	3803.68						
市営住宅維持費		1686.57	2230.60	4872.89	4138.30	5373.52	5214.42	4955.45
簡易宿泊所費					343.23	3363.62	4328.15	4043.54
公設浴場費					836.19	1207.70	1170.54	913.55
簡易食堂費		523.64	105.03	1272.97	1071.67	1226.03	1175.89	945.67
職業紹介所費	4007.66	10628.53	11192.84	14125.66	14920.74	15924.51	15949.80	17160.09
労働紹介所費								
授産場費								2802.31
託児所費		8213.84	16401.26	18873.17	18441.23	23773.20	26623.16	28136.42
公設市場費	10984.78	25537.79	20574.51	20296.30	26780.67	26835.59	16975.38	15492.84
社会事業諸費			18540.14	16907.33	14243.08	12254.03	14441.84	10798.86
トラホーム予防救治費		2399.42	6719.85	10612.53	11852.92	11921.63	12395.53	11625.56
水泳場維持費						1020.06	944.06	941.60
児童遊園費					1915.40	1629.90	1414.20	1406.76

普通経済（臨時部）	1919年	1920年	1921年	1922年	1923年	1924年	1925年	1926年
市営住宅費	190414.00	446674.42	225.00 /70330.59	19347.90				
簡易宿泊所費					49998.15			
無料宿泊所費								
公設浴場費				5102.89	58897.86		1487.13	
簡易食堂費			18830.82	2848.10	443.00	8427.90	676.10	
職業紹介所費			18468.44	1324.70	136.00	41843.42		
労働紹介所費								
託児所費			35992.33	592.38	125772.79	51952.80	26249.19	38.50
公設市場費	63666.68	268.00	20556.13	3130.25	175.00	19503.45	15571.24	38323.11
隣保館費								11903.21
地方改善地区整理費					985.00			28179.59
社会事業諸費				96.54				
社会事業調査費					1663.25			
失業救済事業費					69541.84		50413.27	60550.74
水泳場費							2359.14	

特別会計	1919年	1920年	1921年	1922年	1923年	1924年	1925年	1926年
慈恵基金	3.00	3687.67	5539.09	7548.12	5397.24	7145.48	36431.59	5824.33
市設住宅費								

出典：京都市社会課『京都市社会事業要覧』（1933年）から京都市社会課の管轄で決算として計上されているものを抜粋して作成

んべんなく配置するといったものではなく、まず京都駅の周辺、とりわけ崇仁地区に集中していることが明らかである。次に施設が多い地区としては東山三条、壬生、錦林、養正、楽只、田中などの被差別部落と西陣地域があげられ、施設配置は特定地域に集中していることが分かる。表1-2の京都市社会事業決算をみても、被差別部落が対象の事業費である託児所費や、トラホーム診療所に関わるトラホーム予防救治費の割合が高くなっている。また、職業紹介所、公設市場、市設住宅など経済保護事業の比率も高く、前述の京都市社会事業行政に対する批判を裏づけている。

行政機構に関しては表1-3の通りである。京都市社会課に所属する職員数は、一九二三年以降増え続けた。人員配置や人材の面では、前掲の小倉襄二や浜岡正好が高く評価する米田庄太郎門下の漆葉見龍が、(47) 一九二四年七月、大阪市社会部から京都市社会課に転任したことが特筆される。(48) 漆葉は表1-4をみての通り、一九四二年に京都市を退職するまで社会事業行政の中枢で働き続けた人物であった。京都市は行政機構の拡大にあわせて、社会事業に関する専門職員の設置もおこなったのである。

しかし、京都市が社会事業施設の設置にのみ力を入れているという京都府側の批判は続いていた。一九二五年四月には、

島田京都府社会課長は十二日付をもって各京都府方面主事に対して、従来京都市内における窮民にして救助を要すべきものは方面主事の上申により直接本府において取扱ひ来つたが、右は隣保相扶の情誼により先づ京都市にしてその負担を当らしむるを以て相当なる手続なりと認め、今般斯種出願ありたる時は京都市において受理すべき様別途内務部長から通牒したるものについては、右旨を含むで遺憾なく取扱ふやう通牒するところがあった。京都市内において京都府社会課が「カード階級」と称し生活上ある種の補助若しくは救助を要すのみとみとめているもの（中略）あるにかかわらず京都市にあっては右細民救助に使用しうべき資金

表1－3　京都市社会課職員配置

	1923年	1937年	1939年
合計人数	88人	317人	310人
備　考	嘱託16人	嘱託36人・嘱託医３人・嘱託弁護士18人・臨時調査員30人	嘱託30人・嘱託医３人・嘱託弁護士17人

出典：『京都市社会事業要覧』(各年度版)

表1－4　漆葉見龍履歴書

氏　　名	漆葉見龍	
生年月日	1899年２月22日	
学　　歴	京都帝国大学文学部哲学科選科卒業(社会学専攻)	
前　　職	大阪市書記	
在職中の履歴年月日・任免其他事項	1923年７月15日	大阪市社会事業事務員拝命、社会部調査課勤務
	同年12月12日	大阪市書記拝命、同上勤務
	1924年５月31日	右退職(家事ノ都合ニ依リ)
	1924年７月15日	京都市書記拝命、社会課勤務
	1925年12月20日	休職ヲ命ス
	同上	社会事務調査ヲ嘱託ス
	1927年１月２日	処務規定改正ニ依リ教育部社会課勤務ヲ命セラル
	1928年	庶務部庶務係勤務
	1930年５月22日	教育部社会課勤務ヲ命ス
	1932年６月15日	社会課長を命ス
	同上	七条職業紹介所所長事務取扱ヲ命ス
	同上	伏見職業紹介所所長事務取扱ヲ命ス
	1933年４月１日	七条職業紹介所所長事務取扱ヲ免ス
	同上	伏見職業紹介所所長事務取扱ヲ免ス
	1933年５月１日	庶務部社会課長ヲ命ス
	1934年９月27日	京都市風害復興審議会幹事ヲ命ス
	1935年６月25日	社会課長ヲ命ス
	1937年９月29日	京都市時局事務委員会委員ヲ命ス
	1938年11月１日	参事援護課長兼務ヲ命ス
	1940年８月１日	社会部長心得ヲ命ス
	1941年３月12日	任京都市理事
	同上	社会部長ヲ命ス
	同上	社会部長保護課長事務取扱ヲ命ス
	1941年４月22日	社会部長保護課長事務取扱ヲ免ス
	1941年12月26日	厚生部長ヲ命ス
	1942年８月22日	依頼本免職

出典：京都市履歴書(京都部落問題研究資料センター所蔵複写版)

相当ありながら捨ててかへりみず、主として京都府方面委員により京都府が賑恤しているものであるが、（中略）右恤救は隣保相扶の主義によりまづ市町村において救恤し、しかるのち条件によって府県費もしくははじめて国費にまつべき性質のものであるから、ここにその救恤について何等の処置をなさざる京都市長にあて内務部長より注意を促したる次第であり、取扱ひ事務繁忙をさくるため直に京都府にもちこんできつつあった方面主事にも右の旨同様通牒するにいったものである(49)

という記事が掲載された。これは、京都市が一九二五年四月、表1-1にあるように特別会計のうち慈恵基金利子の一部を割いて京都市域の貧民に対して直接的救助事業を開始したが、その制度が機能せず、いまだ京都府方面委員制度によって救済していることについて、京都府社会課長が京都市域の各方面委員に対し、まず京都市に救済を求めるよう通牒を出したというものである。

さらに、京都市は市内最大の被差別部落である崇仁地区の地区整理事業を、内務省の補助で進めようとしていたが、その事業も京都府・京都市間の意見対立でほとんど実施されていないことが、内務省社会局の調査で明らかになった(50)。結局、当初は高瀬川の下水改良工事をおこなう計画であったのをやめ、道路整備事業を実施する京都市案が通り、京都府および内務省社会課も了承した(51)。これらの事例は、府市社会事業行政の関係の相克でもあるが、直接的救護事業である方面委員制度をもつ府と、経済保護事業偏重の市との、社会事業行政に対するアプローチの違いといえるだろう。一九二〇年代後半になると、京都市では、社会事業施設や行政機構自体の基盤は整ったものの、社会事業行政自体のあり方が問われてくるのである。

結局これらの批判ののち、一九二六年五月に京都市社会課は、慈恵救済給与に関する内規を示し、市の救貧方策を明らかにした(52)。この時点では市として初めてとなる直接的救護の規程である。この後ようやく、京都市社会事業行政は貧困者に対する本格的かつ直接的な救護と、社会事業施設の二本柱による施策をおこなうという、新たな段階を迎えたのである。

五　おわりに

以上これまで明らかにしたことをまとめると、従来の先行研究では、京都市社会事業行政は大阪市社会事業行政同様、比較的高い評価が与えられてきたが、一九二〇年代前半までは単に経済保護施設を中心とした社会事業施設の建設に終始し、被差別部落改善事業への予算および施設配置にかなり重心を置いていたことが分かる。また、社会事業施設の運営をめぐっても、形式的で実質化されていないなどの問題点が指摘されていた。

一方、京都府社会事業行政は、ほぼ京都市と同時期に立ち上げられたが、京都市とは異なり、西陣地域への施設配備を優先し、京都府独自の方面委員制度である京都府公同委員制度を立ち上げた。この制度を運用して、府は医療救護事業・直接的救護事業への対策や、各学区内での方面カードを利用した詳細な貧民調査などをおこなった。また公同委員の側も、自主的にみずからの地域の社会問題改善に動いていた。

京都市社会事業行政は、特定地域に集中して社会事業施設を設置する手法と、直接的な貧困者救護事業の軽視を京都府側から指摘されていた。京都府・京都市のあいだで相互連絡がうまくいかず、事業自体の調整にもきわめて時間がかかる状況にあった。京都市社会事業行政に対し、従来のような高い評価を与えることができるのは一九二〇年代後半以降の活動で、漆葉見龍などの人材が指導力を発揮してからであろう。小倉襄二や浜岡正好が高く評価する『京都市社会課調査報告』の発刊も、一九二五年一一月のことである[53]。少なくとも京都市社会課と大阪市社会部を同列に評価することはできないだろう。さまざまな批判を浴びながら、京都市がようやく独自の直接的救護事業の規程を明文化するのは、一九二六年五月であった。

（1）池田敬正『日本社会福祉史』（法律文化社、一九八六年）。

（2）玉井金五「日本資本主義と〈都市社会政策〉――大阪市社会事業を中心に――」（杉原薫・玉井金五編『大正／大阪／スラム』〈新評論、一九八六年〉、のち玉井『防貧の創造』〈啓文社、一九九二年〉に所収）。

（3）近年、近現代資料刊行会から復刻されている六大都市の社会調査報告書復刻シリーズの解題などが、要領よく概説をまとめている。それ以外はいまだ各自治体史の叙述によるしかない状況である。個別の本格的な研究としては、大石嘉一郎・金澤史男編『近代日本都市史研究――地方都市からの再構成――』（日本経済評論社、二〇〇三年）、「川崎市――新興都市の事例研究Ｉ――第三節第一次大戦期から一九三〇年代の川崎市行財政」（沼尻晃伸執筆、五三一～五七四頁）、源川真希『東京市政――首都の近現代史――』（日本経済評論社、二〇〇七年、第二～六章）。そのほか、金沢市を事例とした能川泰治「地方都市金沢における米騒動と社会政策」（橋本哲哉編『近代日本の地方都市』日本経済評論社、二〇〇六年）もある。

（4）小倉襄二「『京都市社会課調査報告』について」（『京都市社会課調査報告（復刻版）』一、文京出版、一九七八年）。

（5）秋定嘉和『近代日本の水平運動と融和運動』（解放出版社、二〇〇六年、第二部第四章）。

（6）中村福治「大正・昭和期（戦前期）における京都の部落」（『近代京都の部落』部落問題研究所、一九九〇年）

（7）横井敏郎「明治・大正期における都市の拡大と部落行政の転換」（『部落問題研究』一〇八輯、一九九〇年）。

（8）伊藤悦子「市立託児所の設置とその役割――京都市の地方改善事業の開始――」（『京都部落史研究所紀要』六号、一九八六年）。

（9）浜岡正好「大都市零細自営業と下層労働者の科学的把握へ――京都市社会課調査から――」（江口英一編『日本社会調査の水脈』法律文化社、一九九〇年）。

（10）白木正俊「日本近代都市行政における社会調査の一特質について――京都市社会課の児童調査の比較を中心に――」（『立命館史学』一二号、一九九一年）。

（11）京都市編『京都の歴史』九（学芸書林、一九七六年）、京都市政史編纂委員会編『京都市政史』第一巻（京都市、二〇〇九年）参照。その他、戦前の出版であるが、『京都市政史』上巻（京都市、一九四一年）も都市社会事業行政の変遷を要領よく叙述している。

(12) 松下孝昭「京都市の都市構造の変動と地域社会——一九一八年の市域拡張と学区制度を中心に——」（伊藤之雄編『近代京都の改造』ミネルヴァ書房、二〇〇六年）。
(13) 松下孝昭「都市社会事業の成立と地域社会——一九二〇年前半の京都市の場合——」（『歴史学研究』八三七号、二〇〇八年）。
(14) 早崎真魚「大正期京都市における方面委員制度の展開と地域社会秩序」（『日本史学集録』三一号、二〇〇八年）。
(15) 以上の事実は、これまで本章でとりあげた先行研究によってすでに明らかにされているが、ここでは行論の必要上叙述した。
(16) 『京都市告示』第五四五号（一九一八年一二月二八日）。
(17) 中久郎『米田庄太郎——新総合社会学の先駆者——』（東信堂、二〇〇二年、一四六〜一四七頁）。
(18) 『京都日出新聞』一九一九年一月一九日。
(19) 『大阪朝日新聞京都版』一九一九年二月二四日。
(20) 内務省社会局社会部『社会事業機関および経費の状況』（一九二七年、三頁）。
(21) 『大阪朝日新聞京都版』一九一九年三月二日。
(22) 『京都日出新聞』一九一九年四月一三日、四月一四日。
(23) 『京都日出新聞』一九一九年一〇月五日。
(24) 『京都市告示』三三七号（一九二〇年七月七日）。
(25) 『京都府令』一六号（一九二〇年九月一四日）。
(26) 『京都医事衛生誌』三一五号（一九二〇年五月）。
(27) 『京都日出新聞』一九二〇年八月一三日、『大阪毎日新聞京都版』一九二〇年八月一三日。
(28) 『京都府公同委員制度二十年史』一九四〇年、三三〜三九頁（以下、『二十年史』と省略）、『京都日出新聞』一九二〇年八月一七日。
(29) 『二十年史』八〇頁、『京都日出新聞』一九二〇年九月一八日。
(30) 『京都日出新聞』一九二一年二月一二日。

(31)『京都日出新聞』一九二一年一二月二四日。
(32)『中外日報』一九二一年一二月二五日。
(33)『京都医事衛生誌』三三六号、一九二二年三月。
(34)『二十年史』七七〜八五頁。
(35)『京都医事衛生誌』三五〇号、一九二三年五月。
(36)『京都日出新聞』一九二三年六月二日。
(37)『京都府告示』二〇一〜二〇三号（一九二四年三月二三日）、『京都日出新聞』一九二四年三月二五日。
(38)『京都医事衛生誌』三六四号（一九二四年七月）。以下、一九二〇年代の京都府方面委員制度の具体的な展開は、前掲註(13)松下論文と、前掲註(14)早崎論文参照。
(39)『京都日出新聞』一九二四年七月二五日。
(40)『京都日出新聞』一九二〇年八月二五日。
(41)『京都日出新聞』一九二〇年八月二五日。
(42)『京都日出新聞』一九二〇年一〇月八日。
(43)『大阪毎日新聞京都版』一九二二年九月四日。
(44)『京都市会会議録』三三号（一九二二年一一月二九日、一一九九〜一二〇一頁）。
(45)同右、一二〇一〜一二〇二頁。
(46)京都市社会課『京都市施設社会事業概要』（一九二五年九月）。なお一九二四年四月一五日、京都市告示二二四号により、公設市場の管轄が新設された市場課、トラホーム診療所などが同じく新設された衛生課になった。これ以降社会課の管轄からはずれるが、煩雑さを防ぐため、また行論の必要上、公設市場、トラホーム診療所に関しても、叙述していく。
(47)前掲註(4)小倉論文などは「いまに至るまで、『社会課気質（カタギ）』として京都市政の中で、語り継がれている、社会課スタッフのあざやかで、意欲的な主体性、その実践――調査能力の卓抜さ」（四頁）を支えた「これらのスタッフを日常的に強い個性と峻烈な問題意識で鍛えた漆葉見龍氏、その協力者のリーダーシップやコミュニケーションをヌキにして」（七頁）は語りえないと高く評価し、前掲註(9)浜岡論文もそれを継承している。京都市社会課調査や社会事業行政職員についての分析は、本書第四章参照。
(48) 前掲註(17)中久郎書、一四四～一四六頁。
(49) 『大阪朝日新聞京都版』一九二五年四月一三日。
(50) 『京都日出新聞』一九二五年八月一五日。
(51) 『京都日出新聞』一九二五年一一月二日、『大阪毎日新聞京都版』一九二五年一一月三日。
(52) 『京都日出新聞』一九二六年五月二七日。
(53) 前掲註(9)浜岡論文参照。

第二章　府県社会行政と都市社会行政の関係構造
——財団法人京都共済会を事例に——

一　はじめに

本章は、一九一八年から一九二六年までの府県社会事業行政における都市社会事業の構造と展開を、京都府社会事業行政と、府の主要な都市社会事業の実行主体である京都府主管の財団法人京都共済会（以下共済会と省略）を中心に明らかにするものである。

本書第一章において、一九一八年から一九二六年にいたるまでの京都市社会事業行政の実態について検討した。その結果、従来の研究では当初から優れた都市社会政策を推進したと高い評価を与えられてきた京都市社会事業行政に対して、より現実にそくした評価をおこなうことができた。第一に、京都市社会事業行政は一九二〇年代前半までは、経済保護施設を中心とした社会事業施設の建設に終始し、被差別部落改善事業への経費および施設配置に重心がおかれていたことを明らかにした。第二に、京都市社会事業行政は、社会事業施設の運営に関して、ジャーナリズムや社会事業専門家から、形式的で実質化されていないとの批判を受けていたことを明らかにした。さらに京都府社会事業行政との関係についても検討し、京都市社会事業行政の被差別部落とその周辺地域に集中して社会事業施設を設置する手法と、直接的な貧困者救済事業を軽視する路線は、京都府側からも指摘され批判されていたこと、そして、京都府・京都市間でも行政施策をめぐっての調整や、相互連絡がうまくいかなかったことを指摘しておいた(1)。

本章では前章の結論をふまえて、一九一八年から一九二六年までの京都府社会事業行政と共済会の都市社会事業の展開を中心に分析をおこなっていきたい。その理由は本章の分析時期において、京都府の社会事業施設運営の主体はほとんど共済会であったためである。

現在の研究状況では、すでに、府県社会事業行政と都市社会事業行政とがおこなった社会事業の相互関係の分析が必要とされている。これまでの研究では、府県と市の行政施策や社会事業施設の設置が同時並列的に叙述されているにすぎず、それぞれの相互関係や政策の差異などは捨象されてきた。そのため都市社会政策において府県社会事業行政が果たした役割はほとんど解明されていない。研究史上重要な位置づけがされているのにもかかわらず、都市政治史や都市社会史の研究の進展にくらべ、都市社会政策や行政の具体的な構造分析の研究が立ち後れている現在では、重要な研究課題の一つである(2)。

これまでの府県社会事業行政による都市社会事業の研究は、先にのべた通り、各自治体史に事実が羅列される体の概説的叙述がおこなわれているのみで、通史という制約のためふみ込んだ分析はおこなわれていない(3)。

京都府・京都市を対象とする研究としては、山本啓太郎が、一九一八年から一九三一年までの京都市の方面委員制度と隣保事業を概観するなかで、京都府が米騒動時の臨時救済団の剰余金約三七万円を用いて実施した事業について分析し、「京都市への配分を行わず、府は公同委員制度を発足させ、府立託児所を設立し、さらに、直接社会事業を展開する布石として『京都共済会』という第三セクターの財団法人を設立するのである。府の方針展開の理由は、単に府のいわゆる『縄張』意識の発現というより、市による社会事業展開を待てなかったほどの不況の到来、そして、それによる「米騒動の再来」への危機感ではないだろうか(4)」と指摘した。また山本は、一九二五年四月に京都府直営の社会事業施設の運営が共済会に移管されることを指摘した。そして、共済会による京都市内三か所への社会館の設置は、京都市の隣保館設立への対抗意識に根ざした施策であり、背景には府が個々の社会事業を直営するという方針に対する批判があったと推測している。[5]

しかし、本章の結論を先取りすれば、共済会の事業資金の運用や管理をめぐっては、府市の駆け引きや対立があり、素直に京都市が引き下がったわけではない。後には、市も共済会の資金を利用できるようになる。その後、双方ともが抱える社会事業関係費用の不足という問題があった。また社会館の設置についても、府の直営でこそないものの、府が社会事業嘱託である大谷瑩韶や海野幸徳を辞職させた一九二四年四月以降も共済会資金を利用して実質的かつ直接的な社会事業施設運営をおこなっていることが明白である。ただし山本の研究は京都市域における方面委員制度と隣保事業を論じるにとどまっており、本章の主題にかかわる本格的な研究とはいいがたい。

本章と課題を同じくする研究としては管見の限りまず沼尻晃伸のものがある。[6] 沼尻は、一九二〇年代前半から一九三〇年代までの神奈川県川崎市における都市社会事業の展開を、神奈川県社会事業行政との関係や川崎市会の議論などと関連づけながら検討した。沼尻によると、一九二〇年代の川崎市の都市社会事業は、神奈川県社会事業行政が主導しながら、経済保護事業中心の都市社会事業として川崎市自身が実施する形態をとった。これらの事業のうち、公設市場や社会館について利用者が伸び悩んだものの、公設住宅の建設や住宅組合への資金融資については一定の普及をみた。しかし、川崎市会の中でも社会事業に対する理念は明確なものではなかった。特に都市社会政策にかかわる専門職員の必要性に対する認識が不十分であり、大阪市や京都市などのように、専門職員層による都市社会政策が大きく展開することはなかった。そして一九三〇年代になると、中央政府の財政的裏づけが存在する失業救済事業や、救護法にもとづく貧困者の直接的救済事業が社会事業の中心となり、結果、地域有力者が就任する社会委員（方面委員）の役割が増したと結論づけた。

沼尻の研究は、さまざまな都市社会事業を地方議会、府県社会事業行政などの相互関係の中で把握した研究として、おそらく最初の例であり、示唆に富んでいる。沼尻が検討した川崎市の事例では、米騒動後、神奈川県が県内の篤志家から寄付を集めて設立した神奈川県匡済会（当初は神奈川県救済協会）が川崎社会館と公設市場を設置し、神奈川県が託児所を設置した。その後、公設市場と託児所は川崎市が経営する形をとっている。川崎市の場合は、都市社会事業行政機構が十分に形成されず、神奈川県が施策をリードした。京都市の場合は六大都市の一つでもあり、一定の都市社会事業行政機構が確立していたことから、川崎市の事例とはまったく異なる経過をたどる。よって個々の事実関係を確認しつつ、あらたに分析をおこなう必要がある。

本章では、京都市社会事業行政との関係に留意しつつ京都府社会事業行政と、その社会事業施設の設置運営を担った共済会の都市社会事業について検討していきたい。

二　京都府社会事業行政機構の形成と財団法人京都共済会の成立

京都府社会事業行政の形成過程においても、先にふれた京都市社会事業行政と同様、米騒動の影響を無視することはできない(7)。まず京都府社会課の設置に先行する財団法人京都共済会の設立過程を検討する。一九一八年八月一四日、米騒動への対応の一形態として、内貴甚三郎ほかの京都市内有力者が発起人となり、京都府庁で貧民救済策について懇談して、臨時救済団を組織した。各地の篤志家や有力者から募った寄付金は六四万五五九四円にのぼった。臨時救済団は中産者以下を救済するために米価割引券を配布し、極貧者には施米券を施与した(8)。その後、一九二〇年五月一七日になって、京都府は臨時救済団理事会を開催した。そこで公同委員（のちの方面委員）の設置および幼児託児所一か所の設置を決定し、府参事会で予算措置をはかった(9)。この時に臨時救済団の余剰金の使途が議論され、直接的な救済事業としての京都府公同委員制度とともに、社会事業施設である託児所の設置がおこなわれる。表2-1をみての通り、京都市社会事業行政は当時すでに北野、川端、七条の三か所に公

表２－１　京都市・京都府社会課関係年表

年　月	京都市社会課関係事項	京都府社会課関係事項
1918年９月	北野、川端、七条の３か所に公設市場を設置	
12月	勧業課に救済係設置	
1919年６月	京都市職業紹介所開設	
12月	三条託児所設立	
1920年４月	職業紹介所に副業紹介、無料法律相談の取扱、無料宿泊所を併置	
６月		海野幸徳が京都府社会事業嘱託に就任
７月	社会課を教育部内に新設	京都府が管轄となり財団法人京都共済会設立
８月		京都府公同委員制度新設(のち1924年４月に方面委員と改称)
９月		京都府内務部に社会課を設置、西陣託児所開設
10月	大蔵省からの第１回低利資金で新町頭住宅建設(市営住宅１号)	
11月	養正託児所設立、崇仁託児所設立	
1921年１月	田中市営住宅建設、御前通市営住宅建設	
６月	壬生職業紹介所開設	
９月		西陣職業練習所・東三条公設浴場開設
10月	養正および崇仁家事見習所設立(託児所に併設)	
11月	三条および崇仁家事見習所設立(託児所に併設)	
1922年１月	住宅組合法による低利資金の貸付開始	
４月	七条職業紹介所設立(京都市職業紹介所を移転)	
５月	東福寺市営住宅建設	
７月	崇仁託児所新築、七条簡易食堂設立	
８月		楽只公設浴場開設
11月		東寺託児所開設
1923年２月		西三条公設浴場開設
５月		職業紹介所を千本釈迦堂境内の府立託児所に付設
７月		西陣公益質屋開設
８月	崇仁公設浴場・養正公設浴場設立	
1924年３月	簡易宿泊所設立、養正託児所新築移転	京都府社会課社会事業嘱託の大谷瑩韶・海野幸徳が辞任
５月	壬生託児所設立、錦林託児所設立	
６月		中京区千本丸太町西入に上児童健康相談所開設、東山区鞘町七条下ルに下児童健康相談所開設
８月	錦林家事見習所設立	
12月	三条託児所新設移転	東九条公益質屋開設
1925年５月	中央職業紹介所および中央簡易食堂設立(壬生職業紹介所を移転新築) 楽只託児所移転	
９月		東山区鞘町七条下ルに京都共済会第１社会館開設
1926年４月	中央授産場設立(京都職業紹介所併設)	
６月		下京区東岩本町に共済会住宅建設

出典：『京都市社会事業要覧』各年度版、『京都府社会事業要覧』各年度版、『京都日出新聞』などから作成

設市場を、七条に職業紹介所と無料宿泊所を、三条に託児所を設置していた。京都市のあとを追う形で、京都府でも社会事業施設の設置が決定したのである。

その後、臨時救済団の財団法人化が検討される。具体案としては米騒動時の米価割引券や施米券の経費の余剰金である約三七万円のうち、二〇万円で「完全なる託児所を市の南北両方面に設置し、無資力の父母をして安んじて日々の労役に従事せしめ」ることを計画し、「南は東七条（崇仁地区――杉本）方面、北は野口村（楽只地区――杉本）方面を其予定地」とした。同じく一四万円で「密集部落改善を期せんため」平屋作りの長屋、共同浴場、理髪場、託児所、簡易食堂、無料診療所を設置し、残る三万円あまりは社会事業の補助宣伝費とした。この時、財団の運営について「府の事業としては府下全体に及ぼす事は言ふまでもないが、最初は手近な市部より実行することにし、（中略）本部を府庁に設け支部を市内各学区に設置し、幹事は府吏員、各警察署長の外、普く社会事業に同情あり興味を有する江湖有志の士をも網羅し、（中略）本部以外各支部では各学区の公同組長や同幹事の人々とも十分了解を得た上、府より支部の事務を嘱託し、密集部落のみならず全市全方面に亘り十分調査をなし逐次社会的施設の徹底的実現に万遺憾なきを期せん」とのべている[10]。ここでは新しく設立される財団の資金について、被差別部落の改善を目指す社会事業施設の設置に使用する予定だったことが分かる。財団法人化の構想にあたって、被差別部落を対象とする社会事業施設の設置だけでなく、のちの方面委員制度につながる人的組織の発想がすでにあったのである。

一九二〇年五月三〇日には府庁知事室において、臨時救済団委員会が開催され、内貴甚三郎、田中源太郎など京都の有力者たちが出席した。その席で救済財団の設立が満場一致で決議された。しかし、この日の委員会について「当日は財団設立を議したるのみにて社会事業諸施設に関しては言及せざるも、出席者何れも此事に就きては了解ある由なれば、府市衝突など兎角問題の種を蒔し事件も茲に解決したるものと言ふべし、唯安藤（謙介京都――杉本）市長も財団組織には何など異存なしと言明したるも、是に伴ふ社会事業に対しては多少意見ありと何物か欠かし居たるは稍々注意に値すべきも、要するに委員を承認したる事なれば深く問題とするに足らざる可し」と報道されている。[11]この問題については、一九二〇年六月二四日、「府市の権限争いや兎角の問題を起こしたそれも漸く目鼻が付いて」共済会が財団法人として申請されることが決定した。これで「名称は兎に角、由来府が保管していると云ふだけで其実頗る管理者が宙ブラリンであった臨時救済団も愈茲に府の管理の下に「共済会」として新しく生まれたわけである」と報道された。[12]管理の主体があいまいであった約三七万円という資金を、京都府の管理のもとに一元化したのが共済会設立の意義であった。

一九二〇年七月二〇日には、財団法人京都共済会の創立総会が開かれた。二四日、評議員会を開き、理事に馬淵鋭太郎京都府知事、内貴甚三郎、浜岡光哲、安藤謙介京都市長、大海原重義、藤沼庄平、水入善三郎など七人、監事に田中源太郎、松風嘉定の二名を選任、会長には馬淵府知事、副会長には浜岡光哲、安藤市長を理事間で互選したのである。[13]京都府知事や京都市長が名を連ね、そのほか、浜岡光哲や田中源太郎など京都政財界の名士を集めた理事会が結成されたのである。

こうして財団法人京都共済会を設立することができた京都府は、一九二〇年六月、海野幸徳を社会事業嘱託に迎え、社会係の充実に努めることとなった。[14]また社会事業調査、組織講演、窮民救済、売春婦救済、家庭内問題の救済など多様な社会事業の展開をめざそうとしていた。[15]

海野はさっそく西陣の社会調査を始めるかたわら、就任後、二か月あまりで当時の京都市と京都府の社会事業について以下のように論評した。

この頃府市社会事業の関係がしばしば世評に上り、府と市とが反目しているような取沙汰をされるが、無論誤解である。私は就任の初めより各地に於ける府市の争ひに対し、これを通弊として漸次排除に努めなければならぬと言ふて居るもので、少くとも、私は当局の一人として、斯様な醜態を繰りかえしたくない（中略）不肖私は市とは終始提携し補充の実を挙げて行きたい熱情に充たされて居る。従って江湖に於ても、我々の微衷を酌み府市間の協調を進めるやうに仕向けらるるを希望する

府市社会事業行政の相互関係や連携のまずさを指摘しつつ、海野自身はそのような通弊をどのようになくしていくかを訴え[16]、むしろ京都市社会事業行政との協調を目指しているとのべているのである。

ここで府市の社会事業行政機構の形成について確認しておく。すでに表2-1で示したように、積極的な社会事業施設の設置をおこなっていた京都市は、一九二〇年七月に勧業課救済係を改組して教育部に社会課を新設し、社会事業行政機構を形成する[17]。それにおくれること約二か月の一九二〇年九月、京都府は内務部に社会課を設置した[18]。そして、一九二〇年七月に設立した京都共済会、八月に設立した京都府公同委員制度[19]とあわせて社会事業行政機構と事業の受け皿となる組織の双方を確立した。この時点から本格的な京都府社会事業行政が展開されるのである。

三　京都府社会事業行政による社会事業施設の設置過程

京都府社会事業行政による最初の社会事業施設の設置は西陣地域であった。この点は、被差別部落とその周辺に社会事業施設の設置を集中する京都市社会事業行政の手法とは大きく異なっている。京都府が具体的に社会事業施設の設置に動いたのは、管見の限り、一九二〇年五月、西陣地域に救済事業が必要であるとして、恩賜財団済生会の診療所を千本釈迦堂に設置し、貧民患者について救療事業をおこなったのが最初である。また、貧困により出産費用のない妊産婦に対しては、京都市産婆組合にその診療を委託した[20]。

西陣地域への施設設置はその後も続く。府が社会課嘱託の海野幸徳に委嘱して実施した社会施設の第一期基本調査の結果、西陣九学区を通じて二九九名の託児需要があることが判明した。海野は、「私は西陣方面へ、四つや五つの託児所（今のやうな程度のものなら）宣敷からうと思ふ。一つや二つの託児所を市に設置してそれより以上は二重施設であるとは所謂意味をなさぬ。ご承知の通り、社会事業は、個人、私的団体、自治団体、権力団体と発展して居つて、孰《ママ》れも必要なものである。このごろ公営は私営を撲滅するとか（中略）市の事業は何でも市がするものとか言ふのは子供だましと思ふ」とコメントした[21]。京都市社会事業行政に関する批判も含みつつ、西陣地域の社会事業施設設置の主体が京都府にあることをアピールしている。この発言から、海野自身は社会事業施設の設置に積極的であったことがうかがえる。一九二〇年一一月には京都府社会課が一九二一年度社会事業および地方改良予算として一万七〇〇〇円を計上し、助産婦の養成、授産所の新設、養老院の新設、地方講演を計画していると報道されており、本格的に社会事業を展開しようとしていたことが分かる[22]。

また京都府社会課は、すでに西陣でおこなわれていた済生会の救療事業を引き継ぎ、千本釈迦堂内の西陣託児所に無料診療所を併設する規定を制定した[23]。以上のように新たに予算が計上され、社会事業施設の設置が進められようとしていた。しかし、京都府の都市社会事業の拡張には大きな問題が存在していた。資金の不足である。一例として西陣託児所について一九二一年二月頃の状況をみてみると、当時「府社会事業の一たる西陣託児所は（中略）府顧問大谷瑩韶氏の斡旋で（中略）合計四千五百円の寄付を得たので、曩に廃園となった銅陀幼稚園の建物を買収し、是を釈迦堂内に移し、本年二月十一日から此建物内で託児事業を大規模に行いだしたが、現今在籍者七十四名、日々の出席者五十余名に及ぶの状況を呈するに至り益々収容児童を増さんとしているが、二十三日午前十時開所式を挙行し一般有志に所内を参観せしめた」という[24]。浄土真宗大谷派連枝で京都府社会課顧問になっていた大谷瑩韶の斡旋で、寄付金を募り、建物を買収したことが明らかである。

さらに一九二二年一一月頃の状況をみてみると、

京都府が以前慈善協会に委託経営させていた西陣託児所を府の直営に改めたのは本年四月で、すでに足掛け八ヶ月の月日が流れた、本年十月末現在の同所在籍児童数は男四十名女三十七名計七十七名（中略）此託児所は西陣機業者の大部分を占めている賃織業者の労働能率を増進せしむる目的で去る大正九年九月初めて設置されたもので、其当時は僅か十五坪の借家に辛くも三十名の児童を収容するといふ貧弱なものだった。尤も現今では決してその設備や規模を誇るべき理想的なものではないが、昨年二月一日、篤志者が屋舎を寄付したので府費を以て改築し、続いて本年四月百尺竿頭一歩を進めて府直営とした。建坪総数は百坪であるが内二十坪は恩賜財団済生会の診療所に、十六坪は職業練習所に割譲している為め実際の建坪は六十四坪に減ぜられているが、借家住居でないだけでも非常な進歩（中略）託児の家庭は何と云っても賃織職がもっとも多く、昨年十二月末の調査によると八十人中五十二人までがそれで、それ以外に撚糸、糸織と云った賃織の密接な関係を持った家庭が多く、それだけ自然家計の困難な西陣方面の細民階級が此託児所から受くる間接の利益は少くない。従って同方面の景気不景気は直に託児数の増減に微妙な影響を及すが、大体に於て景気のよい頃は託児の数も多いさうである

とあり、寄付金で買収した建物を府費で改修したことが分かる。(25) その後府直営とし、さらに診療所や職業練習所を併設するなど、徐々に施設が拡張していった様子がうかがわれる。また表2-2に示したとおり、一九二三年八月一日には共済会が公益質屋を開設した。(26) のちに西陣公益質屋と改称する施設である。このように京都府は、西陣地域で社会事業施設を順次整備していった。

また、西陣地域における施設整備より遅れるが、一九二一年にはいって、被差別部落である東三条、鷹野町（楽只地区）でも京都府の主導により社会事業施設の設置が図られた。まずはじめは共同浴場を設置する計画が立

表２－２　京都共済会社会事業施設一覧(1926年６月)

名　称	事業要目	組織経営	所在地	設立年月
京都共済会	浴場、質屋、保育、住宅、児童健康相談、職業補導、生業資金貸付、社会館、方面委員事務所、隣保事業	財団法人	京都府庁社会課内	1920年７月
西陣保育園	昼間保育	京都共済会	上京区五辻七本松釈迦堂内	1920年９月
東寺保育園	昼間保育	京都共済会	下京区東寺境内	1922年11月
上児童健康相談所	児童健康相談	京都共済会	中京区千本丸太町西入	1924年６月
下児童健康相談所	児童健康相談	京都共済会	東山区鞘町七条下ル	1924年６月
共済会住宅	住宅貸与、融和教化	京都共済会	下京区東九条岩本町	1926年６月
東九条公益質屋	公益質屋	京都共済会	下京区東九条山王町	1924年12月
西陣公益質屋	公益質屋	京都共済会	中京区千本丸太町西入	1923年８月
東三条浴場	公益浴場	京都共済会	東山区東三条長光町	1921年９月
鷹野浴場	公益浴場	京都共済会	上京区鷹野町	1922年８月
西三条浴場	公益浴場	京都共済会	中京区三条千本西入	1923年８月
西陣職業練習所	授産	京都共済会	上京区五辻七本松釈迦堂内	1921年９月
京都共済会第一社会館	方面委員事務所、隣保事業	京都共済会	東山区鞘町七条下ル	1925年９月

出典：『京都市社会事業要覧』昭和８年度版(1933年)、ただし、西陣公設質屋の設立年月日は、『社会』４巻４号で補正した。

てられた。新聞が報じたところによると、「東三条と鷹野町に共同浴場新設　府社会課に市も力をあわせて住民の衛生状態改善の為め（中略）府の社会施設は逐次、具体化して来るが是などに例の府の共済会財団の資金は何など関係はなかった、かの米騒動の際に於ける臨時救済資金の剰余金三十五万円を基金とし、二万余円を準備金として成り立った共済会財団のあの金はいかに有意義にいかに有益に活用されるか、府が保管するのは可いがあれだけのものを唯守ってをるだけでは致方ない、イヤあれは寧ろ市が保管すべきものだとか又府の公同主事はなんて何をしているんだなどと兎角の噂をされていた（中略）過日の共済会委員会に依り決定した方針だが、即ち共済会は府独占的のものではなく、同基金より生ずる利子は是を適切なる社会事業に投ぜんとするもので、府市何れを問わず資金として流用して可いことになった」のである(27)。

表2-1をみてみると、東三条には一九一九年の段階で京都市が三条託児所を設置していたが、一九二一年の共同浴場設置計画については京都市の側も歓迎し、協力しようとしていることが分かる。また当時共済会の資金をめぐって京都府と京都市の駆け引きが続いていたが、共済会の理事会は府市いずれが共済会の資金を利用してもよいと決議した。一九二一年三月には「愈よ公設浴場を三条大橋東と野口村に建設　府の社会課で設計中　京都府の社会課では目下公設浴場設置の計画を進めて居る、金銭がないので困り抜いた社会課も最近漸との思ひで頭の固い共済会の理事会を説き伏せ、元金三十五万円に対する数年間の利殖七万二千円だけを十年度の事業に投ずることが出来る事になった、乃ち府の社会事業はまず貧弱ながら以上七万二千円の範囲を以て社会事業の一部分を担わしめやうとするのである、其の劈頭に現れたものが公設浴場の計画である」と報じられた(28)。

先にのべた通り、京都府社会事業行政は費用不足であり、あらたな社会事業施設を設置するにも共済会の資金を利用しなければならない状況だったが、こうして同年九月、まず三条地区に公設浴場を設置することができた。三条の公設浴場の利用状況をみてみよう。一九二一年一〇月の記事によると「三条南裏一心会経営の公設浴場、其後の成績は一日平均八百人以上の入浴者があり十五六円は収入があるから、此の分なら欠損を見ずにいけるだろうと関係者は安心の胸を撫で下ろして居る、尤も毎月五十円は将来の修繕改築費として積み立て置く必要があるし雇人の給料に月百二十五円は泣いても笑っても入る、又湯も新しいのと替へる為めに注し詰めで、従って石炭も良質品を三籠使用し水道の使用量も三百石に上る抔、事個人経営では到底出来ない位贅沢に行って居る、浴場には常に清潔な湯が溢れ出て頗る気持ちが宣いから他町内の人も随分入浴に来る」という[29]。三条の公設浴場は、一日に八〇〇人以上の客が他地域からも入浴にくるなど好評を博し、経営状況も良好であったことが分かるだろう。

そこで京都府社会課は、さらに養正地区と七条地区の被差別部落にも公設浴場を設置する計画を立てた。一九二二年五月の時点で、この計画について「京都府社会課は京都市内養正及び七条に公設共同浴場を新築し理髪室、娯楽室、図書室を設くべく、之に要する九万四千円の資金を逓信省の低利資金に求めて起債の上工事に着手せんと主務省に出願中のところ、十一日許可の指令がきたので起債することとなった、工事は三箇月間に竣工せしむる予定である」と報じられている[30]。養正地区と七条地区の公設浴場建設計画については、逓信省の低利資金を利用した起債に成功したのである。一九二一年に計画した鷹野町（楽只地区）の公設浴場建設については、一九二二年八月の新聞で「財団法人共済会の手に依りて企画せられ今春以来起工中のところ、今回愈落成したるを以て五日午前十時より之が落成式を挙げた。浴場の外、理髪室、娯楽室などの設備あり、総工費一万六千円なり」と報じられた[31]。

こうした史料をみると、共済会の組織と資金を利用しながら続々と社会事業施設を整備していく京都府社会事業行政の様子が分かる。被差別部落以外の地域においても、京都府は施設の配置を進めている。同年一一月二六日、下京区大宮通八条下ル西入ル東寺境内に東寺託児所を開設した。収容定員約三〇名、従事員は主事一名、保母二名、小使一名、雑使婦一名であった。[32]このように京都府は、共済会資金を中心に起債などを随時利用しながら、社会事業施設を設置し続けていたのである。

その背景には、綿密な社会調査の存在があった。一九二一年一二月に京都府社会課は方面カードによる京都市内の貧細民の生活実態調査を実施し、貧細民数を四～五万人と把握した。[33]さらに二年を費して一九二三年三月には貧民分布地図を完成し、京都市内の貧民数は全市民の約三〇パーセントと報告した。[34]すでに佛教大学（現在の龍谷大学）に職を得ていた府社会課嘱託の海野幸徳も、一九二一年一二月の時点で「府社会課では京都全市にわたり貧細民の調査を励み、世帯主及家族の生活状態、収支の明細及極貧□に貧窮の原因調査及その救済の方法を示したカードを作成」したとのべている。[35]京都府は公同委員制度を利用して社会調査をおこなうことにより、詳細に状況を把握して、社会事業施設の設置に反映したのである。

四　京都府社会事業行政の政策形成をめぐって

これまでみてきたように、府社会課嘱託の海野幸徳が主導した京都府社会事業行政に対し、府社会課顧問で浄土真宗大谷派連枝である大谷瑩韶は一九二一年、府市社会事業の役割分担論を訴え、その方針を批判した。大谷の論説は六回にわたるため、いささか長くなるが重要な部分を引用する。

近時社会の人々の口から府市社会事業の分担又は其施設に就いて何か暗々裡々忌まわしき競争と衝突をして居るかの様な風説を屢耳にすることがある、たとへば市が託児所を起すと府も託児所を施設し、府が公同委員制度を利用して借家紹介をはじめると、市もまた公同組合を利用して夫れを行はんと勤むるが如き、所謂世間的に気受の能き事業には御互に先に争ひて直に手を出し初むるが、然し社会事業として閑暇視の出来難き然も経費の多く要する事業（中略）消極的方面の救済事業には一向に双方力を入れず、徒らに商売敵の様

> に常□□合をなし互に思ひ付次第勝手□事業の施設を初めて、其間に何などの協議協調も将た復連絡も保たざる(36)

と大谷はまず指摘し、

> 市と云ふ公共団体の社会事業は防貧的社会事業の具体的施設経営を第一にして、其の余力をば救貧事業に注がなければならぬ、然るに公共団体として第一になさねばならぬ防貧事業の未だ一端をも完備せざるに、徒らに八百屋式又は「アパートメントストア」式に何でもござれの方針を取るは反って不徹底に落入る恐れがある、先づ防貧事業の施設経営を一つ一つ完備してかからねばならぬ（中略）防貧的事業に関する施設経営は可成公共団体なる市にて是を直営するのがよい

と持論を述べた(37)。そして最後は、

> 府県の社会事業は常に国家の方針に依りて、どこどこまでも国家の制定したる法規の運用に就き監督取締と云ふ事に重きを置くと共に、又一面に其法規に依って直に弱者が実際に保護される様に其の法規の実施に伴ふ社会事業をば公共団体、公益団体又個人篤志に奨励助成してかかることが第一にとならねばならぬ（中略）今若し府県当局が政略の為、或は名聞の為めに徒らに社会事業の具体的事業の直営をなさんとするは、反って小事の為に我が国の美学たる隣保相扶の精神を傷つけ、我国の社会事業の根本精神に反する虞があると云はなければならぬ

と結んだ(38)。

では、大谷の提起した議論を検討する。まず第一に、京都府と京都市が世間に受けのいい経済保護事業に関する施設の設置について、競争しあっていることを批判している。第二にこれまで設置されてきた経済保護事業を中心とする防貧的な社会事業施設は京都市が直接運営すべきであり、京都市社会事業行政は救貧ではなく防貧を

目的として社会事業施設の設置運営に専念するのがよいという意見である。第三に府県社会事業には社会事業関係の法規運用の取り締りや、公共団体、社会事業団体などへの奨励助成が求められるとし、京都府社会事業行政が政略や名聞のために社会事業施設の設置運営をおこなうことを批判している。これは、積極的な社会事業施設の設置を進める京都府社会事業行政の政策方針に対する反対意見であるといえよう。しかし、大谷の意見にもかかわらず、京都府が社会事業施設の設置を推進していくことは、本章でこれまで確認した通りである。

また山本啓太郎が指摘しているように、一九二三年一二月一〇日の京都府会市部会で鈴木吉之助府会議員が府直営の社会事業に対する批判をおこない、公同委員制度についても嘱託費五一〇〇円の削減を提案して、可決された(39)。

その結果、一九二四年三月、京都府社会課はついに海野幸徳・大谷瑩韶の両嘱託を辞任させることを決めた。名目は経費緊縮のためであった。このことは当時の新聞で「殊に大谷、海野氏を中心とした暗闘は終始続けられ、結局共倒れになって缺をつけた訳であるが、大谷氏は公同主事の名に依って居残る事になっていたのであったが、社会課に流るる一の暗流の根源は依然として大谷海野両氏の暗闘を惹起せしめた結果、遂に大谷氏は断然府を去る事になったのである、要するに社会課に於ける一の暗流の根源を此際一掃せない限り、依然として或種の禍根は去らぬであらう」と報道された(40)。

ここまで本章でも検討してきた通り、大谷・海野両嘱託の間に意見の対立があったことは間違いない。大谷は京都府社会事業行政が社会事業の指導監督や保護育成、奨励助成などの枠を超えて、直接都市社会事業施設の運営をおこなうことには反対であった。逆に海野は社会事業施設を設置するための調査を推進する立場で、施設の設置、運営にも積極的であった。京都府社会事業行政の政策形成をめぐる基本線において、大谷と海野はまったく異なる考えをもっていたのである。佐々木拓哉の研究によると、大谷は、京都における民間社会事業界、仏教界の利害を擁護する立場にあった。しかし、海野が繰り返し、民間社会事業の伝統的な救済方法を「非科学的」とする主張を展開していたため、大谷は拙速な行動を起こし、両者の対立は深まった。そして、両者の対立は、府社会課の運営の障害となり、大谷・海野ともに更迭されたという。(41)また海野は、社会事業において理論を重視する傾向が強かった。京都府社会課嘱託に就任したのち、佛教大学（現在の龍谷大学）に勤めることになった海野は、一九二一年四月には京都市東山区建仁寺大統院に海野社会事業研究所を創設し、社会事業の研究やさまざまな社会施設の設計、指導にあたっていた。一九二二年に入ると京都府工業研究会の理事や京都瓦斯株式会社の顧問、東本願寺社会事業講習所嘱託講師などに就任する。さらに一九二三年には京都府巡査教習所嘱託講師を勤めるなど、京都において社会事業の権威として地歩を築いていた中での辞任劇であった。(42)

海野は辞任するにあたって「私の来た当時の京都は社会に関する観念きわめて幼稚で、東から来た私を一方ならず驚かした（中略）私は努めて社会改良を文章にし発表していた。これに対し、私は広告屋宣伝屋乃至売名家の尊号を奉られているのは百も承知していた。而も、社会的な開墾の未成な京都に於て、社会宣伝を不断に続行するの必要は夢にも私の忘れないところであった。京都地方では「プロレタリア」が「機械の針の名称」となし、「サンヂカリズム」を「サッカリンの別名」として答案を認むる人々が現在存在するさうであるが、これは私が社会宣伝にいそしんだ所以なのである。（中略）何故に自分の抱負が実現しなかったか。この答へは至極簡単である。曰く暗礁。これに対し、必要の生ぜぬ限り、何など解釈もすまい。知る人ぞ知る。たとへ私が来た当時、自分が腕を振うだらうと観測もし期待して呉れた人々に対し、単にこの一句だけを掲げて御礼を申し上げる。私は終始悩むだ、又小指をも動かす自由をも得る事が能きなかった。これが微衷をささげて、京都に来た私の誠意が通らなかった重なる所以である。理論家は仕事は駄目だといふご非難は単に聴いておきます」とのべた。(43)

ここで、海野は売名家などといわれながらも、社会宣伝などを積極的におこなった背景にふれ、肝心の海野自身の意図が実現しなかった理由として「曰く暗礁」であり、「小指をも動かす自由をも得る事が能きなかった」とのべている。また、周囲から「理論家は仕事は駄目だといふご非難」を受けていたことも分かる。

詳細は史料的制約で明らかにできないが、京都府社会事業協会の機関誌『社会時報』に掲載された創設期の京都府方面委員制度に関する座談会では、府社会課関係者が海野について、「自分は（当時の京都府社会課公同主事、東音次郎――杉本）大正九年五月着任したのであるが（中略）同年七月に至り漸く社会課が分立し（中略）先づ西陣方面の約十万戸の生活状況を吾など公同主事が戸別に調査する事になった。今日のように社会から理解されず、寧ろ異様の眼で見られ、調査に出ては蚤の襲来に遭ったり随分苦心したものだ。そして課へ帰っては海野嘱託に小言を頂戴したりして（中略）（当時の京都府社会課公同主事、大野伝次郎――杉本）只今の東君の話は実にその通りでお互ひに随分苦労して外で働いている事が、内におられて吾などの指導者であった海野さんにはわかったのかわからなかったりか、随分ヒドイ批判を受けて憤慨したものだ。或時はカード調査票の事で口論し合ったこともあった　脇坂氏　理論家には応々にして実際家の御苦心がよくわからない場合もありませう」と発言している。初期の京都府社会課の方面委員担当主事たちが、西陣の調査や方面カードの作成にあたって海野に叱責を受けたり、方針の違いから口論したりしていたことがうかがわれ、ここでも理論家に実際家の苦心は分からないなどとの評価が与えられている。(44)

海野は中垣昌美によると「研究室に閉じこもって読書し、執筆する静かな学者風の人」(45)であり、「研究所をいつ訪問しても、机上には硯箱と筆硯とインクビンがきちんと定位置に置かれ、執筆中の海野用箋と書き終わった原稿が章ごとにこよりで綴られて整頓されているのが常であった。社会事業や社会問題に関する論議以外は非生産的なものだと考えられる傾向が強く、研究に関わりのない長談義は許されなかった」という実直かつ厳格な性格であった。(46)海野自身の述懐や座談会での発言を総合すると、社会課のスタッフや実際に保護救済をおこなう現場の方面委員などからは反感をかっていたようである。少なくとも海野の理論的な指導や意見が、実践の場にうまく取り入れられなかったことは事実であろう。京都府社会事業行政が経費難に苦しんでいたことは確かだが、大谷・海野両嘱託を辞任させるにいたった理由として、資金の面だけを問題にしたとは考えにくい。二人の対立、そして二人をとりまくさまざまな軋轢が、京都府に二人の更迭を選ばせたのである。

五　大谷・海野辞職後の京都府社会事業行政の展開

大谷・海野の両嘱託辞任後、京都府社会事業行政は新たな一歩をふみ出した。より積極的な社会事業施設の設置、運営を手がけていくのである。一九二四年六月三日には、京都共済会が二つの児童健康相談所を開設した(47)。また共済会の資金を利用した事業として、「一九二四年七月、京都府社会課では本年度から細民生業資金貸付を実施すること（中略）その内容は一人の貸付金額を百円未満とし利息は年六朱で、貸付の月から三ヶ月間の余裕期間を与えた上で十ヶ月に月賦償還することになっているが、貸付の条件として京都に家族を有することを第一条件として、身体の健康其他独立生業の可能性を一切具備するものに限っているが、これは各方面委員の内容調査の上、相当な保証人を得て決定されることになっている。而して貸付資金は共済会の資金から支出される」として、細民生業資金貸付をおこなうなどさらに社会事業の対象を拡大しようとしていた(48)。

しかし、京都府社会課の経費難は深刻であった。新聞では「財政緊縮、諸事業繰延べで、賃銀安《ママ》から失業者の増加、従って社会事業の活躍期に入ると思われるが府社会課の予算は十三年度に於いて、総額四十万円、その中特別会計などを除き、一般予算は十四万円、人件費などを除けば純粋の事業費は僅々七八万円に過ぎぬ、その中一万四千円を削らるる訳であるが、それについて社会課当局者は曰く大痛手です、当課の事業と云へば方面委員、託児所、職業練習所、助産婦制度、児童保護など孰れも事業の緒についたものばかりで、後三者の費用は纔かなものだから、一万四千円の金を捻出しやうと思へば勢い方面委員とか託児所とかを廃止せねばならぬ、従来でさへ予算不足のために社会課の存在を認められなかったものを、纔かに芽を出した二葉を大斧で叩き斬られては余りに無残だ」[49]と評されている。財源に乏しい京都府社会課では、それまでも共済会資金や起債を利用することで、社会事業施設の設置、運営といった積極的姿勢の社会事業行政を維持してきた。ここでは、第一に京都府社会課が方面委員制度の運営と託児所の経営を主力事業と認識していたこと、第二に予算不足のため京都府社会課の存在が社会一般に認められていないという意識を京都府の当局者がもっていたことがうかがえる。

　ここで京都府社会事業行政にかかわる財政をみてみよう。表2-3をみての通り、初期の決算総額は一〇万円に満たなかった。一九二三年以降は年度によってさまざまな変動があるが、社会事業関係費の決算総額は四〇万円から五〇万円程度であった。しかし、その多くは人件費や直接的な救済費用、民間社会事業やほかの法人組織などへの貸付金に占められ、直接運用できる資金は多くないことが分かる。共済会の財政については史料的制約で一九二二年から一九二四年までしか明らかにできないが、表2-4の通り、四〇万円もの資産をもち、利息収入だけで毎年六万円から八万円の資金を運用できた。これも史料的な制約から後年のことになるが、一九三二年三月二九日の共済会理事会および評議会の概況をみると、予算総額は五万九三〇六円であり、共済会へ勤務しているのは約五〇名を数えると記されている。共済会は京都府の都市社会事業施設の設置、運営を支える非常に大きな存在であったことが分かるだろう[50]。

　京都共済会は一九二四年一二月九日、下京区大和大路通五条上ルに六条公益質屋を開設し、社会事業施設の設置拡大という路線を堅持した[51]。

　そして、一九二五年以降、京都市内に一大隣保施設を作り上げるという構想に着手したのである。「府社会課が上京及び下京に各一箇所の社会会館を建設せんとする議は一時立ち消えになっていたが、（中略）場所として

表２－３　京都府社会事業関係費決算　（単位：円）

普通経済(経常部)	1919年	1920年	1921年	1922年	1923年	1924年	1925年	1926年
救育費	37782	36586	63875	191150	185303	276080	162503	233331
軍事救護費	11011	18907	23032	22058	24510	27617	25091	24649
社会事業費	0	0	0	0	2177	0	8495	37311

普通経済(臨時部)	1919年	1920年	1921年	1922年	1923年	1924年	1925年	1926年
慈恵救済基金補助費	5675	13107	8500	8500	0	0	0	0
社会事業費	0	1519	29272	60977	18303	5252	4423	3737
救育費	0	0	0	8514	0	0	0	0
地方改善費	0	0	0	0	80755	27918	0	0
失業労働者救済事業費補助	0	0	0	0	0	0	20025	21073

特別経済	1919年	1920年	1921年	1922年	1923年	1924年	1925年	1926年
慈恵救済基金	17976	17328	64331	17183	15611	61191	18668	32718
慈恵救助資金	221	274	214	228	160	3078	5930	4416
賑恤基金	0	20	0	21	35	23,520	509	4050
恩賜金	4809	4545	9520	10183	16718	19038	20005	21233
軍人援護基金	60	810	805	705	785	22515	1700	700
社会事業費貸付基金	0	120000	9457	9472	113521	23328	168729	24642

出典：『京都府統計書』各年度版

表２－４　財団法人京都共済会財政状況　（単位：円）

	1922年	1923年	1924年
資　産	401136	401810	401486
収　入	82356	67336	63107
支　出	82356	67336	63107

出典：『京都府統計書』各年度版

は下京は東七条町、上京は田中町を選び財源は共済会の利子を以て充当せんとする意向であるが、此の両社会的施設の実行に当りこれを社会会館とせず、共済会としては前記二箇所のほかに更に一大共済会館を建設すべき腹案を有している。即ち西陣方面に経費三万円を投じて木造建とし、現在西陣保育所、職業伝習所、授産所、済生会の実費診療所などの社会施設全部を包含せんとするもので、これを第一共済会館とし以下上下会館に第一第三の名称を付する希望であると、此の経費三万円は大部分を篤志家の寄付に待つべく方面委員の手で奔走中であるが（中略）建設位置は目下同課で内選中に因、上京下京両箇所の分はすでに共済会評議員会で実行の決議をみたものである」[52]これが隣保施設「社会館」の構想である。京都府社会事業行政は京都市内の重点地区として西陣地域の施設整備に取り組んできたが、新たに経費三万円を投じて隣保施設を建設し、西陣にあるすべての施設を含み込んだ総合施設、第一共済会館とする。そして上京は田中地区、下京区は東七条地区の二か所に第一社会館、第三社会館を設置する計画であった。しかし、費用三万円の大部分が寄付頼みのうえ、実際の運営主体は共済会としている。

さらに共済会の新たな事業として、一九二五年三月に東七条地区に府設住宅を建設する計画も立案された。新聞の報道によると「京都府社会課は市内に細民住宅を建設する計画で共済会より一万五千円を支出都市計画課と協議の結果東七条方面に地を卜して最初五十戸建てることとなった家屋は平家建で各所に点在させ炊事場などは共同で極新式のものだ」という[53]。

この計画は一九二五年六月に具体化し、東七条地区に隣接する東九条岩本町に建設することが決まる。これについて新聞は次のように報じた。「府社会課の計画たる共済会事業の小住宅は其後敷地を選定中であったが、今回東九条岩本町（市立工業研究所東）で約六百坪の土地を借り入れる事となり（中略）建設に着手する予定である。（中略）取敢ず五十戸を建設する事となつた。右敷地は方面委員梅垣豊氏の好意的提供（中略）雪沢社会課長は語る「此小住宅建設に就ては何かと参考にしたいと思って内務省や各府県にも照会したが、どの地方にも此試みがなく参考の材料が得られなかった、随って規模は小さいがまったく独創的な計画で、同時に全国に類のない住宅である、細民救済も趣旨の一つであるが、もっと東七条方面の住民の接触融和と生活改善の範を示したいと思っている。五十戸の内二戸は店舗向きとし、生活必需品を売らせこれを前提として将来消費組合を作る考へで、目下適当な管理者を銓衡中であるが賃料は市営住宅よりいくらか安くなるはずである」(54)。

結局、府設住宅は共済会の事業資金を利用し、方面委員の所有する土地に建設することになった。雪沢京都府社会課長がのべるとおり、融和事業的な色彩を帯びた事業であった。一九二四年四月以降の京都府社会事業行政は、隣保事業を意識した府設住宅や「社会館」の設置促進をおこなった。表2-2の通り、西陣地域を中心として、一九二六年までに保育園二か所、児童健康相談所二か所、共済会住宅一か所、公益質屋二か所、公益浴場三か所、職業練習所一か所、社会館一か所を共済会の経営で建設したのである。京都市社会事業行政との関係に目を向けると、表2-1の通り、楽只地区、東三条、西三条の公設浴場や融和事業的な色彩の濃い東九条の共済会住宅が京都市の社会事業と重なりあっている。

このように京都府社会事業行政は、社会事業施設運営について共済会資金や寄付にたよらざるをえないという、財政上の不安定さを払拭することができなかった。しかし、方面委員制度による直接的な救護事業を中心としながら、都市社会事業施設の設置運営もつねに一定規模で継続している。この事実は、京都府社会事業行政が京都市社会事業行政に対して、直接的救済事業の軽視を批判する立場となりえた前提であったと指摘できよう(55)。

六　おわりに

これまでの叙述で明らかになったことをまとめる。

第一に財団法人京都共済会をめぐる府市の動向である。京都共済会の前身である臨時救済団の資金は、当初は被差別部落の改善を目指す社会事業施設の整備に利用される予定であった。臨時救済団を財団法人化する過程では資金利用の主導権をめぐり京都府と京都市の駆け引きがあったが、結局京都府の管轄で、財団法人京都共済会を設立することに成功した。そして京都府は社会課嘱託として社会事業専門家の海野幸徳を迎え、内務部に社会課を設立して、本格的な社会事業行政機構を設立したのである。しかし、この時、すでに府市社会事業行政の相互連絡や連携が不十分であることを指摘されていた。

第二に京都府による社会事業施設配置の手法と特徴である。京都府社会事業行政は、被差別部落とその周辺に社会事業施設を集中させる手法の京都市社会事業行政とは異なり、方面委員を利用した社会調査にもとづいて、西陣地域を中心に順次社会事業施設を設立していく。その後、被差別部落にも公設浴場を設置するが、京都府の事業経費はつねに不足しており、共済会の資金を利用しなければ、施設整備も展開できない状況であった。

第三に京都府社会事業行政にたずさわる専門職員と、政策形成についてである。京都府は経費難の中で共済会資金を運用することにより社会事業施設の設置運営にあたっていた。

その政策方針に対して、府社会課顧問の大谷瑩韶は、京都府社会事業行政が社会事業の指導監督や保護育成、奨励助成などの枠をこえて、直接都市社会事業施設の運営をおこなうことには反対であった。逆にもう一人の府社会課嘱託の海野幸徳は、社会事業施設を設置するための調査をおこない、施設の設置、運営にも積極的であった。京都府社会事業行政の政策形成をめぐる基本線において大谷と海野は違った考えをもっていたため対立したのである。また海野はその実直で厳格な性格のために、社会課のスタッフや実際に保護救済をおこなう現場の方面委員などからは反感をかっており、海野の理論的な指導や意見が事業実施の場にうまく取り入れられないという問題もあった。さらに京都における民間社会事業界、仏教界の利害を擁護する立場の大谷に対し海野が繰り返し、民間社会事業の伝統的な救済方法を「非科学的」とする主張を展開したため、両者の対立は深まった。そのことが府社会課の運営において障害となり、結局は大谷・海野ともに更迭された。

京都府社会課の設置当初から府の社会事業を支えてきた大谷・海野両嘱託を内外の軋轢や方針の違いから辞任させたことにより、京都府社会事業行政は新たな段階を迎えた。以降の京都府はさらに積極的に社会事業施設の設置、運営を手がけていく。京都府社会課としては方面委員制度の運営と託児所の経営が主力事業であると認識しており、資金不足で新規事業をおこなうことが少ない京都府社会課は、社会一般に存在が認められていないという意識を、京都府の当局者がもっていた。

第四に京都府社会事業行政にかかわる財政は、徐々に増加していたものの、その多くは人件費や直接的な救済費用、民間社会事業やほかの法人組織などへの貸付金に占められ、直接運用できる資金は多くなかった。その中で多額の資金を運用している京都共済会は、京都府の都市社会事業施設の設置、運営を支えるうえで非常に大きな存在であったことが分かる。共済会資金や寄付にたよらざるをえない不安定な社会事業行政運営に変化はなかったものの、方面委員制度による直接的な救護事業を中心としながら、社会館設置や住宅建設など新たな事業展開をおこない、京都市社会事業行政と同様に都市社会事業施設の設置運営も一定規模で継続している。

この事実が、本書第一章で指摘したように、京都府社会事業行政が京都市社会事業行政に対して、直接的救済事業の軽視を批判する立場となりえた前提であったのである。また、以上のような事実はこれまでの研究では明らかにされてこなかった。社会事業行政研究における都市社会政策の構造分析の重要性が、いっそう明示されたといえよう。

（1）　本書第一章。

（2）本書序章。
（3）京都市編『京都の歴史』第八巻（学芸書林、一九七五年）や京都府立総合資料館編『京都府百年の年表』四　社会（京都府、一九七一年）の解題、井上清ほか編『京都の部落史』二　近現代（京都部落史研究所、一九九一年）が概説的にふれている。
（4）山本啓太郎「京都市域における地域福祉の源流――方面委員制度とセツルメントを中心に――」（日本地域福祉学会地域福祉史研究会編『地域福祉史序説――地域福祉の形成と展開――』中央法規、一九九三年、二三六頁）。
（5）同右、二五四～二五七頁。
（6）沼尻晃伸「第一次大戦期から一九三〇年代の川崎市の行財政」（大石嘉一郎・金澤一男編『近代日本都市史研究――地方都市からの再構成――』日本経済評論社、二〇〇三年、第四章第三節）。なお、京都府社会事業行政と民間社会事業界の相克を描いた研究に佐々木拓哉「一九二〇年代京都における公私社会事業の対立」（『日本歴史』七七九号、二〇一三年四月）がある。
（7）本書第一章。
（8）『京都日出新聞』一九一八年八月一四日。
（9）『京都日出新聞』一九二〇年五月一九日。
（10）『京都日出新聞』一九二〇年五月一七日夕刊。
（11）『京都日出新聞』一九二〇年五月三〇日。
（12）『京都日出新聞』一九二〇年六月二五日夕刊。
（13）『京都日出新聞』一九二〇年七月二〇日夕刊、七月二四日。
（14）中垣昌美編『社会福祉古典叢書七　海野幸徳集』（鳳書院、一九七六年）の年譜（六八七～六八八頁）によると、海野幸徳は、一八七九年に東京に生まれる。一九〇〇年に東京若松専門学校政治経済科卒業。語学に優れ、一九〇三年にドイツ系貿易会社の横浜セール株式会社へ入社し、副支配人になる。その後一九〇七年に古屋寿会に入り、人事主任になる。以後社会科学、社会政策学研究に専念する。さまざまな雑誌や新聞に優生学ならびに一般社会問題論評を寄稿する。一九一七年に古屋寿会を辞任する。そして一九二〇年に生江孝之の紹介で京都府社会課嘱託として赴任し、社会事業の創設、設計を担当した。一九二〇年九月には宇野円空の紹介で佛教大学（現在の龍谷大学）で社会事業、社会政策、社会学特殊講義の講義を担当する。近年海野については、優生学史研究の見地から注目され、海野の優生学的言説などについて、研究が進んでいる。本稿にかかわる代表的な研究として、横山尊「優生学と社会事業――第一次大戦後の海野幸徳の転身を中心に――」（『社会事業史研究』四一号、二〇一二年三月）がある。

(15)『京都日出新聞』一九二〇年六月二五日。

(16)『京都日出新聞』一九二〇年八月二五日。

(17)『京都市告示』三三七号（一九二〇年七月七日）。なお京都市社会課設置過程については、本書第一章参照。

(18)『京都布令』一六号（一九二〇年九月一四日）。

(19)京都府の公同委員制度（一九二四年に方面委員と改称）については、松下孝昭「都市社会事業の成立と地域社会――一九二〇年前半の京都市の場合――」（『歴史学研究』八三七号、二〇〇八年）、早崎真魚「大正期京都市における方面委員制度の展開と地域社会秩序」（『日本史学集録』三一号、二〇〇八年）を参照。

(20)『京都医事衛生誌』三一五号（一九二〇年五月）。

(21)『大阪毎日新聞京都版』一九二〇年八月一三日。

(22)『京都日出新聞』一九二〇年一一月二五日。

(23)『京都日出新聞』一九二一年二月四、八日。

(24)『京都日出新聞』一九二一年五月二三日。

(25)『京都日出新聞』一九二三年一一月二三日。

(26)京都府社会課『社会』四巻六号（一九二四年一二月）。

(27)『京都日出新聞』一九二一年二月二七日。

(28)『大阪朝日新聞京都版』一九二一年三月二日。

(29)『京都日出新聞』一九二一年一〇月一九日。

(30)『大阪朝日新聞京都版』一九二二年五月一一日。

(31)『京都日出新聞』一九二三年八月六日。

(32)『京都日出新聞』一九二三年一一月二四日。
(33)『京都日出新聞』一九二一年一一月二五日。
(34)『京都医事衛生誌』三三六号（一九二二年三月）。
(35)『京都日出新聞』一九二一年一二月二四日。
(36)『京都日出新聞』一九二一年七月一一日夕刊。
(37)『京都日出新聞』一九二一年七月一三日夕刊。
(38)『京都日出新聞』一九二一年七月一四日夕刊。
(39)前掲註(4)山本論文、二六四頁。
(40)『京都日出新聞』一九二四年四月一日。
(41)前掲註(6)佐々木論文、七九～八一頁。
(42)前掲註(14)書、六八七～六八八頁。ただし、一九二五年には滋賀県社会課の社会事業嘱託に就任しており、海野の社会事業に関わる能力自体は評価されていたと考えられる。
(43)『京都日出新聞』一九二四年四月三日。
(44)京都府社会事業協会『社会時報』一〇巻八号（一九四〇年八月、三〇～三一頁）。
(45)前掲註(14)書、六四九頁。
(46)同右。
(47)京都府社会課『社会』四巻五号（一九二四年一〇月）。
(48)『京都日出新聞』一九二四年七月二五日。
(49)『京都日出新聞』一九二四年九月七日。
(50)京都府社会事業協会『社会時報』二巻四号（一九三二年四月）。
(51)京都府社会課『社会』四巻六号（一九二四年一二月）。
(52)『京都医事衛生誌』三七二号（一九二五年三月）。
(53)『大阪毎日新聞京都版』一九二五年三月二九日。

(54)『京都日出新聞』一九二五年六月一三日。
(55) 本書第一章。

第三章　都市社会事業施設の運営と市政・地域社会

――京都市児童院を事例に――

一　はじめに

本章は、一九二〇～三〇年代の都市社会事業運営と市政・都市社会との関係を、当時全国的に最先端の都市社会事業施設であり、「京都のみならず、日本の児童福祉の歴史の中での一つの金字塔」[1]と認識されている京都市児童院（以下児童院と省略）を中心に検討するものである。

研究史をみると、まず池田敬正[2]は一九二〇年代後半の社会事業は昭和恐慌の影響を受け、発展し、戦時体制期には「人的資源」の保護をおこなう戦時厚生事業として変質するという図式を描いた。一九二〇～三〇年代を対象とする都市社会事業行政に関わる歴史叙述も、このような図式の各自治体史や概説がほとんどである。近年の通史叙述[3]においても、同様の理解をされている。

一方、近代都市社会政策史研究においても、玉井金五が、大阪市社会事業行政を事例にして米騒動以後の都市問題に対し、社会政策を推進した主体が国よりも都市社会行政であるとし、その政策の先進性や事業展開を高く評価した。しかし、玉井も一九二〇年代で分析を終え、その後は社会事業行政の発展・整備がおこなわれたとするのみである[4]。私もすでに一九一八年から一九二六年の京都市社会事業行政を検討し、一九二六年度までは、経済保護施設を中心とした社会事業施設の建設に終始し、被差別部落改善事業に予算および施設配置を集中していたことを指摘した。また社会事業施設の運営に関しても、形式的で実質化されていないという批判をされており、京都市の特定地域に集中して社会事業施設を設置する手法と、直接的な貧困者救済事業の軽視を京都府からも問題視されていたことを明らかにした。そして、京都府・京都市間でも行政施策の調整や相互連絡が、うまくいかないことを指摘した。(5) しかし、私も一九二〇～三〇年代の都市社会事業行政の変容過程については、分析がおよんでいない。

このような研究状況の中で、沼尻晃伸(6)の研究は、一九二〇～三〇年代の神奈川県川崎市の都市社会事業の展開を、神奈川県社会事業行政との関係や川崎市会の議論と関連づけて、検討している。沼尻によると、一九二〇年代の川崎市の都市社会事業は神奈川県社会事業行政が主導し、経済保護事業中心で、川崎市自身が実施する形態をとった。公設市場や社会館の利用者は伸び悩むが、公設住宅建設や住宅組合への資金融資は一定の普及をみた。しかし、川崎市会の中でも社会事業に対する理念は明確ではなく、都市社会事業行政専門職員が必要とする認識も不十分で、「六大都市」のように専門職員層による都市社会政策は、大きく展開しなかった。一九三〇年代になると、失業救済事業や救護法による貧困者の直接的救済事業が主体となり、地域有力者が就任する社会委員（方面委員）の役割が増したとした。沼尻の研究は、さまざまな都市社会事業を地方議会、府県社会事業行政などの相互関係の中で把握されている。一九二〇～三〇年代における都市社会事業の構造変化を問うことは、沼尻が提起した重要な論点である。

そして、源川真希(7)は、東京市社会事業行政を担う磯村英一を中心とする東京市の社会政策の担い手層であった「市政研究会グループ」を分析する中で、彼らが、大阪市を事例に都市行政の担い手として導き出された「都市専門官僚制」という範疇を構成する部分より、職階の下位であったことを指摘した。そして彼らが社会事業から戦時厚生事業に転換する際には、戦時変革による社会政策・社会事業の発展を意図していたと位置づけた。

しかし、沼尻の研究は、戦時厚生事業の分析が欠如しているため変容過程が明らかでなく、源川の研究は、戦時厚生事業を射程にいれた研究史上画期的なものだが、磯村英一を代表とする社会事業思想や担い手の分析に止まり、社会事業から戦時厚生事業にいたる事業実施レベルでの転換やそれにともなう諸矛盾について言及しえていない。

さて、本章の検討対象である一九二〇〜三〇年代の京都市社会事業行政の研究も、概説的な各自治体史や個別社会事業の通史に叙述がある。(8) しかし昭和恐慌以降の社会事業の発展と、戦時体制期における戦時厚生事業への転換という図式を出るものではない。

本章で京都市児童院を検討対象にする理由は、日本で最初の児童に対する総合的機関であり、全国的に最先端の施設でもあり、その運営には京都帝国大学小児科・産婦人科の医師、心理学者がたずさわっていた。このように都市社会政策上、重要視された都市社会事業施設の戦時期にいたるまでの変容過程を分析することは、研究史上大変重要だからである。社会福祉史研究においても、戦時期にいたるまでの変容過程を明らかにした研究は、各施設史の概説以外は、管見の限り皆無である。

京都市児童院については、自治体史などの叙述のほかに、『京都市児童福祉百年史』がある。その中で勅使河原伯秀が言及しているが、やはり概説的で、事実の典拠が示されず、各年度の事業の推移をのべているのみである。しかし、第一に児童院の運営について京都帝国大学医学部との連携が医学部門、心理学部門とも大きかったこと。第二に一九三七年七月の保健所法施行の影響で、児童保健事業の多くを保健所に移管し、小児科から産婦人科に事業の重心が移ったことという重要な二つの指摘をしている。(9) そのほかには、中瀬惇が、戦前から戦後にかけての京都市児童院での心理検査について詳述しているにすぎない。(10) このように従来の研究では、第一に概説という制約もあり、ほとんど実証が行われていない。第二に京都市児童院における事業の先進性を強調するあまり、京都市政や都市社会でどのようにとらえられていたのかという点や、その社会的要因がまったく明らかにされていないのである。また近代都市史研究では、都市社会政策は「都市下層社会」の統合政策として位置づけられ、社会事業行政や方面委員制度などにより、社会階層格差の是正をおこない、米騒動以降、大規模な民衆騒《そう》擾《じょう》を抑止し、都市支配を貫徹したという評価がなされてきた。(11)しかし、市会などにおける政策的な争点、社会政策自体の機能、都市社会における具体的成果やそれにともなう矛盾、社会運動との関連、そして政策の受益者の動向を組み込んだ都市社会政策の分析はおこなわれておらず、都市社会事業施設の変容過程を明らかにすることは、近代都市史研究史上、重要な研究課題である。以上の先行研究を踏まえて、本章では、一九二〇～三〇年代の都市社会事業運営と、京都市政や都市社会との関係を検討していきたい。

二　京都市児童院の組織・制度・運営

(1)　京都市児童院設置の背景

京都市社会行政はその当初から、児童福祉の問題を重視してきた。京都市社会課の最初の公刊調査は、市内の八つの「細民地区」を対象とした『乳幼児死亡率調査』であった。(12)そこで調査に協力した京都帝国大学医学部の戸田正三は、調査地区は一般地区にくらべて乳幼児の死亡率が少なくとも四倍から五倍、一九二〇年においても平均三倍と把握していた。(13)

またそのほかの公刊調査では、京都市内尋常小学校七五校の在籍児童六万五〇一三名について、優秀、普通、劣等と各種の基準を設け、実査分類し、膨大な数のサンプルをあつかう調査をおこなっていた。(14)社会課調査の一九二〇年から一九二六年にいたる調査数六八の中で、実に一八の調査が児童保護関係の調査であった。(15)また京都市の社会事業施設整備の中でも早い段階で被差別部落に託児所や隣保館を設置しており、その比重の大きさはあきらかであった。[16]その後も市内各種小学校の協力を得て、不就学児童、保護児童などと一〇種類に分類した統計調査と、当時における「狭義の異常児童」を五種類に分類した調査をおこなっていた。[17]

そして、京都市社会課は、児童院設立直前の一九三一年三月には『児童保護に関する調査』を上梓し、各種児童保護に関する具体的提言をおこなった。イギリス、ドイツ、アメリカ、フランスの四か国の児童保護事業について、「英・独・米・仏の他、伊太利《いたり》の諸都市よりも多数文献の寄贈をうけた」とのべている通り、各種文献を駆使して調査していた。[18]このように、京都市内の児童調査や各都市の児童保護事業の調査を通じて、児童院の設立構想は熟成されていたのである。

(2)　京都市児童院設置の過程

さて、児童院は大礼奉賛会寄付の一二万円を建設費としていた。当初から恩賜社会事業資金一五万円を経営費と構想しており、その事業は第一に妊産婦、児童保護・心理などの相談事業、第二に児童図書館、母親講座や児童養護に関する講演会などの教化事業、第三に児童慰安施設、児童倶楽部、自然保育事業、牛乳廉給事業、第五に児童養護事業の調査研究などが目的だった。[19]

そして、本館や付属館のほかに二〇〇坪の児童遊園地を付設する計画だった。[20]またこのような諸事業は、院内で実施するのみではなく、京都市内を巡回する方針で、「科学的組織と活動を期し、総合的施設の下に有機的養護を行ふ」と趣旨を述べている。[21]京都市社会課長西田利八は「医学、心理学、教育学及び社会学に基礎を置き、児童養護事業として完璧を期せんとしつつあるにあって、昭和大礼を記念する社会事業として最も相応しい[22]」施設であるとし、別の報道では「少なくとも大都市に一つはなくてはならぬ施設[23]」として児童院を位置づけていた。

一九二九年八月一七日には京都市参事会において、大礼奉賛会から児童院建設費として一七万八五〇〇円の指定寄付を受納した[24]。また京都府が池田宏知事時代に不良児童矯正のために設立した少年教育相談所は、池田退任後、児童の心理研究の依頼も、不良児童のための利用も少ないため、府会議員の中には廃止を唱える者が多く、一九三〇年度予算から削除される可能性が高いが、一方京都市での児童院建設が指摘され、府は市に移管を検討していると報道されていた[25]。しかし、京都市の財政緊縮の影響で翌一九三〇年五月にようやく工事入札がおこなわれ、同年一〇月竣工の予定と報じられた[26]。そして、同年一〇月には千本丸太町旧刑務所跡に着工が近いと報じられた[27]。児童院長は京都帝国大学医学部小児科講師の福島満帆に年俸二八〇〇円で決定した[28]。福島は、一年間ロックフェラー財団の研究生として渡米し、アメリカの児童衛生施設について研究してきた俊英であり、児童院長としてふさわしい人物であると期待されたのである[29]。

（3）京都市児童院の開設と方針

一九三一年八月、京都市児童院が、上京区竹屋町通千本東入主税町に建設された。日本初の児童に焦点をあてた本格的な社会事業施設であった。コンクリート二階建、延べ坪四六五坪で、建物東側に約五〇〇坪の付属児童遊園を作るべく、引き続き工事中だった。児童院はその事業として、妊産婦収容助産、妊産婦健康相談と、児童保護事業では健康、心理、職業などの各種相談事業や牛乳配給もおこない、また子供の娯楽施設として映画や音楽、遊技指導そのほか教化各事業をおこなうと報道された[30]。

また市内在住の中産階級以下の母性および、児童の保護指導に関する事業をおこなうために、お産の手当、妊産婦診療、児童健康および心理相談、そのほかの教化事業を無料でおこなった。無料取扱は、救護法（現在の生活保護法の前身）による救護またはこれに準ずる者に限られ、丸薬散薬一日一種につき一〇銭、頓服薬一回八銭、そのほかは一つ一〇銭、高価薬は実費であった。日曜祝祭日のほかは毎日午前八時から午後九時まで開院していると、施設の内容が紹介された[31]。このように最新鋭の医療保護、児童保護施設が完成し、基本的に高い評価を得ていたことが分かる。

京都市としても、有機的に母性保護や児童保護事業をおこなう目的をもって、昭和大礼記念事業として建設された他都市に誇る先進的な総合施設であると位置づけ、対象は「中産階級以下の母性及十八歳未満の児童」としていた[32]。当時の関係者の証言では、院長福島満帆（小児科）、医員平井隆（産科）、小児科医二人、心理学部門担当は園原太郎[33]、田寺篤雄[34]（のちの院長）などで、当時京都市社会課主事の漆葉見龍[35]が欧米の各種文献を博捜し、構想した施設で、優秀な人材を集めたと認識されていた[36]。

表3-1のように、京都市児童院は順調に設備、人員ともに増加していく。そこで表3-2をみてみよう。設立当初の一九三一年には、医師、看護婦、助産婦なども含め、四七人が在職していたことが分かる。園原太郎によると、嘱託医は、京都帝国大学医学部から応援が来ており、かなり忙しく、普通の病院のつもりとして勤務していたという[37]。

児童院が小児科・産婦人科・心理学部門というような形で開設された理由について、当時心理判定員として勤務していた田寺篤雄は、当初は小児科と心理学部門の二つだけで、子どもを中心にした相談機関を考えていたが、当時は京都市内に産院がなく、子どもを中心にした施設をつくるなら、産婦人科も入れたらという意見が出て、開設当初の形になった。児童院の開設当初のシステムは日本でも非常に先駆的で、のちに財団法人愛育会の愛育研究所[38]も相談機関を設置したと、上記のような組織構成になった理由を説明している[39]。京都市社会課に勤務していた園部道[40]も「西の児童院、東の愛育会」といわれるくらい、日本における予防的な意味での子ども福祉というものを先取りしていた[41]」と述べていた。

また、園原太郎は、昭和大典記念で京都帝大心理学講座教授の野上俊夫に相談して、ほかの都市にはないもの

表３－１　京都市児童院年表

年　月	事　項
1928年３月	京都市会において大礼奉祝金を財源とし、創設費議決
1928年12月	京都市児童院建設認可
1930年11月	工事着手
1931年９月	京都市児童院開院
1932年３月	日光浴室・手術室・薬品庫増設
1933年４月	増築を行い、助産収容人員を10名増加、35名にする。医員１名増加
1935年４月	調剤員１名・訪問婦２名増加
1936年４月	看護婦１名・雑仕婦１名増加
1938年４月	児童健康相談関係医員１名、看護婦２名増員。児童健康相談関係及心理相談関係嘱託を年俸医員、年俸技師に昇格
1938年８月	幼稚園・託児所で保育できない満３歳以下乳幼児の昼間保育委託事業開始。嘱託医員１名、保母３名、洗濯人１名、雑仕婦１名増員
1940年４月	嘱託医員３名を京都市医員に昇格。訪問事業の強化のため、訪問婦長を置く。社会保健婦養成事業、母親健康相談事業開設
1941年４月	心理相談事業強化のため嘱託１名を技手へ昇格

出典：『京都市児童院概要』各年度版、『京都市社会事業要覧』各年度版

表３－２　京都市児童院従事員一覧（1931～40年）

（単位：人）

年度	院長	主事	係員	医員	嘱託医	技師	調剤員	書記	助産婦長	嘱託	雇	運転手	保母	看護婦	助産婦	訪問婦	其他傭人	合計
1931	1			1	6		1	2		3	2	1		6	3	2	19	47
1932	1	1		1	5		1	2		4	2	1		6	3	2	19	48
1933																		
1934	1	1		2	3		1	2	1	4	2			7	4	2	19	49
1935																		
1936																		
1937																		
1938																		
1939	1	1		6	5	1	2	2	1	5	2	1	3	10	4	4	23	71
1940	1	1	9	8		1	2	2	1	5	3		3	11	4	4	21	76

出典：『京都市児童院概要』各年度版、『京都市社会事業要覧』各年度版。なお『京都市職員録』には、非常勤職員が掲載されておらず、実際の職員数を反映していないと判断し、採録しなかった。

をということで作った。神戸市や名古屋市には児童相談所があったが、児童院のようなものはなかった。児童院開設プランは、漆葉見龍の構想もあったが、初代児童院長の福島満帆がアメリカのロックフェラー財団で学んできた児童福祉事業の構想が、相当入っているのではないかとのべた。そして、身体衛生が大事なので小児科が中心になった。また精神衛生が必要なので心理学がはいった。そして京都市の場合産婦人科も入った。理念は高邁《こうまい》だが、実際は産婦人科の働き場所をつくれということでつくった。当初は無料の構想だったが、産婦人科の医者から憎まれるので、低廉な料金にしたと証言している(42)。

史料的制約で、児童院設立当時の組織構成に関する正確な経緯については実証できないが、報道や当事者の回想においても、画期的で非常に優れた施設であるとされていたようである。

一九三一年度の『京都市児童院概要』によれば、児童院における開設当初の方針は、「一、児童院は京都市に於ける母性及児童保護に関する社会事業機関である。二、児童院は母性及児童保護に関しては総合有機的機能を有する一の組織体である。三、児童院は本市に於ける母性及児童保護事業との組織あり統制ある連携により其の全機能の完全なる発展を期するものである。四、児童院の対象とする児童は、京都市に於けるその全部である。五、児童院の対象とたる児童はむしろ異常児、罹病児に非ざる者を以て其の主眼となすものである。六、一般市民も亦本院の対象である(43)」というものであった。まとめると、第一に母性、児童保護事業を有機的に連関するという役割を任じていること、第二に「寧ろ相談医学の本領に基き、予防的若くは未発期に於ける養護を以って其の主眼(44)」とあるように現在の予防医学的な発想に重点が置かれていること、第三に「勤労少年の庇護、児童虐待の防止、育児知識の普及等に於ては寧ろ一般市民こそ先づ其の対象(45)」として京都市民全体を対象にした啓発や、事業推進を重点に置いていたことが理解できる。

（4）京都市児童院の事業体系と特徴

児童院の事業体系について、図3-1をみてみよう。第一に助産部、調剤部が行う助産、診療、第二に相談部が行う一般、障害児童のさまざまな相談保護事業、第三に児童の訓練や慰安などの教化補導事業、第四にさまざまな母性、児童保護事業や保護事業従事者のための講演や講習講座、宣伝などの四つに大別されていた[46]。

児童院は特別事業として、第一に被差別部落に設立していた養正・錦林・楽只・三条・壬生の各託児所と崇仁隣保館に、一九三一年一一月五日から、六日間におよぶ母子児童の巡回健康相談をおこなった。合計六一八名の健康相談に応じ、三六六名は京都市の外郭団体である京都市民共済会の協力で、無料応急処置をおこなった。第二に同年一一月一五日から三日間、児童院の医師や栄養士が児童栄養講習会を講堂で開催し、小学校教員、幼稚園保母など一三三名が聴講ならびに実地指導を受けた。また一二月二六日から三日間児童性能検査法講習会を開催し、児童院の医師や心理判定員が講義をおこない、市内の小学校教員五六名が聴講した。また積極的に小学校、幼稚園、各種団体からの講師派遣依頼を受け、院長などが出張した。受講者の延べ人数は一五〇〇人におよんだ。第三に開院以来社会事業関係者の視察などがあいつぎ、三か月半で七八一名におよんでいた[47]。以上みてきたように、児童院は単なる社会事業施設ではなく、積極的に巡回相談や出張講習会を開催し、注目を集めていた。

こうした特別事業は以降も継続された。まず被差別部落対象の巡回健康相談についてであるが、一九三三年に、随時巡回健康相談を実施しており、託児所設置地区児童の健康調査や、月三回の東七条隣保館での健康検査、無料診療を継続していた[48]。そして、翌年五月から院外健康相談事業として、東七条隣保館で月三回、ほかの六か所の隣保館託児所で月二回、合計して月一五回の定期院外健康相談と、随時健康相談をおこなった[49]。

当時児童院の訪問看護婦として勤務していた国枝つとり[50]（旧姓石川）が「その後部落の診療に歩いたですね。その先生は京大の先生で、やはりアメリカから帰ってこられた先生で、身分は嘱託か何かしらないけど、その先

図３－１　京都市児童院事業体系

母性保護		①	収容助産
		②	妊産婦健康診断・外来診療
		③	母親健康相談（1940年６月開始）
児童保護	相談指導	①	児童健康相談（被差別部落対象の巡回健康相談は1937年度から廃止）
		②	児童心理相談（性能検査・教養相談・職業相談・心身異常児の相談指導）
		③	栄養指導・牛乳配給
		④	助産及育児相談、家庭訪問（1936年度のみは養正地区を継続訪問）
	教化補導	①	環境異常児（要救護児、勤労児、被虐待児等）の訓練・休養・慰安
		②	児童映画・音楽・遊戯・玩具・図書の考案・製作選択・紹介・鑑賞・指導等
	昼間保育	①	乳児保育（１歳未満）（1938年８月開始）
		②	幼児保育（３歳未満）（1938年８月開始）
一般教化		①	母性保護関係（児童院母の会組織・育児会組織・赤ん坊会組織など）
		②	児童保護関係
		③	保護事業振興の講演・宣伝（『母親読本』・慈育の栞・　『リーフレット』発行・出生届出印刷物交付など）
		④	保護事業従事者の講演・講習・講座・展覧・文書宣伝
特別指導		①	保護事業従事者指導講習会
		②	社会保健婦養成（1940年４月開始）

出典：『京都市児童院概要』各年度版、『京都市事務報告書』各年度版

生と一緒に一時頃から地域に入りました」[51]とのべるように、開院当初から二名の訪問婦をおき、家庭訪問と相談業務をおこなってきたが、わずか二名では全市域をカバーするのは不可能なので、一九三五年には家庭訪問と相談を希望する者以外は、第一に児童院から五町以内に居住、第二に児童院で治療、助産、健康相談などを受けた二歳までの乳幼児に対象を限定していた。そして、一九三五年度からは二名増員を行い、二名ずつ二班に分け、一班は従来の業務にあたらせた。ほかの一班は乳幼児死亡率の特に高い地区である養正地区に配置して、四月から地区内の家庭を訪問し、指導をおこなった結果「区民ノ歓迎スル所トナリ」地区内での乳児死亡数は、一九三四年四～一一月には五五人であったが、一九三五年四～一一月には一一人と著しく減少するという成果を得た。[52]このような活動は、園原太郎によると、隣保館の方から要求がでてきて「どこの医者もしてくれんし、市の施設やからしてくれ」といわれ、おこなったものであるという。[53]

さらに、託児所の保母に対しては、託児の保健および家庭衛生の指導方法について、五月、六月にわたって四日間、児童院職員を講師として保母全員を聴講させ、さらに各託児所から一名選抜し、病児取扱、栄養指導、家庭訪問、救急処置などを一週間ずつ練習するといった再教育をおこなった。[54]一九三六年六月二二日からは毎週一回、隣保館の保母のために講習会を開催し、児童院職員と京都市社会課職員を講師として、社会福祉や心理学・医学などの必要な知識の指導をおこなった。[55]また小児科医が定期的に隣保館に子どもたちの検診に行っていた。その時に心理判定員も一緒に同行し、子どもの問題の相談に応じている。隣保館には託児所があり、心理判定員は小児科医が託児所を訪れる際にも同行した。託児所保母の保育技術向上のため、各隣保館で毎月必ず一回、保育が終了してから保母に集まってもらい、心理関係の職員が相談を受けたり、保母の教育をおこなったという田寺篤雄の証言もある。[56]児童院では託児所を拠点とした地域医療や保母の教育をおこなっていたのである。

次に児童心理相談事業については、一般児童検査、精神発達検査、精神障害の各種相談、職業相談などがあり、利用者が増加しつつあった[57]。当初は心理相談が新しい事業である関係上、その性質や利用方法がいまだ一般的に周知されていなかったため、事業宣伝に特に力を注ぎ『児童院ノ心理相談ヲ御利用下サイ』、『児童院ノ心理相談ノ結果ニ就イテ』などのパンフレット数千部を印刷し、各方面に配布した[58]。宣伝の結果、ようやく市民の理解を得て、着実に利用人数が増加した[59]。園原太郎によると、この事業を始めた当初は、ほかにこのような専門的施設がなかったので、北海道から九州にいたるまでの非常に難しい事例が持ち込まれ、当時大学をでたばかりで、児童心理の症例をあつかったことのない園原は、非常に苦労したという[60]。

最後に母親や一般市民への宣伝や組織化である。児童院では、子供の保育研究と母性修養のために「児童院母の会」を設立した。この会は児童院で助産したり、児童の健康相談や心理相談を受けた母親や賛同者を会員として、会費五〇銭を払えば入会できるものであった。事業としては、第一に年一回の総会と、毎月一回の例会、毎週一回の小集会を開き、育児衛生上の指導を受け、各自の経験などを公刊する。第二に時々講演会、講習会、座談会などを開く。第三に育児などに関する印刷物（のちに『慈育の栞《しおり》』年二～四回、三〇〇〇～四〇〇〇部刊行[61]）を配布するというものであった[62]。この会は一九三二年七月一四日に児童院三階で創立総会を開き、顧問に京都帝国大学医学部関係者が揃い、一五〇名が参会した。講演と育児、衛生、内科に関する映画を公開したという[63]。そのほかにも妊産婦のためのお産の会、乳児対象の赤ん坊会、育児のための育児会などの講演会や保育指導をおこなう各種組織の会合を適時開催していたのである[64]。

一九三三年には母親読本第一編『正しき育児法』を発行し、第二編『児童に必要なる栄養の知識』を発行した。これは表3-3をみるように、四種類の合計発行部数が一万冊以上におよんでいた。そのほか妊産育児に関するパンフレットを六〇種余り作成し、頒布していた。最終的には七四種におよんだ。このパンフレットについて表3-4をみてみよう。産前産後の心得から、妊娠時や乳児のさまざまな病気、そして、児童に関するさまざまな

表３－３　母親読本発行部数　　（単位：部）

年度	正しき育児法	栄養の知識	子供の躾け方	お母さんになるまで	合計
1931		465			465
1932		521			521
1933	543	558			1101
1934	890	506			1396
1935	948	533			1481
1936	958	557	497		2012
1937	1003	642	519		2164
1938	1296	699	600		2595
1939	1200	680	500		2380
1940	500	500	500	800	2300
合計	7338	5661	2616	800	16415
備考			1933年11月改版	1936年9月初版	

出典：『京都市児童院概要』各年度版、『京都市事務報告書』各年度版

表３－４　京都市児童院発行パンフレット・リーフレット一覧

1　産前の心得	28　良い習慣をつけましょう	56　健康の基
2　産後の心得	29　赤ちゃんのお鼻と耳と	57　健康の歌
3　妊娠中の食物	30　離乳	58　学齢児の衛生日課
4　妊娠中の衣服と履物	31　乳児脚気の話	59　歯刷子《はぶらし》はこうして使ひましょう
5　胎教	32　乳児の肺炎の予防と手当	60　歯を強くするには
6　お産の準備は早くから	33　乳児の下痢の予防と手当	61　心理相談を御利用ください
7　いわた帯の注意	34　乳児の夏季の注意は	62　心理検査について
8　妊娠中の乳嘴《にゆうし》の手当	35　少児と睡眠	63　幼児を躾《しつけ》けるには
9　妊娠と浮腫	36　少児を育てるには	64　神経質児童の教育
10　妊娠悪阻	37　お鼻汁をかみませう	65　児童の嫉《ねた》みも馬鹿にはできません
11　妊娠と結核	38　果物汁の作り方と与え方	66　児童の癇癪《かんしやく》をなほすには
12　妊娠と花柳病	39　アデノイドと扁桃腺肥大	67　いふことをきかぬ子供
13　お産後の御家庭へ	40　麻疹を大切に	68　怒の原因とその躾方
14　お産と育児の心得	41　白粉から脳膜炎	69　入学試験前の勉強法
15　お母様と家庭の日常衛生	42　先天性梅毒	70　赤ちゃんには薄着を
16　新生児の注意	43　少児と肺炎	71　発育の栞《しおり》
17　新生児沐浴の注意	44　ヂフテリーの注意	72　ウイン式児童発達検査の実験条件
18　赤ちゃんの善き一日（一）	45　湿布の方法	73　入学試験前の健康法
19　赤ちゃんの善き一日（二）	46　種痘中の心得	74　卵黄の与え方
20　赤ちゃんの善き一日（三）	47　百日咳の注意	
21　赤ちゃんの善き一日（四）	48　疫痢と赤痢	
22　赤ちゃんの善き一日（五）	49　牛乳による乳児の人口栄養法	
23　赤ちゃんの善き一日（六）	50　食品のビターミン	
24　赤ちゃんの善き一日（七）	51　食品の成分と熱量	
25　赤ちゃんの善き一日　乳児には白湯を	52　主要の救急法	
26　何時にお乳をおあげですか	53　児童の家庭教育	
27　母乳不足の時には	54　衛生十則	
	55　毎日心地よく便通を	

出典：『京都市児童院概要』昭和16年度（1941年11月）

生活習慣や心理的なものなどが中心であることが分かるだろう。また『お産後の御家庭へ』と題する印刷物を、区役所経由で出生届窓口において、各家庭へ配付していた(65)。さらに一九三五年には、児童院の事業の宣伝のために、施設とその利用状況を簡単に記載した印刷物を配布して、児童院の活動を一般市民に広めようとしていたことが確認できる(66)。

このように児童院は、都市社会に積極的に関与し、さまざまな事業をおこなうスタイルの施設であった。ただ児童を収容したり、診察をおこなうだけの施設ではなかったのである。

三　京都市児童院への社会的反応と「格差」

（1）利用者の急増と反発

では児童院の設立にあたって、どのような社会的反応があったのだろうか。児童院に対して、最初に意見をのべたのは京都市産婆組合であった。第一に貧しい産婦は、このような施設を利用する事をためらう傾向が多いために、救済の必要な者が利用するのではなく、必要のない中産階級以上の人々の乱用に終わる恐れがあること。第二に京都府社会課で救済している貧産婦の助産嘱託を受け、毎年平均三八〇名以上の助産無料取扱に従事しており、児童院設立は組合員の仕事を奪うものであると主張し、土岐嘉平市長への反対陳情や、予算委員歴訪をおこなった。しかし、目的達成の見込みがないために、組合員は各支部の状況に応じて、府社会課、方面委員、本願寺社会課、各種慈善団体と提携して、市の施設に対抗するという反対運動が起きていた(67)。

当初の予想通り、児童院は創設以来好評で、産院はカード階級には無料とあったが、貧困者は家庭環境から入院が不可能で、定員の大半は有料患者で占めていた。入院料が実費程度で安く、中産階級の希望者が非常に多く大盛況だった。しかし京都市内の産婆たちは、不景気で患者からの収入が減少する一方であるのに、さらに産婦

表3－5　京都市児童院歳入決算（1931～40年度）　（単位：円）

年度	使用料	手数料（分娩・手術・処置・診断書・処方箋・治療意見書・診察・相談・検査など）	児童院収入（投薬・配乳・賄収入）	合計	臨時部繰入金	基本財産経済より繰入	恩賜社会事業基金利子繰入
1931	3997.00	4572.55	1795.68	10365.23	8339.00	8239.00	8239.00
1932	14588.00	18833.20	4122.97	37544.17	8278.00	8278.00	8279.00
1933	14514.00	21916.65	4540.65	40971.30	8029.75	8029.75	8029.75
1934	17141.00	25219.95	4160.89	46522.09	8228.00	8228.00	8228.00
1935	19639.50	29922.30	4388.17	53747.97	8236.00	8226.00	8236.00
1936	19813.50	30580.60	4729.37	55123.47	8225.00	8235.00	8235.00
1937	20807.25	32464.50	4283.17	57554.92	8234.00	8234.00	8234.00
1938	17970.15	29195.45	4049.62	51315.22	8234.00	8234.00	8234.00
1939	20915.38	33813.15	4563.08	59291.61	8234.00	8234.00	8234.00
1940	20175.38	35355.30	4361.80	59892.48	8234.00	8234.00	8234.00

出典：『京都市児童院概要』各年度版、『京都市事務報告書』各年度版

表3－6　京都市児童院歳出決算（1931～40年度）　（単位：円）

年度	給料（市吏員給料）	雑給（旅費・手当・雇給・その他保母・看護婦・訪問婦など市吏員以外の給料）	需要費（備品費・消耗品費など）	事業費	調査費	修繕費	雑費	臨時費	合計
1931	8264.25	17592.42	14944.68	810.13			575.54		42187.02
1932	8669.92	25682.02	23196.37	980.63	48.20	247.30	1009.30		59833.74
1933	9605.46	27260.48	24194.51	685.82	129.00	663.02	679.37	1425.33	64642.99
1934	11011.73	28798.58	26816.13	697.55	150.00	196.48	700.00		68370.47
1935	11857.02	30810.42	28386.84	699.09	90.00	221.77	787.50		72852.64
1936	12310.67	29841.53	33033.96	498.47	90.00	1204.62	826.00		77805.25
1937	13861.00	31985.28	35147.10	497.99	90.00	489.35	839.02	1535.00	84444.74
1938	18920.84	29986.67	39370.28	449.76	89.65	727.66	413.95		89958.81
1939	19133.93	32578.70	43900.78	499.59	90.00	1087.95	553.57		97844.52
1940		28737.93	42640.28	3721.00	90.00	1299.24	684.56		77173.01

出典：『京都市児童院概要』各年度版、『京都市事務報告書』各年度版

の顧客を児童院にとられるとして、京都市産婆組合の代表者三人が一九三二年七月二三日朝、土岐嘉平市長に面会し、組合員の窮状を陳述した。市当局では、収入をあげるのが目的ではないので、対策をとりたいと答えたと報道された(68)。表3-5、3-6をみての通り、児童院は一九三二年以降順調に歳入が伸びており、歳入の八割以上が使用料、手数料などの収入でまかなえているという財政構造になっていた。

児童院は開院以来、次第に利用者を増した。それをうけて児童院では、入院産婦はなるべく中産階級以下とし、すでに産婆の診察をうけている者は対象外としたが、利用者は月を追うごとに増えていき、増室が必要となっていた。児童院利用者を地域別にすれば上京区がもっとも多く、次に中京区、そして伏見区がもっとも少なく、要するに児童院に近い地域ほど利用が盛んであると報道されていた(69)。このように児童院は中産階級以下の利用をうながしていたが、意図とは逆に中産階級の利用者で盛況であり、しかも利用者の地域の偏りが指摘されていた。表3-7をみての通り、入院助産の部分は、一九三一年度から三二年度にかけて、約四倍に利用者数が伸びていた。三一年から三二年度以降は各事業とも約二～五倍の利用者増であり、児童院を一般市民が理解し始めるにともなって、その利用者も一段と増加したという認識を児童院当局としてもった(70)。妊産婦収容室の定員は、従来二五名であったが、入院希望者多数のために、一九三二年九月には収容定員を一〇名増加した(71)。利用者は急増し、児童院の存在は京都市民に広く受け入れられたのである。

（2）　児童院利用者の階層格差をめぐって

しかし、一九三三年二月二八日の市会で、市会議員郷原瞭(72)は、児童院の一九三二年八月二三日から一二月二七日までの帳簿をみたが、有料入院者四一八人、無料入院者は二四人、半額減免が六人であった。児童院は、社会事業施設ではなく、商売をしているのではないか。私の小さな病院でも、外来患者の五分位は不払いがある。児

表3-7　京都市児童院主要事業成績(1931～40年度利用者数)　（単位：人）

			1931年度	1932年度	1933年度	1934年度	1935年度	1936年度	1937年度	1938年度	1939年度	1940年度	合計
母性保護	妊産婦健康診断及診療	実人員	937	3081	3352	3965	4642	4848	5228	4743	5098	5073	40967
		延人員	3971	17406	19052	21629	25746	25463	25552	21904	24688	24239	209650
	入院助産	実人員	330	1218	1373	1725	1958	1984	2264	1780	1920	1781	16333
		延人員	2952	10168	11024	13289	15189	15098	16332	12517	14551	12095	123215
	母親健康相談	実人員										807	807
		延人員										2390	2390

			1931年度	1932年度	1933年度	1934年度	1935年度	1936年度	1937年度	1938年度	1939年度	1940年度	合計
児童保護	児童健康相談	実人員	3839	9263	7465	9075	9315	9922	11005	10522	10434	10088	90928
		延人員	7313	17517	16837	23333	24665	24850	24926	25454	27043	24013	215951
	院外健康相談	実人員	709	1687	1694	1374	1139	1487					8090
		延人員	709	1687	3087	2646	2307	3232					13668
	育児相談及訪問取扱数	実人員	557	2350	2681	3516	5476	4814	5145	5912	7512	7947	45910
		延人員	986	4196	4756	6079	14500	13594	13506	10918	13974	15573	98082
	栄養指導	実人員	231	1732	932	1595	1165	1310	1338	1502	1189	923	11917
		延人員	440	4848	5043	7218	6700	5886	5957	6608	2749	2431	47880
	心理相談	実人員	1926	3939	4186	4435	5516	4826	6157	2713	3727	6350	43775
		延人員	1926	4000	4245	4522	5593	5179	6206	2713	3742	6350	44476

			1931年度	1932年度	1933年度	1934年度	1935年度	1936年度	1937年度	1938年度	1939年度	1940年度	合計
保育	乳幼児昼間保育	実人員								38	75	80	193
		延人員								1581	1932	1945	5458
	幼児昼間保育	実人員								25	56	55	136
		延人員								1201	3897	3303	8401

		1931年度	1932年度	1933年度	1934年度	1935年度	1936年度	1937年度	1938年度	1939年度	1940年度	合計
合計	実人員	8529	23270	21683	25685	29211	29191	31137	27235	30011	33104	259056
	延人員	18297	59822	64044	78716	94700	93302	92480	82896	92576	89949	766782

出典：『京都市児童院概要』各年度版、『京都市事務報告書』各年度版

童院は約四〇〇名が有料で、わずか二五名しか無料でない。しかし市内の病院では児童院より安い料金でお産をあつかっている。また児童院経費は多くの不足分があり、本年度予算では、恩賜社会事業基金利子繰入が八〇〇〇円、また社会的施設事業資金繰入が一万円もある。このように社会的施設、社会的方面につかう金がつかわれておらず、児童院は本当に公益のものなのか、これは一種の営業ではないのかと質問した。[73] これに対し、京都市長大森吉五郎は児童院について、産院の設備を今度増やすが、営利目的ではない。まったく社会事業施設として営む考えである。無料患者より、有料患者が利用しやすいことはあるが、今後社会事業本来の目的に沿うよう努めたいと返答した。しかし、郷原は児童院が営利目的でないにしても、患者が四百何十名に対して、二五名しか無料患者がいないというのは、営利目的とみられても仕方ない。無料患者と有料患者の割合を決めておけば、児童院の趣旨にかなうと考えるとのべた。[74]

このような児童院利用者の階層格差の問題については、一九三三年二月二七日の市会でも質問されていた。政友会所属で中京区選出の市会議員井上庄三は、児童院本来の乳幼児保育事業、児童の性能鑑定、健康相談などの事業のほかに助産事業を拡張すると聞いている。しかし、助産入院者のうち、家庭の裕福なものが多数を占めており、緊急に救済が必要な人々に届いていないと質問していた。[75] このように児童院が目的に掲げた中産階級以下の利用が実際はほとんどなく、利用するのは裕福な人々がきわめて多いという指摘が、市会でもなされていた。表3-8をみてみると、一九三一〜三三年度の減額、無料、救護法適用の無料分を合わせても、全利用者の一割にも届かない事業がほとんどで、市会での議論を裏づけているといえる。

児童院としては、利用者が中産階級以上に集中するという事態を重視し、さまざまな働きかけをおこなった。第一にカード階級者（現在の生活保護世帯に相当）の児童院利用について方面主事、方面委員、助産婦と連絡をとり、努力した結果、減免取扱数が増加した。[76] 第二に無料産婦の取扱も、方面委員、助産婦らと連絡をとり、利用

表3－8　京都市児童院助産部（小児科・産科）料金別取扱人数（1931～40年度）　（単位：人）

		1931年度	1932年度	1933年度	1934年度	1935年度	1936年度	1937年度	1938年度	1939年度	1940年度	合計
外来診療	定額	908	3053	3252	3815	4508	4757	5050	4594	5026	5052	40015
	減額			5	5	9	2	2	1			24
	無料	29	28	63	133	116	87	170	148	69	19	862
	救護法			32	12	9	2	6		3	2	66
	軍事										2	2
	合計	937	3081	3352	3965	4642	4848	5228	4743	5098	5075	40969
	減額・無料等分	3.0%	0.9%	2.9%	3.7%	2.8%	1.8%	3.4%	3.1%	1.4%	0.4%	2.3%

		1931年度	1932年度	1933年度	1934年度	1935年度	1936年度	1937年度	1938年度	1939年度	1940年度	合計
入院助産	定額	291	1218	1237	1506	1720	1752	1892	1526	1740	1677	14559
	減額	9	10	30	42	54	42	42	19	19	17	284
	無料	30	34	76	155	170	184	323	227	153	70	1422
	救護法		19	30	22	14	6	7	8	8	5	119
	軍事										12	12
	合計	330	1281	1373	1725	1958	1984	2264	1780	1920	1781	16396
	減額・無料等分	11.8%	4.9%	9.9%	12.6%	12.1%	11.6%	16.4%	14.2%	9.4%	5.8%	11.2%

		1931年度	1932年度	1933年度	1934年度	1935年度	1936年度	1937年度	1938年度	1939年度	1940年度	合計
手術其他	定額	104	333	306	316	371	300	370	380	435	423	3338
	減額	6	5	10	17	12	10	18	5	8	8	99
	無料	10	19	53	54	77	73	91	81	49	20	527
	救護法		19	17	11	6	4	4	4	1		66
	軍事										4	4
	合計	120	376	386	398	466	387	483	470	493	455	4034
	減額・無料等分	13.3%	11.4%	20.7%	20.6%	20.3%	22.4%	23.3%	19.1%	11.7%	7.0%	17.2%

出典：『京都市児童院概要』各年度版

徹底に努力した結果、取扱数が増加した(77)。入院助産では、一割を超え、二割に届く成果をあげたが、それが限界点であった。京都市助産婦組合（京都市産婆組合が改称）も、児童院の有料取扱を廃止するように陳情していたが、児童院の事業を認める方向に転換し、一九三三年八月七日には、児童院で助産婦組合員たちと市社会課から漆葉課長などが出席し、懇談会をもつなど和解しつつあった(78)。助産婦たちも児童院の事業に協力するようになったのである。

そして、児童院の「事業運営の基調」にも、一九三一年度にはなかった「七　利用者の範囲は中産以下の市民である(79)」という項目が新たに加わった。そこでは児童院は中産階級以下の市民を対象とした社会的施設であり、利用者の範囲は大衆である。そして、料金は徴収しないことを原則とし、使用料はすべて安価である。小額収入者は、料金を半減し、負担を軽減している。中産以下という範囲は、確固とした基準を設けていないが、実際の取扱で、有産者の濫用防止に留意しているという内容が書き加えられていた(80)。

しかし、利用者の階層格差の問題は再び、一九三七年三月九日の市会でも追及され、民政党所属、東山区選出の市会議員森正司は、児童院は社会事業施設として重要なものだが、現在の児童院は中産階級以上の利用者がほとんどで、社会事業施設とはいえない現状にあり、実際ほかの病院からの紹介患者が随分ある。市は社会事業に資金を出しているが、中産階級以上が多数利用しているという矛盾を知っているのか。下層階級のために産婦擁護、幼児擁護に働くならば、そのような施設をつくってほしい。市長は現在の児童院の経営方法の根本的改革をする意志があるのかと質問し、児童院の利用者は有産者がほとんどだと、改めて指摘している(81)。表3-8の無料・減額利用者数が示すとおり、この時期においても、児童院増室を望まれるほどの成果をあげていたが、経営方法についての疑義は続いていた。

四　戦時体制下の児童院運営

（1）児童院増設論の展開と「格差」

このように、利用者の階層格差こそ批判されたものの、児童院の事業は基本的に支持されていた。しかし今度は地域格差の問題が追及され、増設が望まれるようになる。一九三四年二月二七日の市会で、下京区選出の市会議員木下喜三郎[82]は児童院について、利用する人たちは近辺の人が多い。これは児童院の宣伝不足と、交通の関係があるが、このような施設を市費で経営していることをもっと、市民全体に宣伝しなければならない。交通の不便な所、特に市南部方面の人々に使われていないので、児童院分院を市南部の十条あたりに建設する必要があると質問し[83]、利用者が児童院近隣に集中していることを指摘した。市南部、上鳥羽出身の木下も、京都市南部方面への児童院の増設を望んでいたことが分かる。

さらに一九三六年三月四日の市会では、下京区選出の市会議員中村庄太郎[84]が、児童院について、助産制度があるので利用者も相当多いが、一般児童の発育、保育、栄養健康などの相談所としても好評である。同院を視察したが、親子に対して、非常に適切な諮問機関であり相談所である。児童院の行政区別取扱件数は、前年四月より一〇か月間の調査で、上京区七三七〇人、中京区五六八四人、下京区三五一七人、右京区一八四〇人、左京区二四一八人、東山区一八四二人、伏見区三六二人、計二万三〇三三人である。以上のように、児童院が一般市民に大変利用されているにもかかわらず、市域周辺部の人々の児童院利用が、いかに不便であるか理解できる。ゆえに一般民衆の利便を図り、児童の体育知育を向上させる目的で、適当な地域に第二児童院の増設を強く希望するという発言をしていた[85]。一九三七年三月八日にも、伏見区選出の市会議員野田興三郎[86]が、南部方面への児童院設置が必要であるとのべ、特に洛南方面、下京、伏見方面は、「細民」といえる住民が非常に多い所である。しかし、「細民」の多い下京、伏見方面に児童院が存在せず、その「細民」が多い所にこそ、児童院建設が必要であるという発言をしていた[87]。以上の議論は、児童院利用者の地域間格差を指摘していた。

一九一八年の市域拡張の際、京都市が周辺の被差別部落など低所得者居住地区を編入した事実がある。それらの地域は、工場労働者などの流入で、貧困層の人口が急速に増加していた。前述のような指摘の背景には、いわゆる市域周辺部の「新市域」と、旧来からの富裕層が住む市域中心部に京都市全体の居住地域が二極化し、生活水準の地域格差が急速に拡大するという問題が生じたのである[88]。地域格差を前提にした議論は、京都市南部方面選出の市会議員たちのみの動きではなかった。一九三九年六月九日、第一四回下京区連合方面委員会で、児童院設置を要望することを決議した。方面委員会も、市南部方面への児童院設置を直接京都市に要求したのである[89]。

さらに一九四〇年一二月五日には、各地で児童院増設の要望が出されており、乳幼児保護、児童保護、産児奨励などの母性保護に必須であるとして、児童院増設運動が各方面から湧き上がった。また京都市会の希望条件としても提出され、下京区、東山区方面委員総会でも児童院増設を決議し、当局に陳情するなど、児童院増設運動が展開された。児童院の利用者も大幅に増加し、保護施設の重要性増加、戦争の影響による出生率低下、乳幼児死亡率の拡大、女性の職業進出のため、母体の保護と乳児の保護設備が必要であった。児童院事業の乳幼児昼間託児や児童母性栄養指導、児童郊外養育、母性教養などが、国家的な重要性から利用の飽和点に達することは時間の問題であるとされていた[90]。

そして、新聞に児童院に対する有識者の意見も掲載された。以前から増設を提唱していた京都帝国大学文学部心理学講座教授の野上俊夫は、現在の児童院は手一杯であり、必要性は明らかである。市の仕事で一番重要である。健康増進には、身体的にも、精神的にも、児童院が一番適していると訴えた。野上は児童院設立当時から増設を考えていたが、経費の許す限り、現在より離れた所に必要であるとのべていた。また下京区選出で、社会大衆党所属の市会議員国島泰次郎は、市南部方面に児童院を増設することは、各方面も了解済であり、近年乳幼児の問題や体育奨励が不可欠とされ、設置が必要である。財源が三〇万円は必要だが、児童院の寄付金として、有志から四万五〇〇〇円を得ており、恩賜財源も一部流用したいというように、市南部に施設拡充をおこなおうとしていた。(91) 結果的に児童院の増設はできなかったが、このように貧困層の集住する南部方面に、児童院増設を望む議論は根強く、広範に存在していた。

(2) 戦時期の事業展開と再編成

まず戦時厚生事業について説明する。一九三七年前後から、日中戦争の拡大にともない、社会問題に対する社会的原因の究明と解決をめざす「社会事業」概念が変質した。国家戦略としての総力戦体制を推進する目的で、労働力確保、生産性向上のための事業という位置づけが明確になる。そして、従来の社会事業は「人的資源」を最大限確保するための「戦時厚生事業」となったのである。一九三八年には新たに「厚生省」が設立され、国家全体として事業が推進されるようになる。このような政策の中では、児童院のような母性保護・児童保護を目的とする社会事業施設は、「人的資源」の育成という意味で、高い位置づけを与えられるようになる。

では具体的に、一九三七年以降、児童院の運営はどのような経過をたどったのだろうか。一九三七年二月一九日に、秩父宮夫妻が児童院を訪れ、「社会事業施設として児童院の光輝ある存在が高められた」、同院で調査した昭和六年開院以来から昭和一一年度の六年間の業績をみると、六年間の診療助産の実人員は一九七五一人で、延べ人員にすると実に一〇七〇〇〇人の診療者があり、入院は八〇五九人、延人員六三一九八人、分娩数は七二一三人を示している。この内訳を見ると、男児三七三三人、女産三四八九人、双生児五九組、一二三人に一人、死産は二一人に一人、入院者死亡一三六人に一人であり、児童健康相談は院内四六二五九人、延べ人員一〇九四〇七人、宮殿下が最も御関心を持たれて種々御下問遊ばされた児童心理相談は個人が一五三三人、団体が一三一二五団体を示している。以上の数字は逐年激増ぶりを示し、同院では御台陳の光栄に感激し今後一層に業績の強化」をすすめるとし、[92]児童院は優秀な成績であると報道されたのである。

すでに児童院には、一九三二年七月三〇日に高松宮、一九三七年二月一九日に秩父宮夫妻、一九三七年三月一三日には久邇宮恭仁子が訪れていた。[93]高松宮の訪問について、田寺篤雄は「当時としてはこういう施設まで高松の宮（ママ――杉本）が見えられるというのでね、皆えらい名誉というのか、そういうふうにおもったらしいんですがね。（写真をみながら――杉本）だから福島満帆さん、えらく緊張した顔をしている」[94]と証言しており、児童院としても、重要な出来事であった。そして、一九三七年六月二三日の記事で児童院長である福島は、貞明皇太后が三階の知能検査室の知能検査器に非常に興味をもち、京都市乳児死亡率の減少年表を閲覧した。収容室では一人一人の母親に話を聞き、入院の母親にお菓子、子供に栄養料を下賜したと談話を発表し、大きく報道された。[95]このように、皇太后が行啓し、権威づけがおこなわれたことにより、児童院の評価はますます高まった。

児童院に対する高い評価は、その後も続く。一九三七年七月二日の記事では、児童院の調査で京都市の乳児死亡率は六大都市の中でもっとも低く、皇太后行啓の際でも、乳児死亡率の統計表をみて、皇太后がとても感動していたので、児童院ではこの好成績を維持するため、乳児死亡率調査をおこなうことになったとして、児童院の事業自体が権威づけされ、乳幼児、産婦人科関係事業が重要視されるようになる。[96]

そして、一九三七年度から、社会課本体に隣保事業専任の医員や嘱託医が配置されたため、児童院自体による院外健康相談事業は廃止され、児童院は間接指導をおこなうのみになった。[97]また同年度から満州事変の勃発にともない、経済的に恵まれない徴兵を受けた者の家族に対して、助産、相談、診療などに関する料金減免措置を開始し、戦時体制に即応した軍事援護事業の一翼を担うようになる。[98]

また一九三七年の保健所条例の施行で、一九三八年九月五日、二条保健所が、児童院に近接した上京区竹屋町通千本東入主税町に建設された。二条保健所は、建設工費三〇万五〇九五円、敷地三二〇坪余り、建物延坪約一五〇坪、診療相談室、母性小児相談室、労務調理室、エックス光線室、検査室、試験室、そのほか完備し、事業としては、区域市民の衛生思想の涵養、栄養の改善および飲食物の衛生、衣服、住宅、そのほか健康の衛生、妊産婦および乳幼児の衛生、疾病予防などで、エックス線写真撮影、試験検査などに実費程度の使用料を徴収する以外は無料であった(99)。

こうして、妊産婦・乳幼児・児童の衛生にかかわる事業は保健所に移管され、一定区域内を限り、区域内（二条保健所は上京区内一四学区・中京区内一五学区の人口約二二万五〇〇〇人が対象）の住民の健康増進、体位向上に必要な相談や保健衛生上の各種指導を保健所がおこなうことになった(100)。具体的には、①健康相談および健康診断、②エックス線および試験検査、③予防注射および種痘、④外勤および講習などの四点が保健所事業の柱であった(101)。さらに、同様の施設として、一九三九年一一月には六条保健所（下京区全域を所管）が建設された(102)。保健所の増設によって、衛生保健関係事業が保健所に移管されることで、児童院の事業の中でますます産婦人科関係の事業の比重が高くなった。実証できないが、児童院を衛生部に所管するとの意見も根強かったという証言もあった(103)。

そして、児童院では新たに乳幼児託児事業を開始する。事業が市民に普及すると利用が急激に増加し、当初の設備では利用者の要望に応えられないために、一九三三年度および一九三五年度に増築および模様替えをおこない、助産収容定員を増加した。そして一九三八年八月、一般幼稚園や託児所などでは保育対象でない満三歳以下の乳幼児の昼間保育を開始して、市民の要望に応えたのである(104)。表3-7が示すように乳幼児託児事業の利用者は毎年増えている。このように、児童院では保健所への衛生関係業務の移管による産婦人科への比重の高まり、院外健康相談の廃止、乳幼児保育事業の創設といった事業再編成が順次おこなわれた。

事業再編成の背景には、一九四一年五月一三日に京都市社会部長漆葉見龍が、今日母性保護は色々な角度から考えられるが、体力の向上がもっとも必要な課題である。これに対する保健生活指導を、不可欠の補導対策としならなければならないとし、「幸ひわが京都市の如きかかる指導機関として極めて総合的な市立児童院その他、保健所等の施設の如き有り、（中略）之等一切のものを動員して、母性の休養と慰安及びこれによる体力の向上をはかり、以って積極的に高度国防国家建設の要請に協賛して協力し、且完遂すべきであろう」[105]と述べたような、議論の影響が大きいと思われる。このような戦時厚生事業論特有の論理構成で、児童院は戦時厚生事業の中で、重要な位置を占めると意義づけられたのである。

一九四一年七月四日には、児童院長福島満帆が同年七月三日付で退職し、後任として平井隆が就任することが発表された。平井は三重県阿山郡出身で、四六歳、一九一六年金沢医学専門学校卒業、京都帝国大学で一九二九年医学博士を取得し、一九三一年に京都市医務員となった[106]。平井院長時代については、「平井さんが院長をやってるあたりになってくると、産婦人科的な視点でもってしか、児童院を運営してなかった」[107]という証言もあり、産婦人科出身の平井が院長になることによって、産婦人科重視の傾向が顕著になった可能性が高い[108]。就任後すぐの一九四一年七月三〇日には「人的資源確保の国策戦に副ひ京都市の出産に育児に大きな役割を果たしている京都児童院では創立五十周年の輝く記念式を九月十五日に挙行する事になったので、記念事業の一つとして同院では五人以上安産した子宝部隊を表彰することになり、平井院長からそれぞれ記念品を贈り、子宝奨励に拍車をかけることになった」[109]として、出産の奨励を積極的におこなった。事務報告書においても、児童院の「諸事業ハ一般市民ノ緊密ナル要望ニ伴ヒ、逐年順調ナル発展ヲ辿リ、ソノ施設モ漸次充実整備ヲ見、殊ニ時局下人的資源ノ拡充強化ハ国策的要請トシテ取リ上ゲタルルノ時、本院ノ帯トル使命モ益々重要性ヲ加ヘ、此機ニ当リ、全機能ヲ発揮シ以テ国策ノ一端ニ充分ニ貢献[110]」していると され、「母性並ニ児童保護ニ関スル総合的施設トシテノ児童院ノ任務ハ愈々重大ヲ加ヘ来タレリ、由来本院ハ保健施設トハソノ本質ヲ異ニシ、単ナル医学的処置ノミニ満足セズ、ソノ対象ヲ社会経済的条件トノ関連ニ於テ認識シ、医学的、心理学的、教育学的等ノ知識ト技術ヲ総合的ニ運用シテ、ソノ個別的乃至集団的保護思想ノ啓発ニ努メテ人口国策ニ寄与[111]」とあるように、児童院が戦時期の国策に大きく貢献しているとし、より存在意義を高めようとしていた。

最終的には戦時社会政策の「要求に応じ、亦は補足してゆく施設を現段階の日本が持っているかどうか、亦果して持ち得るのであらうかと尋ねる時（中略）本市が然る意味に於て児童院を持つ事に対して市民は大いな幸福を感じとるだらう[112]」とあるような論理を形成し、設立当初の最新鋭の社会事業施設という位置づけから、戦時厚生事業の国策にもっとも適合的な施設という位置づけに変容していくのである。しかし表3-8をみると、減額、無料患者が一九三七年をピークに再び減少する。たびたび指摘された利用者の階層格差、地域格差という矛盾をはらみつつ、戦時期の児童院運営はおこなわれた。ようやく、終戦後の一九四五年一二月末に「戦時中幾多の抑制を受け殆ど診療にのみ終始していた市児童院では、この□院内に協議会を開いて、社会施設としての児童院の機能を遺憾なく発揮すべく次の項目を定めた[113]」と報道されたように、戦時体制期以前の事業の復活を目指すことになったのである。

五　おわりに

以上、本章で明らかにしたことをまとめる。

第一に、京都市児童院は恩賜社会事業資金を元手に、当初から総合的な社会事業施設として構想された、京都市が誇る最新鋭の施設であった。京都府の少年教育相談所も市の児童院に吸収合併された。当初から中産階級以下の母性および一八歳未満の児童を対象としていた。人材も京都帝国大学出身者を中心に優秀な人材を揃えていた。その事業構想はまず母性、児童保護事業を有機的に連関させる機能を果たすこと、次に現在の予防医学的な発想に重点が置かれていること、最後に京都市民全体を対象にした啓発や事業推進に重点を置いていたことが理解できる。

第二に、児童院の事業体系は助産診療、相談保護事業、講演・宣伝などの三本柱であったが、当初から積極的に都市社会におもむいてさまざまな事業をおこなうスタイルを持っていた。被差別部落における院外健康診断事業や、養正地区を拠点とした訪問看護婦事業、各託児所保母の再教育も児童院が担当していた。児童心理相談事業も当初は伸び悩んでいたが、宣伝のかいもあり、軌道にのった。また母の会、お産の会などを組織し、一般市民の啓発や保育指導を適時おこなっていた。そして独自に母親読本や、お産や乳幼児・児童に関わるパンフレットを多数作製し、一般市民への啓蒙も事業の大きな柱としておこなっていた。

第三に、京都市児童院に対しては、設立前から、京都市産婆会による反対運動が起きるほど大きなリアクションがあった。予想通り、利用者は続々増加し、歳入の八割以上が使用料、手数料などの収入でまかなわれていた。このように利用者は急増し、児童院の存在は京都市民に広く受け入れられていった。しかし、実際は目的に掲げた中産階級以下の利用が少なく、利用できる人々は生活に余裕のある人々だけであるという指摘が市会でもなされていた。このような指摘を裏づけるように、減額、無料、救護法適用の無料分を合わせても、全利用者の一割にも届かない事業がほとんどであった。児童院では中産階級以下の利用者を増やす対策をとったが、その後も結局利用者は、有産者がほとんどであるとあらためて指摘されている。児童院の経営方法についての疑義は続いていた。

このような問題をはらみながらも、利用者には近辺の人々が多いことも指摘されており、京都市南部出身の市会議員たちや方面委員会などは、市南部への児童院の増設を望んでいた。その背景には、一九一八年の市域拡張の際に、京都市に編入された被差別部落などを含み込み、さらに工場労働者などの流入により、貧困層の人口が急速に増加したいわゆる市域周辺部の「新市域」と、旧来からの富裕層の住む市域中心部に居住地域が二極化し、生活水準の地域格差が急速に拡大していた状況がある。児童院増設にともなう地域偏差の問題も指摘されていた。京都の南部方面には貧困者が多く、児童院の建設が必要であるとの指摘があった。一九三七年以降、児童院は、産婦人科事業関係への大きな功績を報道され、貞明皇太后の行啓を受け、権威づけがおこなわれ、評価はますます高まっていった。さらに事業自体も、児童保健関係事業を保健所に移管したことによる産婦人科の重視、院外健康相談の廃止、保育事業の創設などの再構成がおこなわれた。

そして最終的には設立当初の児童福祉に関する総合的な最新の施設という位置づけに変化が生じ、戦時厚生事業の国策にもっとも適合した施設という自負をもつようになる。しかしその一方、減額、無料患者が一九三七年をピークに再び減少する。利用者の階層格差、地域格差という矛盾をはらみながら、戦時期の施設運営がおこなわれることになったのである。

（1）京都市児童福祉史研究会編『京都市児童福祉百年史』（京都市児童福祉センター、一九九〇年、二一五頁）、以下『百年史』と省略。
（2）池田敬正『日本社会福祉史』（法律文化社、一九八六年）。
（3）菊地正治ほか編著『日本社会福祉の歴史』（ミネルヴァ書房、二〇〇三年、一二八～一五一頁）。
（4）玉井金五「日本資本主義と〈都市〉社会政策」（『防貧の創造』啓文社、一九九二年）。
（5）本書第一章。
（6）沼尻晃伸「第一次大戦期から一九三〇年代の川崎市の行財政」（大石嘉一郎・金澤一男編『近代日本都市史研究――地方都市からの再構成――』日本経済評論社、二〇〇三年、第四章第三節）。

（7）源川真希「東京都政形成史研究序説」（東京都立大学『人文学報』三四六号、二〇〇五年）。
（8）『京都市政史』上巻（京都市、一九四一年）、京都市編『京都の歴史』第九巻（学芸書林、一九七六年）、京都市政史編纂委員会編『京都市政史』第四巻（京都市、二〇〇三年）、同『京都市政史』第一巻（京都市、二〇〇九年）。
（9）勅使河原伯秀「京都市児童院史」（前掲註1『百年史』、二一五～二五四頁）。
（10）中瀬惇「京都市児童院と発達検査——その一　児童院の院内検査——」（『京都ノートルダム女子大学研究紀要』三四号、二〇〇四年）。
（11）主要な研究は、小路田泰直『日本近代都市史研究序説』（柏書房、一九九一年）、芝村篤樹『日本近代都市の成立』（松籟社、一九九八年）など。
（12）京都市社会課叢書第一篇『乳幼児死亡率調査』（一九二一年六月）。
（13）同右、一頁。
（14）京都市社会課叢書第二篇『京都市に於ける特殊児童調』（一九二一年七月）。
（15）磯村英一「本邦都市における社会事業調査機関とその文献」（『社会学雑誌』六三号、一九二七年）、『京都日出新聞』一九二六年七月九～一〇日、『京都市事務報告書』各年度版。
（16）京都市の託児所事業の詳細については、伊藤悦子「市立託児所の設置とその役割——京都市の地方改善事業の開始——」（『京都部落史研究所紀要』六号、一九八六年）。
（17）『調査報告第七号　学齢児童に関する調査』（京都市教育部社会課、一九二九年）。
（18）『調査報告第一〇号　児童保護に関する調査』（京都市教育部社会課、一九三一年）。
（19）『京都日出新聞』一九二九年三月一日。
（20）同右。
（21）同右。
（22）同右。
（23）『大阪朝日新聞京都版』一九二九年二月一九日。
（24）『京都日出新聞』一九二九年八月一七日。

(25)『京都日出新聞』一九二九年九月一七日。
(26)『京都日出新聞』一九三〇年四月二四日。
(27)『京都日出新聞』一九三〇年一〇月二六日。
(28)『京都日出新聞』一九三一年三月三一日、四月二日夕刊。
(29)『大阪毎日新聞京都版』一九三一年三月二一日。
(30)『大阪朝日新聞京都版』一九三一年八月七日。
(31)『大阪朝日新聞京都版』一九三一年九月一五日。
(32)『京都市社会事業要覧』(昭和七年度)(一九三二年三月、二二頁)。
(33)一九三八年京都帝国大学文学部心理学講座専任講師として着任している(『京都大学百年史』部局篇一、京都大学、一九九七年、一六四頁)。
(34)京都帝国大学卒業。児童院創立当初から心理判定員として勤務、戦後児童院長を勤める。
(35)漆葉見龍の履歴については、本書第一章参照。
(36)石田良三郎「思い出」八(『現代人』二二巻五号、一九七四年五月、四七頁)。
(37)京都部落問題研究資料センター所蔵カセットテープ「園原太郎(児童院について)」・E一一六・一九八一年六月八日録音、以下「園原」と省略。
(38)一九三四年三月に創立された恩賜財団愛育会の愛育研究所は、一九三八年一一月に開設され、同年一二月に臨床部門として「愛育医院」を開院した。
(39)「児童院関係職員座談会」(前掲註1『百年史』、三三二頁)。
(40)一九三九年一月より社会課勤務、戦後信愛保育園園長を勤めた。
(41)「旧社会課関係職員座談会」(前掲註1『百年史』、三一一頁)。
(42)前掲註(37)「園原」。
(43)『京都市児童院概要』昭和六年度版(一九三一年一一月、四〜六頁)。
(44)同右、六頁。

(45) 同右、六頁。
(46) 同右、七頁。
(47) 『京都市教育部社会課季報』一六号（一九三二年一月一五日、四〜六頁）、『大阪朝日新聞京都版』（一九三一年一一月一五日）。
(48) 『京都市事務報告書』昭和八年度、五八頁。
(49) 『京都市事務報告書』昭和九年度、六六頁。
(50) 戦前期に訪問看護婦として勤務。旧姓石川、当時看護学校としては唯一、四年制（本科・研究科の四年制）であった聖路加女子専門学校（現在の聖路加看護大学）出身の看護婦。彼女によると、アメリカのロックフェラー財団の研修から帰ってきた福島満帆が、聖路加を訪れ、京都でも訪問看護を行う施設をつくるので、来てほしいとスカウトされたという（「児童院関係職員座談会」前掲註1『百年史』、三一九頁）。
(51) 「児童院関係職員座談会」（前掲註1『百年史』、三二三〜三二四頁）。
(52) 『京都市事務報告書』昭和一〇年度、六六頁。
(53) 前掲註(37)「園原」。
(54) 『京都市事務報告書』昭和八年度、六二頁。
(55) 『京都市事務報告書』昭和一一年度、六三頁。
(56) 「児童院関係職員座談会」（前掲註1『百年史』、三二三〜三二四頁）。
(57) 『京都市事務報告書』昭和八年度、六〇頁。
(58) 『京都市事務報告書』昭和九年度、六七頁。
(59) 『京都市事務報告書』昭和一一年度、六〇頁
(60) 前掲註(37)「園原」。
(61) 『京都市児童院概要』各年度版。
(62) 『大阪朝日新聞京都版』一九三二年五月二二日。
(63) 『京都日出新聞』一九三二年七月一四日。

(64)『京都市児童院概要』各年度版、『京都市事務報告書』各年度版。
(65)『京都市事務報告書』昭和八年度、六一頁。
(66)『京都市事務報告書』昭和一〇年度、七〇頁。
(67)『京都日出新聞』一九三一年三月三〇日。
(68)『京都日出新聞』一九三二年七月二四日。
(69)『京都日出新聞』一九三二年九月二〇日。
(70)『京都市事務報告書』昭和八年度、五七頁。
(71)同右。
(72)中京区選出、医業（大宮病院院長）のかたわら、政友会員、一九三〇年五月市会議員選挙に出馬、当選して一期を務めて、その後政友会京都支部幹事長となる（『京都日出新聞』一九三六年六月一八日夕刊）。
(73)『京都市会会議録』三号（一九三三年二月二八日、一七六頁）。
(74)同右、一七七～一七八頁。
(75)『京都市会会議録』二号（一九三三年二月二七日、一〇七～一一三頁）。
(76)『京都市事務報告書』昭和九年度、六五頁。
(77)『京都市事務報告書』昭和一〇年度、六四頁。
(78)『京都日出新聞』一九三三年九月五日。
(79)『京都市児童院概要』昭和九年度（一九三四年七月、八頁）。
(80)同右、八～九頁。
(81)『京都市会会議録』四号（一九三七年三月九日、三三〇～三三一頁）。
(82)民政党所属、下京区選出、上鳥羽尋常高等小学校卒業、一九二二年家督相続（農業・地主）ののち、一九二九年小作争議の合法的な解決のために労農党に入党した。そして同年四月上鳥羽村会議員に当選。一九三三年五月市会議員当選、一九三五年九月京都府会議員に当選したが、一時労農党に所属後、脱退した。
(83)『京都市会会議録』二号（一九三四年二月二七日、三六二～三六三頁）。

(84) 民政党所属、下京区選出、第六高等小学校卒業後、海産物問屋に二年間奉公し、家業の農業に従事した。一九二三年学区会議員、公同組合幹事、方面委員幹事を務めたのち、一九三三年立憲民政党入党、一九三三年五月京都市会議員選挙に当選し、一九五一年まで勤めた。また一九三九年にも京都府会議員にも当選し、五期二二年務めた。
(85) 『京都市会会議録』三号（一九三六年三月四日、一〇一～一〇二頁）。
(86) 伏見区選出、民政党所属、明治法律学校卒業後、一九〇二年外務省に入り、一九〇八年まで勤める。辞職後、家業の製簾業を拡張し、一九一九年伏見町に大正製鋲所を創設した。さらに一九三〇年もう一つ製鋲所を造り、事業を拡張した。一九三一年京都市会議員に当選、一九三四年五月京都府会議員に当選し、一九三九年九月まで務める。そのほか、伏見町会議員五期・紀伊郡会議員五期・伏見市会議員・市参事会員・土木委員・治水調査委員・公同組合長・方面委員・学区会議員などを歴任した。
(87) 『京都市会会議録』三号（一九三七年三月八日、二六〇～二六一頁）。
(88) 鈴木良『水平社創立の研究』（部落問題研究所、二〇〇五年、五～七章）、松下孝昭「京都市の都市構造の変動と地域社会」（伊藤之雄編『近代京都の改造』ミネルヴァ書房、二〇〇六年）、白木正俊「一九二〇年代における京都市の学区統一問題」（『京都市歴史資料館紀要』一九号、二〇〇三年）。
(89) 『京都日出新聞』一九三九年六月一一日夕刊。
(90) 『京都日出新聞』一九四〇年一二月五日。
(91) 同右。
(92) 『京都日出新聞』一九三七年二月一九日。
(93) 『京都市児童院概要』昭和一六年度、四頁。
(94) 「児童院関係職員座談会」（前掲註1『百年史』、三三一〇頁）。
(95) 『京都日出新聞』一九三七年六月二三日夕刊。
(96) 『京都日出新聞』一九三七年七月二日。
(97) 『京都市児童院概要』昭和一四年度、一三頁。
(98) 『京都市事務報告書』昭和一二年度、三三三頁。

(99)『京都日出新聞』一九三八年九月一日。
(100)『京都市社会事業要覧』昭和一四年度、五五頁。
(101)『京都市事務報告書』昭和一五年度、二二二～二二三頁。
(102)『京都市社会事業要覧』昭和一四年度、五五頁。
(103)石田良三郎の回想によると、その頃市会で児童院の所管をめぐり、衛生部主管説と、社会課主管説が対立していた。事業内容に産院、児童健康相談所的な色彩が濃厚なことが原因だった。漆葉見龍は石田に、児童院を社会課が主管しなければならない理由をまとめよと命じた。漆葉は結局、児童院を社会課主管とすることに成功したという。一九三八年八月に、石田が児童院で乳幼児託児事業の開始を提案したのは、事業の緊要性もあるが、無益な論争に終止符をうつためでもあったという。石田良三郎「思い出」九（『現代人』一二巻六号、一九七四年六月、四三～四四頁）。
(104)『京都市社会事業要覧』昭和一四年度版、五七頁。
(105)『京都日出新聞』一九四一年五月一三日夕刊。
(106)『京都日出新聞』一九四一年七月四日夕刊。
(107)「旧社会課関係職員座談会」（前掲註1『百年史』、三一三頁）。
(108)後年のことになるが、『京都新聞』一九四八年四月一九日の記事によると、平井について「院長も小児科の権威であるべきだが、平井院長の場合不思議なことにお母さんの方が専門で、赤ちゃんの手もにぎったことはまれである。生まれた子供も大切だが、うまれるまでの母体を完全なものにするのがさらに進歩的な児童院の使命であるとすましめる彼は産婦人科医」とあるように、乳幼児医療について関心がないことを指摘されている。
(109)『京都日出新聞』一九四一年七月三〇日。
(110)『京都市事務報告書』昭和一五年度、一三四頁。
(111)『京都市事務報告書』昭和一六年度、一一八頁。
(112)『京都市社会事業要覧』昭和一六年度版、二一～二二頁。
(113)『京都新聞』一九四五年一二月三一日。なお、一九四五年四月二〇日に京都市児童院山科分院が開設されたが、詳細は不明である（『京都市公報』一二五一号、一九四五年五月三日）。

第四章　都市社会行政職員の役割・特質・機能

一　はじめに

本章は、戦前期「六大都市」の一つであった京都市の都市社会調査を事例として、戦前期の調査活動のあり方と、社会事業行政職員の役割を明らかにするものである。

都市社会調査は一九一八年の米騒動を背景に、「六大都市」を中心に、都市社会政策立案のためにおこなわれた。当然、社会調査の結果自体が、すべて政策形成に直結しているわけではない。しかし、これらの調査には都市社会行政自体の社会問題認識が一定程度反映されており、都市社会調査のあり方自体の分析が大きな意味をもつ。これまで、都市社会調査自体の検討をおこなった研究には、大阪市社会部調査やその思想的背景を検討した永岡正己[1]、永井良和[2]、深澤和子[3]、横井敏郎[4]の研究、東京市社会局調査と、大阪市社会部調査の調査姿勢の比較をおこなった中川清[5]の研究があり、名古屋市社会課調査については金澤誠一[6]、永岡正己[7]の研究が存在する。

本章の対象である京都市社会課調査については、浜岡正好[8]の研究がある。浜岡は第一に、京都市社会課調査の分類をおこない、一九二四年までの調査と、一九二五年一一月に『京都市社会課調査報告』として、公刊報告書を発刊した以降の調査の二期に分けた。第一期では、調査の報告形式が不明で、官庁などや団体・機関からの二次データをまとめたと思われる調査が大半をしめている。そして第二期で本格的調査がおこなわれ、産業労働調査の比重が高まり、制度・施策の研究が緻密になること、科学的な調査方法の進展したことなどを指摘した。また社会学的な有機体的社会観と社会教化主義にもとづいた調査から、昭和恐慌を経て、マルクス主義的な分析視角に調査理論が変化したことを指摘し、このような視角と堅実な実証の結合が京都市社会課調査の到達点としている。第二に漆葉見龍が主導した調査理論を検討し、当時京都帝国大学文学部哲学科社会学講座の米田庄太郎の社会問題観や、調査理論の影響を指摘している。また典拠はないが、リッチモンドの『社会診断』の社会教化の重要性や、社会調査と社会施策の関係を強調する部分に大きな影響を受けたとした。第三に、「少額給料生活者失業応急事業」と社会調査との関係を指摘し、マルクス主義理論に通じた調査スタッフなどの存在が、社会課調査にマルクス主義理論の影響を与えたと位置づけた。また、第一期の調査と第二期の児童保護調査の内容を紹介した白木正俊(9)の研究、そして大阪市社会部の山口正や、京都市社会行政を担った漆葉見龍など、米田庄太郎門下生たちの社会調査思想の背景については、中久郎(10)の優れた研究がある。そして、京都市社会課調査における部落問題関係資料を中心に調査内容の紹介をおこなった秋定嘉和(11)や、京都市社会課の社会事業行政職員についての回想をのべた小倉襄二(12)による解題が存在する。

しかし、浜岡の研究を含め、従来の京都市社会課調査に関する研究においては、第一に第一期の調査史料の分析がなく、第二期の本格的な調査との共通点や差異が明らかでない。第二に京都市社会課調査の全刊行調査の調査姿勢や手法の変化が実証されていない。また京都市社会課調査をめぐる史料状況についても明確になっていない。第三に漆葉見龍の指導性を強調しているが、漆葉自身の履歴すら不明確である。また「少額給料生活者失業応急事業」による調査の実態なども、まったく明らかにされていない。第四に他都市の研究でも同様だが、大阪市における関一、山口正、志賀志那人(13)などに代表される人々の役割を重視し、社会事業や社会政策の先進性を、このような特定個人の社会事業専門家のパーソナリティに還元してしまう傾向が強い。

近年源川真希(14)は、東京市の都市社会政策の担い手である「市政研究会グループ」を分析し、大阪市を事例に都市行政の担い手として導き出された「都市専門官僚」という範疇より、職階の下位だったことを明らかにした。また源川は磯村英一の事績や「市政研究会グループ」そのものの分析も詳細におこなっている。彼らは市民に密着した、具体的施策を遂行する立場だった。京都市社会課調査の分析においても、漆葉見龍の指導性を指摘するのみでなく、都市社会調査を担った社会事業行政職員の調査活動の実態、調査手法などを、史料的制約が大きいが、明らかにしていく必要があるだろう。なお、本章における社会事業行政職員とは、京都市社会課に勤務していた職員を指している。以下、本章では、浜岡による京都市社会課調査の二期区分をふまえつつ、京都市社会課調査の全体的な位置づけや、調査手法、調査に関わる社会事業行政職員の役割を中心に分析していく。

二　京都市社会課調査の開始

(1)　京都市社会課調査と『社会課叢書』

京都市社会行政は、一九一八年一二月の勧業課救済係の設立によって始まる。最初の係長銅直勇《どうなおいさむ》は、京都帝国大学の米田庄太郎門下であった。しかしこの時点では管見の限り、京都市主管の都市社会調査はおこなわれていないことが分かる。(15)本格的な調査活動の開始は、機構改変がおこなわれ、救済係が社会課に昇格した一九二〇年七月だった。この年同時に社会課の管轄が教育部に変わり、社会課に調査係が設けられ、係長一名、係員四名が調査事務に従事したが、一九二四年四月に調査係は廃止され、一般調査事務は書記二名、嘱託二名の体制になった。(16)

『京都市社会課調査報告』の史料状況を説明しておこう。まず同志社大学の小倉襄二を中心とするグループが、先にあげた第二期調査である『京都市社会課調査報告』の現存分を網羅的に収集し、史料集を発刊した。(17)こうして『京都市社会課調査報告』は、広く学界の共有財産となり、多くの研究に利用された。だが小倉グループの収集から洩れた史料は、一部で存在こそ知られていたものの、研究に利用されることはほとんどなかった。このような状況を大幅に改善したのは、『京都市・府社会調査資料集成』の発刊である。[18]二〇〇一年から二〇〇二年にかけて刊行されたこの史料集は、京都府・京都市の社会調査関係史料のみならず、その周辺の史料へのアクセスをも容易にし、京都府・京都市について現存するほとんどの社会調査史料を研究利用可能にした。しかしこの史料集には、残念ながら解題が存在せず、京都市社会課調査の全貌はいまだ明らかでない。[19]では、実際にどのような調査が第一期にはおこなわれていたのだろうか。

第一期の調査結果が現存していないものを含めた調査を明らかにしたのが表4-1である。『京都日出新聞』[20]で報道された記事[21]と、東京市社会局に勤務していた磯村英一による論文の記述をあわせて、六八の調査がおこなわれている。[22]『京都日出新聞』記事によれば、公刊されたのは一七調査である。このような京都市社会課の調査活動は、一九二四年の事業概要の中で「社会政策乃至社会事業の発達は、その対象たるものに関する精確《ママ》なる知識を有せずして、これをなさんとする程、労力及び経費を濫用し、その効顕の少なきを痛感せしむるに至り、茲に種々なる都市測量又は社会調査は盛んに[23]」おこなわれるようになったと語っているように、社会政策や社会事業をおこなうには、社会調査が必要であるという問題意識に支えられていた。

浜岡正好は、公刊された調査の数は不明であるとしているが、[24]先にあげた一七の公刊調査のうち、一〇の調査がのちに『社会課叢書』として発刊されていた。『社会課叢書』は「不定期に刊行する小冊子で社会事情の調査、生活改善に関する名士の講演、社会事業の翻訳が其内容[25]」であった。表4-2がその一覧である。一九二二年六月から一九二三年一二月までに、二二冊発刊されたことが分かる。そして公刊された調査のうち、第一篇〜第三篇、第一一篇〜第一三篇、第一五篇、第一七篇、第二〇篇、第二二篇が社会調査報告書である。第一二篇のみは、

表4－1　京都市社会課調査一覧（1920～26年）

番号	調査名称	出典	調査年	公刊
1	不就学児童数及びその職業調査／京都市内の不就学児童及びその職業調査	『日出』・磯村	1920	×
2	不良少年少女に関する調査	『日出』	1920	×
3	商業に従事する女子の調査	『日出』	1920	×
4	労働組合に関する調査／京都市内労働組合調査	『日出』・磯村	1920	×
5	扶養者なき老廃者調査	『日出』	1920	×
6	社会教化団体の調査	『日出』	1920	×
7	婦人団体の調査	『日出』	1920	×
8	共済組合に関する調査	『日出』	1920	×
9	細民地区に於ける乳幼児死亡率の調査	『日出』	1921	○
10	細民地区実態調査／細民地域実態調査	『日出』・磯村	1921	×
11	自大正２年至大正９年市内の人口及び戸数	『日出』	1921	×
12	住宅不足数調査／京都市の住宅不足数調査	『日出』・磯村	1921	×
13	市内に於ける副業調査	磯村	1921	×
14	市営住宅に関する調査	『日出』	1921	×
15	乳幼児に関する調査	『日出』	1922	×
16	活動写真と児童に関する調査	『日出』	1922	○
17	特殊児童に関する調査／京都市に於ける特殊児童の調査	『日出』・磯村	1922	○
18	徒弟制度に関する調査	『日出』	1922	×
19	婦人労働に関する調査／婦人労働者調査	『日出』・磯村	1922	×
20	大正11年８月９日現在市内主要賃金調査	『日出』	1922	×
21	地方改善地区居住者の教育状態	『日出』	1922	×
22	無籍者に関する調査	『日出』	1922	×
23	俸給生活者の収入と家賃との関係／俸給生活者の収入と家賃調査	『日出』・磯村	1922	×
24	市民実情調査	『日出』	1922	×
25	木賃宿に関する調査	『日出』・磯村	1922	×
26	児童教化団体調査	『日出』	1922	×
27	浴場調査	『日出』	1922	×
28	住居と家賃／住居と家賃に関する調査	『日出』・磯村	1922	○
29	京都市に於ける市場の沿革／京都市の市場沿革	『日出』・磯村	1922	○
30	既設市場取引物品並に価格等に関する調査	『日出』	1922	×
31	児童遊園及び児童水泳場に関する調査	『日出』	1922	○
32	林間学校に関する調査	『日出』	1922	×
33	慈恵基金補助団体成績調査	『日出』	1922	×
34	大正11年、12年度市内小学校卒業徒弟数調査	『日出』	1923	×
35	京都駅及び二条駅を中心とする少年労働調査／二条駅を中心とする少年労働者調査	『日出』・磯村	1923	×
36	市内理髪結髪業者同徒弟数調査	磯村	1923	×
37	市内在住鮮人労働者調査／在京鮮人労働者に関する調査	『日出』・磯村	1923	×
38	細民地区の戸数及び人口調査／細民部落に関する調査	『日出』・磯村	1923	×
39	貧窮者調査／赤貧者調査	『日出』・磯村	1923	×
40	京の蔬菜に関する調査	『日出』	1923	○
41	寺裏居住者の職業と宗教	『日出』	1923	×
42	活動写真の観覧より起る疲労度の調査	磯村	1923	○
43	木賃宿調査	『日出』	1923	×
44	墓地調査	『日出』	1923	×
45	貸家貸間紹介人調査	磯村	1923	×
46	質屋に関する調査／市内質屋調査	『日出』・磯村	1923	×
47	労働者優遇施設に関する調査	『日出』	1923	×
48	味噌、醤油に関する調査	『日出』	1923	×
49	市内で消費する食料品の荷受と分配	『日出』	1923	○
50	湯屋に関する調査／京都の湯屋調査	『日出』・磯村	1924	○
51	不良少年少女に関する調査／市内に於ける不良少年少女に関する調査	『日出』・磯村	1925	×

52	細民地区不就学児童調査	『日出』	1925	×
53	大正12、13、14年度卒業児童進路調査／大正12、13、14年度卒業児童進路調査	『日出』・磯村	1925	○
54	労働争議調査	『日出』	1925	×
55	失業者数調査	『日出』	1925	×
56	日雇労働者失業状況調査	『日出』	1925	×
57	衛生課常用人夫生活調査	『日出』・磯村	1925	○
58	電気局現業員生活調査	磯村	1925	○
59	失業救済事業登録者調査	『日出』・磯村	1925	○
60	木賃宿宿泊人に関する調査	『日出』	1925	○
61	簡易宿泊所宿泊人に関する調査	『日出』	1925	○
62	大正14年７月10日、11日市内浸水家屋被害状況調査	『日出』	1925	×
63	小学校卒業児童求職及就職状況／本市小学校卒業児童求職就職状況調査	『日出』・磯村	1926	○
64	夜間通学青少年労働者調査	磯村	1926	×
65	託児所児童委託者職業調査	『日出』	1926	×
66	失業土木救済事業従事労働者生活調査	『日出』	1926	×
67	社会事業団体に関する調査	『日出』	1926	×
68	託児所児童の母の職業調査	『日出』	1926	×

出典：『京都日出新聞』1926年７月９、10日。磯村英一「本邦都市における社会事業調査機関とその文献」（『社会学雑誌』63号、1927年）。表中では『日出』・磯村と省略している。

※浜岡論文も同様の表を作成しているが、年代順に並べ替え、調査件数を修正、不明とされていた公刊の有無を追記した。調査件数の修正には『京都市事務報告書』各年度版を利用した。

表４－２　『社会課叢書』一覧

号　数	タイトル	表１に対応する調査
第１篇	乳幼児死亡率調査	細民地区に於ける乳幼児死亡率の調査・1921年（現存）
第２篇	京都市に於ける特殊児童調	特殊児童に関する調査／京都市に於ける特殊児童の調査・1922年（現存）
第３篇	林間学校の話	林間学校に関する調査・1922年
第４篇	牛乳の話	－
第５篇	蔬菜と果実	－
第６篇	米	－
第７篇	魚	－
第８篇	卵と肉	－
第９篇	洗濯の仕方	－
第10篇	家事のため	－
第11篇	住居と家賃	住居と家賃/住居と家賃に関する調査・1922年
第12篇	児童遊園と水泳場	児童遊園及び児童水泳場に関する調査・1922年（現存するが講演録の形態になっている）
第13篇	京都の湯屋	浴場調査・1922年（現存）
第14篇	欧州の中央市場	－
第15篇	市場の沿革	京都市に於ける市場沿革/京都市の市場沿革・1922年（現存）
第16篇	食品の見分け方	－
第17篇	活動写真の観覧から起こる疲労の調査	活動写真の観覧より起こる疲労調査／活動写真の観覧より起こる疲労調査・1923年（現存）
第18篇	味噌の話	－
第19篇	醤油の話	－
第20篇	京都市で消費する食料品の荷受と分配	市内で消費する食料品の荷受と分配・1923年（現存）
第21篇	中央卸売市場建設案経過	－
第22篇	京の蔬菜	京の蔬菜に関する調査・1923年

出典：『社会課叢書』各篇

※調査名称の記載方法は 表４－１に準じている。社会課叢書は1922年６月～1923年12月まで順次発刊された。

児童遊園と水泳場に関する調査にもとづく講演録である。そのほか、第四篇〜第一〇篇、第一六篇、第一八篇〜第一九篇は食料や洗濯に関する冊子だった。このように『社会課叢書』は、調査報告と市民の啓蒙を目的とした冊子の二種類に大別される。

では第一期の社会調査を種類別に検討してみよう。まず確認したいのは、一年にきわめて多数の調査をおこなっている年があることである。特に一九二二年の一九調査、二三年の一五調査、二五年の一二調査と一か月に一回以上の調査をおこなっており、精力的な調査活動がうかがえる。さて、表4-1をみると、初期の京都市社会課調査は、児童保護、都市下層、労働者生活の三つに関係ある調査が約半数をしめていることが分かる。児童保護関係では、表4-1にある、一番の不就学児童の調査、一七番の特殊児童調査などがあげられる。そのほか三四番の小学校卒業徒弟数調査や、五三番の卒業児童進路調査、六三番の小学校卒業児童求職および就職状況などの就職関係調査もおこなわれている。特筆すべきなのは、「細民地区」＝被差別部落の乳幼児、児童に関する調査群である。これには、九番の細民地区に於ける乳幼児死亡率調査、二一番の地方改善地区居住者の教育状態、五二番の細民地区不就学児童調査などがある。また京都市においては、被差別部落に集中して設置されていた託児所を対象とした、六五番の託児所児童委託者職業調査、六八番の託児所児童の母の職業調査などもあり、重点的に調査がおこなわれている。住宅関連では、一〇番の細民地区実態調査、三八番の細民地区の戸数及び人口調査がおこなわれており、被差別部落について濃厚な関心をもっていた。それ以外は一般的な失業状況調査、貧窮者調査、市場、浴場など社会施設に関する調査など、さまざまな関心にもとづいた調査活動をおこなっている。

次に年代別にみると、児童保護に関する関心は一貫しているが、のちの第二期調査との関係でいえば、労働者生活関係の調査が一九二五〜二六年に急増する。これらの調査の目的は、一九一九年度の『京都市事務報告書』によると、「住宅政策ノ参考資料トシテ市内ニ於ケル住宅不足数ノ調査ヲセシ為メ」(26)とあり、また「細民地域内ニアリテハ家屋ノ陋隘、衛生状態ノ不良、知識ノ低級等ノ為、乳児ノ死亡スルモノ甚ダ多ク、之等ノ計数ヲ正確ニ知ルハ社会政策上緊要ナリト雖モ、未ダ参考資料ノ無キヲ遺憾トシ[27]」ともあって、住宅政策や「細民地域」＝被差別部落の調査を重視する明確な目的が存在した。

京都市の社会事業施設の設置にあたっては、託児所や市営住宅などの建設が重視された[28]。また、この時期の京都市の社会事業施設は、すべて被差別部落とその周辺部に設置されている[29]。つまり第一期の社会調査自体が、施設配置のための実態調査としての性格をもっていた。しかし、表4-1をみてみると、それ以外にも多様な調査がおこなわれており、純粋な政策立案のための調査だけではなく、調査担当者の社会的関心によっておこなわれた調査も数多くあったことが分かる。

(2)『社会課叢書』概要の分析

では、史料的制約が大きいが、現存する調査の概要を検討してみる。第一に社会課叢書第一篇の『乳幼児死亡率調査』である。この調査は表4-1の九番に該当する、現存する最初の公刊調査である。社会事業顧問である京都帝国大学医学部の戸田正三の指導で、一九二一年八月から、市内細民地区八か所の哺乳児死亡率の調査を開始し、八か月で完了したとあり[30]、調査対象地区である被差別部落内の状況を直接把握するため、「各区役所ノ公簿ニ依リ調査[31]」をおこなった。このように、人手が必要な本格的な調査であった。その結果、調査対象地区の乳幼児死亡率は京都府や京都市の一般地区とくらべて「少クモ二倍、多キハ四倍乃至五倍ニ達シ[32]」ていたことが明らかになった。そして「細民部落内ノ哺乳児、栄養障害、並ニ栄養不良ノ多数ナルト相違シテ考察スル時ハ、其処ニ不快ナル社会問題ノ潜伏セルヲ想起セシムル[33]」とし、被差別部落内の乳幼児、児童問題の存在を指摘した。

第二に社会課叢書第二篇の『京都市に於ける特殊児童調』である。調査実務を京都市壬生小学校訓導藤井高一郎に委嘱し、一年間余りの調査を経て、全市小学校長の援助で、完成したものだった。[34] この調査も、「京都市尋常小学校七十五校在籍児童六万五〇一三名につき実査分類した結果[35]」であり、膨大な数のサンプルをあつかっていた。調査方針は医学者の診断と、さまざまな心理調査および教師による個性観察、そして学業成績の三方面から分類を試みるというものだった。そして、調査量や時間の関係上、一部分ではあるが観察調査もおこない、科学的な分析方法を駆使している。[36] 相当な労力と時間が必要な調査であった。

第三に第一三篇『京都の湯屋』である。この調査はまず、さまざまな文献によって銭湯産業の沿革を押さえ、京都市内の銭湯の分布図を作成した。そのうえですべての浴場業者に調査票に基づいた実地調査をおこなっていた。[37] 第四に社会課叢書第一五篇『市場の沿革』では、各種文献を博捜し、「市場関係者より聞取したる事実を緯として本書を編むだ《（ママ）》。帰納的研究を採るにあたって出来得るだけ多くの資料を渉猟し、多くの人に質した[38]」とあり、担当者の文献研究と社会調査による執筆であり、各種の専門家の校閲を得たことも確認できる。

このように、現存する社会課叢書を確認する限りでは、京都市社会課による第一期調査について次のような特徴がみいだせる。第一に区役所の公簿調査や、広範囲にわたる調査票作成など、実証的かつ網羅的な調査方法、第二に、どの調査もあつかうサンプル数が膨大であること、第三にさまざまな専門家の指導や校閲を積極的に受けていること。このような調査手法は、後述する第二期の『京都市社会課調査報告』にも共通する特徴であった。一九二〇年代初頭には、すでに一定の水準の都市社会調査が京都市においてもおこなわれたとみるべきだろう。

以上のように、現存する社会課叢書の公刊調査をみる限り、のちの『京都市社会課調査報告』につながる調査活動をおこなっていたといえる。

三　『京都市社会課調査報告』の発刊と情報発信

（1）『京都市社会課調査報告』の調査姿勢

表4-3は、京都市社会課による公刊調査報告書である『京都市社会課調査報告』の一覧である。全部で四八の調査がおこなわれているが、未公刊のものが一一調査ある。表4-4はこれらの調査を分類したものである。職業・労働事情調査が一四件、労働者生活調査が九件であり、半数以上を労働調査がしめていた。次は住宅関連、児童保護が各五件で続いている。このように、京都市社会課は、上記の二つの分野の調査活動を重視していたことが分かる。また、第一期とくらべると明らかに調査のスタンスが変化しており、第一期調査の中心であった児童保護関連調査と、都市下層調査が激減し、労働者生活・職業労働事情関係の調査が中心に変化している。年代順では、一九三〇年代前半に全調査の約六割が集中し、三〇年代後半以降は急減していることが分かる。

再び表4-3を参照すると、京都市というフィールドの特徴を反映して、第一に第一二号『最近西陣に於ける一般的概況』、第四四号『西陣機業に関する調査』の西陣地域、第四八号『京都市に於ける陶磁器業とその従業員に関する調査』の陶磁器業に代表される伝統産業関係地域の調査、第二に第三七号『京都市に於ける朝鮮人日傭労働者に関する調査』、第四一号『市内在住朝鮮出身者に関する調査』の在日朝鮮人関係調査をおこなっている。第三に第六号『不良住宅密集地区に関する調査』、第二〇号『新市域に於ける要改地区調査』、第四七号『京都市に於ける不良住宅地区に関する調査』などの被差別部落関係調査が注目される。

また、これまでの研究ではとりあげられていないが、社会課主管の調査で『京都市社会課調査報告』として公刊されていないものは、『京都市社会課季報』（以下『季報』と省略）に報告されていた。まず一九二九年に「失業救済事業登録申込者数並に同登録者に関する調査」および「市設住宅の竣工並に同受給者に関する調査[39]」、「昭和

表4－3　『京都市社会課調査報告』一覧

号数	調査事項	調査時期	調査手法	公刊
第1号	常傭労働者生活調査	1924年10～12月	個別尋問式を基本として、悉皆調査をおこなうために、各監督を臨時調査員として調査票の記入・収集・配布に協力してもらう。調査員みずから記入指導もおこなう。	○
第2号	職業婦人に関する調査	1926年6～7月	雇用主と職業婦人双方に、調査票を郵送にて配布、できるだけ係員が出向いて収集	○
第3号	商工徒弟に関する調査（1）	1926年6～7月	商工業者・雇用主・学校当局に調査票を配布。返信用封筒を添付して、返送を求める。	○
第4号	商工徒弟に関する調査（2）	1926年6～7月	同上	○
第5号	貧困者に関する調査	1927年6月	方面委員事務所を訪ね、方面カードを転写、方面主事、警察署、区役所などに詳細を照会、一部の実地調査をおこない、カードを修正して集計整理	○
第6号	不良住宅密集地区に関する調査	1927年5月～29年3月	区役所・税務署・警察署等の公簿調査と実地調査をあわせておこなう	○
同上付録	不良住宅密集地区図集	1929年	同上	○
第7号	学齢児童に関する調査	1930年3月	市内各小学校に調査を依頼、回答を待ち、性別・学年別・種類別・原因別・学校別・地域別に集計整理	○
第8号	保護少年に関する調査	1929年10月～30年2月	調査票を作成し、市内司法保護団体4団体、京都府内の嘱託保護司36人に調査記入を依頼	○
第9号	借家に関する調査	1930年4月	家賃調査票を係員の出張により、各地に配布、官公吏・教育家・銀行会社員・労働者の4種に分類	○
第10号	児童保護に関する調査	1931年3月	文献・フィールドワークによる調査	○
第11号	手工業労働者に関する調査	1931年		×
第12号	最近西陣に於ける一般的概況	1931年		×
第13号	要保護者に関する調査	1931年5月～6月	少額給料生活者失業救済事業により、登録失業者約20名を臨時調査員として採用。第1に調査票を市内の養育院・養老院・病院・産院各事業団体に委嘱して、記入してもらう。第2に社会課員指導のもと、臨時調査員が、各方面委員事務所における方面カードを転写、それを元に一覧を作成して、個別的に訪問。	○
第14号	労働者災害扶助法並労働者扶助責任保険法の施行と京都市	1931年12月		×
第15号	入営者職業保障法と京都市	1932年1月		×
第16号	京都市に於ける日傭労働者に関する調査	1931年6月～7月	全般的な記述は過去の諸調査、報告類を参照。工匠組合、手伝業組合、運輸会社を訪ねて確認。労働者各自に関しては、直接尋問調査し、カードに記入。	○
第17号	日傭労働者共済保険制度に関する調査	1932年1月	各地社会行政に対しての問い合わせ。文献調査。	○
第18号	京都市に於ける庶民金融に関する調査	1932年2月	各機関に照会して、調査	○

第19号	職業紹介所を通じて見たる求職者の実相	1932年3月	求職カードから抜粋して、集計整理	○
第20号	新市域に於ける要改地区調査	1932年5月		×
第21号	京都市に於ける授産事業に関する調査	1932年6月	各機関に照会して、調査	○
第22号	京都市に於ける消費組合に関する調査	1932年9月	文献・フィールドワークによる調査	○
第23号	京都市に於ける要給食児童に関する調査並に給食実施方法に関する考察	1932年10月		×
第24号	新市域に於ける農家経済調査	1933年1月		×
第25号	京都市に於ける失業者生活実態調査	1933年9～12月	内務省社会局が6大都市に、少額給料生活者失業応急事業として委託。調査員は知識階級失業者。平均1日15名勤務。予備調査で被調査者を抽出。調査員が直接尋問して、調査票に記入。	○
第26号	昭和7年救護状況報告	1933年3月	方面カードを整理・集計	○
第27号	京都市に於ける工場労働者に関する調査	1933年9月	職工100名以上の工場に限定して、調査	○
第28号	京都市に於ける土木建築労働者生活実態調査	1933年4～6月	内務省社会局が6大都市に少額給料生活者失業応急事業として、委託。調査員は知識階級失業者。平均1日8名勤務。予備調査で被調査者を抽出。調査員が直接尋問して、調査票に記入。	○
第29号	京都市に於ける知識階級失業者生活実態調査	1933年10月	調査票を本人に直接記入させ、適時尋問をおこない、補綴修正を加える	○
第30号	京都市に於ける医療保護事業に関する調査	1934年9月	文献・フィールドワークによる調査	○
第31号	京都市に於ける質屋に関する調査	1934年11月		×
第32号	京都市に於ける営利職業紹介業者に関する調査	1934年7～11月	警察署への取扱成績報告で統計を取り、各営業者に戸別訪問	○
第33号	京都市に於ける労力供給業者に関する調査	1934年7月		×
第34号	求人事情調査(京都市に於ける職業紹介に関する調査第1部)	1933年7月～34年6月	職業紹介所保管の求人票の記入事項を基礎として、各種の分類統計を施す	○
第35号	就職者勤続調査(京都市に於ける職業紹介に関する調査第2部)	1933年7月～34年6月	職業紹介所の紹介日計簿から、調査票に必要事項を転写、保存の求職票と照合し、個別訪問して、実地調査し調査表に記入	○
第36号	内職に関する調査	1934年10月		×
第37号	京都市に於ける朝鮮人日傭労働者に関する調査	1934年9月		×

第38号	京都市に於ける精神病者及びその収容施設に関する調査	1935年6月	文献・フィールドワークによる調査	○
第39号	俸給生活者医療状況調査(京都市に於ける俸給生活者に関する調査第1部)	1935年10月	調査票を郵送。記入は無記名式で記入者自身が直接社会課に郵送。記入者を①月給100円以内②世帯主③扶養家族を有するものに限った	○
第40号	俸給生活者生活状況調査(京都市に於ける俸給生活者に関する調査第2部)	1935年10月	調査票を郵送。記入は無記名式で各記入者自身で直接社会課に郵送。記入者を①月給100円以内②世帯主③扶養家族を有するものに限った	○
第41号	市内在住朝鮮出身者に関する調査	1935年4月～36年3月	少額給料生活者失業救済事業により、登録失業者嘱託1人、1日約30名を臨時調査員として採用。区役所の寄留簿、警察署の戸口簿より、朝鮮人を転写。実地調査をおこない、調査票に記入。	○
第42号	京都市に於ける女中に関する調査	1936年9月	市内の女学校、実務女学校26校に依頼、在学生を通じて、調査票を各家庭の女中に配布し、学校、在学生を通じて、調査票を回送	○
第43号	京都市に於けるカード階級医療状況調査	1936年4月～37年3月	少額給料生活者失業救済事業により、登録失業者嘱託1人、1日約30名を臨時調査員として採用。各方面委員事務所、各救療施設を訪ねて、必要事項の報告を受ける。調査対象者を10日毎、1か月ごとに訪問して、罹病状況生活状況の変化観察。	○
第44号	西陣機業に関する調査	1937年11～12月	同志社大学神学部社会事業学科の援助を得て、実地調査を行い、調査票に記入。文献・フィールドワークによる調査もおこなう。勤労状況と生活状況を不況前(6月)と不況時(10月)に別々に調査	○
第45号	公益質屋の利用状況その他に関する調査	1939年11月	伏見・紫野・中堂寺の3公益質屋を利用した質置主について、各質屋の店先で、別紙調査票によって、所要事項を聞き取りの上記入。これを基礎に分類集計	○
第46号	京都市に於ける乳幼児保育事業に関する調査	1940年1月	文献・フィールドワークによる調査	○
第47号	京都市に於ける不良住宅地区に関する調査	1940年12月	少額給料生活者失業救済事業従事者を臨時調査員として採用。人口、世帯、居住者の生計など社会的部門を社会課が担当。土地・建物の測量などを土木局が担当して実施。警察署・消防署・区役所・区裁判所・小学校などの公簿調査を併用	○
第48号	京都市に於ける陶磁器業とその従業員に関する調査	1940年9月	調査票を製造業者・職工・徒弟の3種類作成。製造業者については京都陶磁器業組合で、関係業者の調査をおこない、一般陶磁器業界の状況を聞き取り。それにもとづいて業者を訪問し、対面調査。職工徒弟については、京都陶磁器業産業報国会から調査票を配布し、回送してもらう。	○

表4-4　『京都市社会課調査報告』調査別分類(1924～40年)　(単位：件)

年	労働者生活	都市下層	各種生活	職業・労働事情	社会運動	住宅関連	児童保護	女性関連	社会施設	その他	調査総数
1924	1										1
1925											0
1926				2				1			3
1927		1									1
1928											0
1929						2					2
1930						1	2				3
1931		1		4			1				6
1932	1			1	1	1	1		1	2	8
1933	5	1									6
1934			1	5						2	8
1935	2									1	3
1936			1					1			2
1937				1						1	2
1938											0
1939										1	1
1940				1		1					2
分野別総数	9	3	2	14	1	5	4	2	1	7	48

※調査時期が複数にわたる場合は、調査最終年度を基準とした。

三年度中に於ける市立中央職業紹介所求職者の失業理由[40]」調査が報告された。一九三〇年には、「失業救済事業使傭労働者に関する調査」「市内失業状況推計調査」「市内家屋数調査」「託児所託児身体検査結果」などの調査成果が掲載されている[41]。さらに「昭和五年度六大都市社会事業費予算に関する調査」「市内失業状況推定調査並に未就職有効登録者数」の調査が掲載されている[42]。一九三一年にはいると、「六大都市市設職業紹介に関する調査」「歳末市民生活状況調査[43]」「昭和五年度失業救済下水道事業[44]」の調査結果が掲載される。その後は、『京都市社会課季報』自体が一九三二年四月の一七以降、現状では未発見のために明らかでない。『季報』所載の調査報告は、失業救済事業や職業紹介関係の統計データの羅列で、分量も数頁から二〇頁程度である。しかし中には、一九三一年の六大都市の社会事業費予算および市設職業紹介に関する調査のように、表4-3に含まれていない調査成果も含まれ、都市社会調査の中間報告的なデータを掲載していたことが分かる。

　一九三三年に入ると、『京都市事務報告書』に「一般的ナル社会調査ヨリ寧ロ社会事業経営ノ実務ニ便セントスル考ヨリ、具体的直接的ナル社会事業調査ニ重キヲ置キ、現状業務ノ改善刷新、新規事業ノ計画ニ其ノ基礎資料を提供スル[45]」とあるように、第一期より、政策展開のための調査という志向が強くなったことが理解できる。この年度以降の『京都市事務報告書』には、すべて同様の記載があり、方針が堅持されたことがうかがえる[46]。また、京都市域の調査をおこなうだけでなく、さまざまな社会事業団体から寄贈された膨大な参考資料を整理分類し、「調査研究ノ便宜ヲ計リタリ、特ニ本年度ニ於イテハ外国大都市社会事業ニ関スル調査ヲナシ、欧米大都市ニ照会シテ多数ノ貴重ナル資料ヲ蒐メタリ[47]」として、国内および欧米大都市と比較する視点ももっていた。このように第二期調査は、第一期にくらべて調査数が精選され、他都市との政策の相違を意識し、都市社会調査と政策形成の関係を重視する指向性が強くなっていった。

都市社会調査と政策形成の関係を重視する視角は、社会課内部のみの論理ではなく、メディアにも共有されていた。一九二六年七月には社会調査の重要性について、「社会問題を社会の疾病とすれば、社会事業乃至社会有機化事業は治療投薬であり、社会測量は診断である。故に診断に基かない投薬の薄効なるが如く、社会測量に基かない社会事業乃至社会有機化事業の薄効なるは明白[48]」と報道され、都市社会政策と社会調査の関係性が主張された。そして「現行社会事業をみると、そこによき基礎調査もなく、単に流行を追ふ社会事業、都市の面目としての社会事業、或いはまた狂熱による社会事業等もかなり多いのである。故によき社会測量はこれ等の社会事業を矯正改善せむがためにもよき貢献[49]」を果たすと社会調査の役割を位置づけた。そのうえで、職業婦人関係調査と商工徒弟に関する調査の調査手法、調査項目などについて非常に具体的かつ詳細に紹介している[50]。また「既に大阪市の如きは独立せる調査課を有し、幾多の貴重なる調査を行って居り、東京市の如きもいまや大調査局の計画中と聴く。わが京都市の如きも、その情勢の愈近代都市化しつつあり、この傾向に適応する各種施設の実現の前には、必ずや整備せる調査機関の緊要が認められつつある以上、近く調査組織の完成を観るであらう」として、京都市における社会調査専門の組織の必要性を訴え、さらに「都市社会政策の根底は先づその完全なる社会測量に存ぜなければならない」と締めくくっている[51]。内務省の意向で京都市社会課が不良住宅調査をおこなっていることについても、大きく報道された[52]。また不良住宅地区調査に関しては、衛生組合長、公同組長、警察署長の協力を得て、京都市社会課、土木局関係者が列席し、調査方法について検討したことが報じられている[53]。

その後、貧窮者調査についても報道され、その目的について「社会課を経ていろいろの救貧方法が講ぜられるのに、其度に真の救貧者といふものが確定して居ない[54]」ために調査が必要であると説明した。調査の手法についても、分布調査、世帯状況、生計状況、住居家賃、救護状況、原因調査と詳細に分類項目が設定され、最新式のエンゲル式の人員算術式のほかに換算方式を採用したと報道された[55]。また、市営住宅改善の目的で、市営住宅調査をおこなっていたとの報道もある[56]。このように一九二〇年代には、よりよい都市社会政策をおこなうためには、社会調査が必要であるという論理が社会的にも認知され、各種社会調査の結果が新聞報道で京都市民に知らされていることが理解できよう。

(2) 調査活動をめぐって

では具体的に、どのような調査活動がおこなわれていたのか。最初の『京都市社会課調査報告』は、一九二五年刊行の『常傭労働者生活調査』である。調査対象は京都市の電気局現業員と衛生課常傭人夫だった。調査方法は、経費の関係から尋問式で、調査票配布については、電気局および衛生課の協力を得た。各現場監督に臨時調査員を依頼し、調査票の配布、記入、収集をおこない、悉皆調査と記入の正確さに注意するため、調査員みずから出張した。そして、記入指導に力を注ぎ、統一した調査票を作成し、調査員が尋問をおこなっている[57]。調査票作成や直接的な尋問、フィールドワークの重視など、第一期の調査にくらべて調査手法は方法論的には徐々に洗練されてきていた。

次に、表4-3の公刊調査報告三七冊の調査手法すべてについて検討した結果、以下の三種に大別することができた。まず第一に個別尋問をおこない、調査員が調査票に記入するスタイルである。このような調査は一～四、一三、一六、二五、二八～二九、四四～四五、四八号があげられる。そのほか、質問紙票を郵送する調査もおこなっている。第二に各役所や社会事業施設の公簿調査をおこない、あわせて実地調査などもおこなう調査である。このような調査は、五、二五～二六、三二、三四～三五、四一～四三、四七号などがあげられる。第三に一〇、一七～一九、二一～二二、三〇、三八、四六号のように、担当者の文献調査や、フィールドワークの成果報告書という性格をもつ調査である。

では、一九三一年から一九四一年まで勤続した社会調査担当社会課吏員石田良三郎(58)の手記にもとづき、どのように調査をおこなったのかをみてみよう。第一に第三八号『京都市に於ける精神病者及びその収容施設に関する調査』の場合「八月から九月にかけての厳暑の中を、私はひとりで資料を集め、病院を視察するなどして、報告書を執筆し、九月三〇日脱稿した。そして昭和一〇年一一月九日、調査報告第三八号として、これを刊行した(59)」というように、調査担当者の研究報告という形をとっていた。

第二に四四号『西陣機業に関する調査』では、一九三七年一〇月ごろ、漆葉見龍は石田良三郎に、西陣機業の構造と、労資関係など西陣の特殊的性格の分析と、日中戦争勃発後機業従事者が受けた影響の調査を命じた。石田は係員の藤井権三、岡田格五郎とともに研究にとりかかった。西陣の内部や業態は非常に複雑で、容易に理解できなかったが、「漆葉さんは辻井民之助氏(60)の推せん（?）により西陣事情に精通する一青年を社会課に採用した。それは幾山福三郎君(61)」であり、石田たちは幾山から西陣機業の構造について講義をうけ、彼の職場や、近くの工場を見学し、西陣調査に必要な予備知識を得たという(62)。このように、調査の状況に応じ、社会運動家の助力を得るなど、さまざまな関係を駆使しながら調査活動をおこなっていたのである。

四　京都市社会課における社会調査体制

では、京都市社会課調査は、どのような体制でおこなわれていたのか。各都市の事務報告書、統計書、社会事業要覧などでは、調査担当人員や調査経費を正確に明らかにできない。しかし表4-5のように、豊富な調査担当人員と予算をもつ東京市や大阪市の体制と、京都市の体制とでは大きな差があった。京都市は戦前期を通じて、調査担当人員は三〜四名、調査経費は一〇〇〇円程度と、社会調査活動に費やせる人材や経費は限られていた。むしろ名古屋市の調査と同等か、それ以下の経費しか使用できない状況だった。一九二七年の東京市文書課の調査においても「京都神戸横浜の三市は各々各掛の一部に於いて調査を担当しているのであるが、僅かに大阪市社会部が大体妥当なる組織を有して継時的に調査報告を出している以外は全く取るに足らない(63)」というように、京都市社会課の調査体制はきわめて低い評価をされていた。

（1）京都市社会課調査と「少額給料生活者失業救済事業」

京都市社会課調査を主導したのは、漆葉見龍であった。彼は京都帝国大学文学部選科出身で、社会学を専攻し、一九二三年七月から二四年五月まで大阪市社会部調査課に勤務し、同年七月から京都市書記となったが、約一年後休職し、社会事務調査の嘱託職員となる(64)。漆葉が嘱託から社会課主事になったのは、一九三〇年五月二二日であった(65)。石田良三郎は「(石田は一九三一年八月一日に配属――杉本）私が入ったころ彼は課長代理としての主事の地位にあったが、実質的には課全体を支配するだけの実権を掌握していた(66)」と回想しており、漆葉は社会課の業務自体を掌握していたようである。

しかし、実際に調査経費や人員が限られた中で、一九三〇年代におこなわれた多くの社会調査を支えたのは、「少額給料生活者失業救済事業(67)」で雇用される知識階級失業者であった。具体的に調査報告書に記載されている

表４－５　六大都市社会事業調査機関人員・事業費

都市名	1926年度			1927年度			1935年度		
	所轄	人員	予算	所轄	人員	決算	所轄	人員	決算(1934)
東京市	社会局保護課庶務係	調査主任６名・調査事務嘱託２名・集計其他20名余	17000円	社会局保護課庶務係	４名・嘱託２名・兼任１名・雇人１名	4105.78円		主事１名・嘱託１名・書記６名・事務員９名	23624円
大阪市	社会部調査課	主事１名・書記４名・事務員４名	15051円	社会部調査課	10名	14707.16円		主事２名・書記６名・事務員１名・其他２名	14896円
名古屋市	社会課	書記３名・社会事業調査嘱託員120名	3000円	社会課	兼任１名	757.5円		書記１名・事務員１名・其他３名	2867円
京都市	社会課	書記２名・嘱託２名	1000円	社会課	１名・嘱託２名	896.57円		書記２名・事務員１名	931円
神戸市	社会課調査係	書記１名・書記補１名・雇１名		社会課	１名・嘱託２名	1080円		書記１名・事務員２名	2231円
横浜市	社会課								

出典：磯村英一「本邦都市における社会事業調査機関とその文献」(『社会学雑誌』63号、1927年)、大阪市社会部『六大都市市営社会事業概要』(1927年)、大阪市社会部庶務課『六大都市社会事業要覧』(1936年)

だけでも、表4-3の一三、二五、二八、四一、四三、四七号の調査が、この事業を利用しておこなわれた。表4-6をみると、『京都市社会課調査報告』に記載された以外でも、いくつかの調査が失業救済事業として実施されたことが分かる。『京都市社会事業要覧』における社会事業従事員一覧にも、臨時調査員三〇名と記載されている。(68) 彼らが都市社会調査の実務を担ったことは明白であろう。

具体的な調査過程について、いくつか事例をあげてみよう。第一に調査報告三九〜四〇号の『京都における俸給生活者に関する調査』では、一九三五年一一月に「私（石田良三郎――杉本）が深川八朗、南英夫両君及び二十数人のインテリ失業者の人々とともに」、市内の主要な官公署、学校、銀行、会社、商店などに調査票を送付し、記入を依頼したとあり、明確に調査報告書内で示されなくても、彼らが調査の実務を担っていたことが明らかであった。(69) さらに調査報告四一号『市内在住朝鮮出身者に関する調査』については、佐々木向一が三五年の四月から三六年の三月にかけて、一日約三〇人の失業者を指揮して実施し、一九三六年六月頃、調査対象世帯の状況を示す集計表の作製も完了していた。そして、石田が、朝鮮総督府発行の『朝鮮事情』や朝鮮総督府年報・月報、『朝鮮総覧』『朝鮮年鑑』などを調べた。(70) このように膨大な調査集計業務が失業者を使っておこなわれ、そのデータをもとに、石田良三郎自身が文献で調査研究をおこない、報告を執筆したのである。

当時の社会課の業務は大変ハードなもので、石田によれば、漆葉見龍には勤務時間という概念はまったくなく、市吏員は法律上時間に制限なく無定量に働かなければならぬ義務があるというのが彼の持論であり、社会課の業務は窓に灯のつかない夜はないという長時間労働に支えられていた。(71) また、調査担当人員が常時三〜四人と少ない京都市においては、市役所や区役所の公簿調査や直接的なフィールドワークなどをともなう一定の知識レベルの人材が大量に必要な調査は、知識階級失業者の雇用がなければ実施できなかった。それでも人手不足だったようで、表4-3をみるように調査報告四四号『西陣機業に関する調査』では、同志社大学社会事業学科の学生を

表4－6　京都市少額給料生活者失業救済事業施行一覧

年度	事業費決算（人）	就業者手当（人）	就業者予定延人員（人）	賃金平均（円）	一日平均（円）	業務
1932	14152.76	12858.6	11193	1.15	84.8	
1933	30027.03	28130.4	25368	1.11	84	
1934	16774	14304	11920			耕地利用調査・職業紹介に関する調査・労働紹介に関する調査
1935	13672	10764	8970	1.12		市内在住朝鮮出身者に関する調査・少額俸給生活者調査
1936	13672	10764	8970			商工調査・カード階級医療状況調査
1937	13764	10764	8970			工業調査・貧困者密住状況調査
1938	13672	10764	8970	1.09		軍事関係要扶助世帯調査・貧困者密住状況調査
1939	7435	5132	4654	1.1		

出典：『京都市社会事業要覧』各年度版、社会局社会部『失業救済（応急）事業概要』各年度版

動員していたのである。

（2）京都市社会課における人材登用

これらの失業者たちには、社会課の人材供給源という一面もあり、石田良三郎によると、行政としての社会事業の根拠を明らかにし、実態調査をおこなうためにも、社会科学を身につけたインテリが必要であったという。そして「少額給料生活者失業救済事業」で雇われた人々で、社会調査をおこなうかたわら、漆葉見龍は有能な人材を抽出し、正規の社会課員に順次繰り入れた。石田は、こうして課員になった人々は二〇人を超えると指摘している[72]。

加瀬和俊の研究によると、全国的な動向として、少額給料生活者失業救済事業自体が、通常の官公庁の事務の中に非正規雇用者が入って事務を分担する事業形態のため、事業の継続性や仕事量の調整、質的な相違から敬遠され、次第に事業施行が、内務省社会局や各都市の社会行政担当部署に集中したことが明らかになっている。また、東京市の事例から、これらの事業の従事者が、自治

表4－7　京都市社会課社会調査従事職員履歴

	人名	最終学歴	京都市社会課での経歴（『京都市職員録』記載による）	その後の進路
1	藤井権三	京都帝国大学法学部	1937年社会課庶務係嘱託月50円	大阪商工会議所→満州鉄道調査部→戦後和光交易重役
2	岡田格五郎	京都帝国大学法学部	職員録に記載なし	東洋紡
3	佐々木向一	京都帝国大学	1934年社会課保護係雇月50円→1935年社会課庶務係雇月53円→1936年社会課保護係書記月56円→1937年社会課福利係書記月64円	
4	南英夫	京都帝国大学	1936年社会課福利係雇月58円→1937年社会課福利係雇月58円→1939年軍事援護課書記（防護主任）月69円	
5	石田良三郎	同志社大学	1932年社会課書記月50円→1933年社会課保護係書記月53円→1934年社会課保護係書記月56円→1935年社会課保護係書記月62円→1936年社会課保護係書記月69円→1937年社会課庶務係書記（市公報報告主任）月76円→1939年社会課庶務係書記（市公報報告主任）月92円→1940年社会部保護課児童係主事→1941年社会部保護課主事	戦後京都市立芸術短期大学事務局長→京都市左京区長
6	岸田亨	同志社大学社会事業科	1935年社会課福利係嘱託月53円→1936年社会課保護係書記月58円→1937年社会課福利係書記月65円→1939年社会課福利係書記月76円→1940年社会部福利課厚生係月84円→1941年社会部福利課主事	戦後も市職員
7	青木正太郎	同志社大学社会事業科	1937年社会課保護係嘱託月53円→1939年軍事援護課書記月63円→1940年社会部保護課企画係書記（市公報報告主任・物品取扱主任）月69円→1941年社会部保護課児童係書記月78円	京都市中京民生安定所長→同志社社史編輯所

出典：石田良三郎『思い出』（『現代人』21巻11号・21巻12号・22巻３号）、『京都市児童福祉百年史』（1990年）、『京都市職員録』各年度版、『京都年鑑』各年度版

様の事例が存在していた。

体職員に登用されるケースがあったとも指摘されている。[73] このように、京都市社会課における人材登用にも、同

正規の課員となった人材は、石田が「社会課は昭和九年頃には課員が四〇人余となり、その大半は若い大学、専門学校出身者でしめられ、活気に満ちあふれていた」[74]と回想するように、かなりの高学歴であることがうかがえる。[75] たとえば、社会課職員の岸田亨は同志社大学社会事業科の出身であるが、「昭和十一年六月に社会課の書記にしていただいておりますが、昭和九年に社会課に嘱託で入った時は、優遇された形で月給五十円でした。そのころ私は大阪府社会事業協会につとめていたわけですが、それをどういう口実で辞めるか、心配をいたしました」[76]とのべており、大阪府社会事業協会から、優遇されて京都市社会課に移ったと認識していたことがわかる。表4‐7をみての通り、戦前期には岸田は社会課勤務一筋であった。同じく同志社大学の社会事業科卒業生の青木正太郎が「私は失業対策事業の方に救護法の調査ということで、月給ではなかったのですが、関係しておりました。それから一年ほどして年金ももらえるような職に昇格」[77]したとして、「少額給料生活者失業救済事業」で雇用後、嘱託になり、正職員登用されたとのべている。青木も表4‐7の通り、当初から社会課保護係嘱託として勤務している。この二人はいずれも途中昇格組であった。このような市役所職員の履歴を明らかにすることは、研究上重要だが、個人情報保護や、行政文書の情報公開の問題で非常に困難である。[78] 表4‐7は調査の結果、現在のところ、京都市社会課で社会調査に従事したことが判明している職員の履歴である。大半が嘱託などから市職員になった内部昇格組である。そしてすべて京都帝国大学、同志社大学など旧制大学出身者であり、石田の証言を裏づけていることが分かるだろう。

五　おわりに

本章でのべたことをまとめる。第一に京都市社会課による第一期調査として一九二〇～二六年にかけて六八の調査がおこなわれた。その一七の公刊調査のうち、一〇件が『社会課叢書』として発刊された。公刊調査を内容によって分類すると、児童調査に重点が置かれ、その中でも被差別部落に強い関心があったことが明らかである。一九二五～二六年には労働者生活関係調査が増加していく。調査内容をみてみると、先行研究の指摘とは異なり、本格的な調査であった。しかし多様な調査がおこなわれたため、純粋な社会的関心による調査も少なくなく、すべてが政策形成を目的としたわけではなかった。とはいえその詳細かつ本格的な調査成果は、『京都市社会課調査報告』発刊後の第二期調査につながる内容をもっていた。

第二に第一期とくらべると、第二期調査は明らかに調査のスタンスが変化する。まず第一期調査の中心であった児童保護関連調査と都市下層調査が激減し、労働者生活・職業労働事情関係の調査中心に変化している。また西陣などの伝統産業地域調査、在日朝鮮人、被差別部落関係調査もこの時期におこなわれた調査の特徴としてあげられる。年代でいえば、一九三〇年代前半に第二期全調査の約六割が集中しており、三〇年代後半以降は調査数が急減していることが理解できる。また政策展開のための調査という目的が、明確化した。そして、他都市との比較の中で、京都市の社会事業を位置づけようとし、第一期にくらべて、社会調査と政策形成の関係がより密接になったと指摘できる。すでに一九二〇年代前半には、社会的にもよりよい都市社会事業をおこなうために、都市社会調査が必要という認識が形成され、各種調査結果が新聞報道で市民に知らされていた。また社会調査と政策形成の関連性についての指摘もおこなわれていた。

第三に京都市社会課の調査体制は旺盛な調査活動と調査の精緻化にもかかわらず、初期の体制からほとんど変化がなかった。その調査活動は、漆葉見龍のリーダーシップのみではなく、実際は京都帝国大学などを卒業し高等教育を受けた人材による長時間労働と「少額給料生活者失業救済事業」の経費で雇用した失業者たちによって支えられていた。そして、彼らの中から優秀なものを適時正職員に登用していた。以上のように、京都市社会課調査は、少ない調査担当人員の中、調査視角を変化させつつも、継続的におこなわれたのである。

(1) 永岡正己「大阪市社会部調査とその周辺」(『社会事業史研究』一号、一九七六年)。
(2) 永井良和「山口正と大阪市社会部——昭和初期の社会調査と社会学——」(戦時期日本社会研究会『戦時下の日本』行路社、一九九〇年)。
(3) 深澤和子「労働・住宅調査から不良住宅地区調査へ」(江口英一編『日本社会調査の水脈』法律文化社、一九九〇年)。
(4) 横井敏郎「戸田海市の社会経済思想における労働者階級論」(『部落問題研究』一一五輯、一九九二年)。
(5) 中川清「近代日本における二つの都市社会調査」(『大阪市社会部調査報告書』別冊解説、近現代資料刊行会、一九九六年)。
(6) 金澤誠一「大都市「新開地」などにおける「新しい貧困」および市民諸「階層」の発見」(江口英一編『日本社会調査の水脈』法律文化社、一九九〇年)。
(7) 永岡正己「戦前期愛知県における社会事業調査の展開」(『名古屋市社会調査報告書』別冊解説、近現代資料刊行会、二〇〇四年)。
(8) 浜岡正好「大都市零細自営業と下層労働者の科学的把握へ」(江口英一編『日本社会調査の水脈』法律文化社、一九九〇年)。
(9) 白木正俊「日本近代都市行政における社会調査の一特質について」(『立命館史学』一二号、一九九一年)。
(10) 中久郎『米田正太郎』(東信堂、二〇〇二年)。
(11) 秋定嘉和「京都市社会課調査と部落問題関係資料について」一～五(『京都部落史研究所報』五～九号、一九七八年五〜九月)。

(12) 小倉襄二「京都市社会課調査報告について」(『京都市社会課調査報告』第一〇冊、文京出版、一九七九年)。

(13) 関一については芝村篤樹の一連の研究が代表的なものである。その他、山口正や志賀志那人に関しては、前掲註(2)、永井論文、柴田善守編『山口正・志賀志那人集』(鳳書院、一九八一年)、森田康夫『地に這いて――近代福祉の開拓者志賀志那人――』(大阪都市協会、一九八七年)、右田紀久恵編『都市福祉のパイオニア　志賀志那人　思想と実践』(和泉書院、二〇〇六年)などがある。

(14) 源川真希「東京都政形成史研究序説」(東京都立大学『人文学報』三四六号、二〇〇五年)。

(15) 本書第一章。

(16) 磯村英一「本邦都市における社会事業調査機関とその文献」(『社会学雑誌』三六号、一九二七年四月、九一頁)。『京都市職員録』で職員数は分かるが、誰が調査担当かは不明である。

(17)『京都市社会課調査報告』全一〇巻(文京出版、一九七九年)。

(18)『京都市・府社会調査報告書Ⅰ』全五三巻(近現代資料刊行会、二〇〇一年)。『京都市・府社会調査報告書Ⅱ』全五四巻、別巻一巻(近現代資料刊行会、二〇〇二年)。

(19) ほかに近現代資料刊行会が東京市・東京府、大阪市・大阪府、名古屋市、横浜市、神戸市の社会調査報告書を復刻した。これらにはすべて専門研究者の解題が別冊として刊行されている。本章は、京都市社会課が刊行した調査報告書の史料的位置を明らかにするという目的も持っている。

(20)『京都日出新聞』は一八七九年創立で、一二五万円の資本金をもつ株式会社であった。この当時は広告代理店京華社社長でもある後川文蔵が経営していた。当時京都市内唯一の朝夕刊八頁新聞で、京都市を中心に滋賀・奈良・兵庫の一部にも販路がおよんでいた。そして「不偏不党穏健着実、老舗らしい落着きを持っている」(新聞研究所『昭和三年度版日本新聞名鑑』一九二七年一二月、北隆館書店、六一頁)と評される京都市内では随一の新聞であった。詳細は京都新聞社社史編さん委員会編『京都新聞一〇五年小史』(京都新聞社、一九八四年)など参照。都市社会調査に関する記事がもっとも多いことや、記事が当時の京都市内の地元紙では、もっとも信用できると判断したことから、本章では、主として『京都日出新聞』を利用している。

(21)『京都日出新聞』一九二六年七月九～一〇日。
(22) 前掲註(16)磯村論文、『京都日出新聞』一九二六年七月九～一〇日。
(23) 京都市社会課『京都市施設社会事業概要』(一九二四年九月、九一頁)。
(24) 前掲註(8)浜岡論文、六〇頁。
(25) 京都市社会課『京都市社会事業概要』(一九二三年四月、三四頁)。
(26)『京都市事務報告書』大正九年度、一三六頁。
(27) 同右、一三六頁。
(28) 本章第一章参照。
(29) 本章第一章参照。
(30) 京都市社会課叢書第一篇『乳幼児死亡率調査』(一九二二年六月、序文)。
(31) 同右、七頁。
(32) 同右、一頁。
(33) 同右、五頁。
(34) 京都市社会課叢書第二篇『京都市に於ける特殊児童調』(一九二二年七月、序文、三頁)。
(35) 同右、凡例、一頁。
(36) 同右、二頁。
(37) 京都市社会課叢書第一三篇『京都の湯屋』(一九二四年二月)。
(38) 京都市社会課叢書第一五篇『市場の沿革』(一九二三年三月、二頁)。
(39)『京都市社会課季報』六号(一九二九年一月、五～一八頁)。
(40)『京都市社会課季報』七号(一九二九年四月、三〇～四四頁)。
(41)『京都市社会課季報』一〇号(一九三〇年一月、二三～四六頁)。
(42)『京都市社会課季報』一二号(一九三〇年七月、二六～三四頁)。
(43)『京都市社会課季報』一三号(一九三一年一月、三九～五二頁)。

(44)『京都市社会課季報』一四号(一九三一年四月、三九〜四二頁)。
(45)『京都市事務報告書』昭和八年度、六三頁。
(46)『京都市事務報告書』各年度版。
(47)『京都市事務報告書』昭和八年度、六三頁。
(48)『京都日出新聞』一九二六年七月八日。
(49)同右。
(50)『京都日出新聞』一九二六年七月一〇〜一二日。
(51)『京都日出新聞』一九二六年七月一二日。
(52)『大阪毎日新聞京都版』一九二六年一〇月一日、『大阪朝日新聞京都版』一九二六年一〇月八日。
(53)『大阪朝日新聞京都版』一九二七年四月二六日。
(54)『京都日出新聞』一九二七年六月二八日。
(55)同右。
(56)『京都日出新聞』一九二七年八月八日。
(57)京都市社会課『常傭労働者生活調査』(一九二五年一月、一頁)。
(58)石田良三郎の戦前期における経歴の詳細は、表4-7参照。戦後は京都市立芸術短期大学事務局長を経て、左京区長になる。石田については、一九四〇年に、社会課に嘱託で勤務し、戦後京都府労働部長を務めた井家上専によると、「当時社会課の調査掛をしておった石田良三郎君、この人は行政の中で生活するよりも、どこかの大学かなんかでもって学者になればもっと業績を残せた人なのではないかと思いますね」(「旧社会課関係職員座談会」『京都児童福祉百年史』京都市児童福祉センター、一九九〇年、三〇四頁)と評価されている。さらに「石田君という非常に調査に堪能な人」(同三二一頁)という記述もみられ、石田は社会調査担当者として有能であったと認識されていたようである。なお、のちに石田は戦前期の京都市社会事業行政を概観した『京都の社会事業』(一九六九年)という私家版の小冊子を刊行している。
(59)石田良三郎「思い出(5)」(『現代人』二二巻二号、一九七四年、四八頁)。

(60)　辻井民之助は西陣出身。一九一九年、友愛会西陣支部に入会。友愛会の分裂後は西陣織物工友会に所属。日本総同盟京都連合会長、関西労働同盟副会長など歴任。一九二二年に日本共産党設立とともに入党。京都の責任者となり、同党執行委員就任。検挙後、日本労農党、日本大衆党、全国大衆党を経て、社会大衆党に所属、一九三六年、京都府会議員当選。一九三七年には京都市会議員当選。詳細は京都府議会事務局編『京都府議会歴代議員録』（一九六一年、一六五～一六七頁）参照。

(61)　ただし『京都市職員録』に幾山の名前が記載されるのは、一九四一年の西陣第二授産場の技術雇としてである（『京都市職員録』一九四一年七月、一五七頁）。ただ、のちにのべるように、社会課に勤務している職員全体の半数程度を占める「臨時雇」などの非常勤職員は職員録に記載されておらず、幾山はそれまでは「臨時雇」であったと思われる。

(62)　石田良三郎「思い出（7）」（『現代人』二二巻四号、一九七四年、三九～四〇頁）。

(63)　東京市文書課『都市社会行政に関する調査』（東京市役所、一九二七年、二二三頁）。

(64)　漆葉の履歴の詳細は本書第一章参照。

(65)　『京都市社会課季報』一二（一九三〇年七月、二頁）。

(66)　石田良三郎「思い出（2）」（『現代人』二一巻一一号、一九七三年、四二頁）。

(67)　なお一九三二年度からは、「少額給料生活者失業応急事業」と改称される。内容自体に変化がなく、煩雑なので、本章では「救済事業」の呼称で統一する。

(68)　『京都市社会事業要覧』昭和一一年度、一五頁。同上、昭和一二年度、一三頁。このような臨時調査員、使丁、助手などは『京都市職員録』に記載されていない。もっとも社会事業従事員数が多いのは一九三九年の三一〇人だが、『職員録』によると、一九三人である。

(69)　前掲註(59)四二頁。

(70)　石田良三郎「思い出（6）」（『現代人』二二巻三号、一九七四年、四二～四三頁）。

(71)　前掲註(66)四六頁。

(72)　同右、四五～四六頁。

(73)　加瀬和俊「職員層失業対策の歴史的特質――少額給料生活者失業救済事業の意義――」（『社会科学研究』五六―二、

二〇〇五年、一八〇～一八三頁）。

(74) 石田良三郎「思い出（3）」（『現代人』二一巻二二号、一九七三年、三六頁）。

(75)『京都市職員録』には、学歴などは掲載されていない。この時石田が、「課内」と指すのは、社会課本課の勤務人数で、各年度『京都市社会事業要覧』の「社会事業従事員」数と比較検討の結果、託児所や職業相談所などの出先機関所属の人々は含んでいない。

(76) 京都市児童福祉史研究会編『京都市児童福祉百年史』（京都市児童福祉センター、一九九〇年、三〇二頁）。

(77) 同右。

(78) 京都市行政文書は、現在、京都市役所情報公開コーナーで簿冊目録のみ公開されており、複写申請が可能である。しかし、個人情報保護の関係上、市職員の履歴などに関しては、閲覧・複写することはできない。今後さらなる調査が必要であるが、課題としたい。

第五章　失業救済事業と市政・地域社会

一　はじめに

本章は、主要な都市社会政策の一つである失業救済事業の地域的展開を、事業のクライエント（対象者）である失業救済事業登録労働者（以下「登録労働者」と省略）や地域社会との関係を重視して、明らかにするものである。

日本近代都市史研究の中で、都市社会政策は、「都市専門官僚」が主導する市会・民衆・「都市下層社会」などへの政治的・社会的統合政策と位置づけられ、社会事業行政や方面委員制度などの展開を通じ、社会階層格差の是正を行い、米騒動以降、大規模な民衆騒擾《そうじょう》を抑止し、都市支配を貫徹したという評価がなされてきた(1)。しかし、市会などにおける政策的な争点、都市社会政策自体の機能や、社会運動や都市社会政策のクライエントの動向を組み込んだ動態的な都市社会政策の分析はほとんどおこなわれていない(2)。唯一、芝村篤樹が、普選以後の大阪市の関一市政における唯一の「野党」である無産政党の役割について、普段は関一ひきいる大阪市政と反発しあっていたが、都市社会政策・社会事業については、関市政と協調したことを積極的に評価した程度である(3)。

本章は、行政・市会・社会運動・「登録労働者」などが関与した動態的な政策形成過程を重視することで、統合的な視点が強調された一九二〇～三〇年代の都市社会政策像を克服する試みでもある。失業救済事業の研究は、加瀬和俊の研究によって画期を迎えた[4]。加瀬は、第一に救済型公共事業とほかの事業との関係や、失業者認定実態などの政策の機能面から、限界性を強調した。第二に地方行政の事業実施や救済者認定過程を分析し、救済対象者の選別が、登録者の激増で既登録者優先になった、第三に在日朝鮮人は民族差別的賃金構造におかれ、失業救済事業の方が有利な条件で就労でき、事業登録者の中心になった。事業には民族差別的要件はないが、希望者の増加により、登録条件を厳格化され、条件をみたさない朝鮮人登録者が排除されたとしている[5]。

しかし、加瀬の研究もいまだ制度の変化を説明するにとどまっており、さまざまな社会運動や社会政策の受益者である「登録労働者」の実態や活動の動向と、制度の変化の関連が、明らかになっていない。また、都市失業救済事業の枠外で行われたさまざまな失業者対策にも言及する必要があるだろう。このような、都市失業救済事業の諸矛盾はどのように都市社会の中でとらえられ、克服されようとしていたのか、いかに「失敗」に終わったのかを明らかにすることは、今後の近代都市史・都市社会政策史研究の大きな課題となろう。

次に、在日朝鮮人史の立場から失業救済事業を検討した金廣烈[6]の研究がある。金は名古屋市を事例に事業就労者選別過程を分析し、就労状況で朝鮮人が排除され、日本人を「指定人夫」として優先採用し、朝鮮人の就労機会が制限されたとしている。

また、水野直樹も朝鮮人労働者をとりまく政策について分析をおこなっている。第一に失業救済事業では、一九二八年度から登録制度の変更がおこなわれ、朝鮮人登録者が激減した。これは、表向きは農閑期の出稼ぎ人の登録を減らすためとなっているが、実際は、朝鮮人登録者を減らすためと考えられる。第二にこの時期の朝鮮人労働者に対しては日本社会の中に「厄介者」観が存在し、朝鮮内の産業振興を図らなければ、根本的な解決にならないと認識されていた。第三に一九二九年の社会政策審議会の決定を踏まえて、内務省は朝鮮での労働者の募集を原則的に禁止、警察の証明する「帰鮮証明」の厳格化をおこなった。さらに渡航制限を主な目的として「労働者手帳」制度を導入した。この制度は、一九二九年から全国的に実施され、職業紹介所による選別方式をとり、方面委員・警察署が関与した。事業施行地への三か月以上の居住や扶養家族数基準による選別がおこなわれ、単身者の多い朝鮮人にとっては不利に働いた。さらに、大阪市では登録に必要な紹介者として内鮮融和団体を指定しており、朝鮮人社会運動対策と考えられることを指摘している(7)。このように水野は、日本帝国の社会政策の全体方針として、失業救済事業における朝鮮人登録者の登録制限がおこなわれたことを明らかにした。

特に在日朝鮮人と都市社会政策については、方面委員制度の運用をめぐり、許光茂の朝鮮人を意図的に差別的にあつかったとする「二重基準」を主張する議論が登場している(8)。この議論に対しては、朴宣美による批判もある(9)。また、塚崎昌之は、「二重基準」への史料的検討を踏まえた批判をおこない、内鮮融和事業の運用実態に着目した(10)。私は同様の観点から、京都市域における都市社会政策と内鮮融和団体の関係と運用実態の分析をおこなった(11)。このように現在では、さまざまな都市社会政策と朝鮮人との関係を具体的に明らかにすることが、研究課題の一つになっている。

一方、近現代「部落史」研究では、失業救済事業に被差別部落民が多く就労し、運動に参加した事実が指摘されているのみである(12)。

失業者運動などに関する研究では、東京を中心として、日本労働者組合全国協議会（全協）失業同盟の運動の経過を明らかにした渡部徹の研究がある(13)。また、在日朝鮮人運動と「登録労働者」の運動の関連としては、大阪の事例では岩村登志夫、東京の事例では松永洋一、角木征一、外村大の研究があり、在日朝鮮人「登録労働者」の社会運動や動向が明らかになっている。これらの研究は、在日朝鮮人労働者の失業者運動の実態や運動における高い戦闘性と共同性を指摘している。しかし、これらの研究は運動主体の分析にとどまり、都市社会政策に対し運動が与えた影響、また「登録労働者」の実態の変化などが明らかにされていない(14)。

近年では、八王子の「登録労働者」の運動と無産政治勢力の連携や、八王子市行政との関係を明らかにした中村元の研究がある。[15] 中村の研究は政策形成過程と「登録労働者」の動向をとらえた動態的な研究で高く評価できる。しかし、中村の研究も八王子というフィールドの制約から一九三〇年から三四年までの動向しか明らかにできず、失業救済事業自体の変化や「登録労働者」の動向の全体的分析にはいたっていないのが惜しまれる。

本章でフィールドとする京都市の失業救済事業については、各自治体史などの概説的な叙述がある。[16] 先駆的な研究として、後藤耕二は京都市域全体の失業者の二人に一人が朝鮮人で、朝鮮人労働者の三人に一人が失業しており、日本人労働者全体の失業率と比較して、朝鮮人労働者の失業率は一〇倍であると指摘した。京都市の朝鮮人失業救済事業登録者の比率は全体の七割におよぶにもかかわらず、就労機会から排除されたことを指摘した。[17]

また、加瀬和俊は、第一に事業の初期に、労力費率が高い事業のみを実施し、半額補助の国庫補助金の比率が高く、市自体の負担額を抑制していたこと。第二に救済事業日雇労働者の比率は他市同様、熟練労働者使用を抑制し、賃金水準は六大都市中、もっとも低いこと。第三に世帯収入制限や一定の市内居住歴、扶養家族の人数、方面委員の推薦など失業救済事業の登録要件が年々厳格化し、六大都市でもっとも新規登録者の流入を阻止する傾向であったことを明らかにしている。[18]

さらに、高野昭雄は、失業救済事業に「登録労働者」の選別過程で内鮮融和団体である相愛会が関与していたこと、「登録労働者」の多くが被差別部落民と朝鮮人であると認識されており、朝鮮人有力者が就労に関与し、賃金のピンハネなどを行っていたことを指摘している。[19] また、白木正俊も、社会運動家菱野貞次の履歴や活動を追う中で、菱野の失業救済事業に関する市会での発言とその成果について言及しているが、実証的に成り立たない。[20] 松下孝昭も、失業救済事業における朝鮮人雇用率の高さや、方面委員が失業救済事業の申請に関与していたことなど、加瀬の指摘した事項について詳細に実証したが、新しい論点の提示にはいたっていない。[21] このように、京都市の事例においては、いずれの研究も断片的な指摘にとどまり、失業救済事業の全体的な分析はおこなわれていない。

本章では、これらの研究史の成果と課題を踏まえて分析していく。京都市を事例とする理由は、六大都市の一つとして、一九二五年から戦時期にいたるまで、失業救済事業を施行しており、全国的な事業の動向を代表できるからである。なお、失業救済事業は一九三二年に失業応急事業と名称が変わるが、煩雑なため前者に名称を統一した(22)。

二　「冬期失業救済事業」の開始と「登録労働者」

まず、議論の前提として、京都市の都市下層社会の特徴を、高野昭雄の研究に依拠しつつ説明しておきたい。京都市の旧市域では、被差別部落＝「八大不良住宅地区」が、一〇〇戸以上集住した不良住宅地区の大半をしめた。被差別部落＝「八大不良住宅地区」と周辺地域に朝鮮人が集住し、割合は地域の人口の約五パーセントであった。一九一八年と三一年の町村合併により、市街地拡大で西陣周辺地域や工業地域が編入され、貧困層は市周辺地域＝新市域へと集住を始めた。これらの地域では人口増加数の一〇パーセント程度を朝鮮人流入者がしめていた。

京都市域における少額生活者の多い地域は、第一に西陣機業地域で、中心産業である機械織の集積する地域が一九二〇年代から、上京区・右京区などを中心とする西陣地域の周辺部に拡大した。西陣織の賃機は下層労働者の住む長屋に併設されたため、これらの地域に下層労働者の集住地域が形成された。第二に下京区の「新市域」における新興工業地域や京都駅周辺に、下層労働者が集住した。

このように、戦前期京都市域における下層労働者は、被差別部落＝「八大不良住宅地区」周辺、西陣地域とその周辺、京都駅周辺を含む「新市域」の南西部新興工業地帯の広い地域に分散しており、それぞれの地域に新たな下層労働者が流入するほか、朝鮮人もこれらの地域に居住していた(23)。

一九二五年八月に内務省社会局は、京都市の失業救済事業について、継続事業、建築および材料費を多く要する事業や、新規起債は禁止という条件を提示した(24)。結局、京都市には失業救済事業補助費として二〇万円の財政補助が決定したが、これは、人件費の半額補助と規定されていた。京都市の財政状況では、材料費や機械の費用などを必要とする大規模事業は不可能で、材料費や機械が必要なく、支出が人件費のみでよい河川溝渠《こうきょ》の浚渫《しゅんせつ》工事をおこなうことが、適当であるとされた(25)。実際に、失業救済事業としては河川・溝渠の浚渫、刑務所跡地の地ならし工事などが計画されたが、京都市は他都市とは異なり、失業者の多くが元々は西陣などの染織業に従事していた。そのため土木事業に適応できない失業者が多く、財政難もともない、計画の遂行自体が危ぶまれた(26)。

一九二五年一〇月一日において、市内の失業者数は二四六三人、その内訳は労働者八五一人、日雇労働者一〇八九人、給料生活者五二〇人と報道されていた(27)。同年一二月一二日、京都市中央・七条両職業紹介所で失業救済事業の登録受付が開始された。結局、一〇〇名程度が登録し、年齢層は三〇～四〇代が一番多く、五五歳の者も存在していた(28)。

京都市会は一九二五年一一月二一日に、失業者約二五〇〇人のために、河川浚渫作業の土木失業救済事業予算五万二〇〇〇円を可決した。冬期一〇〇日間のみ施行の事業で、一日一八〇名就労する計画で、年内は一日三〇〇名が就労する予定だった(29)。「登録労働者」は高瀬川河床の掘り下げや市内雨水溝の浚渫に取り組んだ(30)。

表5-1の通り、一九二五年度の失業救済事業に従事した労働者は延べ二万人におよんだ。事業の終了後、労働者は約半数が前職またはさまざまな職業についた。残りの半数も中央市場の建築請負業者が引き受けた。なお残ったものも職業紹介所で就労先を紹介するとしていた(31)。このように、失業救済事業は市のおこなう土木工事に

表 5－1　京都市失業救済事業実施状況

年度	事業種目	事業費(円)	労力費(円)	使用労働者延人員(人)	一日平均使用者数(人)	一日平均賃金(円)	登録申込者数(人)			登録者及手帳交付者数(人)		
							日本人	朝鮮人	合計	日本人	朝鮮人	合計
1925	河川改修・溝渠浚渫	50413.27	40048.88	21892	219	1.83	353	138	491	353	138	491
1926	河川浚渫・溝渠浚渫	60550.74	42147.22	27779	278	1.52	359	193	552	359	193	552
1927	河川浚渫・溝渠浚渫・河川掃除	54563.37	47537.25	31616	316	1.50	396	194	590	396	194	590
1928	路面修繕	87868.16	44992.65	30353	312	1.48	642	1121	1763	438	565	1003
1929	道路改修・河川改修・溝渠浚渫	197505.11	108862.76	74633	570	1.46	1581	592	2173	720	554	1274
	手工業者向・雑巾製作	10525	4996.58	6528	50	0.76						
	合　計	208030.11	113859.34	81161	620	2.22						
1930	第 1 次河川浚渫・護岸修繕・浄水構内土地整理・浄水場構内下水備付	460074	23745	19016	155	1.28						
	第 2 次下水道築造	1390328	503338	315998	915	1.27						
	合　計	1850402	527083	335014	1070	1.28				4225	2957	7182
1931	下水道敷設	1450000	564105	377749	746	1.27				2151	1342	3493
1932	下水道敷設	787000	298526	201712						8513	5974	14487
1933	下水道敷設	1714431	659600	490399						8497	5751	14248
1934	下水道敷設	1593329.79	614609.07	504172						6208	3717	9925
1935	下水道敷設・路面敷設工事	568394.54	217985.2	163187								
1936	小河川改修工事	489795.61	195088.4	133635								
1937	小河川改修工事	326843.01	139837.8	100355								
1938	小河川改修工事	339800.89	118216.3	79221								
1939	小河川改修工事	695143.15	226789.74	163925.8								
1940	小河川改修工事	263014	119723	51985								

出典：『京都市社会事業要覧』各年度版、註(36)漆葉見龍論文

失業者を雇用するもので、それ以外の救済事業は存在しなかった。

一九二六年三月、内務省社会局は京都市社会課に、知識階級失業者などの措置について通牒を出した(32)。同年五月一七日には、京都市社会課が職業紹介所長会議を開催し、知識階級職業紹介などについてを討議した(33)。同年一一月には、京都市七条職業紹介所では知識階級失業対策として、資産家や会社に交渉し、庭園の草取りや倉庫整理などの仕事を請け負い、好成績をおさめた。さらに、会社・商店・旅館などに交渉して、案内状・広告通信・日記・年末年始の挨拶状書きの仕事を請け負った。また、失業者二〇人で高島屋の広告案内状二万枚を書くなど、さまざまな会社・商店の仕事を請け負った(34)。京都市は、中学校卒業以上の「知識階級」に関する救済も模索していたのである(35)。

では、登録申請者がどれだけ失業救済事業に登録できたかをみてみよう。表5-1の通り、京都市において、一九二七年度までは申請者全員が登録されていたが、一九二八年度に朝鮮人の登録申請者が一九二七年度の一九四人から一一二一人に急増し、申請者全体の六一パーセントしか登録は認められなかった。内訳をみると、日本人は登録申請者六四二人中、登録者は四三八人で登録率は六八・二パーセント、朝鮮人は登録申請者一一二一人中、登録者五六五人で登録率は五〇・四パーセントであり、全般的に登録率が減少している。しかし、二九年度になると、日本人登録申込者一五八一人中、登録者七二〇人で登録率四五・五パーセントに対し、朝鮮人は登録申込者五九二人中、登録者数は五五四人で登録率九三・五パーセントと高い登録率となった(36)。このように在日朝鮮人の就労割合が激増した結果、日本人登録者にくらべ、在日朝鮮人労働者の方が登録率は高かった。

ついには、経営者中心で構成された西陣織物組合の幹部三人が、失業者対策を市に求めるため土岐嘉平京都市長を訪問した。しかし、市長は地方自治体のみでは対応できないとして、地方代表より政府への陳情を提案した。ただ、西陣従業者の市税軽減については、実地調査のうえ、実施に向け努力すると返答した(37)。さらに西陣の職工の組織である西陣賃業者組合が、京都市の高級吏員の退職慰労金を貧困救済費にという嘆願書を提出した。[38]また、西陣やそのほかの熟練労働者の失業者が続出しており、熟練労働者が、体力上土木事業に従事できないことが問題視されていた。[39]土木作業に対応できない人々のために、一九二九年度の失業救済策として、雑巾縫いの内職が開始され、[40]土木作業に不向きな西陣などの工業労働者への失業対策も試みられた。

これらの状況を受け、京都市会では失業救済事業費に関する議論がおこなわれた。市会では普選施行後、一九二九年五月の市会議員選挙で、無産政党系の候補が五人当選した。六月に奥村甚之助（労農同盟）が脱退するが、ほかの上田蟻善（社会民衆党）、神田兵三・半谷玉三・菱野貞次（以上労農大衆党）で無産党議員団を結成していた。まず同年一〇月三〇日の市会で、市会議員半谷玉三は、失業救済事業の予算額の増加を要求した。さらに失業救済事業の内容が肉体労働者向きだと指摘し、体力的に土木事業に従事できない西陣の織物業者や東山の陶磁器業者、俸給生活者などの救済策を求めた。この質問に当時の京都市社会課長吉村辰造は、第一に予算上の関係で仕方がない、第二に手工業者、西陣関係失業者には、木綿廃物を利用した雑巾作り事業を用意している、第三にそのほかの失業者については、財政上優先順位から外れており、職業紹介所などと連携したいと答えた。[41]京都市失業救済事業は、肉体労働者向けの土木事業のみで、伝統産業や軽工業の工場労働者や、俸給生活者の失業対策の不備が批判されていた。

同年一二月一九日の市会では、市会議員菱野貞次が、失業救済事業は一日、一円二〇～三〇銭の賃金だが、現在の事業規模では雇える人数に制限があるために、月に一五日しか働けない。実際の収入は一日当り、六〇～七〇銭にすぎず、この賃金では、高齢者や病人を抱えた世帯などは、とうてい生活できないと訴えた。[42]吉村社会課長は、一九二九年の失業救済事業は例年の三倍の規模であり、なおかつ希望者が多いので、京都への長期滞在者で、家族の多い者、同じ家族数でも病人がいる者は優先して選抜した。仕事の種類は土木課、保険課と相談して決めており、今後検討すると答えた[43]。

以上、この時期の失業救済事業は、救済事業登録者数に対して予算が少なく、すべての人々に仕事を配分できていなかった。京都市失業救済事業は、肉体労働者対策の土木事業が主であり、伝統産業や軽工業の工場労働者や俸給生活者の失業対策が不備だという批判もあり、京都市としては土木工事以外の失業救済策もおこなおうとしていた。このような問題は職業紹介所でも認識され、失業者は体力の弱い者が大半をしめるとし、七条職業紹介所では独自の救済措置として、電球行商の仕事を紹介するという対策がおこなわれていた[44]。しかし、土木作業に耐えられない人々の失業問題については、抜本的な対策がとられていないのが実状であった。

三「冬期失業救済事業」期における「登録労働者」の実態

当時の「登録労働者」の実態はどのようなものであったのか、一九二七年度と二九年度の失業救済事業登録者調査によって検討してみよう。この調査では、「登録労働者」の在住地域が分からないが、この時期における「登録労働者」の実態が分かる唯一の調査として重要である。まず、表5-2の一九二七年度「登録労働者」調査をみてみよう。有効調査数は五九〇人。年齢は、二〇代から三〇代が中心で、四〇代から五〇代も約二八パーセントをしめていた。本籍は京都市内や京都府郡部を中心に全国におよび、約三三パーセントが朝鮮人だった。教育程度はかなり低く、尋常小学校程度が中心階層であり、多少文字を解する人、まったく文字を解さない人たちはあわせて三四パーセントをしめていた。史料的制約から明確にはできないが、まったく文字を解さない人々の大半は、在日朝鮮人であった可能性が高い。また登録者の前職は「土方日傭」が約六六パーセントであった。次に「車夫馬丁」「行商」のほかに、製糸、紡績、染色の繊維産業関係者が続いていた。生活程度は、約八三パーセントが家族を有するもので世帯形成された労働者であり、単身者は約一七パーセントと少数だった。このよう

表５－２　失業救済事業登録労働者に関する調査(1927年)

年齢別	人数(人)	割合(%)
10代	19	3.2
20代	206	34.9
30代	192	32.5
40代	108	18.3
50代	58	9.8
60代	7	1.1
合計	590	100

本籍	人数(人)	割合(%)
京都市部	200	33.8
京都郡部	26	4.4
関西	62	10.5
その他	108	18.3
朝鮮	194	32.8
合計	590	100

教育程度	人数(人)	割合(%)
高等学校・専門学校中途退学	2	0.3
中学校卒業	9	1.5
同上中途退学	6	1
中等程度学校卒業	1	0.1
高等小学校及び同程度学校卒業	34	5.7
同上中途退学	2	0.3
尋常小学校及び同程度学校卒業	163	27.6
同上中途退学	172	29.1
多少文字を解する	36	6.1
全く文字を解さない	165	27.9
計	590	100

生活程度	人数(人)	割合(%)
独身者	103	17.4
家族を有する者	487	82.5
計	590	100

前職		人数(人)	割合(%)
工業	製糸	3	0.5
	紡績	7	1.1
	染色	23	3.8
	装身具	5	0.8
	その他	31	5.2
土木建築	大工	3	0.5
	左官	1	0.1
	土方日雇	388	65.7
	その他	2	0.3
商業	店員等	12	2
	飲食店	2	0.3
	行商	10	1.6
	其他	11	1.8
農業		19	3.2
通信運輸	船員	1	0.1
	自動車従事員	1	0.1
	通信従事員	1	0.1
	運送業	8	1.3
	車夫馬丁	28	4.7
戸内使用人	番人小使	3	0.5
	其他	2	0.3
公務及自由業	官公吏	2	0.3
	事務員	5	0.8
	配達人	1	0.1
	其他	10	1.6
無職		11	1.8
計		590	100

出典：『京都市社会課季報』２号(1927年10月、６～８頁)をもとに作成

に登録者の約八三パーセントが、世帯形成をしている定住労働者であり、約七〇パーセントが、もともと「土方日雇」に従事していた層であった(45)。京都市の都市下層社会の特徴と合わせて考えると、京都市内出身のもともと「土方日雇」を主要な職業としていた在日朝鮮人と被差別部落在住者が、日雇層の多くをしめていると推測される。そして、西陣などの伝統産業従事者や零細な軽工業に従事していた失業者が一割程度存在しているのが、この時期の「登録労働者」の実態であった。

次に一九二九年度の「登録労働者」調査をみてみよう。この調査では、失業救済事業既登録者と、一九二九年度に初めて事業登録した未登録者に分けてデータがとられている。また前職が日雇労働者対象の事業と手工業者対象の事業に分けて調査している。二七年に行われた調査では、対象は日雇労働者のみだったが、一九二九年に、手工業者向けの対策の必要性が指摘されたことを反映し、調査対象を分けたと考えられる。まず表5-3の日雇労働者の部で有効調査数一八八五人の年齢構成をみてみると、二七年の調査と同じく、二〇代、三〇代が中心階層であった。本籍をみてみると、朝鮮人が前回調査の三割程度から倍増し、約五六％であることが注目される。教育程度をみると、まったく文字を解さない人々の割合が、朝鮮人の割合に正比例して上昇し、四七・二パーセントという高率になっており、まったく文字を解さない人々の中で在日朝鮮人が大きな割合をしめていることが指摘できる。二七年の調査と大きく異なるのは、まず前職である。土木建築労働者の割合が約四三パーセントと低下し、前回一〇パーセントにもみたない工業および鉱業労働者が二〇パーセントをこえている。特に未登録者では三〇パーセントを超え、農林業にいたっては、二七年の調査ではほとんどいなかったにもかかわらず、二〇パーセントをしめている。失業要因をみてみると、業務廃止・休止・縮小が約九〇パーセントにおよび、この時期におこった経済不況が、京都市の産業構造自体に、きわめて大きな影響を与えたことがうかがえる(46)。

続いて、表5-4の手工業者の部をみてみよう。まず年齢構成は、二〇代、三〇代が中心階層であることは変

表5－3　失業救済事業登録労働者に関する調査（日雇労働者の部・1929年）

年齢	登録者	未登録者	合計	割合
21歳未満	41	58	99	5.25
20代	353	367	720	38.1
30代	363	229	592	31.4
40代	227	119	346	18.3
50代	84	35	119	6.3
60代	4	5	9	0.4
合計	1072	813	1885	100

本籍	登録者	未登録者	合計	割合
京都市部	266	147	413	21.9
京都府郡部	49	33	82	4.3
関西	103	35	138	7.3
その他	145	71	216	11.4
朝鮮	527	527	1054	55.9
合計	1090	813	1903	100

教育程度	登録者	未登録者	合計	割合
大学卒業程度以上				
専門学校卒業程度以上	3		3	0.1
中等学校卒業程度以上	13	1	14	0.7
高等小学校卒業程度以上	90	53	143	7.5
尋常小学校卒業程度以上	205	184	389	20.6
尋常小学校卒業中途退学	258	187	445	23.6
文字を解せざる者	503	388	891	47.2
合計	1072	813	1885	100

前職	登録者	未登録者	合計	割合
工業及鉱業	113	277	390	20.6
土木建築	559	251	810	42.9
商業	47	38	85	4.5
農林業	202	180	382	20.4
水産業	1	2	3	0.1
通信運輸	57	21	78	4.1
戸内使用人		5	5	0.2
雑業	87	38	125	6.6
無職	1	1	7	0.3
合計	1067	813	1885	100

失業原因	登録者	未登録者	合計	割合
行政整理	4		4	0.2
業務廃止	52	20	72	3.8
業務休止	37	78	115	6.1
業務縮小	906	575	1481	78.5
生産方法の変化	1	2	3	0.1
傷痍疾病	43	20	20	1
自己の都合	12	25	37	1.9
その他	17	93	110	5.8
合計	1072	813	1838	100

生活態様	登録者	未登録者	合計	割合
有家族者	1010	587	1597	84.7
独身者	62	226	288	15.2
合計	1072	813	1885	100

出典：『京都市教育部社会課季報』10号（1930年1月、24～27頁）をもとに作成

表５－４　失業救済事業登録労働者に関する調査（手工業者の部・1929年）

年齢	登録者	未登録者	合計	割合
21歳未満	11	4	15	5.7
20代	42	14	56	21.2
30代	76	18	94	35.7
40代	41	11	52	19.7
50代	23	11	34	12.9
60代	9	5	14	5.3
合計	202	63	265	100

本籍	登録者	未登録者	合計	割合
京都市部	109	32	141	53.6
京都郡部	22	3	25	9.5
関西	21	7	28	10.6
その他	23	8	31	11.7
朝鮮	27	11	38	14.4
合計	202	61	263	100

教育程度	登録者	未登録者	合計	割合
大学卒業程度以上				
専門学校卒業程度以上				
中等学校卒業程度以上				
高等小学校卒業程度以上	8	5	13	4.9
尋常小学校卒業程度以上	54	17	71	26.9
尋常小学校卒業中途退学	84	17	101	38.4
文字を解せざる者	56	22	78	29.6
合計	202	61	263	100

前職	登録者	未登録者	合計	割合
工業及鉱業	172	50	222	84.3
土木建築	6	3	9	3.4
商業	3		3	1.1
農林業		1	1	0.3
水産業				
通信運輸				
戸内使用人	8	3	11	4.1
雑業	5	1	6	2.2
無職	8	3	11	4.1
合計	202	61	263	100

失業原因	登録者	未登録者	合計	割合
行政整理				
業務廃止	20	3	23	8.7
業務休止	101	32	133	50.5
業務縮小	55	20	75	28.5
生産方法の変化				
傷痍疾病	13		13	4.9
自己の都合		3	3	11.4
その他	13	3	16	6
合計	202	61	263	100

生活態様	登録者	未登録者	合計	割合
有家族者	188	52	240	91.2
独身者	14	9	23	8.7
合計	202	61	263	100

出典：『京都市教育部社会課季報』10号（1930年1月、27～29頁）をもとに作成

わらないが、五〇代、六〇代の割合が、日雇労働者では合わせて六・七パーセントなのにくらべ、手工業者では一八・二パーセントと約三倍であり、西陣織などの伝統産業の職人層が多く含まれていると考えられる。本籍は、京都市内が約五四パーセントをしめる。日雇労働者では五割以上をしめた在日朝鮮人の割合は、一四・四パーセントにまで下がっている。これは在日朝鮮人の従事している職業の中心が、土方日雇であるという従来の研究を裏づけている。教育程度をみても、全体的な学歴水準は日雇層と変わらないが、文字を解さない者の割合が二九・六パーセントと減少し、在日朝鮮人の割合の減少と相関関係にある。しかしなによりの違いは、前職の八〇パーセント以上が、工業および鉱業従事者だったことである。(47)同じ「登録労働者」でも、もと日雇労働者と、もと手工業者とでは、年齢構成や学歴水準、在日朝鮮人の割合など、かなりの違いがあることが理解できるだろう。

このように、さまざまな層の労働者が失業し、「登録労働者」となった。一九二七年と二九年の調査結果の比較によって、「登録労働者」が土木労働者中心から、金融恐慌の影響で、工場労働者や農林業労働者などの多様な職業出身に変化したことが分かる。二七年の調査時とは状況が異なり、土木労働者対象の失業救済事業のみでは対応できなくなっていたのである。

しかし、表5-1の通り、手工業者対象の失業救済事業は一九二九年度のみで終了した。このように、冬期一〇〇日間のみ失業救済事業がおこなわれた「冬期失業救済事業」の段階では、予算規模や従事者数の割合からみても、土木日雇労働者が主な対象であり、土木労働者以外への対応は不十分であると批判された。そして、事業の中心である土木日雇労働者対象の失業救済事業自体の予算規模も、京都市域の失業者数に対して少ないと指摘された。京都市において充分な失業救済事業がおこなわれていないという評価は、妥当であったことが理解できる。

四　恒常的失業救済事業の成立と事業への批判

一九三〇年五月二〇日の京都市会で、失業救済下水道事業費として一四四万円が可決された。この年から通年の失業救済事業をおこなうことになった(48)。また京都市は、職業紹介所で失業救済事業の受付をしていたが、職業紹介所では、急増する「登録労働者」のとりあつかいができず、失業救済には独立機関が必要であると認識していた(49)。そこで同年四月一日から、専門機関として労働紹介所を創設し、施設を下京区七条通千本東入ルに建設中だった。その竣工まで、七条職業紹介所で仮設備による事業運営をおこなっていた(50)。表5-1の通り、一九二五年から三〇年まで失業救済事業として、さまざまな事業をおこなっているが、一九三〇年の下水道工事開始以降は、一貫した継続事業としての下水道敷設工事や小河川改修事業に変化する(51)。

すでに京都市失業救済事業には予算の範囲に応じて、「登録労働者」を二部、または三部に分け、順に仕事を紹介していく交替労働制が採用されていた。一九三〇年五月一九日の市会では市会議員菱野貞次が、京都市失業救済事業は一か月一五日しか就労できない。失業救済事業の賃金は一日一円前後であり、収入が一五円程度にすぎない。これでは「登録労働者」の生活が成り立たないと訴え、交替労働制に対する批判をおこなった(52)。続けて西陣出身の無産政党系市会議員の奥村甚之助が、京都市失業者救済事業では、ほとんど土木労働者のみ救済されているが、京都には工場労働者の失業者が続出しており、その対策はどのようにおこなうつもりなのかと質問した。また、政友会所属の東山区選出市会議員鈴木吉之助は、肉体労働者以外の知識階級の失業救済について質問した。鈴木は、知識階級労働者の失業対策として、隣接町村編入にともなう基本調査などにこれらの人々を使用してはどうか。横浜や東京でもこのような調査を相当数、知識階級の失業救済事業としておこなっていると指摘したのである(53)。土岐市長は土木事業だけではなく、西陣に関する失業救済事業として、雑巾縫いや、草むしりの紹介をおこなっている。そのほかは職業紹介所で対応していると答えた。さらに奥村は、市長があげたもの以外に、工場労働者向けの失業救済事業はない。一〇〇万円近い規模の土木事業は結構だが、工場労働者の失業救済も考慮して欲しいと訴えた(54)。工場労働者に対する救済事業が必要であるという要求は、三〇年代に入っても続けられていたのである。

では西陣の労働者の状況をみてみよう。時期があとになるが、一九三三年七月一〇日現在で、京都府方面事業振興会が京都府社会課と共同して、西陣機業地域を対象に行った調査は、調査総数が四九三七世帯、二万五四一人であった。まず収入は、一か月の総収入が三〇円以下の世帯が八四三世帯（一七パーセント）、四〇円以下の世帯が一〇八六世帯（二二パーセント）、五〇円以下の世帯が九六七世帯（二〇パーセント）と、現在の生活保護世帯に該当するカード階級世帯が全体の五九パーセントだった。貯金や積立金のない世帯は三九八六世帯で、全体の八一パーセントと高率だった(55)。すでに「土方日雇」で就労していた人々だけでなく、工場労働者の失業率も高いことを指摘したが、市会での奥村甚之助の発言の背景には、このような西陣機業従事者の生活実態が存在したのである。

また京都市内の六つの被差別部落について、一九二七年五月から二九年三月までおこなわれた京都市社会課の不良住宅地区調査によると、全体で調査対象者一万三七八名のうち、「無職者」が六七八六名であり、全体の約六五パーセントと大変な高率をしめていた(56)。このような状況から、田中地区の田中大正会の松下源三郎以下八名が、一九三〇年六月四日に京都市社会課を訪問し、現在田中地区には約五〇〇人の失業者が存在するため、一日も早く失業救済事業を実施してほしいと陳情した(57)。このように、日雇労働者たちの失業は着実に増加していた。のちにふれる崇仁地区の失業者騒擾などをみても、特に被差別部落とその周辺の失業者の滞留が深刻だったことが理解できる。京都市も潜在的な失業者はさらに多いと認識し、同年六月二六日午後、京都市議および市財務課長が大蔵省を訪れ、「京都では見栄からなかなか失業登録をしないが、失業状態は深刻で、政府筋に、京都に失業者がいないと誤解しないようにしてほしい」と陳情した(58)。また失業救済事業の起債認可を獲得するために、内務省社会局に日参していた吉村京都市社会課長は、京都市の失業者は他都市と異なり、大部分家族持ちで、単身労働者が非常に少ないと内務省に説明し、恒常的な救済事業が必要であると要望していた(59)。

そして表5-1の通り、失業救済事業登録者は一九三〇年以降さらに増加し、失業救済下水道工事においては「日々千数百名の労働者を動かしているが七条職業紹介所ではその所管内の従事労働者だけでも約九百人」というように、一つの職業紹介所の所管で、大量の失業者をあつかわざるをえない状況だった(60)。また、工場労働者対象の失業救済事業は、さまざまな批判にもかかわらず結局おこなわれなかったのである。

五　失業救済事業と「登録労働者」の騒擾

失業救済事業をめぐる不満は長期に渡って解消されなかった。労農大衆党本部は一九二九年一二月、京都市会に望む方針として、第一に社会政策の徹底（無産階級負担諸税の撤廃軽減、資本家・地主に対する新税創設）、第二に市域周辺部の無産階級居住地域の荒廃道路の改修、上下水道整備などをあげており、その中には失業救済事業の徹底も含まれていた(61)。一九三〇年四月二六日、失業救済事業の土木工事に従事していた朝鮮人労働者の集団が、就労を求め、直接京都市役所に市長を訪問した。市長に代わり助役が面会し、事業の進捗をはかって多数を採用するとのべたので、朝鮮人労働者たちは引き上げた(62)。このような状況下で、同年八月一五日には、全国大衆党が京都府支部連合会の結成大会を開いた(63)。

そして、全国大衆党京都府支部連合会は、同年一〇月二日の第四回常任執行委員会において、第三号議案で「失業反対闘争十月のプログラムの件」として以下の事項を決議した。第一に今後の闘争は全国労働京都府連合会失業対策委員会とともに連合委員会を組織し、共同戦線をもって闘争を指導、展開をすること。第二に一〇月上旬～中旬にかけては党員ならびに組合員を大衆動員するための茶話会、研究会を組織する。第三に一人でも多くの党員や組合員が参加するように、ビラやニュースでの宣伝や全員へのパンフレット配布を決め、責任者として辻井民之助が任命された。第四にこの期間内に京都市当局の不徹底・無能に対する糺弾闘争などをおこなうとしていた(64)。

同年一〇月一一日には、全国大衆党京都府連および全国労働京都府連の、第二回失業対策総合委員会が開催された。市会議員であった半谷玉三や菱野貞次も参加した委員会では、京都市の失業救済事業に関する闘争について、第一に「登録労働者」を市庁舎に押し寄せさせるデモを継続的におこなうこと。第二に救済事業の現場調査、市の計画調査をおこなうこと。第三に調査資料と現在の失業状況をむすびつけて決議を作成し、市長に提出すること。第四に失業者大会を開催することを決議した。そして、檄文の中で「諸君等は一人残らず職業紹介所の門前より市役所へナダレをうって押し寄せろ！　諸君の要求が通るまで、諸君は断乎として市役所へへバリ込め！」と訴えた(65)。このように、無産政党やその系列の労働組合が積極的に「登録労働者」に訴えかけ、組織化し、京都市役所に対する闘争をおこなうという動きがみられたのである。

さらに全国大衆党京都府連では、同年一〇月一三日に、七条職業紹介所が管轄する約四〇〇〇名の「登録労働者」のうち、一日約三〇〇名しか就労できず、七条職業紹介所には毎日数百名の失業者が殺到している現状をみて、午前一〇時に「失業のドン底に苦しむ親愛なる諸君に檄す」と題したビラを散布した。さらに、同党市会議員の神田兵三、菱野貞次、半谷玉三は、調査のために各紹介所と現場を視察し、京都市を批判して、京都市役所に対しては、失業者のデモを組織することも厭わないと訴えた(66)。

こうして、同年一一月二七日、「市役所赤旗事件」が勃発する。「登録労働者」数百名が、市長に対し賃金値上げと待遇改善を求め、市会議員菱野貞次、半谷玉三、神田兵三の指揮で赤旗を押し立て、市役所のバルコニーを占領し、労働者大会を開き、助役に要求書を突きつけた。菱野以下二一名は、治安警察法違反および家宅侵入罪で書類送検された(67)。

「市役所赤旗事件」以前の同年一〇月一二日にも、京都市西紫野土地区画整理組合の工事に関する闘争がおこなわれた。在日朝鮮人労働者約一〇〇名は、工事の請負業者である井上梅吉に雇われ、約七か月間工事に従事していたが、井上は彼らが何度請求しても、賃金をほとんど払わなかった。そのため、彼らの代表者である鄭東信、成伊植、文錫英など約一〇名が、京都労働総同盟書記長および、上田蟻善、神田兵三、菱野貞次の無産政党系三市議にともなわれ、高田景京都市土木局長を訪ね、未払い賃金約一万円の支払いを組合の監督者である京都市に陳情したという事件であった。このように在日朝鮮人労働者と、京都労働総同盟や無産政党系の市会議員たちは、「市役所赤旗事件」以前から関係をもっていたことは明らかである(68)。

表5-1の通り、一九二五年から始まった失業救済事業の登録者中、朝鮮人が多数をしめ、政策上重要な位置にあった。一九三二年六月に財閥三井家が政府に寄付した三〇〇万円の失業救済資金を元手に、京都府の主管によって、同年六月一八～二三日までのあいだに京都市内の失業者の一斉登録が行われたが、午前中の登録人員五六〇〇人のうち、約八～九割が朝鮮人だった(69)。また京都市社会課も「失業救済事業が宛も鮮人救済事業たるやの観を呈すこと、将来の失業対策上充分考慮すべき」という認識を示していた(70)。すでに後藤耕二が指摘するように、一九三二年一二月末日には、京都市内の朝鮮人労働者中三八・一パーセント、日雇労働者に限れば五六・五パーセントが失業と推定されている。京都市域全体の失業者の二人に一人が朝鮮人であり、朝鮮人労働者の三人に一人が失業しており、日本人労働者全体における失業率と比較すると朝鮮人労働者の失業率は一〇倍に達した。一九三三年度には京都市失業救済事業登録者一四二八三人中、四〇・〇パーセントの五七五一人が朝鮮人だった。

しかし日本人三二・三パーセントに対し、朝鮮人一九・〇パーセントと実際の就業者割合は朝鮮人の方が低くなっていた。[71]すでに従来の研究で指摘があるように、京都市失業救済事業における登録要件の厳格化は、朝鮮人労働者に不利に働いたことが確認できる。

一九三〇年の騒擾事件後、七条職業紹介所では待遇改善の一環として、救護班を組織して、現場を巡回させ、負傷者がいれば応急手当をし、医師のもとに搬送することにした。また作業現場では労働者に白湯を与えていたが、代わって番茶を支給するなど、一定の待遇改善がおこなわれた。[72]しかし、一九三一年一二月に全国労農大衆党京都府支部連合会の委員会では、京都市当局の失業救済・社会事業を批判し、同時に京都市内に居住して直接国税一〇〇〇円以上を納付する富豪から、失業救済・社会事業内容充実金として一〇〇万円を募集する計画を立てた。市会議員菱野貞次は、これを実行に移すべく多くの市会議員の賛同を得て運動するとし、近く市会議員懇談会を開いて、意見交換をし、実行方法を協議すると報道された。[73]

一九三二年八月には、失業救済事業として実施された上京区桃園小学校改良工事について、争議がおこなわれた。工事は建築業者伏見浜井組が請け負ったが、まったく賃金を払わなかった。そのため大工二九人が、浜井組に対する争議団本部を設け、全国労働組合同盟に応援を求めて係争中だった。同年八月一七日午後一時、同盟から二名と争議団代表の合計三名が市役所を訪れ、助役と会見し、失業救済事業で賃金不払いなのは市の監督不行届であると陳情し、助役は濱井組の方に早く払うように勧告すると回答したことが報道された。[74]結局九月一四日に両者会見のうえで、未清算の賃金を同情金として支払うことで決着した。[75]このように、無産政党と系列の労働組合により、「登録労働者」に対する関与が積極的におこなわれはじめたのである。

六　循環労働制の採用と「登録労働者」の動向

京都市では一九三三年四月一日から交替労働制を改め、完全な就労の公平を期して、「登録労働者」間の就労期間の不均衡をなくすために、予算の範囲内で各「登録労働者」が均等の日数になるように調整する、循環労働制を採用した(76)。また同年七月一八日からは、労働者の居住分布状況や就労現場との関係を考慮して、「登録労働者」の交通費の支出を防ぎ、便宜を図るために、寺町鞍馬口下ル高徳町と伏見区下板橋町の二か所に臨時出張所を設置した。地域性を加味し、地域別の循環紹介を実施することにしたのは、「登録労働者」による騒擾を防ぐためだった(77)。

しかし、同年四月五日には、全市の「登録労働者」八〇〇〇名を約五〇〇～六〇〇名ずつ、循環式に毎日紹介していたところ、前日に雨のため職を得られなかった労働者など数百名が喚声をあげ紹介所をとりまき、堀川署が私服警官を派遣して鎮圧するという事件がおこった(78)。失業救済事業に関する不満が、再び表面化しようとしていた。四月二〇日には、約一〇〇〇名の「登録労働者」のうち、循環紹介制によって就労できなかった労働者約五〇〇名が市立労働紹介所に殺到した。そのうち約一五〇名は市会議員菱野貞次とともに、午前八時頃京都市役所に押し寄せたので、警察が出動し鎮圧したが、菱野は「登録労働者」の代表者を連れて、京都市の村松第一助役、漆葉社会課長と会見し、「登録労働者」は循環紹介制のために六日に一日しか働けない状況になり、生活できないと陳情した。村松助役は循環紹介制の趣旨は、就労機会を公平にするためのもので、この制度で仕事が減少したわけではなく、事実仕事がない。目下対策を考究中であると答え、それを代表者が了解した。そして、菱野と朝鮮人「登録労働者」金三龍（『社会運動通信』では金三蔵）、「登録労働者」卯田惣助の三名が検束された(79)。これらの事件は新しい制度への不満が爆発した形でおきた騒擾だった。

結局、この循環制度については、予算上の制約と就労機会均等のために維持された。この他にも、新たな政策として、失業救済事業施行上の「適正」と、「登録労働者」の就労機会の「公平」のために、一九三二年一一月、就労統制員三名を設置していた[(80)]。また、失業救済事業の雇い先の中には、一週間や一〇日分の給与を一括で支払う所もあり、「登録労働者」は生活の困難を訴えていたが、これも社会課で、一日ごとの賃金を立替払いする制度を創設した[(81)]。

しかし、「登録労働者」の失業救済事業に対する不満はおさまらなかった。一九三四年一〇月一四日の午前七時頃、七条労働紹介所で、就職カードをもらう順番争いから、労働者が刃物を振るい、死傷者が出る騒ぎとなった[(82)]。さらに同年一一月一九日には、従来下京管区に登録されていた崇仁地区以南の「登録労働者」約四〇〇名が菱野貞次にともなわれ、地域別循環労働制により伏見管区に転登録したが、住居と労働現場が遠くなったので、往復の電車賃二〇銭の賃金値上げを求めて陳情した。市当局では、「登録労働者」が多い下京管区より、伏見管区の方が就労日が多くなるため、労働者の利益になると考え転登録したと説明した。一応労働者たちは、説明に納得したものの、一日の労働時間を延長してもよいので、割り増しをして欲しいと菱野が提案し、下水課長は考慮すると約束したと報道され、その後も菱野と、「登録労働者」の代表者は同様の要望をおこなった[(83)]。また、失業者救済のため民間需要の拡大を狙い、一九三四年九月には、京都市労働紹介所が連合衛生組合や学区方面委員を通じ、「登録労働者」を町内の掃除人夫に雇うよう各町衛生組合長に依頼する方策もとっていた[(84)]。このように、さまざまな対策をおこなうことで、恒常的な失業救済事業は拡大し続けていたが、「登録労働者」の要望を満たせず、トラブルは頻発していた。

また、被差別部落との関係も大きかった。たとえば、京都市七条職業紹介所の「登録労働者」五七〇名が、徒歩で二時間以上かかる伏見方面に作業現場を移転することになった。「登録労働者」は、電車賃か、賃金分の仕事を渡すよう職業紹介所に要請し、全国水平社東七条支部の指導で「賃金値下絶対反対」を決議した[85]。このような事態を踏まえ、京都市社会課では特に被差別部落に対しては、一九三六年八月二六日に市内の養正地区において「養正小学校に登録労働者の集合を求め、森主事、影本労働紹介所長ほか関係者が列席して就職上の心得、隣保館の利用あるひは労働者の不平不満を聴取するなど種々懇談」するという配慮をおこなっていた[86]。しかし、同年一一月二九日、七条職業紹介所の「登録労働者」約八〇名が、崇仁隣保館で朝田善之助を議長に懇談し、「東七条登録労働者就職要求期成同盟」を結成した。年末失業反対、賃下反対、電車賃支給などの問題について協議し、同年一二月五日には朝田善之助を先頭に京都市役所へ、就労日数の増加などを訴え出て、六名が検挙された[87]。

そして、一九三七年一月一四日には、京都市土木課が、市立北部労働紹介所の「登録労働者」に対して、一月一五日の小正月を見越し労働者を減員したところ、逆に申込者が殺到し、「登録労働者」約一〇〇名が抗議に押し寄せた。代表者は市の土木課・社会課に陳情し、当局者が善処すると答えたので引き上げた[88]。さらに同年五月六日には、朝田善之助ら代表九名がひきいる市立千本労働紹介所の「登録労働者」約一〇〇名が、就労日も四、五日に一回しかなく、わずか一円二〇銭の日給では、動きがとれないとして、日給三割値上げと、毎日の就労を市に陳情した[89]。この陳情は一定の成果をあげ、「登録労働者」に対し、同年五月一七日から平均七銭の大幅賃金値上げがおこなわれ、一八日からは小河川改修工事の「登録労働者」に対しても、平均五銭の賃金値上げがおこなわれた[90]。このように、京都市はさまざまなトラブルの発生を受け、「登録労働者」への説明会、意見聴取を実施した。そして「登録労働者」自身による運動、陳情の結果、採用人数増加や賃金値上げが実現していった。

前述のように菱野貞次や朝田善之助などが運動を組織・指導していた。しかし、水平社が明確に関与しているとと史料上確認できる事例は、ほとんどない。彼らは水平運動の活動家でもあるが、同時に労働運動の指導者としての側面ももっていた。特に菱野は、一九三一年以降、水平社との関わりが史料上明らかでない。失業救済事業をめぐる運動や陳情に、被差別部落民や在日朝鮮人が多数参加していたことは事実だが、菱野や朝田は、被差別部落民や在日朝鮮人労働者をも含んだ形で、「登録労働者」を組織していたとみるべきだろう。

七　戦時体制と失業救済事業の廃止

このような失業救済事業の施行状況は、一九三七年七月の日中戦争の勃発で一変する。京都経済においても、急速な軍需産業の勃興と、西陣織を代表とする繊維産業の急激な衰退がおこった。この原因は、一九四〇年七月七日から実施された奢侈品等製造販売制限規則、七・七禁令であった。絹織物・染物・刺繍品などは、製造・販売を禁止、あるいは大幅に制限された。七月七日から一一月末までのあいだに、京都府内で三四五の工場が閉鎖、七三七の工場が転業し、約一万三九〇〇人が転業、西陣織物の取引は七月から九月にかけて、ほとんど停止した[91]。

同年九月の状況をみると、市内の各労働紹介所における求職者群は一日約一〇〇〇名といわれていたが、中央職業紹介所だけでも九月一日から六日間の求職者は約三〇〇〇名におよび、わずか数日で、前年九月一か月間の総数二四〇〇名を突破した。求職者の殺到は、西陣をはじめ、染織産業の大不況によるものであり、軍需産業へ転職しようとする人々が押し寄せたためだった。求職者の約五割はこれらの人でしめられ、西陣関係の労働者は軍需工業への転向は非常に困難であるとされていたが、体が丈夫ならば、舞鶴海軍工廠を始め阪神各工場から多数の申し込みがあり、これらの工場に就職を斡旋できる見込みが十分にあるとされていた。仕事を失った西陣労働者たちは、軍需産業に転職を希望していた[92]。

しかし、同年九月一七日の市会で、西陣を地盤とする社会大衆党所属の市会議員辻井民之助は、西陣織物産業従事者の転業問題について、社会課は職業紹介所や授産場を督励して、申し訳程度の失業救済対策をおこなっているにすぎないと指摘し、西陣織物従業員は労働条件が劣悪で、食物も悪く、体質も悪い。軍需工場には多くの労働者が必要だが、西陣織物・友禅の従業者は採用率が低い。体格がいい者も軍隊に入営する例が多く、採用してもらえないと訴え、職業紹介所でどれだけ転業を紹介しても、西陣労働者の軍需産業への進出は、実際にはきわめて難しいと訴えた[93]。京都市では、同年八月に、これらの失業者を対象として臨時西陣授産場を開設し、和洋裁・手工の仕事を請け負わせたが、開設以来、在籍人数はつねに定員（洋裁二〇名、和裁三〇名、手工一〇〇名の合計一五〇名）を越え最低でも一か月四三〇名、最高五九七名と、三倍以上オーバーするような状況であった[94]。

表5－5　西陣織業者転職状況（1937年７月）

転職先	人数（人）	割合（％）
西陣織工	22	15.38
出征	16	11.18
授産場従業員	7	4.89
土工（登録労働者）	6	4.19
職工（西陣機業以外）	13	9.09
行商	3	2.09
内職	2	1.39
女中奉公	6	4.19
サラリーマン	1	0.69
病気	3	2.09
休業（失業）	47	32.86
不明	17	11.88
合計	143	100

出典：京都市社会課『西陣機業に関する調査』（1938年、83頁）

一九三七年一一～一二月におこなわれた京都市社会課の西陣調査においても、西陣労働者は低収入で「特に柏清盛町一帯のカード階級世帯はその比率に於て昭和十一年末京都市カード世帯数の比率（全市世帯数に対する）二・一七％を上廻ること正に一〇％以上、かかる恐るべき公的被救恤層」と位置づけられていた[95]。また実際の転職状況についても表5-5の調査結果の通り、出征もしくは別の職工になるものが多く、もっとも多いのは休業という状態で、「登録労働者」や授産場従業員などになったのは全体の一割程度だった。調査の結果、市は軍需産業など工業部門への流入もできず、「職工　内職　登録労働者　女中奉公等の半就業の典型的部門乃至最も後れた労働分野に自らを陥入れるより外はない」のが西陣の労働者であると認識していた[96]。しかし、西陣労働者に対して、特別の対策はとられなかった。

そして、浅田朋子が明らかにしているように、一九三七年の京都府協和会設立後、朝鮮人労働者は軍需産業への労務動員計画の中にとり込まれ、労働力把握のため、写真、本籍、現住所、氏名などが記載された会員証を配布された。配布当初、京都府でも老人や子供、世帯主でない無職者を除いた二万三一〇〇冊もの会員証が作成された。こうして朝鮮人労働者は軍需産業を中心に投入される形になったのである(97)。

産業構造の大きな変化と、戦時体制下の国民精神総動員運動の一環としての「登録労働者」組織化がおこなわれた結果、一九三八年二月一四日に、千本労働紹介所で「登録労働者」の代表者が選ばれ、「勤労報国団」の結成準備会が開催された(98)。また同年二月一九日には、同所の「登録労働者」一四六二名が、ほかの労働紹介所にも結成を呼びかけた(99)。そして同年四月二八日各労働紹介所の「登録労働者」約一九〇〇名が、千本労働紹介所で参列者約六〇〇名による結団式を開いた(100)。

この時期の「登録労働者」は、一九三八年六月には一時期一〇〇〇人をこしたが、軍需工場の拡張による労働者の吸収と、戦争応召者の増加、各河川改修工事への正規常雇人夫就労を受けて激減した。青壮年労働者は軍需産業などに転業し、「登録労働者」の多くを老人、あるいは肉体労働が不可能な者がしめるにいたった。「登録労働者」は、失業救済事業の需要申し込みの半数にも達しないと報道され、数年前では考えられないような深刻な人手不足に陥っていた(101)。先の「勤労報国団」も、このような人々で組織されていた。また、主要な「登録労働者」供給源であった在日朝鮮人労働者も、先にみたとおり、京都府協和会の成立で、すでに軍事産業に従事していた。京都市としても、この時期の失業救済事業は「年齢、能力其他ノ諸条件ガ一般産業方面ニ就職ヲ許サザル要救済者ノ保護ニ資ツツアリ」として、一般の仕事ができない人々を対象とする事業と位置づけていた(102)。一九四〇年には、青年の応召と生産力拡充にともない失業者数が激減したので、一九三九年度以降新たな事業は施行せず、一九三七・三八両年度の事業を繰り越し施行していた(103)。翌年も失業救済事業は継続事業遂行のための労働力を確保できず、一九四〇年度も一九三七年度、一九三八年度の両事業を繰り越し施行し、一九三八年度事業の完成とともに失業救済事業は廃止されると報道された(104)。結局、京都市域の軍需工業化により、「登録労働者」が激減し、事業は廃止となった。

八　おわりに

本章の要旨をまとめると以下のようになる。

第一に、「冬期失業救済事業」期の失業救済事業は、土木工事による救済事業が中心であったが、登録希望者が多すぎ、すべての登録希望者が救済されなかった。事業規模は順次拡大したものの、土木労働者以外への対応の不十分さや、予算不足が批判された。実際の登録者も、一九二九年には在日朝鮮人や金融恐慌の影響で失職した工業・農林業労働者が大幅に増加しており、実態を裏づけた批判だったが、大半は土木作業での事業執行にとどまった。

第二に、一九三〇年以降、失業救済事業の循環労働制に対する批判がなされ、恒常的におこなわれていない「知識階級」や工場労働者向けの失業救済事業が強く求められた。特に失業者が多かった被差別部落に対しても、対策がおこなわれた。しかし、登録基準の厳格化により、在日朝鮮人労働者の就労率が低下し、西陣地域を代表とする工場労働者に対しても、依然として特別な対策はとられなかった。

第三に、拡大し続ける救済事業でも救済されない大量の失業者が存在し、事業への不満が噴出した。無産政党やその系列労働組合も、失業反対闘争に力を入れ、積極的に「登録労働者」を組織化し、さまざまな運動や陳情がおこった。その対策として、労働紹介所や、事業施行上の適正や公平を維持するための就労統制員が設置される。そのほかの制度改革や賃上げ、説明会、意見聴取などもおこなわれるが、「登録労働者」のさまざまな運動は一九三七年前後まで続く。また、在日朝鮮人については、「登録労働者」の中で多数をしめ、政策上重要な位置にあった。しかし、一九三七年の京都府協和会設立後は、軍需産業への労務動員計画にとり込まれ、朝鮮人労働者は軍需産業を中心に投入された。

第四に、一九三七年の日中戦争全面化による軍需景気で、京都市域にも軍需産業が勃興すると、肉体労働者は新興の軍需産業に従事し、一気に人手不足に陥った。西陣労働者を代表として、軍需産業に従事できない層も存在したが、何の対策もとられなかった。この時期には、失業救済事業は一般の仕事に従事できない人々の救済事業に変化した。そして「登録労働者」が激減し、事業自体が廃止される結果となったのである。

以上のように、本章では、主要な都市社会政策の一つである都市失業救済事業をめぐる京都市会や行政の動向、事業自体に対する批判や、クライエントの動向などを組み込みつつ、従来の研究ではほとんど未検討だった動態的な政策形成過程を、戦時期の失業救済事業の廃止にいたるまで連続して明らかにすることができた。

本章で指摘したように、各時期における事業のあり方と、「登録労働者」や社会運動の動向は密接に関連していた。都市社会政策自体も、このような、クライエントや社会運動の動向を視野に入れなければ、政策形成をおこなうことができなかったことは、本章の分析を通して明らかであろう。

（1）　主要な研究は、小路田泰直『日本近代都市史研究序説』（柏書房、一九九一年）、芝村篤樹『日本近代都市の成立』（松籟社、一九九八年）、同『関一』（松籟社、一九八九年）など。京都市域を事例とした代表的な研究は松下孝昭「都市社会事業の成立と地域社会」（『歴史学研究』八三七号、二〇〇八年）がある。

（2）　研究状況の詳細は、本書序章参照。

（3）　前掲註(1)芝村書。

（4）　加瀬和俊『戦前日本の失業対策』（日本経済評論社、一九九八年）、従来の失業救済事業の研究史は、同書の序章を参照。同「戦間期日本における失業問題と労働者意識」（『人民の歴史学』一七七号、二〇〇八年）、同「失業対策の意図と帰結」（『歴史評論』七二一号、二〇一〇年）、同『失業と救済の近代史』（吉川弘文館、二〇一一年）も参照。

（5）同右。

（6）金廣烈「一九二〇年―三〇年代在日朝鮮人と失業救済事業」（『在日朝鮮人史研究』二四号、一九九四年）。

（7）水野直樹「戦前日本の社会政策と在日朝鮮人――失業救済事業を中心に――」（世界人権問題研究センター第三部研究会報告レジュメ、二〇〇一年一月二六日）。報告要旨は『二〇〇〇年度世界人権問題研究センター年報』（二〇〇一年六月、六八～六九頁）参照。

（8）許光茂「戦前期貧困者救済における朝鮮人差別」（『歴史学研究』七三三号、二〇〇〇年）、同「戦前日本における朝鮮人対策の転換と朝鮮人保護救済の形骸化」（『在日朝鮮人史研究』三〇号、二〇〇〇年）、同「戦前京都の都市下層社会と朝鮮人の流入」（『コリアンマイノリティ研究』四号、二〇〇〇年）など。

（9）朴宣美「柳原市兵衛の研究」（『二十世紀研究』一号、二〇〇〇年）、同『植民地女性の知の回遊』（山川出版社、二〇〇五年）所収。

（10）塚崎昌之「一九二〇年代大阪における「内鮮融和」時代の開始と内容の再検討」（『在日朝鮮人史研究』三七号、二〇〇七年）。

（11）本書第七～八章。

（12）地域「部落史」研究は数多くあるが、本書のフィールドとの関係では、部落問題研究所編『近代京都の部落』（部落問題研究所出版部、一九八七年）、井上清ほか編『京都の部落史』二　近現代（京都部落史研究所、一九九一年）がある。

（13）渡部徹『日本労働組合運動史』（青木書店、一九五四年、七七～八二・二四六～二五七頁）。

（14）岩村登志夫『在日朝鮮人と日本労働者階級』（校倉書房、一九七二年）。松永洋一「関東自由労働者組合と在日朝鮮人労働者」（『在日朝鮮人史研究』二号、一九七八年）。角木征一「東京・深川における朝鮮人運動」（『在日朝鮮人史研究』六号、一九八〇年）、同「全協・失業連盟下の朝鮮人運動」（『在日朝鮮人史研究』九号、一九八一年）。外村大「在日本朝鮮労働総同盟に関する一考察」（『在日朝鮮人史研究』一八号、一九八八年）、同『在日朝鮮人社会の歴史学的研究』（緑陰書房、二〇〇四年）。

(15) 中村元「昭和恐慌期における都市計画事業の展開と「無産」政治勢力」（『日本史研究』五三八号、二〇〇七年）、同「「土木稼業人」の労働史」（『人文学報』四一五号、二〇〇九年）。そのほか、藤野裕子「戦前日雇い男性の対抗文化――遊蕩的生活実践をめぐって――」（『歴史評論』七三七号、二〇一一年九月）も優れた研究である。

(16) 渡部徹編著『京都府地方労働運動史　増補版』（京都府地方労働運動史編纂委員会、一九六八年）、京都市編『京都の歴史』九（学芸書林、一九七五年）、京都市政史編纂委員会『京都市政史』第一巻（二〇〇九年）。

(17) 後藤耕二「京都における在日朝鮮人をめぐる状況」（『在日朝鮮人史研究』二一号、一九九一年）。

(18) 前謁註(4)加瀬書『戦前日本の失業対策』五五・七三～八三頁。

(19) 高野昭雄『近代都市の形成と在日朝鮮人』（人文書院、二〇〇九年、一五六～一五九頁）。高野の研究については、拙稿「高野昭雄著「近代都市の形成と在日朝鮮人」」（『史学雑誌』一一八巻一〇号、二〇一〇年）参照。

(20) 白木正俊「菱野貞次と京都市政――一九二九～一九三三年――（上）（下）」（世界人権問題研究センター『研究紀要』一二、一四号、二〇〇七、二〇〇九年）。白木論文（下）では、菱野の市会での発言が市政において実現したか否かを単純に検証する手法をとっている。当然のことであるが、本章でも示した通り、都市社会政策はさまざまなアクターや社会状況との相互作用によって形成されるので、市会議員一人の発言を短絡的に成果とするという手法は、実証的に成り立たない。

(21) 松下孝昭「都市社会事業の展開と地域社会」（『神女大史学』二八号、二〇一一年）。

(22) 『失業応急事業概要』昭和一二年度（厚生省職業部、一九三九年、八～九頁）。

(23) 前掲註(19)高野書。

(24) 『京都日出新聞』一九二五年八月二五日。

(25) 『京都日出新聞』一九二五年九月二〇日。

(26) 『京都日出新聞』一九二五年一〇月二五日。

(27) 『京都日出新聞』一九二五年一二月一二日夕刊。

(28) 『京都日出新聞』一九二五年一二月一三日。

(29) 『京都日出新聞』一九二五年一二月一七日。

(30)『京都日出新聞』一九二五年一二月二一日。
(31)『京都日出新聞』一九二六年三月三〇日夕刊。
(32)『京都日出新聞』一九二六年五月一八日。
(33)『京都日出新聞』一九二六年一〇月一〇日。
(34)『京都日出新聞』一九二六年一一月一三日夕刊。
(35) これらの「知識階級」に対する「少額給料生活者失業救済事業」については、加瀬和俊「職員層失業対策の歴史的特質」(『社会科学研究』五六巻二号、二〇〇五年)参照。このような視点の京都市を事例とした研究としては、本書第四章があげられる。
(36) 漆葉見龍「京都市に於ける失業者救済事業」(『社会政策時報』一一八号、一九三〇年五月)。
(37)『京都日出新聞』一九二九年八月二四日。
(38)『京都日出新聞』一九二九年一〇月二九日。
(39)『大阪朝日新聞京都版』一九二九年九月八日。
(40)『京都日出新聞』一九二九年一一月一一日。
(41)『京都市会会議録』二三号(一九二九年一〇月三〇日、三五三~三五五頁)。
(42)『京都市会会議録』二四号(一九二九年一二月一九日、三七八~三七九頁)。
(43)『京都市会会議録』二四号(一九二九年一二月一九日、三七九~三八一頁)。
(44)『京都日出新聞』一九三〇年一月二七日。
(45)『京都市社会課季報』二号(一九二七年一〇月、六~八頁)。
(46)『京都市社会課季報』一〇号(一九三〇年一月、二四~二七頁)。
(47) 同右、一一七~一一九頁。
(48)『京都日出新聞』一九三〇年五月二〇日。
(49)『京都日出新聞』一九三〇年八月四日。
(50)『京都市事務報告書』昭和五年度、六九頁。

(51)『大阪朝日新聞京都版』一九三〇年五月一〇、二〇日、六月二一日、二七日、七月二三日。
(52)『京都市会会議録』七号（一九三〇年五月一九日、三九頁）。
(53)同右、四〇～四三頁。
(54)同右、四四頁。
(55)京都府方面事業振興会『西陣賃織業者に関する調査』（一九三四年四月、一〇～一二頁）。
(56)京都市社会課『不良住宅密集地区に関する調査』（一九二九年八月、三二頁）。
(57)『大阪朝日新聞京都版』一九三〇年六月五日。
(58)『大阪朝日新聞京都版』一九三〇年六月二七日。
(59)『京都日出新聞』一九三〇年七月一五日。
(60)『京都医事衛生誌』四四二号、一九三一年一月。
(61)「党報」労農大衆党本部、一九二九年一二月二三日（法政大学大原社会問題研究所所蔵史料）。
(62)『大阪朝日新聞京都版』一九三〇年九月二七日。
(63)『社会運動通信』一九三〇年一〇月一〇日。
(64)「報告書」第五号、全国大衆党京都府支部連合会（法政大学大原社会問題研究所所蔵史料）。
(65)『社会運動通信』一九三〇年一〇月一七日。
(66)『京都日出新聞』一九三〇年一〇月一四日。
(67)『大阪朝日新聞京都版』一九三〇年一一月二八日。
(68)『大阪朝日新聞京都版』一九三〇年一一月一三日、『京都日出新聞』一九三〇年一一月一三日夕刊。
(69)京都府社会事業協会『社会時報』二巻六号（一九三二年、六一～六二頁）。
(70)京都市社会課『京都市における日雇労働者に関する調査』（一九三二年、九四頁）。
(71)前掲註(17)後藤論文、四四頁。
(72)『京都日出新聞』一九三二年一月一五日夕刊。
(73)『京都日出新聞』一九三二年一二月三日。

(74) 『京都日出新聞』一九三二年八月一八日。
(75) 法政大学大原社会問題研究所所蔵、協調会資料第二集『日本社会労働運動資料集成』マイクロリール四「昭和七・八・九年度土木建築業争議資料　労働課」「桃園小学校校舎改築工事場労働争議」一九三二年一〇月二一日。
(76) 『京都市事務報告書』昭和八年度、八四頁。
(77) 同右、八四頁。『京都日出新聞』一九三三年七月二八日夕刊。
(78) 『京都日出新聞』一九三三年四月五日夕刊。
(79) 『京都日出新聞』一九三三年四月二〇日夕刊、『大阪毎日新聞京都版』一九三三年四月二〇日、『社会運動通信』一九三三年四月二八日。
(80) 『京都市社会事業要覧』昭和八年度版、二七頁。『京都日出新聞』一九三二年一一月八日夕刊。
(81) 『京都日出新聞』一九三四年九月一二日。
(82) 『京都日出新聞』一九三四年一〇月一五日夕刊。
(83) 『大阪朝日新聞京都版』一九三四年一一月二三日。
(84) 「清和院町文書」一八七「掃除人夫に関する件」一九三四年四月二九日（京都市歴史資料館所蔵写真版）。
(85) 『水平新聞』一九三四年一二月五日。
(86) 『大阪毎日新聞京都滋賀版』一九三六年八月二七日。
(87) 『社会運動通信』一九三六年一二月二一日。
(88) 『京都日出新聞』一九三七年一月一五日。
(89) 『京都日出新聞』一九三七年五月七日夕刊。
(90) 『京都日出新聞』一九三七年五月一八日、『大阪朝日新聞京都版』一九三七年五月一八日。
(91) 前掲註(16)『京都市政史』第一巻、五七二～五七三頁。
(92) 『大阪朝日新聞京都版』一九三七年九月一一日。
(93) 『京都市会会議録』一二号（一九三七年九月一七日、二四五～二四六頁）。
(94) 『京都市事務報告書　昭和一五年度』一五八～一六一頁。

(95) 京都市社会課『西陣機業に関する調査』(一九三八年八月、四七頁)。
(96) 同右、八三頁。
(97) 浅田朋子「京都府協和会小史」(『在日朝鮮人史研究』二七号、一九九七年、一〇一～一〇七頁)参照。
(98) 『京都日出新聞』一九三八年二月一六日。
(99) 『大阪毎日新聞京都版』一九三八年二月二三日。
(100) 『大阪朝日新聞京都版』一九三八年四月二六日、『大阪毎日新聞京都版』一九三八年四月二八日。
(101) 『大阪朝日新聞京都版』一九三八年六月一日。
(102) 『京都市事務報告書　昭和一五年』一六一頁。
(103) 『京都市社会事業要覧』昭和一四年度版、四一頁。
(104) 『京都市社会事業要覧』昭和一六年度版、二一頁。

第二部　都市社会政策と社会的マイノリティ

第六章　「不良住宅地区」と地域住民の変容

一　はじめに

本章は、戦前期における「不良住宅地区」の変容過程と、その複合的な都市下層社会のありようを、「不良住宅地区」・被差別部落・在日朝鮮人集住地区の三つの性格をあわせもつ、京都市楽只地区を中心に明らかにするものである。

いわゆる「都市下層社会研究」においては、原田敬一によって、スラムと被差別部落の両者の住民の労働と生活の共同化は一九〇〇年代初頭に始まっており、一九一〇年代には、さらに朝鮮人労働者を含み込みながら、生活の共同化と労働市場の競合を産み出したことが指摘されている[1]。一九二〇年代以降の、日本橋釜ヶ崎の都市スラム、西浜を中心とした都市部落、東成を中心とした朝鮮人集住地区の分析もおこなわれた。いずれも、地縁・血縁をもとにした相互扶助に代表される生活の共同性とスラム住民、被差別部落住民、在日朝鮮人が「スラム的労働市場」をめぐって競合し、複合的な「都市下層社会」が形成されていることが明らかになっている[2]。

これらの成果を受けて、近年いくつかの研究が発表されている。まず大阪における日本橋周辺の「不良住宅地区」を対象とした佐賀朝の論文があげられる。佐賀は対象地域としての「不良住宅地区」の居住状況からみた階層構造、地域住民の職業、家族関係や地域の社会的諸関係を具体的に析出した。また不良住宅地区改良事業の分析を軸に、都市社会政策による地域住民の統合過程と、住民生活の変化を描いた研究史上先駆的な労作である[3]。

しかし、佐賀の研究は、第一に史料的限界もあるが、論証の核心的事実においてあまりにも推論が多い。とくに佐賀が住民運動の事例としてあげた立ち退き反対運動の経過や、大阪市の不良住宅地区改良事業の地区指定、事業方針、決定過程などが明らかになっていない。第二に隣保事業によって地域住民と大阪市社会行政との接点が拡大したと論じた。また、今北治作のような争議や社会運動の仲裁機能をもった「俠客」などをとりあげていながら、一面的に地域住民、社会運動と地域支配が対立関係にあったととらえている。本書第一〇章で明らかにした通り、京都市の不良住宅地区改良事業は、都市社会政策の一環として構想され、戦時期に立ち退き問題や、財政上の理由から地域団体を利用していく。大阪の事例においても運動による立ち退き遅延や条件の改善がみられたことはふれられており、その理由を明らかにすることが必要不可欠である。第三に分析した地域の一つとして「広田町の居住者はほとんど水平社員」と指摘されている広田町「社の裏」をあげているにもかかわらず、融和事業などの関係に一切ふれていない。佐賀の研究では、「不良住宅地区」を一面的にとらえることに異をとなえている。当然「不良住宅地区」には被差別部落も在日朝鮮人集住地区も含まれているのだから、これらを視野に入れた分析も必要であろう。

次に松永正純の研究があげられる。松永は、大阪市の隣保事業の展開と被差別部落民・在日朝鮮人・障害者との関連を分析したが、それぞれの事業の概略をのべるにとどまっており、大阪市の都市社会政策全体における融和事業・内鮮融和事業の位置づけが求められよう[4]。

さて、本章で検討する京都市域に関わる研究を検討すると、第一に一九三〇年代の被差別部落の状態と被差別部落に対する都市社会事業の実態について、秋定嘉和の研究がある[5]。また、当該期の京都における朝鮮人の労働生活状況に関しては、後藤耕二の研究があげられる。後藤は、京都における朝鮮人労働者の失業状態、流入過程と工場労働における民族差別賃金を分析し、被差別部落への流入と居住状況を示し、就業構造の民族格差を論じた。さらに、被差別部落の中でも、朝鮮人労働者は最下層の都市雑業に従事した割合が多いことを指摘した(6)。

そして、河明生は、京阪神に流入した朝鮮人の労働形態から、日本における朝鮮人労働者の行動特性や適応性を中心に論じている。京都における事例についても、後藤がおこなった分析を前提に、在日朝鮮人の下層労働市場への進出のありようや友禅染工業への就労過程など具体化する形になっており、被差別部落民と在日朝鮮人の労働市場の重なりをみるうえで重要な研究である(7)。また、京都市域における在日朝鮮人集住地区三一地区の戦前から戦後の変容過程を各地域に即して検討した吉田友彦の研究も存在する(8)。しかし、これらの研究も、個別的な実態解明の点では大きな成果をあげているが、京都市の都市社会政策における、地域認識や政策意図が明らかにされていない。また被差別部落への在日朝鮮人の流入を指摘しているが、それがどのような意味をもったのかを明らかにしていないのである。

本章では、以上のような研究の成果と批判を前提に論じていきたい。第一に私はかつて大阪の水上生活者を事例に大阪市の都市社会調査について論じたことがあるが(9)、京都市の地域認識と政策意図を析出するために、都市社会行政の認識を代表する社会調査にみえる地域認識を検討する。第二に具体的な検討対象として、在日朝鮮人の流入が著しかった京都市楽只地区と、ほとんど在日朝鮮人が流入しなかった京都市三条地区をとりあげる。そして、各地区における人口構成、職業などの具体的な変容過程をとらえ、地域社会にとって、在日朝鮮人の流入がどのような意味をもったのかを明らかにしていきたい。

二　京都市社会行政の地域認識

京都市の二つの不良住宅地区調査に関しては、本書第一〇章で分析している。ここでは、分析の結果として次の点を確認しておきたい。第一に一九二八年八月に刊行された『不良住宅密集地区に関する調査』が内務省社会局に提出する調査データとしての性格をもっていたこと。第二に同時に作られた『不良住宅地区密集図集』が各地区の範囲を明確にし、「不良住宅地区」としてとらえる区域を確定したこと。第三に京都市においては、都市貧困層、不良住宅地区問題と部落問題が事実上重なっているという認識をもっていたこと。第四に被差別部落が都市計画や区画整理からとりのこされたため、都市計画上の大きな問題として被差別部落が浮き上がってきたことである。

さて、まず京都市における「不良住宅地区調査」の概略をのべておこう。一九二七年三月三〇日、不良住宅地区改良法（以下、改良法と省略）が公布され、七月一五日に施行された(10)。すでに京都市では、改良法による地区指定前の一九二六年五月二日から一二日まで、市内の壬生・楽只・錦林・東七条・田中・三条の六地区を対象に一次調査をおこなっていた(11)。京都市の指定した不良住宅地区はすべて被差別部落であった(12)。その後、調査は一九二九年三月まで数次にわたって続き、一九二九年八月『不良住宅密集地区に関する調査』として刊行された。次に在日朝鮮人について、同じ六地区と東九条岩本町を対象に一九二八年六月一〇日から一三日まで、特別の項目を立てて調査をおこなった(13)。

『不良住宅密集地区に関する調査』における調査範囲は、表6-1の通りである。それを表6-2の朝鮮人概況調査の地区範囲と重ね合わせたのが、表6-1のゴシックで示した部分である。これによって朝鮮人の集住地区と集住していない地区がはっきりしていることが分かる。

特に三条地区などは「調査ノ結果三条ニ於テハ鮮人皆無ニシテ、コハ《ママ》本地区ノ特色トシテ鮮人ノ来住ヲ拒否スルタメナリ」と認識していた(14)。このことから、当初京都市の社会行政は、不良住宅地区と被差別部落と朝鮮人集住地区がほぼ重なっていると認識していたことが明らかである。しかし、現実には壬生地区の朝鮮人居住率三五・二パーセントを例外としても、他地区においては、錦林地区五・二パーセント、崇仁地区四・一パーセント、養正地区六・七パーセント、楽只地区六・〇パーセントにすぎない。特に三条地区は、朝鮮人居住者が皆無であるにもかかわらず、調査対象地区にはいっていたのである。[15]

これらの調査をおこなった一九二八年には、京都市人口七三万六〇〇〇人のうち、朝鮮人人口は一万一八〇九人であり、比率としては約一・六パーセントであった。[16] 一方「不良住宅地区」においても、総人口一万八三〇八人中、朝鮮人人口は、九五六人と約五パーセントをしめるだけで市全体の比率にくらべると確かに多いが、この

表６－１　『不良住宅密集地区に関する調査』における調査範囲

錦林	**左京区鹿ヶ谷高岸町全部**・同宮ノ前町・南禅寺北ノ坊町の各一部
養正	**左京区田中西河原町・同馬場町・同玄京町**・同上柳町・高野蓼原町の各一部
楽只	**上京区鷹野東町・同北町・同花ノ坊町の各一部**
壬生	**中京区西ノ京北小路町・同新建町の各全部・西ノ京下合町・同中合町・同南原町の各一部**
崇仁	**下京区東七条川端町・同上ノ町・同下ノ町・同郷ノ町・同小稲荷町・同屋形町・同東ノ町・同西ノ町の各全部**
三条	**東山区三条通大橋東入裏長光町・同教業町・三条通大橋東入下ル巽町・大和大路三条下ル若竹町**・同若松町の各全部・知恩院古門前通大和大路東入元町・同三丁目・古西町・同二丁目・三吉町・大和大路三条下ル東側大黒町・三条通大橋東入ル三丁目・同二丁目・同橋詰大橋町の各一部

出典：京都市社会課『不良住宅密集地区ニ関スル調査』（1929年）

※太字は朝鮮人概況調査区域と重なる部分であり、重ならない部分は朝鮮人が当時居住していないか、きわめて少ないと行政が判断した町と思われる。

表６－２　朝鮮人概況調査地区範囲

錦林	鹿ヶ谷高岸町の全部
養正	田中玄京町・同馬場町の各全部・田中西河原町・同西浦町・高野蓼原町の各一部
楽只	鷹野北町・同東の町の各全部・鷹野花の坊町の一部
壬生	西の京北小路町・同新建町の各全部・西の京南原町・同中合町・同下合町の各一部
崇仁	東七条小稲荷町・同郷の町・同上の町・同下の町・同西の町・同東の町・同屋形町・同川端町の各全部
三条	長光町・教業町・巽町・若竹町の各全部

出典：京都市社会課『不良住宅密集地区ニ関スル調査』（1929年）

時期に「不良住宅地区」に朝鮮人が集住しているとはいえないのである。[17]

次に一九三七年五月から一九三八年一〇月までの調査である『京都市に於ける不良住宅地区に関する調査』をみてみよう。まず調査範囲はわずかな違いを除いてほぼ同一であり、市域拡張によって編入された伏見区の竹田、深草の両地区が新たに指定された。しかし、この時も不良住宅地区に指定されたのは、すべて被差別部落であった。そしてこの時、朝鮮人に関する独立した質問項目は姿を消している。

一九三四年の調査によると、京都市人口一〇五万二五〇〇人のうち、朝鮮人人口は二万八〇五四人で、比率として二・六七パーセントに増加しており、京都市における在日朝鮮人の比率が徐々に増加していることが理解できる。[18]このような状況を認識した京都市社会課では、一九三五年四月から三六年三月までの一か年間、京都市内在住の朝鮮人を対象に調査を行い、一九三七年一月『市内在住朝鮮出身者に関する調査』として刊行した。そこで「近年本市に於ける朝鮮出身者の流入は極めて著しきものがあり、而も之等多数朝鮮出身者の流入に依りて、惹起されつつある問題は、失業問題、住宅問題、児童問題、融和問題等各方面に亘ると共に、其性質亦極めて微妙なる関係におかれ、その解決の容易ならざるを思わしむるのである。本市に於ては夙に本問題の重要性を認識し、年々その住居状況、労働状況に関し部分的な調査を実施来ったのであるが、更に本問題の根本的解決の為には全市的調査の必要があるを思ひ、仍ちここに本調査を実施し、市内在住朝鮮出身者の生活状態一般を究め、更にその渡来事情、労働事情をも闡明し、以て之に対する有効適切なる対策樹立の参考資料たらしめんとせるものである[19]」と調査目的を記述しているように、在日朝鮮人問題も京都市として看過できない社会問題のひとつとしてとりあげられてきたのである。

表6-3の『京都市に於ける不良住宅密集地区に関する調査』にあげられた調査範囲と表6-4の『市内在住朝鮮出身者に関する調査』に記された朝鮮人集住地区を重ね合わせてみると、一九二九年の事例とは異なり、両者

はほとんど重なりあわないことが分かる。朝鮮人集住地区の状況が「概して不良住宅地区の状況より劣悪であり、真に人の住むべき家屋と思われぬ場合すら屢々見出すのである[20]」と認識しているのにもかかわらず、不良住宅地区として指定していないのである。

しかし、京都市社会行政は、対処すべき重要な社会問題として部落問題と在日朝鮮人問題をとりあげていた。在日朝鮮人問題に市が積極的に関与しなかった理由としては、浅田朋子が明らかにしたように、直接的な在日朝鮮人対策は一貫して京都府が主体となり政策展開をおこなっていたため、市営の職業紹介事業などを除いて、京都市は直接かかわっていなかったことがあげられる[21]。もうひとつは本書第一〇章でのべたように、京都市社会行政自体が、不良住宅地区指定の対策をすべて被差別部落に希望していたことがあげられよう。

京都市内の代表的な朝鮮人集住地域は、表6-4で示した。これらの地域の分布は表6-5をみての通り、「朝鮮出身同胞居住比率の高率なるは主として貧困者密住地区及び新市域方面の諸学区である[22]」という市の社会調査報告書の記述を裏づけており、特定学区に集中していたことが分かる。

ではその集住地域はどのように形成されたのであろうか。「密集の多くは、その当初市内に於ける土木工事その他に入り込めるを頼りて漸次集団的にその数を増したるものか多い[23]」との指摘がある。事例をみていくと、壬生地区と隣接する位置にあり「もと辻紡績にて使用せる朝鮮出身同胞従業員にかしつけたるものであるが、解雇後も立ち退かず社宅閉鎖後は、却って戸数を増加し現在に及んだ」壬生神明町（朝鮮人居住率五六・七パーセント）や、「元一般住宅であった朝鮮出身同胞が住み始め、又付近に内鮮融和団体が協助会なるアパートを建設せしより、急激にその増加をみた」東九条岩本町（朝鮮人居住率、三〇・八パーセント）、「砂利請負業者が桂川の砂利採取を行ひ之に使用せる朝鮮出身同胞をここに居住せしめたる」吉祥院這登町（朝鮮人居住率三四・六パーセント）など、工場跡や土木工事の飯場に住みつき、土木労働や屑拾いなどの雑業で生活している事例があげられる[24]。

表6－3　『京都市に於ける不良住宅密集地区に関する調査』調査範囲と朝鮮人集住地区

錦林	**左京区鹿ケ谷高岸町全部**・同宮ノ前町　南禅寺北ノ坊町の各一部
養正	左京区田中西河原町・同馬場町・同玄京町全部・同上柳町・**同西浦町**・高野蓼原町の各一部
楽只	**上京区鷹野北町全部・同東町（御輿町・若葉町）**・花ノ坊町の各一部
壬生	中京区西ノ京北小路町・同新建町の各全部・西ノ京下合町・同中合町・**同南原町**の各一部
崇仁	下京区**東七条川端町**・同上ノ町・同下ノ町・同郷ノ町・同小稲荷町・同屋形町・同東ノ町・同西ノ町の各全部
三条	東山区三条通大橋東入裏長光町・同教業町・三条通大橋東入下ル巽町・大和大路三条下ル若竹町・同若松町の各全部・大和大路三条下ル東側大黒町・三条通大橋東入ル三丁目同二丁目・同橋詰大橋町の各一部
竹田	伏見区竹田狩賀町・醍醐田町の各全部
深草	加賀屋敷町全部

出典：京都市社会課『市内在住朝鮮出身者に関する調査』（1937年）
　　　京都市社会課『京都市に於ける不良住宅地区に関する調査』（1940年）
※太字の部分は朝鮮人集住地区と重なっている地域を指している。

表6－4　京都市における主な朝鮮人集住地区

上京区	上賀茂池殿町・鷹野東町及び北町
左京区	鹿ケ谷高岸町・田中高原町・田中西浦町・一乗寺赤ノ宮
中京区	西ノ京南原町・壬生神明町・朱雀賀陽御所町・壬生下溝町
東山区	粟田口三条坊町・福稲御所所ノ内町・山科日ノ岡町・堤谷町・山科御陵・三蔵町
下京区	西九条森本町・唐橋井園町・西七条東之町・東九条岩本町・東九条上殿田町・東九条松ノ木町・東九条柳下町・東七条川端町・吉祥院菅原町・吉祥院這登町・吉祥院二ノ段町・吉祥院一ノ段町
右京区	西院花田町・梅津上田町
伏見区	竹田七瀬川町・深草西河原町

出典：京都市社会課『市内在住朝鮮出身者に関する調査』（1937年）

表6－5　朝鮮人居住比率の高率な学区

上京区	楽只学区・上賀茂学区
右京区	梅津学区・西京極学区・西院学区
左京区	修学院学区
下京区	吉祥院学区・上鳥羽学区・陶化学区
伏見区	竹田学区・下鳥羽学区

出典：京都市社会課『市内在住朝鮮出身者に関する調査』（1937年）

また河明生が実態を明らかにした友禅染、西陣織などの繊維工場の周辺に集住するという事例もあげることができよう(25)。このように、京都市内の朝鮮人は「不良住宅地区」の周辺部や、吉祥院、東九条、山科に集住地域を形成していったのである。

以上のように、一九三〇年以降、急速に在日朝鮮人が「都市下層社会」の一員となっていく。次に地域社会にとって在日朝鮮人の流入がどのような意味をもったかを、被差別部落であり、「不良住宅地区」指定を受け、在日朝鮮人の主要な集住地区の一つであるという三つの要素をあわせもった典型的な事例である京都市楽只地区と、戦前期を通じて、ほとんど朝鮮人の流入がみられなかった京都市三条地区との比較を通じて明確にしていきたい。

三　一九二〇年代の「不良住宅地区」楽只地区

まず、検討対象である「不良住宅地区」楽只地区について、概観しておく。楽只地区は近世においては蓮台野と呼ばれ、明治のはじめに鷹ヶ峯と合併して愛宕郡西紫竹大門村となったが、一八九三年八月再び分離して愛宕郡野口村となり、一九一八年四月に京都市域に編入され、鷹野町と改称された(26)。

また、学区の範囲という点からみると鷹野北町、鷹野東町、鷹野花ノ坊町、鷹野十二坊町の四町が楽只学区を構成していた。一九二六年一〇月の方面委員による方面状況報告には「上京第三十四学区（楽只学区――杉本）其位置船岡山の西北に接し、人家密集せる周囲部は西北は山若しくは川を控へ、東部は大徳寺に接し、東南部は船岡の秀巒あり殊に空気清く、土地高き地帯なるを以て其の心身の修養はよいが、其中央部の如きは極めて過群状態を呈し、不衛生的状態を呈している(27)」と記述されている。ちょうど「其中央部」にあたる鷹野北町、鷹野東町、鷹野花ノ坊町の各一部が、一九二七年「不良住宅地区」に指定された。このとき指定された楽只地区は図6-1の通り、京都市の千本北大路の周辺にあたり、西は紙屋川が流れ、北に佛教専門学校（現在の佛教大学）が位置す

図6-1　京都市楽只地区(1927年)

出典：京都市社会課『不良住宅密集地区図集』(1929年)

る、一つの独立区画であった。地区内の道路は幅一・八メートルから二・七メートルが通常であり、ほとんど舗装されていなかった。道路の横には側溝があるが、汚水をそのまま流し込むだけなので、住宅の周囲に汚水が溜まっている状態だった[28]。

　次に楽只地区の人口構成をみておこう。一九二五年に調査された町別の人口は表6-6のような状態であった。一九二七年の調査にもとづいた表6-7によると、この時期の朝鮮人人口は日本人人口のわずか六パーセントにすぎない。この段階ではまだ集住が進んでいなかったことが分かる。しかし、表6-8をみての通り、一九二七年前後の一年間でそれまでの居住人数の約半数の来住があったことが分かり、朝鮮人の流

表6－6　「不良住宅地区」町毎人口

町　名	人　口	世帯数
鷹野花之坊町	242人	49
鷹野東町	249人	52
鷹野北町	1145人	269

出典：「大正十四年十月一日現在京都市国勢調査人口町名別」(1926年)

表6－7　楽只地区の人口構成(1927年)

日本人人口	朝鮮人人口	割合
1477人	89人	6.0%

出典：京都市社会課「不良住宅密集地区ニ関スル調査」(1929年)

表6－8　楽只地区朝鮮人流入時期(1927年)

居住1年未満(%)	居住1年以上(%)	合計
30人(33.71)	59人(66.29)	89人

出典：京都市社会課「不良住宅密集地区ニ関スル調査」(1929年)

表6－9　楽只地区有業者職業構成(1927年)

職　業	人　数(%)	職種細目
繊維産業	56人(10.3)	繊維工業49人、化学工業3人、和服裁縫4人
履物・靴関連	207人(38.9)	履物製造業38人、靴製造業36人、草履製造業29人、下駄修繕業104人
その他製造業	20人(3.7)	電気工2人、鉄工2人、印刷業1人、食料品製造業1人、木竹細工職1人、網綱縄製造業13人
土木建築	120人(22.5)	請負業6人、土方日雇114人
商業	65人(12.2)	駄菓子商6人、皮革品商4人、古物商3人、其他物品販売21人、行商22人、旅館・飲食店4人、質貸商1人、其他4人
農業	8人(1.5)	
交通・運輸	27人(5.0)	人力車夫23人、車馬運輸4人
使用人	13人(2.4)	
その他	16人(3.0)	官公吏5人、教員1人、宗教家3人、医師2人、屑拾2人、其他3人
合計	532人(100)	

出典：京都市社会課『不良住宅密集地区ニ関スル調査』(1929年)

入がこの時期に激化したことが確認できる。

表6-9によって就業構造をみてみると、一九二七年の有職者五三二人中、まず履物・靴関連産業従事者の割合が四割、次に土木建築業が二割、繊維産業従事者が一割というものだった。この三つの職業で全体の七割をしめていたのである。

四　一九三〇年代における楽只地区の変容過程

では、このような人口・職業構成が、一九二〇年代後半から三〇年代後半にかけての在日朝鮮人の流入によって、どう変容したかをみていこう。

表6-10　楽只地区における人口構成の変化

	1927年（％）	1937年（％）
日本人	1388人（94）	1496人（72.3）
朝鮮人	89人（6）	573人（27.7）
合　計	1477人（100）	2069人（100）

出典：京都市社会課『不良住宅密集地区二関スル調査』（1929年）および『京都市に於ける不良住宅地区に関する調査』（1940年）

表6-11　楽只地区における朝鮮人世帯の流入・居住年

年代	流入人数（人）
1907	1
1912	0
1917	1
1922	1
1927	27
1932	10
1933	7
1934	20
1935	30
1936	45
合計	143

出典：京都市社会課『京都市に於ける不良住宅地区に関する調査』（1940年）

表6-12　楽只学区内における被差別部落居住率（1937年）

	学区内居住人口	被差別部落居住人口	割　合
日本人	3406人	1496人	43.9％
朝鮮人	614人	573人	93.3％

出典：京都市社会課『市内在住朝鮮出身者に関する調査』（1937年）

まず、表6-10をみてみよう。人口動態の変化が如実に現れているデータである。楽只地区全体の人口増加率は一四〇パーセントで、そのうち日本人人口の増加率は一〇七パーセントに過ぎない。しかし、地区人口全体にしめる朝鮮人人口の比率は六パーセントから二七パーセントとなり、飛躍的に増大している。次に朝鮮人世帯の流入過程をみてみよう。表6-11に示した通り、一九二六年以前はほとんど流入がなかったにもかかわらず、二七年にまず流入のピークがあり、三〇年代以降は急激に流入が進んでいることが明らかである。すでに後藤耕二[29]が指摘した在日朝鮮人の被差別部落集住という論点は、表6-12にみるように、楽只地区にも適用できる。日本

表6-13　楽只地区有業者職業構成(1937年)

職　業	人数(%)	職種細目
繊維産業	154人(20.5)	製糸工42人、撚糸工52人、織職40人、繰糸工20人
履物・靴関連	100人(13.3)	履物職100人
その他製造業	65人(8.6)	
土木建築	158人(21.0)	うち登録労働者92人
商業	142人(18.9)	青物商13人、青物行商9人、靴商7人、履物商7人、駄菓子商14人、古物商6人、金買8人、その他78人
農業	4人(0.05)	
交通・運輸	19人(2.5)	市電従業員5人、その他14人
公務・自由業	19人(2.5)	公吏8人、その他11人
使用人	0人(0.0)	
その他	89人(11.8)	屑買36人、肥汲取13人、その他40人
合計	750(100)	

出典：京都市社会課『京都市における不良住宅地区に関する調査』(1940年)

表6-14　楽只地区の職業構成の変化

	1927年(%)	1937年(%)	増減
繊維産業	55人(10.3)	154人(20.5)	+99人
履物・靴関連	207人(38.9)	100人(13.3)	−107人
その他の製造業	20人(3.7)	65人(8.6)	+45人
土木建築	120人(22.5)	158人(21.0)	+38人
商業	65人(12.2)	142人(18.9)	+77人
農業	8人(1.5)	4人(0.05)	−4人
交通・運輸	27人(5.0)	19人(2.5)	−8人
使用人	13人(2.4)	0人(0.0)	−13人
屑拾・肥汲取	2人(0.03)	49人(6.5)	+47人
失業登録労働者	0人(0.0)	92人(12.2)	+92人
その他	14人(0.2)	40人(5.3)	+26人
合計	532人(100)	750人(100)	+218人

出典：前出表9、表13から作成

人の学区内居住人口にしめる被差別部落居住人口の比率は、約四三パーセントであった。同様の比較を朝鮮人人口についておこなった場合、約九三パーセントが被差別部落に居住していることになり、朝鮮人が被差別部落に集住していたことが分かる。これは、楽只地区周辺に空き地が存在し、朝鮮人が移住できるスペースが十分にあったことも要因の一つであろう。

次は、職業構成の変容過程をみてみよう。表6-13は一九三七年のデータであり、表6-14は一九二七年から三七年にかけての変化を表したものである。この二つの表から読みとれるのは、まず繊維産業従事者が約三倍に増えるなど、工場労働者が増加傾向にあることである。逆に履物・靴関連のいわゆる「部落産業」従事者は、一九二七年は四割近くをしめていたにもかかわらず、三七年には半分以下になっている。また、土木建築業従事者も半減しているが、失業救済事業に従事している「失業登録労働者」九二人をいれれば、ほとんど変化していないことが理解できる。

注目すべきなのは、以前はわずかしかいなかった屑拾い・肥汲み取りの雑業層の増加と、商業・製造業の職種細目における「その他」の増加である。これは、分類不可能なほど多種多様な職種が増え、一般的な下層労働の比率が上昇していることを示している。楽只地区においては、表6-10をみての通り、一九二七年以降の人口増加はほとんど朝鮮人の流入によるものである。つまり、表6-14の有業者数が二一八人増加しているのも、大半は朝鮮人の流入によって増加したと考えるのが自然であろう。

五　朝鮮人非集住地区の変容過程——一九二〇～三〇年代——

それでは、楽只地区と比較するために、朝鮮人がほとんど流入しなかった「不良住宅地区」三条地区の事例をみてみよう。まず三条地区について概観しておくと、京都市の中央部、現在の京阪電鉄三条駅に近接し、北は三

図6－2　京都市三条地区（1927年）
出典：京都市社会課『不良住宅密集地区図集』（1929年）

条通、南は古門前通、東は東大路通、西は大和大路通という主要路線に囲まれた区画地域の中心に所在していた[30]。ちなみにこの地区は、当時東山区の有済、粟田の両学区にまたがっており、若竹町、若松町、大黒町と被差別部落である教業町、長光町、巽町の計六か町で構成されており、通称「東三条」とよばれていた[31]。

さて、三条地区については、朝鮮人の流入が一九二〇年代に皆無であったことをすでに指摘している。理由としては、この地域は京都市の中心部にあたり、近世から町場化した地域で家屋が密集しており、楽只地区のように朝鮮人が新規流入してバラックなどを建設する物理的なスペースがなかったことがあげられる。

まず、表6-15をもとに人口構成の変化をみてみると、全体として地区内人口は減少していることが分かる。このよう

表６-15　三条地区における人口構成の変化

	1927年（％）	1937年（％）
日本人	3787人（100）	3040人（97.3）
朝鮮人	0人（0）	77人（2.4）
中国人	0人（0）	7人（0.02）
合　計	3787人（100）	3124人（100）

出典：京都市社会課『不良住宅密集地区ニ関スル調査』（1929年）および『京都市に於ける不良住宅地区に関する調査』（1940年）

表６-16　三条地区有業者職業構成（1927年）

職業	人数（％）	職種細目
繊維産業	13人（1.2）	繊維工業２人、化学工業１人、和服裁縫10人
履物・靴関連	385人（32.3）	履物修繕業66人、靴製造業92人、草履製造業２人、下駄修繕業225人
その他製造業	204人（19.0）	電気工４人、金物製造業２人、紙工品製造業９人、印刷業31人、井戸掘業105人、窯業１人、皮革製造業２人、塗物職１人、木竹細工職11人、網綱縄製造業38人
土木建築	148人（13.6）	請負業12人、土木日雇136人
商業	223人（20.5）	駄菓子商13人、精肉商４人、皮革品商２人、古物商13人、其他ノ物品販売22人、行商132人、旅館・飲食店22人、金貸業２人、周旋業１人、その他12人
農業	1人（0.09）	
交通・運輸	59人（5.4）	人力車夫57人、車馬運輸２人
使用人	11人（1.01）	
その他	37人（3.4）	官公吏１人、宗教家6人、医師７人、屑拾５人、その他18人
合計	1081人（100）	

出典：京都市社会課『不良住宅密集地区ニ関スル調査』（1929年）

な状況下でも朝鮮人の流入はほとんどみられず、人口の約二パーセントにすぎない。

次に表６-16をもとに、一九二七年の三条地区の職業構成をみてみよう。特徴としては繊維産業が非常に少なく約一パーセントにすぎないことがあげられる。また履物・靴関連産業が三割をこえ、その他の製造業が約二割をしめている。中でも印刷業と網綱縄製造業および井戸掘業の比率が高いことが目立つ。また、京都市域の中心部に位置することを反映して、商業も約二割をしめている。職種細目をみてみると、圧倒的に行商が多く、精肉商、皮革品商などの典型的な「部落産業」の存在がうかがえる。

それから一〇年後の一九三七年の職業構成を表6-17、職業構成の変化を表6-18をもとにみてみると、まず履

表6-17 三条地区有業者職業構成(1937年)

職 業	人数(%)	職種細目
繊維産業	0人 (0.0)	
履物・靴関連	298人(23.2)	靴職93人、履物職205人
その他製造業	307人(24.8)	紙函製造27人、印刷工33人、井戸掘職50人、玩具工23人、その他174人
土木建築	169人(13.1)	土工19人、登録労働者73人、雑役16人、日雇人夫61人
商業	337人(26.2)	食料品商16人、川魚行商86人、一文菓子商23人、古物商11人、履物商13人、靴商28人、露店12人、その他148人
農業	1人(0.07)	
交通・運輸	24人 (1.8)	人力車夫9人、新聞配達夫4人、其他11人
使用人	7人(0.54)	子守3人、その他4人
その他	122人 (6.1)	僧侶5人、按摩5人、内職33人、手伝25人、屑拾20人、その他34人
合計	1265人 (100)	

出典:京都市社会課『京都市に於ける不良住宅地区に関する調査』(1940年)

表6-18 三条地区の職業構成の変化(1937年)

	1927年(%)	1937年(%)	増減
繊維産業	13人 (1.2)	0人 (0)	−13人
履物・靴関連	385人(32.3)	298人(24.8)	−87人
その他の製造業	206人(19.0)	307人(23.2)	+113人
土木建築	148人(13.6)	169人(13.1)	+21人
商業	223人(20.5)	337人(26.2)	+114人
農業	1人(0.09)	1人(0.07)	±0人
交通・運輸	59人 (5.4)	24人 (1.8)	−35人
使用人	11人(1.01)	7人(0.54)	−4人
屑拾・肥汲取	5人(0.04)	20人(1.56)	+15人
その他	32人(2.95)	59人(4.60)	+27人
合計	1083人 (100)	1265人 (100)	+200人

出典:前出表16、表17から作成

物・靴関連産業従事者が減少し、その他の製造業従事者の割合が増えている。土木建築業従事者はほぼ横這い状況である。若干増えているのは商業従事者であるが、注目すべきは職種細目の部分で「その他」に分類される商業が急増していることである。また全体の有業者人口が減少しているにもかかわらず、内職、手伝、屑拾などの雑業層が増加していることが明らかである。

以上のように、在日朝鮮人の集住地区でもある楽只地区と、朝鮮人がほとんど居住しなかった三条地区を比較しても、職業構成の変化は似通った傾向を示している。つまり、在日朝鮮人の流入に関わらず職業構成の変容がおこっているのである。

このように、在日朝鮮人の集住・非集住に関わらず、「不良住宅地区」の職業構成がその地域の中心となる産業の凋落《ちょうらく》を反映して減少し、その余剰労働力が都市雑業に転化していくことが指摘できる。そして、後藤耕二がすでに指摘しているように、その都市雑業に楽只地区の場合は在日朝鮮人が集中していったのである(32)。

六　在日朝鮮人「リーダー層」の成長と地域秩序への参入

次に在日朝鮮人の流入によって、地域にどのような変化がおこったかをみてみよう。京都市域全体の在日朝鮮人については、すでに河明生によって、主要な職業が職工、特に繊維工および土方人夫であることが示されている(33)。また日本人、朝鮮人労働者の職業別賃金について、京都の繊維工業の職工、金属工業職工、機械器具工業職工、化学工業職工、土工などを対象にした分析から、日本人にくらべて朝鮮人の賃金は低く、最大約四割から最低でも二割前後の格差があることを指摘している(34)。

河が示したデータは京都に在日朝鮮人の集住がはじまる以前のものであるので、それ以降の「不良住宅地区」における日本人と朝鮮人の一世帯あたりの賃金格差を確認するために表6-19をみてみると、錦林地区のように朝鮮人の賃金が日本人の賃金の約六割にとどまっている地区もあれば、ほとんど格差のない三条地区や、わずかであるが日本人と逆転している竹田地区などもあり、一定しない。平均すれば二割前後の差で、都市雑業や失業救済事業などに従事する割合の多い「不良住宅地区」内においては、賃金格差は決して大きくないことが分かる。なお、在日朝鮮人の生活水準が救護法の保護・救済基準である第一種・第二種、特に第二種に非常に近似していたことは許光茂によって指摘されている。[35] 以上のことから、「不良住宅地区」内において、日本人と朝鮮人の生活水準が、一般地区にくらべて僅差であったことは明らかであろう。

表6-19　不良住宅地区内世帯平均日本人・朝鮮人賃金比較（1937年）

地区名	日本人	朝鮮人	民族別格差指数	地区全体平均
楽　只	58.35円	49.51円	84.85%	55.52円
養　正	52.73円	44.16円	83.74%	50.61円
錦　林	63.15円	39.86円	63.11%	61.73円
三　条	50.91円	48.02円	94.32%	50.92円
壬　生	53.55円	47.79円	89.24%	50.74円
崇　仁	54.65円	45.90円	83.98%	53.76円
竹　田	43.78円	43.96円	100.4%	43.81円
深　草	48.11円	40.73円	84.66%	47.80円
全体平均	53.15円	44.99円	84.64%	51.86円

出典：京都市社会課『京都市に於ける不良住宅地区に関する調査』(1940年)

そして、一九三〇年代以降、京都の在日朝鮮人の状況は、単独世帯で流入した世帯主が家族を呼び寄せ、家族を形成し、子供を産みはじめたことによって、一定の定住性をもった層が中心になってきた。このことによって人口にしめる女性や子供の比率も高まり、在日朝鮮人自身の生活、住宅、子供の教育問題などが顕在化してくる。[36]

このような状況下において、外村大が示しているとおり、一九三〇年代には、在日朝鮮人の中に「リーダー層」が形成されてくる。[37] 京都市域においても在日朝鮮人「リーダー層」が立ち現れてきた。表6-20をみてみよう。これは、京都市域における学区会議員選挙の立候補者とその選挙結果をまとめたものである。[38] 立候補した学区をみてみると、一〇・一三・一四番にみるように仁和学区、白川学区、待鳳学区から一人ずつ立候補しているのを除けば、楽只学区、上賀茂学区、吉祥院学区、西院学区、修学院学区、太秦学区、梅津

表6-20　京都市域学区会選挙在日朝鮮人候補選挙結果

番号	候補者	年齢	本籍地	学区名(結果)	選挙年月日	得票数	備考(職業・所属団体など)
1	朴　庚得	35	慶南	楽只学区(当選)	1934.9.11		古物商、京都朝鮮労働組合、1938協和会賛助員
2	金　宗洙	35	慶南	上賀茂学区(当選)	1935.7.4	80	肥料業、上加茂肥料組合長、国民同仁会、朝陽保育園、1938協和会賛助員、1933・1939京都市議立候補共に落選、1939京都府議立候補落選
3	趙　宇植	40	慶南	吉祥院学区(当選)	1935.7.16	56	土木請負業、佳京青年団
4	鄭　琦鳳	34	慶南	西院学区(落選)	1935.7.18	47	醤油販売、伽南親睦会
5	李　万兆	29	忠南	修学院学区(落選)	1935.7.18	38	新聞配達、1938協和会賛助員
6	金　範鎮	28	慶南	太秦学区(当選)	1935.7.19	39	職工、韶羅親友会
7	楊　秉琪	39	慶北	梅津学区(当選)	1935.7.19	29	友禅工、内鮮融和会総務
8	金　斗守	42	慶南	陶化学区(当選)	1936.7.10	122	乾物商、1938協和会賛助員
9	金　完石	41	全北	楽只学区(当選)	1937.9.20	46	古物商、1938協和会賛助員
10	姜　在源	43	慶南	仁和学区(当選)	1937.11.30	33	各種房製造、太陽青年団、1938協和会賛助員
11	朴　庚得	39	慶南	楽只学区(落選)	1938.9.10	25	前述
12	金　完石	42	全北	楽只学区(落選)	1938.9.10	19	前述、ここでは酒商
13	金　玉成	38	慶北	白川学区(落選)	1938.9.10	19	伸銅鉄工、1938協和会賛助員
14	尹　建重	32	忠南	待鳳学区(落選)	1938.9.11	12	屑買
15	金　斗守	44	慶南	陶化学区(当選)	1938.11.9	55	前述、ここでは料理業
16	金　宗洙	39	慶南	上賀茂学区(落選)	1939.7.4	42	前述
17	且　立本	40	慶北	吉祥院学区(当選)	1939.7.16	49	土木請負業、1939京都市議立候補
18	趙　宇植	44	慶南	吉祥院学区(当選)	1939.7.16	43	前述
19	金　成龍	34	慶南	西院学区(落選)	1939.7.18	52	会社員、1937新日本革新同盟、1939中本革新党、1939日本革新党右京支部、1942大日本党本部中央委員、京都府連常任書記、1937・1939・1942京都市議選立候補すべて落選
20	李　九木	38	慶北	西院学区(落選)	1939.7.18	46	
21	金　啓東	52	慶北	西院学区(落選)	1939.7.18	20	
22	朴　海龍	46	慶北	太秦学区(当選)	1939.7.19	21	
23	千　万植	31	慶北	太秦学区(当選)	1939.7.19	44	
24	金　成甲	32	慶北	太秦学区(落選)	1939.7.19	21	

出典：内務省警保局『特高月報』、『社会運動の状況』各年度版、各学校『学校沿革史資料』、『京都日出新聞』、『大阪朝日新聞京都版』・『大阪毎日新聞京都版』当該年月日前後記事、京都府協和会『昭和十三年度京都府協和会要覧』1938年

表6-21　京都市学区会選挙朝鮮人候補得票と朝鮮人有権者数(1935年)

学区	氏名(年齢)	朝鮮人有権者数	得票数	朝鮮人有権者数中得票率	結果
上賀茂学区	金　宗洙(35)	153人	80票	52.2%	当選
吉祥院学区	趙　宇植(40)	156人	56票	35.9%	当選
太　秦学区	金　範鎮(28)	163人	39票	23.9%	当選
梅　津学区	楊　秉琪(39)	149人	29票	19.5%	当選
西　院学区	鄭　琦鳳(34)	215人	47票	21.9%	落選
修学院学区	李　万兆(29)	67人	38票	56.7%	落選

出典：表6-20から抜粋。データは内務省警保局『特高月報』(1935年7月)。

学区、陶化学区の八学区で、表6-5で示した朝鮮人居住比率の高率な学区とほぼ重なることがわかる。しかも、これら八学区以外では、当選者が一〇番の仁和学区の一名しかいないことも指摘できるだろう。

また、一九三四年九月から一九三九年七月までの約五年間で立候補者数が延べ二四人中、当選者は延べ一〇人におよんでおり、京都市会議員選挙について岡本真希子が提示した、立候補者数一五人中、全員落選という結果にくらべ[39]、学区会議員選挙では五割近い当選率を示しているのである。

ここで、彼らの支持基盤について検討してみよう。表6-21のデータによると、上賀茂学区の金宗洙が、朝鮮人有権者数の五二・二パーセントの票を獲得して当選している。しかし、修学院学区の李万兆のように、朝鮮人有権者数の五六・七パーセントの票を獲得しても落選している例がある。ほかの四人の得票率は、いずれも約二割から三割にとどまっている。これらのことから選挙権をもった朝鮮人が、いずれの学区にも相当数存在していることが分かる。つまり、市会議員選挙とは異なり、いずれの候補も朝鮮人有権者の支持がある程度得られれば、学区会議員に当選できる条件を備えていた。

次に学区会議員立候補者の履歴である。数回にわたり学区会議員に立候補したり、市会議員選挙にも立候補している人物を数例あげる。まず表6-20二・一六番の金宗洙があげられる。彼は肥料業を営んでおり、上賀茂肥料組合の組合長であった。また朝陽保育園という在日朝鮮人児童対象の施設を経営をしていた。そして、国民同仁会という「融和親睦」系団体[40]に所属し、最終的には一九三七年に創立され、一九三八年以降各支部が整備された朝鮮人の統制団体である京都府協和会の賛助員になっていくのである。そのほかにも三・一八番趙宇植、四番鄭琦鳳、六番金範鎮、七番楊秉琪、一〇番姜在源のように「融和親睦」系団体に所属している者や、のちに登場する一・一一番朴庚得、九・一二番金完石、五番李万兆、八・一五番金斗守、一〇番姜在源、一三番金玉成など、京都府協和会の賛助員となるケースが特徴として指摘できる[41]。

では、なぜ朝鮮人がこれほど学区会選挙に立候補したのであろうか。京都市は、六大都市の中でももっとも長く一九四一年まで学区制度が存在した。府県会議員や市町村会議員とは違い、学区会議員の権限がおよぶ範囲は小学校を維持するための学区財産に関する審議、決定権や学校の運営に関する事柄に限られる。しかし、京都市の学区制度は、一九三七年に報告された学区制度調査会委員会報告概要において「本市の学区制度が他都市従来のそれとは全然其の趣を異とし、単に法規上の学区たるに止まらず、実に本市自治機構の極めて健全なる一細胞」とするように、地域自治組織としての性格を強くもっていた[42]。

先に言及した表6-20、二一・一六番の金宗洙や、各年代で政党活動をおこなっていることが明らかな一九番の金成龍、土木請負業の一七番且立本のように、学区会議員選挙候補者の中には、市会議員選挙にも出馬している人物が存在する。しかし、そのほかは、学区会議員選挙のみに立候補している人物であり、より地域に即した教育や生活問題に取り組むために在日朝鮮人の「リーダー層」が学区会議員に立候補することを選んだと考えられる。

さて、本章で対象とする楽只地区についてみてみると、一九三四年九月一一日に、京都市域で初めての在日朝鮮人の学区会議員が当選する。表6-22に示したのは、楽只学区が京都市域に編入されて第五回目の当選者である。このうち表6-20の一・一一番朴庚得の経歴についてみてみると、当選した当時は三五歳であり、古物商を営んでいた。表6‐20にもあるようにその四年後、一九三八年九月一〇日の学区会議員選挙においても職業が古物商となっていることから、楽只地区に居住している屑買などの元締めである可能性が高い。また、彼は在日本朝鮮労働総同盟傘下の京都朝鮮労働組合に所属しており、左翼系の労働運動や社会運動をおこなっていたと思われる。[43]その後は京都府協和会の賛助員となっている。

表6‐22　楽只学区第五回学区会選挙当選者（1934年9月11日）

町名	氏名	備考
鷹野東町	藤川輿五郎	
鷹野北町	有川圓四郎	1935年8月4日死亡
鷹野十二坊町	八重惣次郎	
鷹野北町	増田正次	
鷹野十二坊町	井川繁太郎	家主・所得税69円（1936年）
鷹野北町	大嶋喜助	
鷹野北町	井上修太郎	土木請負業・方面委員
鷹野北町	森口良三	
鷹野北町	仲田藤太郎	1937年8月11日鷹ヶ峰木ノ畑町に転居
鷹野北町	大塚新三郎	1935年9月20日補欠当選
鷹野北町	**朴　庚得**	慶南道出身、古物商・のちに協和会西陣支部賛助員
鷹野北町	**金　完石**	全北道出身、古物商・のちに協和会西陣支部賛助員、1937年9月11日補欠当選
紫野上御輿町	増田清次郎	
紫野下御輿町	野口勝蔵	

出典：京都市立楽只学校『学校沿革史資料』（年未詳）、京都府協和会『昭和十三年度京都府協和会要覧』（1937年）、『京都府方面委員制度二十年史』（1940年）、内務省警保局『社会運動の状況』（1934、37年度版）、『日本紳士録』昭和11年度版（1936年）

もう一人、一九三七年九月二〇日に楽只学区の学区会補欠選挙で当選した、表6‐20の九・一二番、金完石の存在も注目される。再び表6‐20をみると、彼は最初に当選したとき古物商として登場する。[44]しかし、一九三八年九月一〇日の学区会選挙では、金完石も朴庚得も落選してしまう。なお、金も朴と同じく京都府協和会の賛助員になっている。

楽只地区の事例は、学区会議員として地域秩序に参加することで教育や生活問題を改善しようとしていた「リーダー層」が、のちに京都府協和会の賛助員になるという典型的な事例を示しているといえよう。

七　おわりに

以上、京都市の楽只地区と三条地区を中心に「不良住宅地区」の変容過程をみてきた。その結果、次のことがいえる。まず、京都市社会行政は一九二九年の不良住宅地区調査において、被差別部落と朝鮮人集住地区をほぼ同一のものとしてとらえていたが、実態はそうではなく、認識と実態に大きな相違があったこと。その後の不良住宅地区調査や朝鮮人の調査においては、ほとんど調査対象地区が重なり合わず、朝鮮人問題と部落問題が、個別の政策課題として分化していったことが明らかになった。このような地域認識と先行研究の成果から、朝鮮人に対する直接的な対策を京都市はほとんどおこなわず、部落問題を重視していたこと。そして、朝鮮人問題については、京都府が主導して対策をおこなっていたことを確認した。

つづいて、朝鮮人集住地区の分布と形成過程にふれた。具体的事例としては、不良住宅地区指定を受けており、被差別部落であり、在日朝鮮人の主要な集住地区の一つでもある楽只地区を分析し、一九二七年から一九三八年の人口動態や職業構成をみた。朝鮮人がほとんど流入しなかった三条地区を比較の対象としてみて分かったのは、両地区とも在日朝鮮人の流入とはほぼ無関係に地域の主要産業の崩壊と余剰労働力の都市雑業への転化がみられ、楽只地区の場合は流入した在日朝鮮人がその都市雑業に従事した割合が高いという事実であった。職業構成の上で、もともと賃金格差の少ない都市雑業がしめる割合の多い「不良住宅地区」や朝鮮人集住地区では、一般地区とくらべて日本人と朝鮮人の民族間賃金格差が少なかった。

一九三〇年代以降、在日朝鮮人の中にも家族を形成しているものが増え、「リーダー層」が立ち現れてくる。彼らは地域に即した朝鮮人自身の教育や生活の問題を解決するために、学区会議員として立候補して、地域秩序に参入していこうとする。楽只地区においても、このような動きが顕著にみられた。

以上、「不良住宅地区」、被差別部落、在日朝鮮人集住地区の三つの性格をもつ京都市楽只地区を中心に、できるだけ周辺の状況を示しながら、一九二〇年代から一九三〇年代にいたる変容過程を論述した。わずか一〇年前後のあいだにもめまぐるしい動きがあり、特に在日朝鮮人の流入がどのような影響を地域に与えたかが明らかになったのである。

(1) 原田敬一「一九〇〇年代の都市下層社会――共同と競合をめぐって――」(『近代日本の社会史的分析』部落問題研究所、一九八九年)。
(2) 杉原薫・玉井金五『大正・大阪・スラム――もうひとつの日本近代史――』(新評論、一九八六年、増補版一九九六年)。
(3) 佐賀朝『近代大阪の都市社会構造』(日本経済評論社、二〇〇七年)第九～一〇章。
(4) 松永真純「大阪市の隣保事業と被差別民衆」(『大阪人権博物館紀要』三号、一九九九年)。
(5) 秋定嘉和『近代日本の水平運動と融和運動』(解放出版社、二〇〇六年)第二部第四章。
(6) 後藤耕二「京都における在日朝鮮人をめぐる状況――一九三〇年代――」(『在日朝鮮人史研究』二一号、一九九一年)。
(7) 河明生『韓人日本移民社会経済史――戦前編――』(明石書店、一九九七年)。
(8) 吉田友彦「『不良住宅地区』の変容から見る住環境整備論に関する考察」(京都大学工学研究科博士論文、一九九三年)。
(9) 拙稿「日本近代都市社会政策と大阪の『水上生活者』」(『地方史研究』二八〇号、一九九九年)。
(10) 『官報』七二号。
(11) 『京都日出新聞』一九二六年八月三日、一〇日、二〇日。
(12) 本書第一〇章。

(13)『京都市社会課季報』五号、一九二九年。
(14) 都市教育部社会課『不良住宅密集地区に関する調査』(一九二九年、一〇八頁)。
(15) 同右。
(16) 京都市社会課『市内在住朝鮮出身者に関する調査』(一九三六年、二三頁)。
(17) 前掲註(14)、一・一一頁。
(18) 前掲註(16)、二三頁。
(19) 同右、はしがき。
(20) 同右、五六頁。
(21) 浅田朋子「京都府協和会小史――戦前・戦中における在日朝鮮人政策――」(『在日朝鮮人史研究』二七号、一九九七年)。
(22) 前掲註(16)、四三頁。
(23) 同右、五三頁。
(24) 同右、五二〜五六頁。
(25) 前掲註(7)河書、九九〜一二四頁。
(26)『京都市に於ける不良住宅地区に関する調査』(一九四〇年、一〇三頁)。
(27) 京都府社会課『京都府方面委員制度二十年史』(一九四一年、一〇二頁)。
(28) 前掲註(26)、一〇三〜一〇四頁。
(29) 前掲註(6)、四一頁。
(30) 前掲註(26)、二三一頁。
(31) 同右、二五四頁。
(32) 前掲註(6)後藤論文。
(33) 前掲註(7)河書、一〇〇頁。
(34) 同右、一七七頁。

(35)　許光茂「戦前貧困者救済における朝鮮人差別――二重基準の背景を中心に――」（『歴史学研究』七三三号、二〇〇〇年、二四～二八頁）。ちなみにカード階級の第一種は「独身にして自活の途を得ざるもの、独身にあらざるも其扶助者なく自活困難なる貧困者」であり、第二種は、「大凡家賃七円収入二十五円を標準とし、家族の員数、職業の安否、生活の状態を斟酌し、家計余裕なき者」という基準であった。

(36)　浅田朋子「一九三〇年代における京都在住朝鮮人の生活状況と京都朝鮮幼稚園――京都向上館前史――」（『在日朝鮮人史研究』三〇号、二〇〇〇年、四三～四七頁）。

(37)　外村大ⓐ「戦前期在日朝鮮人社会のリーダー層――存在形態・経歴・意識・社会的活動――」（『社会科学討究』一二四号、一九九七年）、同ⓑ「戦前期在日朝鮮人における社会的上昇」（『社会科学討究』一二八号、一九九八年）、その他外村の戦前期の在日朝鮮人に対するこれまでの研究をまとめた論考として同ⓒ「戦前期在日朝鮮人と国民国家日本」（『人民の歴史学』一四一号、一九九九年）を参照。なお外村は「リーダー層」概念について「職場や地域社会などの小集団で他の朝鮮人に対して影響力を持つ（ないしは少なくともその可能性を有する）者を指している。言い換えればイデオロギーに基づく集団の指導者ではなく、社会的な役割として民衆を導く人々である」（外村ⓐ論文、二七六頁）と規定している。また、追加の説明として「このような存在については他の社会集団の場合は名望家や地域エリート、中間層などの呼称で呼ばれる。しかし、以下で述べるように民衆に影響を与えた在日朝鮮人には必ずしも名望があるわけでなく、エリートというにはふさわしくない経歴のものも含まれる。また、中間層といった場合、国家と民衆の中間に位置することを意味するが、在日朝鮮人の場合、日本国家との直接的な接点は少なくとも戦時下までは薄い（その関係は排除が基調である）。ややあいまいな概念である「リーダー層」の用語を使用するのはそのような理由によっている。」（外村ⓐ論文、三〇五頁）とも述べている。本章も外村と同様の観点から、以上の概念規定に依拠して「リーダー層」の用語を使用する。外村の研究は『在日朝鮮人社会の歴史的研究』（緑蔭書房、二〇〇四年）としてまとめられている。

(38)　京都市域で小学校を設置し、経営費を負担する区域を学区という。京都市の学区制度は、六大都市の中でもっとも長く存続している。学区会議員は一九二六年に改正された学区会条例によるもので、議員定数は学区人口により一二名から一八名と定められていた。選挙権、被選挙権は市会議員に準じ、二五歳以上でその学区内に住所を有し、市税を納入している男子に与えられた。以上の記述は『京都市政史』上（一九四一年、三九五～四〇四頁）による。

(39) 岡本真希子「植民地時期における在日朝鮮人の選挙運動――一九三〇年代後半まで――」（『在日朝鮮人史研究』二四号、一九九四年、三三頁）。なお岡本は、都市部の地方自治体選挙について、大阪市、神戸市の例をあげ朝鮮人有権者数が当選最低ラインより多い地域が存在したと指摘している（岡本同論文、一八～一九頁）。

(40) 内務省警保局『社会運動の状況』における分類。なお外村大は、神戸市の事例をもとに「親睦扶助団体」を分析し、朝鮮人団体の相互扶助的な性格を重視すべきとしている。外村大ⓓ「親睦扶助団体と在日朝鮮人運動」（『在日朝鮮人史研究』二三号、一九九三年）参照。

(41) 『昭和十三年京都府協和会要覧』一九頁。京都府協和会においては、協和事業に賛同する朝鮮人が賛助員となり支会レベルで事業実施に協力している。

(42) 『京都市政史』上（前掲註38、四〇二頁）。

(43) 外村大ⓔ「戦時下の在日朝鮮人」（『社会科学討究』一二〇号、一九九六年、三二八頁）。

(44) 金完石は、一九三八年九月一〇日の学区会選挙では酒商となっている。二つの職種を兼業していたのか、あるいは転業したのかは定かでない。

第七章　在日朝鮮人女性の自主的救済事業と「内鮮融和」

――「親日派新女性」金朴春の思想と行動――

一　はじめに

本章は一九二〇年代初期の在日朝鮮人女性金朴春《キムパクチュン》による在日朝鮮人女性救済事業を再検討し、行政主導の内鮮融和事業が始動する以前の在日朝鮮人の自主的救済事業と「内鮮融和」の歴史的位置を明らかにするものである。

従来の日本近現代社会政策／社会福祉史研究は、在日朝鮮人に対してわずかな蓄積しかないことは本書第八章で詳しく論じた。帝国日本のマイノリティであり、社会政策／社会福祉の「対象」とされた在日朝鮮人が、都市社会行政や民間社会事業関係者と、どのような「交渉」過程で関係し、また自主的救済事業をおこなったのかは、史料的制約が大きいが、重要な研究課題であろう。(1)

また、現在の研究状況では植民地期のエリート女性に焦点をあてた、いわゆる「新女性」研究が取り組まれている。(2)しかし、一九二〇年代を対象とする在日朝鮮人女性史研究は、大半が朝鮮人女子留学生研究や朝鮮人「女工」研究という状況であり、在日朝鮮人「新女性」研究は今後の重要な研究課題といえるだろう。(3)しかし、近年取り組まれている「新女性」研究については、すでに植民地近代性論批判の立場から植民地主義に鈍感な「新女性」研究という批判も出ている。(4)

だが、井上和枝がのべるように、本章でとりあげる金朴春のような「内鮮融和」を標榜して活動し「親日派」とされた「新女性」の研究は、金活蘭、朴仁徳、高凰京について集中しておこなわれ「親日派」である理由を列挙するか、彼女たちを弁護する立場からの叙述がほとんどであり、「親日派新女性」研究は進んでいない。しかし、「「親日派新女性」の研究は民族とジェンダー・女性の主体性の確立の問題が連続し、交差し、複雑に絡み合った地点に存在」しており、「新女性」研究を進めるうえでも、きわめて重要な研究課題である(5)。

金朴春は、一九二〇年代初期における在日朝鮮人「親日派新女性」としては、詳細に思想と行動に肉薄しうる重要な人物である。なおかつ彼女のように「内鮮融和」を標榜し、自主的な救済事業をおこなった在日朝鮮人の「親日派新女性」に関する研究は、管見の限りほとんど存在しない。京都・大阪における彼女の「夫」である金《キム》公海《グォンフェ》と金朴春の活動をはじめて紹介した(6)のは塚崎昌之である。本書第八章でも、一九二〇〜三〇年代の都市社会政策と社会的マイノリティとの関係を解明するために、彼／彼女らに言及した。しかし、塚崎も私も、違う研究目的の分析の中で二人の活動に言及しているため、活動の全体像と歴史的位置を明らかにできていない(7)。

一九二〇年代を対象とする女性運動史研究として、石月静恵が在日朝鮮人女性である金梅子《キムメジャ》の全関西婦人連合会大会における発言と、大会での反応についてふれているが、経緯や歴史的意味については言及されていない(8)。また、藤目ゆきが婦人融和運動家で、全関西婦人連合会の主要な活動家だった京都の中村なお子や高知の久保つるに言及している(9)。そのほかは、伊藤悦子が水平社による中村なお子への批判を明らかにしている程度である(10)。このように、女性運動の研究そのものが十分でない状況にあるため、さまざまな女性運動と、植民地支配下の朝鮮人のようなマイノリティによる自主的な救済事業や女性運動との接点も、ほとんど検討がなされていない。

また、重要なのは、彼／彼女らが在日朝鮮人キリスト者であったことである。従来の研究では日本と韓国のキリスト教の交流や、日本組合基督教会の朝鮮伝道に関する研究、そして朝鮮基督教に対する朝鮮総督府の政策や弾圧などの研究に大きな成果をあげている。[11] しかし、在日朝鮮人キリスト者に関する研究は、在日本朝鮮基督教会に関する研究が中心である。[12] また、一九二〇年代の京都・大阪地域における在日朝鮮人キリスト者の研究も、在日本朝鮮基督教会の個別教会史の中での言及にとどまっている。[13] 個別教会史の枠をこえる研究は、管見の限り、京都における在日本朝鮮基督教会と在日朝鮮人キリスト者の存在形態を分析した鄭富京の研究が、唯一のものである。[14] 鄭富京の研究は基礎的論証をおこなった重要な研究だが、在日本朝鮮基督教会の日本社会における存在形態と、関与のあり方に分析が限定されている。本章では金朴春と金公海の二人を通じ、在日朝鮮人キリスト者の社会的活動も視野に入れ、叙述を進めていく。

本章の分析によって、第一に植民地支配における「圧力」や諸矛盾と、それらに対する在日朝鮮人女性自身の「交渉」過程を明らかにできる。また、自主的救済事業をおこなった在日朝鮮人女性金朴春による差別撤廃や生活改善のための活動やその社会的影響を分析でき、彼女の求めたものや、苦悩や葛藤をも描きうるだろう。第二に行政主導の「内鮮融和団体」が設立される以前に、彼女の活動に関与したさまざまなキリスト者や社会事業関係者などの社会的ネットワークをも分析することが可能になる。第三に帝国日本のマイノリティである朝鮮人女性のように、社会政策／社会福祉の対象とされた人々の自主的救済事業を組み込む形で、日本近現代社会政策／社会福祉史研究の再構成をおこなうことができる。第四に金朴春のように、一九二〇年代初頭に「内鮮融和」を標榜し在日朝鮮人女性への救済事業をおこなった「親日派新女性」についての研究を進めることで、「新女性」研究に対しても、新たな問題提起ができるだろう。そして、彼女の思想と行動の意味を明らかにするには、「夫」の金公海の思想と行動を視野に入れることが必要不可欠であるため、それについても分析に組み込んでいく。なお、史料上はさまざまな呼称をされている「京都朝鮮人労働共済会」と「朝鮮職業婦人救済会」の名称は、煩雑なため統一したことをお断りしておく。

二　「京都朝鮮人労働共済会」と「朝鮮職業婦人救済会」の成立と展開

(1)「京都朝鮮人労働共済会」の創立と朝鮮人留学生・キリスト者

一九二〇年七月、京都七条警察署管内の人事相談所を訪れた求職者の多くが朝鮮人だった。朝鮮人たちは主として肉体労働に従事していた[15]。一九二〇年代初頭の京都市域における朝鮮人の状況は、第一に朝鮮人労働者はきわめて低い生活水準で、民族差別賃金のもと、劣悪な労働条件で働いていた。第二に職業も日雇や、繊維産業を中心とした不安定な小規模工場での労働に限定されていた。朝鮮人労働者は労働市場の最底辺に位置づけられ、失業者群を形成していた[16]。しかし、当時朝鮮人失業者には救済対策は行われておらず、京都市は職業紹介などで対応していた[17]。

一九二〇年五月一五日、京都帝国大学基督教青年会館で、「京都朝鮮人労働共済会」の第一回会合がおこなわれた。この組織は、京都帝国大学経済学部の学生であり、特高の甲号要視察人であった李順鐸が会長を務めていた。この会には副会長一名、理事二名、計三名の朝鮮人労働者が参加していた。そのほか、京都府立医学専門学校学生朴璋龍、同志社大学神学部学生李命錫、臨済宗大学学生金法龍が顧問となっており、朝鮮人留学生の影響力が強かったことが分かる。第一回会合の参加者は三〇名であった。目的・事業内容は京都在住朝鮮人労働者の親睦、病気などからの救済、職業紹介・貯蓄奨励・知識啓発であった。この会は融和親睦・相互扶助団体としての性格が強かったが、特高の甲号要視察人が会長だったためか、警察には警戒されていた[18]。『東亜日報』も、設立日は五月一三日とするが、八〇〇人余りの労働者が朝鮮人留学生の助けで朝鮮労働共済会を組織したと報じており、恐らく同一の組織であると考えられる[19]。

李順鐸に対する警察の警戒ぶりは、「常ニ排日思想ヲ抱持スル朝鮮人ト往来シ排日思想ヲ抱持スル」として、京都府高等警察課の「要視察朝鮮人調」の筆頭にあげ、「京都朝鮮人労働共済会」の設立に対しても「独立思想鼓吹ニ利用セントシタル形跡アリ」と指摘していることからも理解できる。[20]

「京都朝鮮人労働共済会」の初代会長となった李順鐸は、一九一八年一二月に神戸朝鮮基督教講義所[21]において求道者となり、一九一九年夏には東京のイエス教組合連合教会[22]で洗礼を受けていた。そして同年秋から京都帝国大学経済学部に入学したのである。一九一九年一一月の京都において、各学校に留学している朝鮮人は二五～二六人、朝鮮人労働者は三〇〇～四〇〇人であり、この中には多くの朝鮮人キリスト者がいたが、京都において礼拝する場所をもっていなかった。李順鐸はほかの朝鮮人キリスト者とともに、京都帝国大学内の基督教青年会館の一室を借り、同年一一月一五日から、留学生一三人で礼拝をはじめた中心人物でもあった。[23]また、同年一二月二八日には、朝鮮人約三〇名が京都帝国大学基督教青年会館に集まり、聖誕節をおこなった。[24]

そのほかにも、後年の記事だが朝鮮人キリスト者たちは一九一九年一〇月、上京区室町通築地町に教会堂を建設し、約六〇～七〇人で集会をおこなっていたと報告されている。[25]一九二〇年三月には、集会に参加する朝鮮人労働者は約六〇〇名、朝鮮人留学生は約四〇名とされ、京都帝国大学基督教青年会館の一室では毎週一回、常時朝鮮人キリスト者が約二〇人程度集まっていた。同年三月二八日の礼拝には、こののち「京都朝鮮人労働共済会」にも関与する同志社大学神学部学生の李命錫による説教があった。朝鮮人キリスト者たちは同年四月四日には総会を開き、委員の改選、伝道や教会経営の方針などの相談があるとされていた。[26]そのほかの京都の朝鮮人キリスト者たちも一九一九年後半には、朝鮮人自身で礼拝をはじめ、活動をおこなっていた。一九二〇年五月設立の「京都朝鮮人労働共済会」はこれらの朝鮮人キリスト者たちが関与して作られた団体だった。

一方、少し時期は遅れるものの、一九二〇年一一月二〇日に、日本組合基督教会は京都岡崎公会堂において、「朝鮮教化講演会」を開催した。講師は海老名弾正、渡瀬常吉、柳一宣だった。これに先だち、同年一一月一六日には、大阪中之島公会堂において同様の講演会をおこなった。聴衆は約一五〇〇人を数え、臨時募集の寄付金は約一二〇〇円にのぼった。ついで同年一一月一八日夜、神戸諏訪山武徳殿で講演会が開催され、渡瀬常吉、柳一宣の講話があった[27]。また日本組合基督教会朝鮮伝道部長である渡瀬常吉は、京都での講演ののち、京都帝国大学の教授たちに招聘され、質問されるままに朝鮮伝道について語り、「一同胸襟を開いて語られ、同氏は深く感謝」されたという[28]。すでに先行研究で明らかだが、日本組合基督教会は朝鮮半島や朝鮮人に対する伝道に力を入れていた[29]。さらに、関西の各地で朝鮮人伝道のための宣伝をおこなっていた。

このような状況で、「京都朝鮮人労働共済会」は、一九二〇年九月一日に、日本聖公会京都聖三一教会において親睦会を開催した。このとき来賓として村田京都府工場課長、京都府警の高橋警部、アメリカ人宣教師などが列席していた。親睦会では、「京都朝鮮人労働共済会」の目的に政治的意味はなく、目的はあくまで会員相互の品位向上にあると強く主張した。しかし、この時にはすでに、会長を特高甲号要視察人の李順鐸から、京都府立医学専門学校を卒業した朴璋龍に交代しており、内鮮融和団体としての性格を強めていた[30]。そして、一九二一年九月、金公海[31]が「京都朝鮮人労働共済会」の第三代会長に就任した。若林賚蔵京都府知事・馬淵鋭太郎京都市長・浜岡光哲京都商業会議所会頭・各警察署長などを顧問とし、朝鮮人職業紹介などの事業をおこなった金公海は、京都の朝鮮人だけは悪化させないと語っていた[32]。「京都朝鮮人労働共済会」は、一九二〇年五月二三日に聖公会主教タッカー[33]の好意で、北野神社（現在の北野天満宮）東門前の教会建物内のスペースを無償貸与された。また、一九二一年三月二七日には、宣教師の人々が共有している烏丸今出川のカーブ宅[34]のうしろの建物にも拠点をもち、工場内伝道や夜学などの事業をおこなっている。運営方法は、「理想的教会を建設する為めに委員制度」をとって民主性を重視していた。ここで、金公海は会の目的は朝鮮人救済であり、政治的活動はおこなっていないことを強調する[35]。会の設立から二年のうちに会長が特高の甲号要視察人李順鐸から朴璋龍、内鮮融和論者の金公海へと変わり、大きな路線転換があったことがうかがえる。

それでは金公海の事蹟と言説を検討してみよう。金公海は、朝鮮の「排日論者」の多くが、日本から帰った人々であることに疑問を抱いた。彼は、一九一六年ごろに京都に渡航し、みずから西陣絹糸再生業者の一労働者となって、その原因を研究した。その結果、彼は朝鮮人と日本人が相互に理解しあえば、けっして反感など生まれないと実感したという。そして彼は、京都市内の烏丸今出川上ルに、朝鮮人基督教会を設立した。この組織にはもっぱら同志社大学関係の人々が援助をおこなっていた(36)。さらに、金公海は、日本人と朝鮮人の賃金格差や民族差別の問題を批判していた(37)。大きな会社では朝鮮人を差別待遇していないが、個人経営の小工場では、日本人と朝鮮人の賃金に格段の差を設ける傾向がある。また、不景気になると朝鮮人はすぐに解雇される。解雇された朝鮮人労働者たちは、北野神社の東門前にある「京都朝鮮人労働共済会」に助けを求めている。朝鮮人は言葉も分からず風俗も違うので、最初は賃金が安いのは仕方がないが、日本人労働者と同等の働きになれば賃金を増額して欲しいというのである。また、彼は「朝鮮の労働者が内地に来ると、たちが悪くなつて困ります」とのべ、朝鮮人労働者は日本では下層労働をしなければならないため(38)、日本に渡った朝鮮人が、日本の下層社会や下層労働者の影響を受け、生活態度や思想が悪化すると訴えた(39)。

しかし、「京都朝鮮人労働共済会」の運営は、困難をきわめていた。「京都朝鮮人労働共済会」は、運営資金獲得のために、一九二一年一〇月一三日、三条青年会館において、柳宗悦の妻である柳兼子による、ワーグナーやシューベルトなどの独唱をおこなう慈善音楽会を開催した(40)。音楽会では前田美根子がピアノで伴奏をおこない、会場には朝鮮人の聴衆を集めたという(41)。だが、依然として運営資金は乏しかった。毎日一〇～二〇人の朝鮮人労働者が、北野神社東門前の「京都朝鮮人労働共済会」事務所へと転がり込み、この時は事務所の一〇畳と六畳の部屋に約三〇人程度が居住していたにもかかわらず、月額一五円の家賃を三か月分滞納し、家主から立ち退きを迫られた。会長である金公海は京都府社会課に援助を申し出たが、施米券を六～七枚を渡してきたのみだった。そこで、金公海は朝鮮人失業者約一〇人をひきいて、京都商業会議所や京都市内の各新聞社を訪ね、資金不足による運営困難を強く訴えて援助を受け、家賃は払うことができた(42)。

以上みてきたように、金公海は「京都朝鮮人労働共済会」の活動が政治的意図をもっていないと何度も強調していた。また、日本聖公会主教や、同志社大学を中心とする日本組合基督教会関係の人々の援助も受けていた。彼は基本的には「内鮮融和」を標榜していたが、日本人と朝鮮人の賃金格差や民族差別の問題を指摘し、日本の下層社会や下層労働者の影響を受けて、朝鮮人の生活態度や思想が悪化すると主張していたのである。

（2）　金朴春と「朝鮮職業婦人救済会」

管見の限り、史料上で金朴春が登場するのは、一九二一年九月三〇日の第三回婦人会関西連合会（全関西婦人連合会の前身）大会である。彼女は、この時すでに京都市の建勲神社前に居住し、朝鮮人女性のために活動していた。彼女は「同志社女学部」に在籍したことがあり、英語は得意だが日本語は不得意で、金公海が彼女の通訳をおこなっていた。大会において、彼女は朝鮮語で、女学校などは朝鮮人女性のための簡易教育機関を設けること。関西婦人会連合大会は定期通信機関を設けて婦人団体の連絡をうながし、世界の婦人として起つ準備をすすめることを提案して「満堂を酔わしめた」という(43)。その際、彼女は在日朝鮮人女性について、日本は文明国だから立派な教育が受けられるときてみれば、期待は裏切られ、大半の人々は紡績工場などで働かされ、学問ができない。朝鮮人のためにもっと日本人の同情がみたいと泣いて訴えた。大会の様子を報じた記事には、大会に参加した各地方の婦人会の代表者たちの写真が三枚掲載されているが、婦人会代表者たちの中央に純白の民族衣装に身を包んだ金朴春が座り、彼女の参加が注目されていたことが分かる(44)。

また、一九二一年一〇月一日から、京都基督教女子青年会では、主として「女工」である京都市内在住の約一〇〇〇人の在日朝鮮人女性に日本語を教え、キリスト者の日本人女性と「交際」させるために二つの「日本語組」を設けた。この活動に参加した朝鮮人女性は一六名であった。「日本語組」では同志社女学校出身の山県夫人が熱心に日本語を教えていた。クラスにはいつも一二、三人の朝鮮人女性が集まり、毎回の授業の最後には三〇分間、讃美歌を歌った。同年一二月二二日には、彼女たちのためにクリスマスパーティを開く予定だった。[45]二二日午後七時から開かれた「日本語組」のクリスマスパーティでは、山県夫人によるキリスト降誕の話があり、金朴春が在日朝鮮人女性たちのために朝鮮語に通訳した。[46]このことから、一九二一年の段階で京都の基督教女子青年会は在日朝鮮人女性に対する伝道や事業をはじめ、金朴春もその活動に関与していたことが理解できよう。

そのほかにも、金朴春は京都市の楽只託児所でクリスマス祝賀会を開催した。会には「此の貧民村の小供《ママ》等約百五十名」が集った。彼女は「朝鮮賛美歌」を歌ったのち、自分は朝鮮から京都にやってきて、朝鮮人女性のために苦心しているが、「私の近所へ貧民村と云ふ村を見まして私の事から皆様の生活を能く理解して本当に同情心が起こるのであります」とのべて、クリスマスやキリストについて説明した。キリストは朝鮮人でも日本人でも貧富の差なく、愛を与えてくれる。それはみなさんと私がみな兄弟だからだ。みなさんの村に朝鮮人がきたら親切にしてほしい。そして「又道に逢ふ時は朝鮮人朝鮮人と云はないで、互いに能く敬意を表しましせう」とのべ、贈り物としてみかん、饅頭、鉛筆などを配布し、記念写真を撮影した。子供たちはこの会でさまざまな唱歌や遊戯をおこない、彼女は非常に感心した。最後に子供たちは彼女に「朝鮮先生さよなら」といって別れたという。[47]彼女はキリスト者としての博愛主義を標榜し、「貧民村」の人々に対して日本人と朝鮮人はたがいに敬意を表そうと伝えていたのである。

一九二二年一月、金朴春は「朝鮮職業婦人救済会」を設立した。[48]一月二日に、同志社公会堂で、[49]「朝鮮職業婦人救済会」の第一回大会をおこなっている。大会には京都の各婦人会の代表者も参加し、同志社寄贈の茶菓の饗応もあった。司会は金朴春で、参加者は朝鮮人女性約一五〇人、日本人女性約三〇人だった。金朴春は「朝鮮職業婦人救済会」に対する希望をのべ、産婦人科医でキリスト者としても著名な佐伯理一郎が「婦人衛生に就て」を講演した。余興として吹奏楽が演奏され、大阪春生会と各婦人会より婦人用の品物が配られた(50)。

その後、『大阪朝日新聞』において、金朴春、金公海のことが報道された。記事によると二人には金龍子という六歳になる女の子がいた。そして、京都室町今出川下ルに「朝鮮青年会」を設立した。この会では山県久子が朝鮮人男女のために教鞭を振るっていたという(51)。またここでも「朝鮮職業婦人救済会」大会の様子が紹介され、彼女は今後の希望として「朝鮮幼稚園」を作りたいと語っている。また彼女は一九二一年一二月三〇日に大阪の摂津紡績でも朝鮮人女性紡績労働者のためにクリスマス行事をおこなったと語った。その記事には金公海、金朴春のあいだに、娘の龍子を挟み、三人で並んだ写真と、同志社公会堂での「朝鮮職業婦人救済会」の第一回大会の様子を撮影した写真が一枚ずつ掲載され、朝鮮人救済事業に献身的に取り組む、幼子をかかえた「若夫婦」といった演出がおこなわれていた(52)。また、大会の様子は『東亜日報』でも報道され、金朴春の活動が朝鮮半島においても一定の注目を浴びたことがうかがえる(53)。

一九二二年一月の「朝鮮職業婦人救済会」設立と同じころ、彼女は『大阪朝日新聞京都版』に「赤裸々な私の感想」と題して寄稿している。それによると、第一に彼女は一九一六年ごろに「夫」である金公海と京都に来て、日本に住む朝鮮人女性に新知識の普及をしようとしていたが、朝鮮人として差別された。生活のため西陣の工場にも勤めたがここでも差別され、不平不満がたまり、金公海に帰国を申し出た。しかし、金公海に日本人・朝鮮人の融和と朝鮮人救済のために我慢しろと言い聞かされた。そんな時、彼女は基督教女子青年会を訪ねて、朝鮮人労働者を救済する目的で日本に来たが、工場で働くのがいやになったので、「女中」に雇ってくれと申し出た。

そうすると、「西洋婦人」のチャップマンが、「女中」では、あなたのしたい活動ができないといい、いつでもどこでも仕事ができるようにと英文タイプライターを教えられ、部屋と生活物資を提供された。金朴春は、彼女の紹介でさまざまな外国人女性と親しく交際できたが、日本人女性とは交際できなかった(54)。

第二に彼女はチャップマンの紹介で知り合った大阪のホーランドから、「巡講を懇請」され、ホーランドを連れて、大阪の各紡績工場の朝鮮人女性紡績労働者に会い、講演をした。しかし、ここでも案内するのは西洋人女性のみで、日本人女性とは交流できなかった。金公海とともにさまざまな人々と交流する中で「京都国際親和会」を組織して、三条青年会館で開会式をおこなった。その時に彼女は演壇に立ち、日本人女性とはじめて交流できた。そして、彼女は京都婦人連合会の紹介により、大阪朝日新聞社主催の関西婦人連合会に出席して、ようやく自分の五年間の考えや思いを訴えることができた。その講演にはさまざまな反響があり、特に大阪梅花女学校からは同情金が寄せられ、大阪婦人ホーム(55)や基督教女子青年会の人々には大変お世話になったと記している(56)。

第三に、金朴春、金公海の二人は朝鮮人救済事業を進める中で、援助を申し出たある宗教家にどのような目的で救済事業をやっているのかと「邪推」され、「独立運動派ではないかと疑はれた」こともあり、付き合いを断ったという。その後、彼女は日本人女性に要求をおこない、日本の婦人団体は口では朝鮮人女性救済をいうが、救済案を提出することもなく、活動に対して慰問を受けたことも一度もない。新聞社の紹介によりやっととりあげられた。日本人女性や婦人団体は朝鮮人女性救済に尽力してほしいと訴え、自分も朝鮮人女性のためさまざまな救済事業をおこないたいとのべた(57)。

このように、彼女は日本に移住した当初、日本に住む朝鮮人女性に自分の「新知識」の普及をしようと意気込んでいた。しかし、日本社会でさまざまな差別にさらされたため、日本人に不信感や嫌悪感をもった。彼女は基督教女子青年会の西洋人女性たちから援助を受け、大阪で朝鮮人女性紡績労働者の慰問活動などをおこなったが、日本人女性運動家には会うことはなかった。また「朝鮮独立運動」の一環として救済事業をおこなっているのではないかと疑いを受けたため、「独立運動派」とみられることを非常に嫌っていたことが分かる。こうした経緯から、彼女は日本人女性運動家や婦人団体に対して批判的姿勢をもち、在日朝鮮人女性救済事業への日本人女性の積極的な関与を要望していた。よって、彼女の思想の中には、朝鮮内や日本の女性運動による影響は特にみられないと考えられる。

三　大阪移住と「朝鮮職業婦人救済会」

(1) 京都から大阪へ

だが、金朴春・金公海は、一九二二年一月以降、活動の拠点を大阪に移した。金公海も「一月頃から、大阪に基督教鮮人婦人会を組織」と報じられている(58)。二人が大阪に活動の拠点を移した経緯については、愛国婦人会大阪支部が二人に江戸堀支部の一室を提供し、大阪地域における朝鮮人女性救済事業を援助しようとしたという報道もあるが、定かではない(59)。結局、同年一月に、大阪の基督教女子青年会が大阪基督教女子青年会館の一室を二人に提供した。大阪に住む約四〇〇〇人の朝鮮人女性のために活動をはじめる「同氏夫妻の健気なる志を出来るだけ援助」するとして、大阪の基督教女子青年会は二人を全面的に支援すると決めたのである(60)。また、同年三月の記事でも、二人が大阪基督教女子青年会館の一室を事務所として、着々と活動の準備をしていると報じられている(61)。

これまでの大阪地域を対象とする研究で明らかな通り、大阪で朝鮮人の集住が本格化するのは、一九一〇年代後半である。日本の好景気の中で朝鮮人の大阪への渡航が多くなった。一九二〇年代に入ると、植民地政策により、生活が困難になった人々がますます日本に渡航するようになる。単身で出稼ぎに来たり、少数だが家族で移住する朝鮮人もいた。しかし、大阪の朝鮮人たちの生活も困窮していた。一九二二年には、大阪府特高課が、朝鮮人保護救済や思想善導を目的に、大阪の朝鮮人約一万人のデータを記したカードの作成をはじめた。このカードによって大阪でも生活困難な朝鮮人たちが多く流入しており、多くの朝鮮人女性は紡績・製糸産業の朝鮮人「女工」として働いていた事実が把握できる(62)。

また、のちのことになるが、一九二二年一二月二五日、大阪基督教青年会館で「在阪朝鮮人クリスマス祝会」が開かれた。参集した朝鮮人は五五〇名だった(63)。この時期にはすでに、一定の人数の朝鮮人キリスト者が大阪に居住していたことが分かる。

ここで、金朴春が、大阪市の第一〇一回救済事業研究会で講演した内容をみてみたい。「朝鮮人の救済方法について」と題した講演は、一九二二年一月一四日午後一時から、堂島田蓑橋の大阪府知事官邸で開催された。この講演の参加者は、紡績会社の取締役、社会行政関係者、社会事業団体関係者、方面委員や警察官など一〇一名だった。その中には大阪基督教婦人矯風会長の林歌子と、その会員たち、博愛社長小橋実之助とその会員など合わせて三〇名あまりが参加していたことが記録されている。さきに金朴春は基督教婦人矯風会の経営する大阪婦人ホームに援助を受けたとのべており、一定の関係が構築されていた可能性が高いといえる。朝鮮人の参加者は金朴春、金公海のほかは、内鮮融和団体である「汎愛扶植会」書記の洪龍基のみであった(64)。

金朴春は第一に講演の主旨について、日本人と朝鮮人の「両者に排斥されてもかまわぬ、双方の良い事は、善いといひ悪いことは悪いといひ、互いに改善して握手するに至らしめたいという希望を持って居るので、総て忌憚なきお話をするのでありますから、今日の話は寧ろ皆さんに取っては御不平なことがあろうと思いますが、其を堪忍して真面目に聴いてくださらんことを、一番に希望して置きます」とのべた。反発を覚悟し、本音を語ろうとしていたのだろう。

第二に朝鮮人が郷土を離れて日本に流れてくるには理由があるとし、朝鮮において産業・教育・商業などがうまくいかないため日本に流入すると指摘する。だが、彼女は「韓国併合」に対しては、当初は大部分の人々が反感をもっていたが、一方では朝鮮は小さい国だったが日本と合併すれば大きな国になる。また「朝鮮が日本に征伏《ママ》されて併呑されたのではない。日本と朝鮮とは同文同種の国であるから同じ国民として一緒に幸福を享けやうといふ趣旨であって、之については天皇陛下からも詔勅が出て居ります。それで一部の朝鮮人以外は之を歓迎していた」と基本的には肯定している。しかし、彼女は日本の植民地支配によって、朝鮮が開発されているかは疑問だとのべている。朝鮮総督府の施政は、「随分不満足」なものである。朝鮮人たちは、一〇年経てば日本と一緒になるだろうと考えたが、まったく一緒にならず、ついに外国で独立運動をはじめている。その原因は日本の植民地支配が、「完全な教育をばして呉れない、青年の思想を満足させてくれない」からだと訴えた。さらに経済上の問題に言及し、日本人移民が農業をするので、朝鮮人農民は農業もできず、「満州」や日本に流れ込んでいる。日本は朝鮮に資本投資をして、もっと朝鮮人を雇用して欲しいとのべた。

第三に朝鮮総督府は朝鮮人の思想を理解できておらず、不平のある者は、外国に行ってしまう。日本に住む朝鮮人は、男は日雇労働者、女性は紡績労働者となり、下層社会の影響を受け「其の大部分は悪い方面に入って、皆悪漢になって仕舞ふ」ため、日本帰りの朝鮮人が、朝鮮を悪くしている。また、日本人は「朝鮮人に対して悪いことばかりする」ため、「一度朝鮮に行つて来た日本人は朝鮮人を軽蔑したり、総ての事が善くない」と指摘し、「日本と朝鮮の間を悪くするのは政治だけでなく、資本だけでなく、直接に国民と国民とを悪くさせるのは日本に在る朝鮮人と朝鮮に在る日本人であると思ひます」と訴えた。

第四に彼女は、一九一六年ごろ京都までやってきて、日本在住の朝鮮人がなぜ悪化するのかを調べ、これらの問題を解決したいと思っていた。そして、紡績労働者として一年間働き、調べた結果、工場に勤める朝鮮人も日本に来て「上等の人」になろうとしているが、やむなく悪いほうに走ってしまうのは、「何故かといふと中等以上の人は朝鮮人を使ってくれない。町へ出ても朝鮮人々々と居ふて軽蔑される」ためだと述べた。実際、彼女が「日本の家庭の相当な婦人」に逢いたいと訪ねると「奥さんは御留守だからお帰りなさい、而して朝鮮人が来た朝鮮人が来た、朝鮮人を早く追返して仕舞へといふ風で」あった。西洋人を訪ねると「自分は汚い工場服を着て行つたのであるけれども非常に親切に取り扱って何んでも世話をして呉れる」ので、日本人女性にこれらの不満を率直に伝え、おたがいに協力していきたいとのべた。さらに彼女はたとえ救済事業をおこなっても、朝鮮人たちが下層社会の影響を受け悪化することを指摘し、朝鮮人たちを下層社会に流入させないよう、女性は上流家庭の「女中」に、男性も日本の上流社会に近い職業に就職させ、朝鮮人を導きたいとした。そして、「朝鮮人々々と云ふて棄てて置くと、其人が悪くなるだけでなく、延いて日本を悪くし、又朝鮮を悪くする」けれども、「朝鮮人を救済すれば朝鮮が善くなると同時に日本が善くなるのであります、さうして此の救済は難しいことではない」と訴えた。

最後に自分たちの立場について「私共は日本人にも誤解される、朝鮮人にも誤解される、或るときには日本人に疑われ、又或る時は朝鮮人に疑はれるのでありますけれど敢て厭わない、遠慮なく善い事は善いと云ひ、悪いことは悪いといいます、さうして若しも誤解の為に殺されて神社を建てられて後世永遠に日鮮両国人の祀を享けるやうな事があれば寧ろ本望でございます」と、朝鮮人キリスト者の彼女が死後に神社で祭祀を受けるというレトリックを使いつつ、その覚悟をのべた(65)。

二人は、日本の植民地支配を否定はしないが、植民地支配の矛盾や朝鮮人差別を指摘する。そして、朝鮮人が日本に移住し、日本の下層社会の影響を受け、思想的に悪化すると主張した。そして、朝鮮人救済を積極的におこない、「内鮮融和」を進めることで、日本も日本人もよくなるという論理にもとづき、朝鮮人救済事業を進めようとしていた。金朴春の独自の意見としては、日本社会で社会的差別を受けたため、下層の日本人に対して不信感や嫌悪感を抱いており、日本の上流社会に「女中」の職などを通じて接触させれば、朝鮮人の悪化を防ぐことができるという考えをもっていたことである。また、彼女は「内鮮融和」を標榜する自分たちの活動が、日本人にも朝鮮人にも非常に誤解されやすいと認識していた。その誤解を払拭するためには、朝鮮人キリスト者である彼女が、神社祭祀に関するレトリックを駆使しなければならなかったのである。このような活動から金朴春は、朝鮮人女性への職業紹介や社会事業を推進する目的をもった「親日派新女性」であったと考えられる。

その後、一九二二年四月二八日に大阪市内の西野田第一方面で開催された第三回月番方面委員会に、金朴春は金公海と揃って参加し、小河滋次郎とともに講演をおこなった(66)。同年一月の金朴春の講演には、西野田第一方面常務、藤本喜八郎も参加しており、金朴春の救済事業研究会での講演が一定の評価を受けた結果、月番方面委員会でも講演をおこなったものと考えられる(67)。

同年四月、金朴春・金公海は『中外日報』のインタビューを受けている。取材は天満基督教女子青年会館の一室でおこなわれた。二人は、「我々鮮人が少しでも社会的に動くと屹度何かその間に政治的意味を含んで居るかのやうに色眼鏡をかけて見る人が多いので困ります」と訴え、また、「半島が日本に併合しようが、又独立しやうがそれは時勢の然からしむるところで、そんな所に民族の真の孝福《ママ》がある譯でなく、そういふ政治的意味の一切を超越したところに本当の人間愛が顕現するものと信じます」とのべた。ここでも自分たちの活動が「独立運動派」とみなされることへの反発や弁明が確認できる。以降の活動については、早く活動拠点を設けたいが、朝鮮人という理由で家を借りられず、大阪府庁の周旋する住宅に移住して実務を開始する予定と説明した(68)。

そのような中、大阪毎日新聞慈善団は同年一月に、小河滋次郎の紹介で二人に資金を助成した。家屋の借り入れが困難だったので市営住宅を借りさせて、五〇〇円の寄付金を与え、さらに朝鮮人救済事業の開始に必要な準備を調べさせた[69]。金朴春の同年一月の講演には、大阪毎日新聞慈善団主事の中村三徳が参加しており、講演が契機となって、大阪毎日新聞慈善団の援助を受けた可能性が高い[70]。

結局、二人は大阪市北区本庄黒埼町の市営住宅に移住した。その後、金朴春は救済事業について相談するため、大阪府社会部長小河滋次郎を訪ねた。彼女は朝鮮人女性を「女工」でなく日本家庭の「女中」にしたいとのべ、「余り欲張らずして精励な鮮人の特質を発揮して立働く時は確かに払底を告げる日本下婢の補給に相互相当の効果があることを信じます」と語り、小河もそれに賛成した[71]。講演内容にあるように、彼女は朝鮮人女性を下層社会に接触させないように、上流家庭の「女中」にすればよいと考えていた。この朝鮮人「女中」紹介事業については、「反響は頗る公望」で、全国各地から申し込みが殺到し、「内鮮融和」の実現をはかりたいと名は不明だが仏教寺院三か寺から申し込みがあった[72]。また、後年のことであるが、奥むめおの主宰する『職業婦人』に「朝鮮婦人と女中」という通信記事が掲載された。大阪の朝鮮人は大多数が失業者だが、「女中」が払底しており、朝鮮人女性を「女中」にするという記事で、朝鮮人女性はおとなしいので、家庭の主婦には中々評判が良いとされた[73]。このように「朝鮮職業婦人救済会」の事業に対しては、一定の社会的反響があったことが理解できる。しかし、金朴春の講演を契機として実現した朝鮮人女性への「女中」紹介事業については、史料的問題で応募者数や採用者の割合、応募者以外の朝鮮人女性の反応などが実証できず、その実態は明らかにできない。

(2)「内鮮融和」をめぐる葛藤と対抗

しかし、金朴春が大阪での活動を展開しつつあったのと同じころ、金公海の立場に変化が生じた。一九二二年四月下旬、「京都朝鮮人労働共済会」が大会を開いて金公海を除名したのである。その経緯について、金公海は次のようにのべている。彼は朝鮮人の生活安定のための運動に専心し、「京都朝鮮人労働共済会」の人々は彼を会長に推薦した。しかし、金公海の目的が政治的なものでなく、朝鮮人の生活安定にあったため、朝鮮独立運動をおこなおうとしている人々からは反感をかっていた。また彼は、「官庁」から「独立運動派」の活動家を教えるように迫られた。当局から「不逞鮮人」あつかいされ、大変苦労したものの、「京都朝鮮人労働共済会」の活動は次第に軌道にのった。しかし、京都を四か月留守にしているあいだに、「独立運動派」の仲間が扇動して、除名されたというのである。[74]

だが、この金公海の説明には反論がおこり、同年五月二、三、四日の三日間にわたり『中外日報』に連載された。第一に金公海の活動は本人が吹聴しているだけで、本当に実績があったか疑わしい。第二に彼が除名されるに至った経緯が、事実とことなっている。「京都朝鮮人労働共済会」を将来にわたって維持していくためには、日本人を顧問や賛助員に嘱託する必要があるという先の会長「朴某」[75]の案を学生側が否定したときに、彼は日本人に役員を嘱託しなくても会を維持できると自分を売り込み、会長になった。しかし、金公海は結局、日本人に役員を委嘱してしまった。また、金公海は「京都朝鮮人労働共済会」の仕事もせず、自分のために会を利用しようとすることがあまりに多い。そして、金公海は日頃の言動から「京都乃至内地在住の鮮人総べて以て無智無能の者と考えている」ようにみえ、多くの朝鮮人に不遜の態度をとったため、彼らは金公海を排斥しようとしたのである。第三に金朴春が全関西婦人連合会の大会に「朝鮮職業婦人救済会」の代表者として出席したが、それも金公海の運動によるとの噂がある。特に会の実態もないのに代表者というのもおかしいし、寄付された金品の処理にも疑問がある。第四に「京都朝鮮人労働共済会」の活動自体も、総務を担当していた権五燮（くわしくは本書第八章参照）が「もうあきがきた」と発言している。その原因は財政的な問題が大きいとのべた。[76]こうして、金朴春・金公海は京都での活動基盤を完全に失ったのである。

さらに、この事件から約一年後、一九二三年六月五日に、同じ『中外日報』に論説が掲載された。第一に「今日鮮人を内地人に同化さすといふやうなことをいって誰ひとり其傲慢加減を憤らぬものが我等鮮人間にあると思ふか。又融和の熟語にしても文字そのものに何等難の打所がないから結構な事だと思ふて使用しているか判らぬが、我等鮮人は此融和の二字によって可成り専欲な待遇を受けて来た、だから此熟語も今日では最早や同化以上の厭な響を以て聞へるやうになった」と指摘した。そして、「渡航鮮人の中にも随分といけないものが少なくない、色々な救済会様のものを拵へて内鮮人双方から奇利を貪る奴が最もいけないと思ふ、しかもそうした奴が割合に巧みに表面を胡魔化すものだから民衆初め官憲までが欺されて相当補助金など出しているのを屢々聞く、彼等は正に我等渡航鮮人の寄生虫だ、官憲に眼があるなら是等のものをこそ取締まってほしい」と記している。また「朝鮮ですっかり信用を失ふた組合教会が名誉快復のつもりか、近頃は渡航鮮人に対って大分色んな目論見を立てだしたやうだが旨くゆくかどうかは疑問だ」として、日本組合基督教会の在日朝鮮人に対する布教活動についても批判した(77)。

金公海や金朴春らのように「内鮮融和」を標榜し、しかも朝鮮伝道を推進していた同志社大学を中心とする日本組合基督教会系統の人々からも支援を受けている在日朝鮮人は、「色々な救済会様のものを拵へて内鮮人双方から奇利を貪る奴」であり、「我等渡航鮮人の寄生虫」として、「官憲に眼があるなら是等のものをこそ取締まってほしい」と認識される存在だった。「内鮮融和」をめぐっては、在日朝鮮人社会において、またさまざまな地域や団体においても葛藤や対抗がおこっており、「京都朝鮮人労働共済会」による金公海の除名はその典型的な事例でもあった。

一九二二年四月には、京都市内三〇〇〇人の朝鮮人は職工が多いが、西陣の不況でほとんどが失業状態なのに「朝鮮から内地に来る者が多くなる一方」であると指摘されていた。以降も、朝鮮人労働者をめぐる状況はさらに悪化していった(78)。同年六月には、「京都朝鮮人労働共済会」の会費が不況で徴収できず、再び事務所の家賃も払えなくなった[79]。結局、「京都朝鮮人労働共済会」は解散してしまったのである[80]。

京都での活動拠点を失った金朴春、金公海はその後も、大阪で在日朝鮮人女性の身の上相談、職業紹介、教育慰安といった活動を継続した。そして、「朝鮮職業婦人救済会」の第一回慰安会を一九二二年五月三一日午後一時より、天神橋筋六丁目にある大阪市市民館で開催した[81]。来会者は約一五〇名、大半は摂津紡績、福島紡績に勤務する朝鮮人少女「女工」であり、民族衣装を着て参集した。金朴春は開会の辞で「皆さんは折角遠い朝鮮から遙々内地の文化を慕うて来られたのにこれまでは誰とてお世話をする者も相談相手もなく、淋しい窮屈な生活をしておられるのを見て私はほんとにお気の毒に耐えません」と目に涙を浮かべ、「朝鮮職業婦人救済会」の目的を詳細にのべた。当時、キリスト教長老派教会の朝鮮長老会総会によって日本に派遣され、伝道中の金二坤もこの会に参加していた[82]。会の席上では、朝鮮の高等女学校を卒業し、朝鮮婦人の労働問題研究のため福嶋紡績で紡績労働者として働いている田順淳が「内鮮両国人親睦の方法」について演説をおこなった。それに対し、大阪摂津紡績の紡績労働者で、一九二一年五月に大阪で最初の朝鮮人基督教会の成立に関わった金義生[83]が答辞をのべた。また、社会事業の専門家としても著名な大阪市市民館館長の志賀志那人が挨拶した。大阪毎日新聞慈善団の中村三徳の講演のあとは、食事や、蓄音機・活動写真などの余興もあり、午後六時に散会した[84]。

こうした活動は、在日朝鮮人女性のあいだで大きな反響を呼んだようである。そのことを示す事例として、朝鮮半島から日本へ渡り、さまざまな艱難辛苦を乗り越えて、キリスト教主義の学校であるプール女学校に入学した尹慶玉という朝鮮人女性の回顧談がある。これは『大阪朝日新聞』に掲載された。それによると彼女は、朝鮮や九州の炭鉱からようやく逃れて、広島県福山市の福島紡績に勤めているとき、朝鮮人女性紡績労働者たちの手紙の代筆代読を引き受けていた。そこで目にした「京阪の工場にいる女工の音信」の中に金朴春の「朝鮮婦人職業救済会」について報じたものがあり、それをみた彼女は「雀躍して喜んだ」という。そして、彼女は工場を脱出し、大阪に逃れてきた[85]。このように、当時金朴春の活動は、朝鮮人女性紡績労働者のあいだで話題になっていたと推測される。

そのほか、並行して、金公海もさまざまな活動をおこなっていた。彼は、同年二月初旬ごろ、済美第四常務委員の西村実三郎を訪問し、朝鮮人は昼は働いているが、夜には酒を飲んだり、悪い遊びをして困る。こういう人々はほとんど無教育の者ばかりである。若者も多いのでこれらの人々に教育さえ与えれば、遊ぶ時間もなくなり、その人間を「善道」に導くことになるという考えをもっている。そこで「何とかして学校に入れ、是等の朝鮮人を教育して貰ふと云ふ事はできますまいか」とのべた。そして西村の紹介で、金朴春、金公海の住む学区内の済美第四小学校長高橋喜八郎に会い、朝鮮人への教育を懇請した。そののち、高橋は夜間部に二学級を増設し、朝鮮人八〇名を収容する案を学務委員会に提案し、区会で可決され、開設にいたるという成果をあげた[86]。ほかの史料によると、金公海は高橋校長を尋ねたときに関西朝鮮労進会会長を名乗ったとされるが、管見の限り、この組織の実態は不明である[87]。また、彼は大阪佛教和衷会という団体にも関係し、朝鮮語学校の設立を援助して、この団体が設立した「内鮮協会」にも関与した。さらに彼は、朝鮮人に日本語講習を行う講師の一人に就任した[88]。のちに彼は、先の「朝鮮職業婦人救済会」第一回慰安会に参加した朝鮮人伝道者である金二坤や、京都時代にも援助を受けた聖公会主教タッカーとともに大阪朝鮮基督教会をたちあげ、一九二二年六月一五日、その創立式をプール女学校で開催した[89]。このように、二人は、ひとまず大阪において順調に活動を開始していた。しかし、それも長くは続かなかった。

(3)　金朴春の死と「朝鮮職業婦人救済会」の消滅

一九二二年当時「朝鮮職業婦人救済会」の事務所には毎日二〇〜三〇人の朝鮮人が駆け込んでいた。その対応やさまざまな活動が重なったことによる過労と栄養失調がたたり、金朴春は出産後の経過不良で同年七月九日から大阪市立産院に入院したが、七月二九日に死去した。享年二八であった(90)。入院中の見舞いには天野大阪市社会部長、京都帝国大学総長夫人の荒木欽子、元大阪府知事林市蔵、日本赤十字社の藤波博士などが訪れた(91)。七月一六日には、かつて講演をおこなった西野田第一方面の方面委員一同が見舞金を送り、同方面の藤本八次郎常務委員や南條茂書記が病室を見舞った(92)。彼女の死後、周囲の朝鮮人は続々と家に押しかけて哀悼の意を示し、混雑をきわめていたという(93)。また同年一二月二日、大阪婦人ホームで開かれた基督教婦人矯風会大阪支部の第二三回年会でも、永眠者一二名の一人として、また唯一の在日朝鮮人女性として、冥福が祈られた(94)。

彼女の死後も「朝鮮職業婦人救済会」は活動を続けていた。金公海の説明によると、西陣方面から女性が一〇〇人程度、男性は数え切れないほどの求人が来ている。在日朝鮮人女性の「女中」紹介もおこなっているが、「女中」についてはうまく居つけば好評であるものの、居つくまでがむずかしく、容易ではないとしていた(95)。結局、さまざまな反響があった朝鮮人「女中」紹介事業も暗礁に乗り上げていたようである。

だが、金朴春の死によって、ほかの朝鮮人女性たちも声をあげはじめていた。まず、金朴春の後継者と名乗る在日朝鮮人女性が現れた。同年一〇月二一日、大阪中央公会堂で婦人会関西連合大会が開催された際、金朴春の遺言によって「朝鮮人に対して」という議題が提起された。演壇には「朝鮮職業婦人救済会」を代表して金梅子が立ち、金公海の通訳で発言した。金梅子は「去年同情に与った金朴春は二度此の席に列することを得ぬ、そして私は第二の金朴春として出席したいのであります、私は何も知らぬ若いもので、只金朴春の後を享けたのみですが、金朴春同様よろしく同情を願います、私等は日本人と鮮人間は永遠の平和を繋いで行き度く切望します、それは国家的見地から人類愛の偉大な誠意で相結ぶことであります、私は先づ感謝の疎隔を防いで融和を図って行き度く思うています、私は此の間に処して只一つ日本の婦人運動によって融和すべく光明を認めている」とのべ、親善策を語った。そして、緊急動議で救済資金が募られ、九四円五〇銭が金梅子に手渡された。京城女子高等普通学校教諭の孫貞圭も、朝鮮人と日本人の中にある偏見を婦人会の力で改めたいと挨拶した。続いて和田富子が発言した。外国人から日本は朝鮮をどうしているかといつも聞かれる。今年の夏に朝鮮、「満州」を旅行して、現地の日本人は世界の人々が日本の朝鮮に対する態度を大変問題にしていることにまったく気づいていないことを知った。和田は朝鮮人に進んで親切を示してほしいと述べ、この日の議論は終了した。(96)

そのほかにも、一九二三年二月一八日、無産婦人団体である青光社の主催で大阪市の天王寺公会堂において演説会が開かれた。この演説会の中で、朝鮮人女性の元康和が「朝鮮人も人間であると叫んで、鮮人なるため、女なるため二重三重の圧迫を受ける苦衷を」訴えた。(97)その後、元康和は『大阪朝日新聞』にインタビューを受けた。彼女は二四歳、済州島の出身で、父は日本人の「妾」をもち、長崎に住んでいた。彼女は夫とともに長崎で長いあいだ「女工」生活をしていたが、夫はその父の「妾」とそりがあわず家出した。彼女は夫を探して大阪にやってきたが、行方がしれない。そのうち、無産女性運動に参加することになったという。この記事では彼女について「今しきりに紡績女工の中へ頭を突込まうとあせっている」と評している。(98)金朴春のように「内鮮融和」を標榜する人物にも、元康和のように無産婦人運動に参加する人物にも、朝鮮人「女工」の問題は共通して重要視されていたことが理解できるだろう。

また、同年五月二〇日には、無産婦人団体の異端者同盟の主催で、天王寺公会堂において「婦人労働問題演説会」が開催され、約一二〇〇名が参加した。この演説会の記録でも、名前はわからないが、「某朝鮮人ガ獅子吼シタ」と記載された。また「某台湾人」も演壇に立ち、「何ニモナイノニ陰謀事件ダト称シテ台湾ノ警官ハ少年三百名程引致シテ白状セヨト迫ッタ警官ハ嫌疑者ノ口ニホースデ水ヲ飲マサント」したと語り、発言を中止された。(99)また同年六月九日には、堺公会堂において、無産婦人団体である醒光社同人が主催し、「婦人労働問題演説会」が開催され、約三〇〇人が参加した。元康和が通訳付きで登壇したが、「朝鮮語ニテ演説ヲ始ムルヤ聴衆ノ二三ヨリ分カラヌト弥次ラレ直チニ退壇」した[100]。

これらの集会の主催団体は、金朴春の思想とはまったく異なる無産婦人運動団体であった。しかし、管見の限り、それまで大阪で朝鮮人女性が日本人の公衆の面前で植民地支配や朝鮮人女性差別などに抗議を表明することはなく、金朴春は先駆的な存在であったといえよう。

さらに、翌年一九二三年一〇月一五日に開催された第五回全関西婦人連合会代表者会でも、「朝鮮人の問題」について討議された。第一に朝鮮人の人々が誤解しないように、自分たちの手で融和を図らなければならないということ。第二に朝鮮には日本国内と同じ教育機構がないため誤解がおこったので、朝鮮の人々にも満足な教育施設が必要であることが提案された。ここでも、前回の大会で「第二の金朴春」と名乗った金梅子が登壇し、朝鮮人と日本人とのあいだの「友誼をはかるのは金銭ではできない、真実の愛を以って臨んで戴かねばなりません」と述べた。そして義捐金が募られ、金梅子に対し朝鮮人救済資金として一〇八円が贈呈された[101]。

このように金朴春の活動は、在日朝鮮人女性の活動としては先駆的であり、朝鮮人問題について、全国的な婦人団体の関心を喚起する役割を果たした。しかし、それに対する婦人団体の反応はあくまで植民地支配を肯定したうえでの「内鮮融和」にとどまり、義捐金を出すという程度であり、なんら具体的な行動をともなうものではなかった。

これらの活動と並行して、金公海は一九二二年一二月一日に設立された「大阪朝鮮労働者同盟会」の執行委員一〇名のうちの一人となった[102]。しかし、大阪府警察部特高課は、一九二三年一一月二四日、「朝鮮職業婦人救済会」が寄付金を朝鮮人女子留学生六人の育英資金にすると偽り、詐取したとして、金公海（記事上では金興秀）[103]を逮捕した。特高課では「朝鮮人救済事業の遂行上この種の不正分子を一掃し、内容を一層厳密に調査するに決した」のである。[104]その後、同年一一月二六日に、在阪朝鮮人の代表者四〇名が大阪市南区新世界前の李善洪宅に集まり、金公海について対策協議会を開き、決議した。[105]この決議の内容は分からないが、李善洪は大物朝鮮人活動家であった。[106]おそらく、大阪の在日朝鮮人社会の中で金公海に対して、なんらかの決議が行われたのであろう。

だが、金公海は、その後も一九三〇年代初頭にいたるまで、大阪でさまざまな活動を続けている。「内鮮融和団体」である「愛隣会」の会長としてである。この会は一九二七年二月一九日に結成された。名誉顧問に関一大阪市長や、辻坂大阪府会議長、前田松苗赤十字社大阪支部病院長などを擁した組織であった。[107]金公海は、同年一一月二二日、愛隣会の名誉顧問の一人でもあった前田赤十字社大阪支部病院長が病気で「引きこもり加療」していた時に、一〇〇円の見舞金と軸物を贈ろうとしていた。その時、金公海は二三六名の朝鮮人の代表として報道されている。[108]さらに、彼は「内鮮美術同好会」という組織をおこし、李王家の書師であった人物の作品を紹介するとともに、その売却金で「朝鮮人社会館」を大阪に建てることを計画していたようである。[109]また、彼は「無産者診療所」の開業にかかわった。一九三一年二月二一日に朝鮮出身者で作った日本最初のこの病院は、大阪の朝鮮人無産者団体二〇団体でそれぞれ一名ずつ常任委員を出して事業上の決議をおこない、実行機関として執行委員会を設けていた。この執行委員会で金公海は副委員長として外部との交渉にあたった。[110]その後の金公海の活動は管見の限り不明である。しかし、本当に詐欺を働いたのであれば、大阪の在日朝鮮人社会でその後の活動が可能だとは考えられず、フレームアップの可能性が高いといえよう。

四　おわりに

一九二〇年代初頭の京都市内における朝鮮人は、民族差別にさらされ、失業者も多数存在し、きわめて低い生活水準であった。また、京都市域に居住する在日朝鮮人に対し行政による救済活動はおこなわれていなかった。

このような状況から、自主的な朝鮮人救済団体である「京都朝鮮人労働共済会」が、京都帝国大学などの朝鮮人留学生や朝鮮人キリスト者を母胎として生まれた。初代会長は特高の甲号要視察人であり、京都においてはじめて朝鮮人キリスト者自身による礼拝を組織した李順鐸であった。しかし、徐々に内鮮融和団体としての性格を強めていき、一九二一年九月「内鮮融和」を標榜する金公海が会長となる。この団体は日本聖公会主教や日本組合基督教会関係者の支援を受けていた。「京都朝鮮人労働共済会」は、運営資金に行き詰りながらもさまざまな活動を行っていたが、組織運営の困難や財政上の理由から瓦解した。

金公海の妻である金朴春は、一九二一年九月に、大阪朝日新聞社主催の第三回婦人会関西連合会（全関西婦人連合会の前身）大会に登場した。彼女は、朝鮮人女性の日本における教育機会の保障と、世界的な女性運動の展開を提起した。また彼女は一九二二年一月に「朝鮮職業婦人救済会」を設立した。メディアでも彼女の活動は大いに宣伝された。また、彼女は基督教女子青年会による朝鮮人女性に対する事業にも関与していた。

彼女の行動と思想を検討すると、一九一六年頃に「夫」の金公海とともに京都に来住し、西陣織の工場で働き、日本社会での朝鮮人差別に直面する。しかし、基督教女子青年会の人々の援助を受け、大阪の紡績工場などに講演にいくようになった。その後、先にあげた大阪朝日新聞社主催第三回婦人会関西連合会大会に出席し、多くの日本人女性活動家と出会い、キリスト教関係の人々からも援助を受けた。彼女は朝鮮人救済事業を進める中で「独立運動派」としてあつかわれたことへの反発や、自身の差別体験から、日本の婦人団体も朝鮮人女性救済を積極的におこなってほしいと批判していた。

さらに彼女は一九二二年一月に金公海とともに大阪に活動の基盤を移す。大阪においても朝鮮人たちの生活は苦しいものだった。彼女は、植民地支配を肯定しつつも、植民地支配の矛盾や朝鮮人差別を指摘し、日本に住む朝鮮人が日本の下層社会の影響を受け、思想的に悪化すると主張した。そして、朝鮮人の救済を積極的におこない、「内鮮融和」を進めることで、日本も日本人もよくなるのだという論理にもとづき、朝鮮人女性救済事業を進めようとしていた。だが、彼女は日本の下層社会に対する蔑視感を抱いており、自分たちの活動が「独立運動派」という誤解を非常に受けやすいとも認識していた。彼女が大阪に移住する際、朝鮮人差別が原因で借家がみつからず、当初は天満の基督教女子青年会館の一室に移住した。大阪毎日新聞慈善団が、彼女たちに寄付金を与え、市営住宅を借りさせ、事業開始を援助した。そこでまず彼女は朝鮮人女性を下層社会に接触させず、上流階級に接触させるために、大阪で朝鮮人女性への「女中」紹介事業を開始したが、実効性は明らかでない。

一方、「京都朝鮮人労働共済会」においては、内部の路線対立や、「内鮮融和」を標榜する朝鮮人に対する在日朝鮮人社会からの反発などにより、金公海が排除され、二人は京都における活動の基盤を失った。「朝鮮職業婦人救済会」は、大阪を拠点に朝鮮人女性の身の上相談・職業紹介・教育慰安などの活動をおこなっている。朝鮮人キリスト者たちの関与もあり、朝鮮人女性紡績労働者を対象とする「慰安会」を大阪市市民館でおこなうなどの活発な活動をみせた。それに対する社会的反響もあったが、彼女は同年七月、活動の無理がたたり、死去した。

その後も、金朴春が朝鮮人女性たちに与えた影響は一定程度存在していた。全関西婦人連合会の大会には「第二の金朴春」と称した金梅子が出席し、朝鮮人問題に関する議題を提起し、発言を続けた。また尹慶玉のように、金朴春に影響されて大阪にきた女性も存在した。思想的背景はまったく異なるが、元康和も演説会で登壇して、植民地支配や朝鮮人女性であるがゆえの差別と悲しみについて発言している。しかし、日本の婦人団体の代表者たちがとった態度は、あくまで植民地支配を肯定したうえでの「内鮮融和」にとどまり、義捐金を出すという程度の関与で、具体的な行動をともなうものではなかった。

だが、金公海の詐欺事件によって、「朝鮮職業婦人救済会」は解散することになった。金公海自身はその後も一九三〇年代初頭にいたるまで、大阪でさまざまな活動を続けている。彼が本当に詐欺を働いたのであれば、大阪の在日朝鮮人社会でその後の活動が可能であったとは考えにくく、フレームアップの可能性が高い。これは在日朝鮮人自身による自主的救済事業に対する処遇の、典型的な事例の一つといえるだろう。

こうして、在日朝鮮人女性自身による、在日朝鮮人女性のための自主的救済事業の試みは潰えた。金朴春の活動の軌跡は、「内鮮融和」を標榜して自主的な救済活動をおこなう在日朝鮮人女性の苦悩と葛藤について教えてくれる。日本社会の中で植民地支配下のマイノリティとして、社会政策／社会福祉の「対象」とされながらも、「内鮮融和」を標榜し、朝鮮人女性救済事業を展開する彼／彼女らの活動は注目され、さまざまな援助をうけることができた。しかし、その反面、金朴春・金公海は、日本人には「独立運動派」ではないかと疑惑の目を向けられ、在日朝鮮人には「色々な救済会様のものを拵へて内鮮人双方から奇利を貪る奴」と憎悪される存在でもあった。彼／彼女らがさまざまな援助を受け続けるためには、植民地支配を肯定し、「独立運動」とは無関係であることを繰り返し日本社会に対して示し続けなければならなかったのである。

また金朴春は、日本の下層社会に対する差別意識を内包しており、植民地支配そのものは肯定していたが、植民地支配のあり方についてさまざまな批判をおこなっていた。それは、帝国日本のマイノリティである朝鮮人として、容認されうるギリギリの訴えであった。植民地支配の力学や諸矛盾は、彼／彼女らの発言や活動にも大きく影響していた。しかし金朴春の活動は、ほかの在日朝鮮人女性にも一定の影響を与えた。彼女は朝鮮人女性への職業紹介や社会事業を推進する目的をもった「親日派新女性」であったと考えられるだろう。「朝鮮職業婦人救済会」の活動は金朴春の死と、金公海の逮捕により潰えた。そして、一九二四年五月、大阪府内鮮協和会が設立され、行政主導の内鮮融和事業が本格的に始動していった。

今後も、帝国日本のマイノリティであり、社会政策／社会福祉の「対象」とされた在日朝鮮人たちの自主的救済事業をめぐる苦悩や葛藤と社会政策／社会福祉との関係について、植民地支配の「圧力」を組み込んで、さらに明らかにする必要がある。そして、社会政策／社会福祉の「対象」とされる人々の存在を視野に入れて、日本近現代社会政策／社会福祉史研究を再構成していく試みを継続していかなければならないだろう。

（1）本書第八章。なお、内鮮融和団体の生活改善・生活擁護運動に関する研究史は、外村大『在日朝鮮人社会の歴史学的研究』（緑蔭書房、二〇〇四年）など参照。
（2）いわゆる「新女性」研究の動向については、井上和枝「アジア各国女性史研究の現状と課題――朝鮮――」（『アジア女性史　比較史の試み』明石書店、一九九七年）、同「朝鮮女性史における「新女性」研究の新たな動向」（『国際文化学部論集』一巻二号、二〇〇〇年）、同「日韓「新女性」研究の現況」（『歴史評論』六一二号、二〇〇一年）、同『植民地朝鮮の新女性』（明石書店、二〇一三年）、同「「タブー」の克服としての「新女性」研究」（『朝鮮史研究会論文集』五一号、二〇一三年）、ムン・オックピョほか編『新女性』（青年社、韓国、二〇〇二年）、宋連玉『脱帝国のフェミニズムを求めて』（有志舎、二〇一〇年）など参照。
（3）朴宣美『朝鮮女性の知の回遊』（山川出版社、二〇〇五年）。朝鮮人女子留学生研究の研究動向については、同書、序章参照。朝鮮人「女工」研究については、金賛汀・方鮮姫『風の慟哭――在日朝鮮人女工の生活と歴史――』（田畑書店、一九七七年）、金賛汀『朝鮮人女工のうた』（岩波書店、一九八二年）、金子マーティン「戦前期繊維業における植民地朝鮮出身の女性労働者と労働運動」（徐龍達先生還暦記念委員会編『アジア市民と韓朝鮮人』日本評論社、一九九三年）、同「戦前期繊維産業における被差別集団出身の女性労働者」（『歴史学研究』六六四号、一九九四年）など参照。
（4）前掲註（2）宋書『脱帝国のフェミニズムを求めて』、金富子「ジェンダー史・教育史から見た植民地近代性論」（『歴史学研究』八六七号、二〇一〇年六月）など。
（5）前掲註（2）井上論文「「タブー」の克服としての「新女性」研究」。
（6）塚崎昌之「一九二〇年代の在阪朝鮮人「融和」政策の見直し」（『在日朝鮮人史研究』三五号、二〇〇五年）、同「一九二二年大阪朝鮮労働同盟会の設立とその活動の再検討」（『在日朝鮮人史研究』三六号、二〇〇六年）、同「一九二〇年代、大阪における「内鮮融和」時代の開始と内容の再検討」（『在日朝鮮人史研究』三七号、二〇〇七年）。

（7）本書第八章。
（8）石月静恵『戦間期の婦人運動』（東方出版、一九九六年、五九〜六〇頁）。
（9）藤目ゆき『性の歴史学』（不二出版、一九九七年）、同「解説」（『婦人　全関西婦人連合会機関誌　解説・総目次・索引』不二出版、一九九七年）。
（10）伊藤悦子「市立託児所の設置とその意義」（『京都部落史研究所紀要』六号、一九八六年）。
（11）詳細は、呉允台『日韓キリスト教交流史』（新教出版社、一九六八年）、中農教篤『天皇制国家と植民地伝道』（国書刊行会、一九七六年）、沢正彦『南北朝鮮キリスト教史論』（日本基督教団出版局、一九八二年）、飯沼二郎・韓晳曦編『日本帝国主義の朝鮮伝道』（日本基督教団出版局、一九八五年）、韓晳曦『日本の朝鮮支配と宗教政策』（未来社、一九八八年）、韓国基督教歴史研究所著／韓晳曦・蔵田雅彦訳『韓国基督教の受難と抵抗』（新教出版社、一九九五年）、松尾尊兊『民本主義と帝国主義』（みすず書房、一九九八年）、徐正敏『日韓キリスト教関係史研究』（日本キリスト教団出版局、二〇〇九年）などの研究を参照。
（12）同志社大学人文科学研究所キリスト教社会問題研究会編「朝鮮基督教会と日本基督教会の合同問題」（『特高資料における戦時下のキリスト教運動』新教出版社、一九七二年）、柳東植『在日本韓国基督教青年会史　一九〇六―一九九〇』（在日本韓国基督教青年会、一九九〇年）、日本基督教会靖国神社問題特別委員会『戦時下教会・キリスト者のあゆみ――付日本基督教会の「朝鮮基督教会」（在内地朝鮮人教会）併合問題――』（同、一九九一年）、日本基督教団中部教区愛知西地区靖国神社問題特設委員会編『愛知県下における「朝鮮基督教会」のあゆみ』（一九九八年）、在日大韓基督教会歴史編纂委員会編『宣教九〇周年記念誌一九〇八―一九九八』（在日大韓基督教会、二〇〇二年）、そのほか、在日大韓基督教会の各教会史などを参照。
（13）在日大韓基督教京都教会『京都教会五〇年史』（同、一九七八年）、在日大韓基督教大阪教会『大阪教会五五年史』（同、一九七九年）、金森珍『京都教会の歴史（一九二五―一九九八年）』（在日大韓基督教京都教会、一九九八年）。
（14）鄭富京「戦時下における在日本朝鮮基督教会（一九〇八〜一九四五）――京都における在日本朝鮮基督教会を中心に――」（同志社大学大学院神学研究科二〇〇一年度修士論文）。
（15）『大阪朝日新聞京都版』一九二〇年八月一四日。

（16）高野昭雄『近代都市の形成と朝鮮人』（人文書院、二〇〇九年）参照。
（17）本書第八章。
（18）警保局保安課『朝鮮人概況　第三』一九二〇年六月三〇日（朴慶植編『在日朝鮮人関係資料集成』一巻、三一書房、一九七五年、九三頁）。
（19）『東亜日報』一九二〇年五月一三日。
（20）『京都府庁文書』大一一―一四「大正十一年十月事務引継書（若林知事）」「高等警察課主管事務引継書　要視察朝鮮人調」。
（21）一九一七年に作られた朝鮮人教会であり、のちに在日大韓基督教神戸教会となる。詳細は在日大韓基督教神戸教会『神戸教会七〇年史』（同、一九九一年）参照。
（22）一九〇八年に創立の教会で、一九一二年九月、大韓イエス教長老教独老会と朝鮮米監理教会、朝鮮南監理教会の両年会が同意し、在韓福音主義宣教部連合公議会が実務を担当することになった。詳細は、在日大韓基督教東京教会『東京教会七〇年史』（同、一九八〇年）参照。
（23）『基督申報』一九一九年一二月一〇日。
（24）『基督申報』一九二〇年一月二八日。
（25）『基督申報』一九二三年五月三一日。
（26）『基督教世界』一九〇〇号（一九二〇年四月一日）。
（27）『福音新報』一三二七号（一九二〇年一二月二日）。
（28）『基督教世界』一九三五号（一九二〇年一二月二日）。
（29）前掲註(11)の先行研究にあるように、朝鮮総督府の関与もあった日本組合基督教会の朝鮮伝道は、一九二一年朝鮮伝道部を廃止し、朝鮮会衆派教会を創立して撤退し、失敗に終わる。
（30）『大阪朝日新聞京都版』一九二〇年九月二日。
（31）金公海の経歴は、京城法学校および明治大学法科卒業とされている（『大阪毎日新聞』一九二八年一二月二三日）。金公海、金朴春ともにキリスト者であった（『中外日報』一九二二年四月九日）。

(32)『京都日出新聞』一九二二年九月一五日。
(33) 京都聖公会第二代総督地方部主教、タッカー（任期一九一二～一九二三年、Henry. st. George Tukar, 一八七四～一九五九年）のことである。（京都聖三一教会一〇〇年記念事業一〇〇年記念誌編纂委員会編『聖三一教会の百年』日本聖公会京都聖三一教会、二〇〇〇年、三一～三二頁）。タッカーについては金子尚一「思い出の静かな岸辺を尋ねて」（『立教』一一七、一一八号、一九八六年）参照。
(34) 同志社大学の聖書学専攻の教授、カブ（Edward Scribner Cobb）のことであると推測される。『同志社大学職員及学生名簿（大正九年六月一日現在）』『同志社大学職員及学生名簿（大正一三年六月一日現在）』で確認すると彼は「イー・エス・カーブ」と記載されており、その住所は「烏丸今出川上ル」となっている。彼については山崎亨「故イー・エス・カーブ教授を追憶して」（『基督教研究』三三巻一号、一九六〇年）参照。
(35)『京都日出新聞』一九二二年九月二五日。
(36)『京都日出新聞』一九二二年九月一五日。
(37)『大阪毎日新聞京都版』一九二一年一一月一七日。
(38)『大阪毎日新聞京都版』一九二一年一一月一八日。
(39)『大阪毎日新聞京都版』一九二一年一一月二〇日。
(40)『大阪朝日新聞京都版』一九二一年一〇月一〇日。
(41)『大阪朝日新聞京都版』一九二一年一〇月一五日。
(42)『大阪毎日新聞京都版』一九二一年一二月一一日。
(43)『大阪朝日新聞京都版』一九二一年一〇月三〇日。なお彼女は、現在の梨花女子大学の前身である「京城梨花学堂出身」（『大阪時事新報』一九二三年七月三一日）とされていた。金朴春本人も「実地の研究のため某大学英文科に入学して男学生と交って討論もし、運動したこともある」（『大阪朝日新聞京都版』一九二二年一月一二日）と回想する。つまり、梨花学堂を卒業後、同志社女学校に入学となる。だが、『同志社時報』、同窓会名簿・生徒名簿が掲載される各年度『同志社女学校期報』、同志社女学校『同窓会名簿』には金朴春の氏名は掲載されておらず、入学していないか、中退したと推定される。同志社女子大学史料室では個人情報保護の観点から、学外者には「学籍簿」の閲覧が不可能であり、在籍確認ができなかった。今後の課題としたい。学籍簿を閲覧した宮沢正典によると、同志社女子部に入学した朝鮮人女子留学生の大半が中途退学しており、多くは家事都合によると書かれているが、経済的理由や結婚によるものが多かったと考えられるという（宮沢正典『同志社女学校史の研究』思文閣出版、二〇一一年、一六二頁）。同志社の外国人女子留学生については、宮沢前掲書、阪口直樹『戦前同志社の台湾留学生』（白帝社、二〇〇二年）、朴宣美前掲註(3)書を参照。戦前期京都の朝鮮人留学生の動向は、水野直樹『朝鮮人留学生たちの京都』（同志社大学人文科学研究所、二〇〇三年）など参照。

(44)『大阪朝日新聞京都版』一九二一年一〇月三〇日。

(45)『女子青年界』一九巻一号（一九二二年一月、四五～四七頁）。

(46)『女子青年界』一九巻二号（一九二二年二月、四三頁）。なお、この史料における「山県夫人」は山県久子と考えられるが、論証できない。

(47)『京都日出新聞』一九二一年一二月二七日夕刊。なお楽只託児所は被差別部落にあるが、この時期の京都市の「市立託児所」は、すべて被差別部落に所在している。詳細は、前掲註(10)伊藤論文参照。ただし、金朴春が目前の「貧民村」が被差別部落であったということを認識していたかどうかは明らかにできない。

(48)『中外日報』一九二二年一月二四日。

(49)この同志社公会堂は同志社の構内にある「公会堂」のことであると推定される。「同志社略図（大正十五年）」（同志社女子部創立百周年記念誌編集委員会編『同志社女子部の百年』一九七八年、一五七頁）参照。

(50)『京都日出新聞』一九二二年一月四日、『大阪朝日新聞』一九二二年一月三日。

(51)ただし、山県久子は留岡幸助の紹介で東京において慈善事業を行うため、一九二二年の秋に娘の清子を連れ、東京市外の雑司ヶ谷に転居するとされた。一九二二年六月一〇日に送別会が開催されている。（同志社女学校学友会・同窓会『女学校期報』四七号、一九二二年七月、一〇七～一〇八頁）。その後の朝鮮青年会の活動は不明である。

(52)『大阪朝日新聞』一九二二年一月三日、一月四日。

(53)『東亜日報』一九二二年一月六日。

(54)『大阪朝日新聞京都版』一九二二年一月九日。

(55) 大阪婦人ホームは、基督教婦人矯風会が運営をおこなっている施設である。前掲註(8)石月書第二章参照。
(56)『大阪朝日新聞京都版』一九二二年一月一〇日。
(57)『大阪朝日新聞京都版』一九二三年一月一二日。
(58)『大阪朝日新聞京都版』一九二二年六月三日。
(59)『京城日報』一九二二年四月二五日。
(60)『女子青年界』一九巻二号（一九二二年二月、四三頁）。このように、彼／彼女らは大阪でも、当初はキリスト者の支援を受けるが、聖公会の洗礼を受けたキリスト者であり、大阪で「内鮮融和」を「人道主義」的に推進した柳原吉兵衛などとの関係は明らかにできない。柳原吉兵衛については、樋口雄一「日本人の在日朝鮮人対応―柳原市兵衛と協和会――」（『協和会』社会評論社、一九八六年）、前掲註(3)朴書第五章参照。
(61)『女子青年界』一九巻三号（一九二二年三月、四五頁）。
(62) 河明生『韓人日本移民社会経済史』（明石書店、一九九七年）、西成田豊『在日朝鮮人の「世界」と「帝国」国家』（東京大学出版会、一九九七年）、杉原達『越境する民』（新幹社、一九九八年）、外村大『在日朝鮮人社会の歴史学的研究』（緑蔭書房、二〇〇四年）、前掲註(6)塚崎論文「一九二〇年代、大阪における「内鮮融和」時代の開始と内容の再検討」など参照。
(63)『基督教世界』二〇四一号（一九二三年一月一一日）。
(64)『救済研究』一〇巻一号（一九二二年一月、七八～七九頁）。なお、汎愛扶植会は、一九二一年九月に朝鮮総督府の賛同を受けて、朝鮮人のための労働紹介所、宿泊所を設立した。また大阪市内の天神橋筋六丁目にも朝鮮人労働紹介所を開設した。その主任は朴永恩、書記は、洪龍基であり、朝鮮人が事業の担い手に入っていた。その後も猪飼野や泉尾に無料宿泊所を設け、日本語学校を併設した。しかし、汎愛扶植会の活動は、大阪府内鮮協和会の成立後は、史料上みられなくなるという。前掲註(6)塚崎論文「一九二〇年代、大阪における「内鮮融和」時代の開始と内容の再検討」参照。
(65)『救済研究』一〇巻四号（一九二二年四月、四〇～四八頁）。
(66) 南條茂『西野田第一方面十五年史』（一九三八年、三三〇～三三一頁）。
(67)『救済研究』一〇巻一号（一九二二年一月、七八頁）。

(68)『中外日報』一九二三年四月九日。
(69)『大阪毎日新聞慈善団二十年史』(一九三一年八月、二四二〜二四三頁)。
(70)『救済研究』一〇巻一号(一九二二年一月、七八頁)。
(71)『大阪毎日新聞』一九二二年四月二六日夕刊。
(72)『中外日報』一九二三年五月三日。管見の限り、唯一の「朝鮮人女中」に関する専論である金淑子の研究によると、国勢調査で朝鮮人の家事使用人は一九二〇年に四人、一九三〇年に三三六八人であった。しかし、第一に一九三〇年の三三六八人中、女性は一四三八人で半数に満たず、男性の方が多かった。第二に家事の補助的な役割や子守を担当するケースが多く、下働きのような形で日本人家庭に入り、賃金がなかった。第三に在日朝鮮人の家事使用人にとって、日本人家庭での生活文化の違いが大きな精神的負担になっていたとしている(金淑子「朝鮮人の女中」〈小泉和子編『女中のいた昭和』河出書房新社、二〇一二年、一五五〜一五七頁〉)。一九二三年当時としては、日本人家庭での朝鮮人女中の雇用を訴える金朴春の意見は珍しいものであったようである。
(73)『職業婦人』一巻二号(一九二三年七月一日、五一頁)。
(74)『中外日報』一九二三年四月二八日。
(75)「先の会長朴某」は、この記事には「名不詳」と書かれているが、「京都朝鮮人労働共済会」の会長で京都府立医学専門学校を卒業した朴璋龍と考えられる(『大阪朝日新聞京都版』一九二〇年九月二日)。
(76)『中外日報』一九二三年五月二日、五月三日、五月四日。
(77)『中外日報』一九二三年六月五日。
(78)『大阪朝日新聞京都版』一九二三年四月三日。
(79)『大阪朝日新聞京都版』一九二三年六月三日。
(80)その後の「京都朝鮮人労働共済会」の活動を引き継いだ権五燮などの京都における動向は、本書第八章を参照。
(81)『大阪毎日新聞』一九二三年五月三〇日。
(82)金二坤は一九二三年三月に長老教慶南老会に所属し、朝鮮長老会総会によって日本に派遣され、関西周辺で伝道していた人物である。前掲註(14)鄭論文五頁参照。

(83) 一九二一年に神戸中央神学校に留学していた神学生金禹鉉が、大阪摂津紡績に招かれ講演をおこない、紡績労働者金義生と出会った。その後、寄宿舎の部屋を借り、祈禱会を始めた。同年五月中旬には、明石紡績会社に勤めていた申南秀ほか数名が祈禱会に参加していた。一九二二年には大阪市東成区小橋町の金成河宅の二階を伝道所として、伝道活動をおこなっていた。同年三月には巡回牧師の金二坤から金義生が洗礼問答、申南秀と金孔解が学習問答を受け、約一〇名が集まったという。前掲註(13)『大阪教会五五年史』参照。

(84) 『大阪朝日新聞』一九二三年六月一日、『大阪毎日新聞』一九二二年六月一日。

(85) 『大阪朝日新聞』一九二三年九月一六日。

(86) 『大阪府方面事業年報』(大正一三年度)所収「方面常務委員連合会議事速記録」(一九二二年五月二一日、二〇二～二〇五頁)。済美第四小学校夜間部については、伊藤悦子「大阪における「内鮮融和期」の在日朝鮮人教育」(『在日朝鮮人史研究』一二号、一九八三年)、前掲註(6)塚崎論文「一九二〇年代の在阪朝鮮人「融和」政策の見直し」参照。

(87) 朝鮮総督府「阪神・京阪地方の朝鮮人労働者」一九二四年七月(朴慶植『在日朝鮮人関係資料集成』第一巻、三一書房、一九七五年、四一七頁)。

(88) 『中外日報』一九二三年七月一日、一二月一〇日、『大阪時事新報』一九二二年六月二日。

(89) 『大阪時事新報』一九二三年六月一六日。

(90) 『大阪朝日新聞』一九二三年七月一三日夕刊、七月三〇日。

(91) 『大阪時事新報』一九二三年七月三一日。

(92) 前掲註(66)南條書、三三六頁。

(93) 『大阪時事新報』一九二三年八月一日。

(94) 『婦人新報』三〇三号(一九二三年一月一〇日、三六頁)。

(95) 『中外日報』一九二二年一〇月一四日。

(96) 『大阪朝日新聞』一九二二年一〇月二二日。

(97) 『大阪朝日新聞』一九二三年二月一九日、『大阪毎日新聞』一九二三年二月一九日。

(98) 『大阪朝日新聞』一九二三年三月一日。

(99) 法政大学大原社会問題研究所所蔵協調会資料『日本社会労働運動資料集成』リール五二「団体　思想団体一二」「第三五二号　婦人労働問題演説会ノ件」一九二三年五月二一日。
(100) 同右、「第三五七号　婦人労働問題演説会ノ件」一九二三年六月一一日。
(101) 『大阪朝日新聞』一九二三年一〇月一六日。
(102) 『労働者新聞』一九二二年一二月一五日。
(103) 金公海は社会運動上の通称名で、金興秀が本名である可能性が高い。
(104) 『大阪毎日新聞』一九二三年一一月二五日。
(105) 『大阪毎日新聞』一九二三年一一月二七日。
(106) 李善洪については、塚崎昌之「戦前期大阪の朝鮮人と選挙――四回の総選挙に立候補した李善洪を中心に――」（『在日朝鮮人史研究』四三号、二〇一三年）参照。
(107) 『大阪毎日新聞』一九二七年二月一九日。
(108) 『大阪朝日新聞』一九二七年一一月二二日。
(109) 『大阪朝日新聞』一九二七年一二月一二日。
(110) 『大阪朝日新聞』一九三一年二月一九日、『大阪毎日新聞』一九三一年二月二一日。大阪朝鮮無産者診療所については、外村大「大阪朝鮮無産者診療所の闘い」（『在日朝鮮人史研究』二〇号、一九九〇年）、塚崎昌之「戦前期大阪における朝鮮人医療問題」（『在日朝鮮人史研究』四一号、二〇一一年）を参照。

第八章　都市社会政策と「内鮮融和団体」の形成と変容

一　はじめに

本章は、戦前期都市社会政策と「内鮮融和団体」の相互関係を検討し、都市社会政策におけるマイノリティの歴史的位置を明らかにするものである。

従来の在日朝鮮人史研究は、植民地支配に抵抗する労働運動・社会運動を展開した団体を中心とする研究であった。内鮮融和団体については権力との親和性や、民衆への抑圧の側面が強調され、充分な検討の対象となってこなかった。

しかし、外村大の研究を代表として、内鮮融和団体について、朝鮮人自身の生活擁護や親睦・相互扶助の役割を果たした一面が指摘された。さらに在日朝鮮人の定住化を、「在日朝鮮人社会」の形成としてとらえ、「内鮮融和団体」が親睦扶助や生活改善に果たした役割を、積極的に評価すべきであるという研究も登場している(1)。

このような研究状況からみると、本章で対象とする京都市域に関する研究としては、浅田朋子の研究が重要である。浅田は、朝鮮人による自主的な生活権擁護闘争を分析する視角から、民族的生活権闘争をおこなった自主的な生活擁護団体として、京都朝鮮幼稚園や京都向上会を検討している(2)。

また「内鮮融和団体」に関する従来の研究にも問題点がある。まず、関東大震災による朝鮮人虐殺が原因で、各地で行政主導の「内鮮融和団体」が設立される。研究史上、樋口雄一(3)、宗田千絵(4)、坂井俊樹(5)が検討した神奈川県内鮮協会、堀内稔が分析した兵庫県内鮮協会(6)、さらに前述の樋口雄一、朴宣美(7)や塚崎昌之(8)が研究をおこなっている大阪府内鮮協和会の事例のように、都市社会行政や警察に積極的に協力し、親睦扶助や生活改善をおこなった行政主導の内鮮融和団体に関する研究である。だが、いずれも、行政・警察などにより援助・事業がおこなわれたという日本人側の動向の指摘にとどまっている。朝鮮人自身が主体的に関与し、都市社会行政などとどのような交渉過程を経て、事業をおこなっていったかという事実は、神奈川県の事例で指摘されている程度である。

京都にも、都市社会行政と密接な関連があった内鮮融和団体が存在した。「京都朝鮮人労働共済会」と、その後身である「京都朝鮮人協助会」である。この組織については、一九二〇年代初頭から存在するため、すでに鈴木博(9)、千本秀樹(10)、浅田朋子(11)が、この団体の成立過程と、設立当初における組織の概要、団体の性格について指摘している。しかし、分析は団体の成立期に集中しており、以後の組織展開や性格などは明らかになっていない。しかし、浅田朋子が指摘した通り、京都地域におけるほとんどの内鮮融和団体は、史料上の制約から断片的な活動しか明らかにできない(12)。その中で「京都朝鮮人労働共済会」は、通時的に活動が把握できる稀有な団体で、都市社会政策と在日朝鮮人の相互関係をみるうえで格好の事例といえる。

そして、都市社会政策史研究／社会福祉史研究においても、内鮮融和団体を本格的に組み込んだ研究は、塚崎昌之の研究をのぞけば、ほぼ皆無である(13)。都市社会政策史研究／社会福祉史研究において、このような事実は等閑視されてきた(14)。また近年では、都市社会政策や社会事業における朝鮮人の差別的な待遇を論証した許光茂の研究も登場している(15)。これらの研究を踏まえて、都市社会政策と内鮮融和団体の相互関係を実証的に明らかにすることが必要である。

このような、都市社会政策と密接な関わりをもつ内鮮融和団体を分析することで、第一に植民地支配における

「支配」の論理と、在日朝鮮人自身の「主体」の対応との相互関係を明らかにできる。第二に「内鮮融和団体」に結集した朝鮮人と、都市社会行政や警察との交渉過程を描くことで、差別撤廃や生活改善のために、さまざまな「権力」に「協力」した過程の内実を分析の俎上に載せることもできる。それによって、「内鮮融和団体」や、自主的な朝鮮人救済事業に関わった朝鮮人たちの求めたものや、それにともなう苦悩や葛藤を描くことも可能になろう。第三に内鮮融和団体における自主的な朝鮮人救済事業の存在を無視してきた都市社会政策史／社会福祉史研究に対し、マイノリティを組み込んだ研究の必要性を発信することができるだろう。なお、史料上はさまざまな呼称をされている「京都朝鮮人労働共済会」、「京都朝鮮人協助会」、「京都協助会」の名称は、煩雑なため統一したことをお断りしておく。

二　自主的救済団体の形成と展開

(1)　「京都朝鮮人労働共済会」の成立と終焉

まず、「京都朝鮮人労働共済会」の形成過程をみてみよう。

すでに前章で述べたとおり、一九二〇年代初頭の京都市内における朝鮮人は、民族差別にさらされ、失業者も多数存在し、きわめて低い生活水準にあった。また、京都市域に居住する在日朝鮮人を対象とした救済活動はおこなわれていなかった。このような状況から、自主的な朝鮮人救済団体である「京都朝鮮人労働共済会」が、京都帝国大学などの朝鮮人留学生や朝鮮人キリスト者を母胎として生まれた。会の結成当初は、特高の甲号要視察人であり、京都で初めて朝鮮人キリスト者自身による礼拝を組織した李順鐸が会長であった。しかし、徐々に内鮮融和団体としての性格を強めていき、「内鮮融和」を標榜する金公海が会長となる。この団体は日本聖公会主教や日本組合基督教会関係者の支援を受けていた。金公海は運営資金に行き詰りながらもさまざまな活動をおこなっていた。彼は、妻の金朴春とともに、植民地支配の矛盾や朝鮮人差別を指摘し、朝鮮人が日本に移住せざるをえなくなり、日本の下層社会の影響を受けるがゆえに、日本に住む朝鮮人が思想的に悪化すると主張した。そして、朝鮮人の救済を積極的におこない、内鮮融和を進めることで、日本も日本人もよくなるのだという論理にもとづき、朝鮮人救済事業を進めようとしていた。だが、「京都朝鮮人労働共済会」においては、内部の路線対立や「内鮮融和」を標榜する朝鮮人に対する在日朝鮮人社会からの反発などにより金公海が排除され、二人は京都における活動の基盤を失った。(16)

また、「京都朝鮮人労働共済会」自体も、共済会の総務を担当していた権五燮が、活動不振を訴え、西陣の各機業家を歴訪して維持費の金策につとめたが、万策つきて、以後の対策を検討するための臨時総会を数度にわたり招集した。しかし、来会者不足で何度も総会は流会し、ただ自滅を待つのみという状態になってしまったのである。(17)

だが、権五燮は「京都朝鮮人労働共済会」解散後の一九二二年六月、元朝鮮総督府土木技師であった経歴を見込まれ、西陣署高等刑事部に就職先を斡旋された。彼は巡査試験を受験し、受験者一三名中三位で合格した。京都府における最初の朝鮮人巡査であった。(18)

そして、同年八月には、京都府警の警察官となった権五燮が「各鮮人の雇主其ほかを歴訪し且比較的裕福な鮮人を説き起こした結果、七月中旬に至り、鮮人間には共済会の再興を叫ぶものありて、一時に百数十円の寄付が出来た」(19)と報じられたように、さまざまな努力をおこない、寄付を募り、「京都朝鮮人労働共済会」を復活させようとした。

(2) 都市社会行政と「京都朝鮮人協助会」

一九二二年一一月一五日、これまで総務として、「京都朝鮮人労働共済会」を支えてきた権五燮、臨済宗大学生金承法、大谷大学生金九経などが中心となって「京都朝鮮人協助会」が結成された。その発会式は京都六角会館で開催された。京都在住の朝鮮人約三〇〇名が参会し、事務所は以前と同じ、北野天満宮東門前に置いた。ここでは金承法が報告に立ち、第一次世界大戦後の農産品価格暴落と増税のために朝鮮人は、中国や日本に移住せざるをえなくなった。日本でも生活が安定せず、さまざまな差別がある。このような問題を解決するための唯一の機関として協助会を設置するとのべた。また、市会議員や東本願寺連枝である大谷瑩韶も講演している。「京都朝鮮人労働共済会」時代には、約一万人の無宿者の世話をおこない、八〇〇人の職業紹介をしたと新聞紙上で実績をアピールしていた。その組織を新たに、「京都朝鮮人協助会」として再結成するとしていたのである。[20]

このように「京都朝鮮人協助会」の結成においても、朝鮮人留学生の役割が大きい事がうかがえる。「京都朝鮮人労働共済会」の権五燮が、「京都朝鮮人協助会」に加入しているものの、そのほかのメンバーはいれかわっていた。

翌一九二三年一月二六日に、「京都朝鮮人協助会」の代表は、京都府庁に中野警察部長を訪ねて、朝鮮人問題について陳情した。訴えの内容は、第一に内地の工場主が朝鮮人の賃金を引き下げている。朝鮮でも内地でも経済的に圧迫されては、思想上にも政治上も重大な問題となり、純朴な朝鮮人が一度日本の労働者仲間に入るとただちに不真面目になること。第二に日本語夜学校の開校を求めていた。彼らは京都府に対して京都市上京区今出川教会か、壬生託児所を会場にするべく、交渉中であると報道された。[21] このように、一九二三年に入ると、京都府に対し、民族差別による賃金格差、失業した朝鮮人の就労補助の問題を訴え、その打開策の一つとして、日本語夜学校の会場使用を陳情するという動きをみせていたのである。

同年四月一七日にも、金承法と権五燮が京都府庁を訪ね、同会には一〇畳敷に毎日三〇～四〇人が宿泊し、布団はわずかに六枚しかないと訴えた。そして、第一に、京都市社会課には、月四〇円交付してもらっている。それと、篤志家の寄付とをあわせ、全体経費は月五〇円で、職業紹介、無料宿泊所の事業を運営している。しかしとても追いつかず、府社会課でも援助してほしい。第二に千本四条・西陣・出町付近で、朝鮮労働者のための日本語の夜間教育機関の設置をしてほしいと陳情した。関屋京都府社会課長は、夜学の件は京都府・京都市両学務課と交渉中で、職業紹介や宿泊所の問題については、至急解決していきたいとした[22]。このように、「京都朝鮮人協助会」が結成されると、朝鮮人たちは、直接京都府に陳情にいくようになり、これまでの運営困難を克服するために都市社会行政の援助を要請していくのである。

また、京都市社会課は、同年一二月に「黄檗宗の由緒寺院深草の仏国寺住職となった鮮人壮年僧金鼎堂氏は、過般来京都市社会課嘱託たるべしとの説があったが七日午後決定、近く辞令が出る筈[23]」と報じられており、朝鮮人僧を嘱託に招こうとしていたようである[24]。

だが、そのほかに京都市による特別な在日朝鮮人対策の動きはみられない。京都府の警察官となった権五燮の影響もあるだろうが、「京都朝鮮人労働共済会」の陳情活動も、京都府を窓口としていた。「京都朝鮮人協助会」の成立過程をみても、京都府と京都府警が主導的な役割を担い、一種の役割分担があったと推測できる。

しかし、「京都朝鮮人協助会」は、一九二四年六月二〇日に「京都府社会課長関屋延之助、工場課長大竹信治、特別高等課長佐野一男氏等相謀り、京都朝鮮人協助会を興し、目下種々計画中」とあるように、いつのまにか解散してしまったようである[25]。

このように「京都朝鮮人協助会」の朝鮮人自身による自主的運営は終焉を迎えた。だが、京都府や京都府警の主導で「京都朝鮮人協助会」の再興計画が練られつつあったのである。

三　「京都協助会」の成立と崩壊

(1)「京都協助会」の設立と資金調達

京都においてもほかの地域と同様に、関東大震災時の朝鮮人大虐殺を契機に、朝鮮人対策として、行政主導の内鮮融和団体を立ち上げ、朝鮮人の保護救済を主な事業内容として運営しようとしていたと推測される。

そして、資金難で破綻した「京都朝鮮人協助会」を立て直すために、京都府社会行政や京都府警の主導で、資金集めがおこなわれた。京都府特高、社会、工場の各課で救済計画が実行されようとしていた。そのほか、京都市内の伏見、太秦の各警察署長も、協議の結果、一九二四年六月二五日、京都市付近の約一〇〇〇軒の主な工場主、篤志家に呼びかけ、朝鮮人救済機関設立基金募集に着手した。この時京都府特高課長が、賛成者は賛助会員として、月一円以上の会費、または一時金を集め、資金が集まれば土地を買い、宿泊施設を設けたい。朝鮮人救済機関は、「内鮮融和」の一方策として必要であるとのべていた。京都市内全域で寄付を募り、拠点となる宿泊施設を建設する構想だった(26)。

一九二四年九月には、京都府・京都府警の主導による寄付集めの結果、東本願寺連枝で元京都府社会課嘱託でもある大谷瑩韶(27)の口利きで、活動の拠点となる宿泊施設の建設地として、東本願寺の土地が提供された。会館の経営は朝鮮人救済団を設立し、その運営に委ねる方針だった(28)。こうして京都府の主導で「京都協助会」が結成されようとしていた。

では、このとき結成が計画された「京都協助会」趣意書の内容をみてみよう。まず、第一に京都市内の在日朝鮮人労働者は、一九一九年には六一九人だったが、一九二四年には四七七四人と八倍に達している。そして大半が肉体労働者で、就職も困難であり、言語不通と慣習の相違に苦しみ、絶食するものもいる。まさに「まったく無告の窮民なり」と位置づけている。第二に京都市には、朝鮮人対象の救済機関がないことをのべ、必要性を指摘している。第三に朝鮮人がみずから作り出した「京都朝鮮人労働共済会」や「京都朝鮮人協助会」の事業について、「かくて維持困難の中にも、かくの如き優秀なる成果を見しは、如何に協助会が朝鮮人にとりて、必要なる機関なりし」と高く評価する。そして、「唯一の鮮人救済機関の存廃は、実に京都市民の生活と密接なる関係交渉を有するものなることを知らざるべからず」とし、京都市民の生活と朝鮮人救済機関の動向が密接に関係しているとのべている。(29) このように趣意書では、先にあった「京都朝鮮人協助会」の事業を引き継ぎ、朝鮮人を救済し、内鮮融和を果たすことが「京都協助会」の使命としていた。

次に「京都協助会」の規定をみてみよう。第一に会の目的は「京都府下ニ於ケル朝鮮人ヲ保護シ、ソノ生活ノ向上、精神の陶冶ヲ図ルト共ニ内鮮融和ノ実ヲ挙グル」ことと定めた。第二に会の事業は、実費宿泊、職業紹介、人事相談、授産講習、貯蓄奨励、施薬救療など多岐にわたっていた。組織構成をみてみると、会員は「相互扶助ノ精神ニ基キ、生活ノ向上、信用ノ伸展ニ力ムル京都府下在住ノ朝鮮人」である協愛会員、毎月一円以上を三年間寄付する協賛会員、社会的名士を任命する名誉会員の三者に分かれていた。(30)

そして、「京都協助会」趣意書と共に残された朝鮮総督府の斎藤実のメモには「今回　京都朝鮮人協助会創立事業　1　鮮人労働者合宿所（目下京都在住者五千人）　2　職業紹介　建設　三万五千円ノ寄付金ヲ工場主等ヨリ仰ギ二百参坪ノ合宿所ヲ建設」すると記されており、大谷瑩韶が、斎藤に京都協助会の事業内容を語っていたことが分かる。(31) ここから朝鮮総督府にも京都協助会設立の援助を求めたものと推測できる。

「京都協助会」設立のための資金調達は各地でおこなわれた。同年一一月九日午後二時から東本願寺枳殻邸で、市会議員、公同組合長ら数十名の有力者を招待して、資金を募ることを申し合わせ、午後六時散会した。(32)

こうした集金活動の結果、同年一二月には川上市会議長、大谷瑩韶などの発起で、資金が約一万円に達したので、京都駅東南方の空地三〇〇坪を借り、三〇〇〇円で合宿所を増設することになった。そして「京都協助会」の具体的な事業計画ができあがり、大谷瑩韶が会長に就任したのである。(33)

さらに、「京都協助会」は京都府にも援助を求めていた。一九二四年一二月二五日付の京都府庁文書によると、「京都協助会」は年々増加する府下の在日朝鮮人の「唯一ノ救助機関ニシテ」毎月三〇人あまりを収容しているが、その収容人数は「在京鮮人ノ十分ノ一ニモ足ラズ」、彼らのために「相当ノ収容所ヲ建設スルノ必要」があると認識していた。しかし宿泊施設を建設する資金がまったくなく、寄付金や助成金が必要として、建設費二万八五〇〇円の補助を求めた。(34) その理由は、設計を京都帝国工科大学教授の武田五一に頼み、宿泊に必要な寝具は第一六師団の不要品を利用するなど、経費節約に努めているが、現在の不況下では、寄付金に多くは期待できないためとしていた。(35)

以上のような寄付や援助を求める活動の末、一九二五年三月に、「京都協助会」は、東九条の京都市立工業研究所裏に位置する三三五坪の土地に協助会館を建てることになった。総工費は三万七〇〇〇円の予定で、建坪二一六坪、会議室、教室、浴場病室などを設けると計画された。(36) 結局、表8-1をみての通り、開館費用に七万二〇〇〇円、一年間の経常費一万三四七〇円という経営規模の協助会館が誕生しつつあったのである。

では「京都協助会」は、協助会館設立前には、どのような活動をおこなっていたのであろうか。まずは、朝鮮人労働者に対する京都市民の理解を得るために、映画劇「同胞相愛」などを上映する宣伝映画班を組織し、同年三月二一日に市内の小学校を巡回した。(37) さらに、歩兵第三八連隊の奈良移転に際して、送別活動写真大会を開催した。(38) また、恩賜財団慶福会助成金五〇〇〇円を申請し、交付された。(39)

しかし、一九二五年当時、朝鮮人は京都市内に約四〇〇〇人居住しており、月々二〇〇人程度増加していた。この時期には全京都市域で失業者が続出し、言語、風俗、習慣が異なる朝鮮人の就職は困難だった。(40) また、京都

表８－１　京都協助会経常部・臨時部予算

経常部		臨時部	
費目	予算額(円)	費目	予算額(円)
本部事務費	4500	準備費	1000
本部事務費　給料	2560	建築費	35000
本部事務費　雑給	500	建築費　建設費	28593
本部事務費　需用費	850	建築費　設備費	6407
本部事務費　雑費	590	開館費	1000
宿泊所費	5940		
宿泊所費　給料	3840		
宿泊所費　雑給	750		
宿泊所費　需用費	1350		
診療部費	650		
診療部費　給料	300		
診療部費　雑給	50		
診療部費　需要品費	300		
禍難救済費	400		
借地費	417		
設備費	543		
合計	13470	合計	72000

出典：「京都協助会歳出経常費予算」「同上臨時部予算」（『京都府庁文書』大13-57-1『自大正13年度以降至大正15年　社会事業奨励助成』1923年12月）

市衛生課は塵芥収集に朝鮮人を常時五〇～六〇人雇用していたが、言葉不通ですぐには仕事ができないと報道され、朝鮮人労働者の増加とその就労の難しさが指摘されていた[41]。

同年七月二一日、ついに協助会館の開館式が挙行され、一晩一五銭で宿泊でき、公衆食堂も開かれると報道された[42]。開館一か月で協助会館宿泊者は五〇〇人をこえ、職業紹介は京都市職業紹介所などとも連携し、一〇〇件あまりおこなった。そのほか授産、健康診断などの事業をおこない、同年九月からは教化事業も開始した。また、同年九月一日は「協助デー」として、朝鮮人労働者一〇〇〇名を協助会館に招き、昼食を提供し、「融和フィルム」などの上映をおこなうと報道された[43]。そのほかの報道では、協助会館を中心に京都在住朝鮮人を対象とする隣保組合の設立も構想されていた[44]。このように、「京都協助会」の活動と協助会館の設立は待望されたものだった。以上のように、協助会館という拠点の成立とともに、朝鮮人救済事業が本格的に始動したことが理解できるだろう。

では、「京都協助会」はほかの朝鮮人団体とどのような関係にあったのだろうか。史料上明らかにできるのは、相愛会京都支部との関係のみである。(45) 一九二六年六月一〇日午後一時に、円山公園において、喪服を着た朝鮮人六〇名、そのほかに朝鮮人四〇〇名が集まり、朝鮮の李国王の国葬日に慟哭祭を開催した。これは「京都協助会」と相愛会京都支部の共催であった。来賓として安田京都市長や、各警察署長数十名らが参列した。(46) このように、相愛会との関係が一例指摘できるが、日常的活動はそれぞれ独立した動きをしていたと考えられる。

(2)「京都協助会」疑獄事件と朝鮮人自主運営への回帰

だが「京都協助会」の活動は、疑獄事件によって破綻する。一九二七年三月一八日に、「京都協助会」の朝鮮人幹部権五燮など二名が、会長大谷瑩韶の辞任を要求した。第一に、会長の東本願寺連枝大谷瑩韶が、「京都協助会」の資金を私的に流用していること、第二に会計報告が不備であること、第三に事務員が月給四〇円を貰いながら、実質大谷の秘書であることがその理由であった。すでに多くの理事が大谷の偽善的態度に憤慨して、辞職していた。大谷はそれに対し、辞職する代わりに協助会館は自分の貸付金の担保として、閉鎖すると主張した。さらに、同年三月二〇日に「京都協助会」の結成資金についても、警察官が報酬つきで集めた資金と、恩賜財団慶福会からの助成金の大半が使途不明であることが、報道された。(47)

さらに同年三月二三日には、警察官は報酬つきで「京都協助会」に対する二万円の寄付を集めたが、会館設立費などで、「京都協助会」は、現在、二万円の借金があるという事実が明らかになった。(48)

資金の私的流用、会計報告の不備などを追及された大谷は、第一に実質事務員は一人しかいない、第二に東本願寺の仕事があるので、ほとんど協助会館に出向くことができない、第三に資金の流用どころか、会館で必要な一か月の経費は六〇~七〇円だが、それは大谷自身でまかなっており、資金の私的流用はしていないと反論した。(49)

同年三月二四日の記事では、次のように報道されている。各理事間で責任問題をめぐり、誹謗中傷合戦になり、京都府の担当者も、このままでは補助金の交付や、内務省の低利資金借用申請の取次ができないという談話を発表した。内務省の担当者も、会計報告との差異や、放漫経営に啞然としていた。このような状況から、結局朝鮮人の有志で、再び自主的な経営を模索するようになったのである(50)。

同年五月三一日、「京都協助会」の借金は合計一万七〇〇〇円におよび、電灯、水道料金も未払いで、休業状態だった。そこで、「京都協助会」幹部は、協助会の朝鮮人による運営を求め、朝鮮人有志約三〇〇名の署名を集め、同年五月二六日に内務大臣、慶福会会長、京都府知事、京都市長などに提出した。権五燮は「大谷会長から会長を辞退するから引受け人を設けよといつて来られた、誰れも引受け手がなければ、私たちは引受け以前のやうに私達の救済は私達自身でやるほか致し方ありますまい」と語っていた(51)。

また、同年六月一四日には、恩賜財団慶福会幹事が、京都府職員と協助会館を調査した。寄付金は二万円以上集めたが、約四〇〇〇円以上が寄附金を集めた警官の報酬となり、残りは約一万六〇〇〇円しかないことが判明した。そして、同年六月二日には権五燮を会長とし、朝鮮人有志約二〇〇名が「いよいよ内地の人々が顧みない以上、朝鮮人自らの手で京都協助会を維持するに如かず」として、権五燮にすべてを一任した。権五燮は、佐野堀川署長、川上清前市会議長などの各理事に、朝鮮人の自主的運営に異議があれば、一週間以内に連絡して欲しいと依頼したが、返事はなかった。こうして「京都協助会」の運営は、再び朝鮮人自身の自主的運営路線に立ち戻ったのであった(52)。

（3）「京都協助会」の終焉と担い手たち

その後、「京都協助会」とその担い手たちはどのような活動をおこなっていったのだろうか。史料的制約が大きいが、できる限り明らかにしていきたい。「京都協助会」が再び朝鮮人の自主的運営団体になって以降は、その活動が報じられることはきわめて少なくなった。しかし、「京都協助会」の活動は困難な条件の中で継続されていた。だが、都市社会行政の関与は確認できず、わずかに所轄である京都七条署の関与がみられるのみである。一例をあげると、一九二八年五月一九日に、七条署は昼と夜の二回にわたり、協助会館で朝鮮人合計六〇〇人に、臨時種痘をおこなった(53)。朝鮮人が都市社会政策としての保護救済の対象から、治安対策としての対象に変化したことによると考えられる。

一九三〇年二月には、権五燮と鄭龍桓が主催する夜学会が東九条に設置された。「京都協助会」もこの夜学会に関与していたことから考えて、協助会館で夜学会を開催していた可能性が高いといえるだろう(54)。

また、一九三二年八月には、協助会館の資金難による建物の荒廃が伝えられた。京都七条署は治安上、衛生上の観点から、有意義な社会施設として改善したいとして、調査や改善策に奔走していると報じられた。田中七条署長は、東九条には朝鮮人が集住しているので、協助会館を何とか改善したい。できれば京都市社会課にでも移管してもらい、社会事業施設として完全なものにしてもらいたいと意見をのべた(55)。しかし、その後も、協助会館は京都市社会課の所管とはならず放置されたのであった。

一九三四年四月には、協助会館が火災で焼失してしまった(56)。火災を報じた記事では、当時、協助会館には朝鮮人が二二世帯、一三三人が宿泊していたとあり、この時点においてもかなり利用されていたことがうかがえる(57)。「京都協助会」はその活動拠点すら失ってしまったのである。

その後、「京都協助会」の副会長であった鄭龍桓は、一九三五年八月一五日、京都市公会堂東館で、約一〇〇名の会員を集め、ほかの内鮮融和系朝鮮人団体の幹部三一名と発起して、日本人の軍人、代議士、府市会議員一七名の賛助のもとに、各種朝鮮人団体を一致一丸とするとして、「東亜博愛会」を組織した。役員選挙の結果、会長は鄭龍桓となり、副会長は医学博士の富田清となった。集会では、会館の設立などを決議した[58]。このように新たな活動基盤や会館などの拠点を求め、団体をたちあげたのだった。さらに鄭龍桓は、一九三六年一一月六日に設立された京都府協和会の七条支部賛助員にも就任している[59][60]。

鄭龍桓は、一九三七年五月二一日に開票された京都市会議員選挙に、下京区から立候補した。彼は京都市常雇人夫で、京都朝鮮人連合会会長、「東亜博愛会」副会長を勤めていると報道されている。しかし、得票は三〇一票にとどまり、落選した[61]。さらに、「京都朝鮮人協助会」と「京都協助会」の中心人物であり、「京都協助会」の会長だった権五燮も、京都府協和会の伏見支部賛助員に就任していた[62]。

以上みたような「京都協助会」の担い手であった朝鮮人幹部たちのその後の活動は、かつて外村大が指摘したように、協和会のできる以前から、在日朝鮮人社会のリーダーとして、自主的に相互扶助や生活改善運動に取り組んできた人々が、戦時下において朝鮮人の自主的な活動ができなくなる中で、生活改善や差別撤廃のために協和会などで活動することを選び、協和会の幹部になるという典型的な事例でもあろう[63]。

四　おわりに

以上、本章で明らかにしたことをまとめる。京都市内における朝鮮人は、民族差別にさらされた不安定な日雇労働者や、中小工場の労働者であり、失業者も多数存在し、きわめて低い生活水準であった。また、特別高等警察による治安対策の対象ではあったものの、一九二〇年代初頭において、京都市域に居住する在日朝鮮人に対する救済活動はおこなわれていなかった。

このような状況から、自主的な朝鮮人救済団体である「京都朝鮮人労働共済会」が、京都帝国大学などの朝鮮人留学生たちを母胎として生まれた。そして、徐々に内鮮融和団体としての性格を強めていく。そのリーダーであった金公海は、妻の金朴春とともに、植民地支配の矛盾や朝鮮人差別を指摘し、朝鮮人が日本に移住せざるをえなくなり、日本の下層社会の影響を受けるがゆえに、日本に住む朝鮮人が思想的に悪化すると主張した。そして、朝鮮人の救済を積極的におこない、内鮮融和を進めることで、日本も日本人もよくなるのだという論理にもとづき、朝鮮人救済事業を進めようとしたのである。

しかし、組織運営の困難さや財政上の理由から、「京都朝鮮人労働共済会」は解散した。その後、新たなメンバーの努力によって、「朝鮮人協助会」として新しく結成され、安定した朝鮮人救済事業の運営のため、京都府や京都市の援助を得ようとした。しかし、この組織も財政上の理由から維持できず解散してしまった。その後、ようやく朝鮮人救済対策の必要を感じた府・市社会行政や、朝鮮人を治安対策の対象としていた京都府警なども動きはじめ、東本願寺連枝である大谷瑩韶などの民間人も関与し、「京都協助会」が設立される。

朝鮮人救済事業の受け皿となるべく設立された「京都協助会」も、疑獄事件によって、運営困難になった。朝鮮人たちは、日本人による運営責任を厳しく批判し、再び朝鮮人自身による自主的運営をおこなうことを決定したのである。しかしやはり資金難などから運営ができなくなり、協助会館も全焼し、活動が継続できなくなってしまうという過程をたどった。その後、新たな組織をたちあげて、再び会館を造ろうという活動もあった。しかし結局、一九三六年一一月に京都府協和会が設立されると、自主的な朝鮮人救済事業を担った人々の中には、戦時下において朝鮮人の主体的な活動ができなくなってきた中で、生活改善や差別撤廃を目的として、協和会の幹部になっていく人々もあらわれた。このようなありかたは、京都だけの特殊な事例ではなく、ほかの地域の内鮮融和団体のありかたにも共通する植民地支配下での諸矛盾の結果だったのである。

植民地支配の矛盾にさらされてもなお、朝鮮人は単なる救済事業の受益者や協力者という存在ではなかった。さまざまな都市社会行政や団体と交渉をおこないながら、主体的にみずからの生活改善や、朝鮮人自身の救済活動をおこなおうとした活動のありようが明らかになった。また都市社会政策／社会福祉史研究の観点からも、朝鮮人自身による朝鮮人救済事業の形成と崩壊を明らかにできた。そして、社会政策史研究／社会福祉史研究に対して、マイノリティを組み込んで分析することが不可欠であるということを、改めて提起しえたといえるだろう。

（1）詳細は外村大『在日朝鮮人社会の歴史学的研究』（緑蔭書房、二〇〇四年）序章などを参照。
（2）浅田朋子「一九三〇年代における京都在住朝鮮人の生活状況と京都朝鮮幼稚園――京都向上館前史――」（『在日朝鮮人史研究』三〇号、二〇〇〇年）、同「京都向上館について」（『在日朝鮮人史研究』三一号、二〇〇一年）。
（3）樋口雄一『協和会――戦時下朝鮮人統制組織の研究――』（社会評論社、一九八六年、第一～三章）、同「在日朝鮮人団体と協和会の組織化過程」（『海峡』一二号、二〇〇七年）。
（4）宗田千絵「神奈川県における協和事業と在日朝鮮人生活史」（『海峡』一五号、一九九〇年）、同「神奈川県における協和事業と在日朝鮮人生活史（その二）」（『海峡』一六号、一九九二年）。
（5）坂井俊樹「虐殺された朝鮮人の追悼と社会事業の展開」（『歴史評論』五二一号、一九九三年）。
（6）堀内稔「兵庫県朝鮮人融和団体の系譜――協和会の成立まで――」（『在日朝鮮人史研究』二五号、一九九五年）。
（7）朴宣美「柳原市兵衛の研究」（『二十世紀研究』一号、二〇〇〇年）、のちに『朝鮮女性の知の回遊』（山川出版社、二〇〇五年）所収。
（8）塚崎昌之「一九二〇年代大阪における「内鮮融和」時代の開始と内容の再検討」（『在日朝鮮人史研究』三七号、二〇〇七年）。
（9）鈴木博「京都における在日朝鮮人労働者の闘い」（『在日朝鮮人史研究』八号、一九八一年）。
（10）千本秀樹「京都府協和会と宇治の在日朝鮮人」（『歴史人類』一六号、一九八八年）。
（11）前掲註(2)浅田朋子「京都向上館について」（『在日朝鮮人史研究』三一号、二〇〇一年）、同「京都府協和会小史」（『在日朝鮮人史研究』二七号、一九九七年）。
（12）同右「京都向上館について」四七～四八頁。

(13) 前掲註(8)塚崎論文。
(14) 本書序章参照。
(15) 許光茂「戦前期貧困者救済における朝鮮人差別」(『歴史学研究』七三三号、二〇〇〇年)、同「戦前日本における朝鮮人対策の転換と朝鮮人保護救済の形骸化」(『在日朝鮮人史研究』三〇号、二〇〇〇年)、同「戦前京都の都市下層社会と朝鮮人の流入」(『コリアンマイノリティ研究』四号、二〇〇〇年)など参照。
(16) 本書第七章参照。
(17) 『大阪朝日新聞京都版』一九二二年六月二二日。
(18) 『大阪朝日新聞京都版』一九二二年六月二八日。
(19) 『大阪朝日新聞京都版』一九二二年八月二八日。
(20) 『中外日報』一九二二年一一月一五日、『京都日出新聞』一九二二年一一月一六日、『大阪朝日新聞京都版』一九二二年一一月一七日。
(21) 『大阪朝日新聞京都版』一九二三年一月二七日。
(22) 『大阪朝日新聞京都版』一九二三年四月一八日。
(23) 『大阪朝日新聞京都版』一九二三年一二月八日。
(24) しかし、各年度『京都市職員録』には名前が存在せず、実際に嘱託に就任したかは確認できない。
(25) 『大阪毎日新聞京都版』一九二四年六月二三日。
(26) 『大阪朝日新聞京都版』一九二四年六月二八日。
(27) 大谷瑩韶については、本書第二章、佐々木拓哉「一九二〇年代京都における公私社会事業の対立」(『日本歴史』七七九号、二〇一三年四月)を参照。
(28) 『大阪朝日新聞京都版』一九二四年九月二八日。
(29) 斎藤実文書九一七「京都朝鮮人協助会関係」一九二四年一一月、「京都協助会趣意書」一九二四年一一月(国立国会図書館憲政資料室所蔵)。
(30) 同右、「京都協助会規定」。

(31) 同右、「大谷瑩韶氏ノ用件」。
(32) 『大阪朝日新聞京都版』一九二四年一一月一一日。
(33) 『大阪朝日新聞京都版』一九二四年一二月二四日。
(34) 『京都府庁文書』大一三―五七―一「私設社会事業助成ノ件　意見書」一九二四年一二月二五日『自大正一三年度以降至大正一五年　社会事業奨励助成』。
(35) 同右、「第一号　五　助成ヲ要スル事項及助成スベキ事項ノ収支予算」一九二四年。
(36) 『大阪毎日新聞京都版』一九二五年四月一一日。
(37) 『大阪朝日新聞京都版』一九二五年三月一九日。
(38) 『大阪朝日新聞京都版』一九二五年四月二六日。
(39) 『大阪朝日新聞京都版』一九二五年四月九日。
(40) 『大阪朝日新聞京都版』一九二五年七月一日。
(41) 同右。
(42) 『大阪朝日新聞京都版』一九二五年七月二二日、『中外日報』一九二五年七月二三日。
(43) 『大阪朝日新聞京都版』一九二五年八月二二日。
(44) 『京都日出新聞』一九二五年七月一一日。
(45) 相愛会については、マンフレッド・リンクホーファー「相愛会――朝鮮人同化団体の歩み――」(『在日朝鮮人史研究』九号、一九八一年)などを参照。
(46) 『大阪朝日新聞京都版』一九二六年六月七日、六月一一日。
(47) 『大阪朝日新聞京都版』一九二七年三月二〇日。
(48) 『大阪朝日新聞京都版』一九二七年三月二三日。
(49) 『大阪朝日新聞京都版』一九二七年三月二三日。
(50) 『大阪朝日新聞京都版』一九二七年三月二四日。
(51) 『大阪朝日新聞京都版』一九二七年五月三一日。

(52)『大阪朝日新聞京都版』一九二七年六月一四日。
(53)『大阪朝日新聞京都版』一九二八年五月二一日。
(54)『東亜日報』一九三〇年二月一日、二月五日。
(55)『大阪朝日新聞京都版』一九三二年八月二四日。
(56)『大阪朝日新聞京都版』一九三四年四月三日。
(57)『社会時報』四巻五号(一九三四年五月、三一頁)。
(58)『大阪朝日新聞京都版』一九三五年八月一六日。
(59)京都府協和会についての詳細は浅田朋子「京都府協和会小史」(『在日朝鮮人史研究』二七号、一九九七年)参照。
(60)『京都府協和会要覧』(一九三八年)。
(61)『京都日出新聞』一九三七年五月一七日、『大阪朝日新聞京都版』一九三七年五月一五日、五月二三日。
(62)『京都府協和会要覧』(一九三八年)。
(63)詳細は、前掲註(1)外村書、三一九〜三三五頁参照。近年の研究では、このような論理を具体的に明らかにした塚崎昌之「一九三四年、「協和時代」の開始と朝鮮人」(『在日朝鮮人史研究』三八号、二〇〇八年)が重要である。

第九章　都市社会政策の再編成と市政・地域社会

一　はじめに

本章は、戦前期都市社会政策の再編成過程と市政・地域社会との相互関係を、京都市崇仁学区の社会事業運営と地域社会との関係を中心に明らかにするものである。

日本近代都市史研究の中で、都市社会政策は、「都市専門官僚」が主導する市会・民衆・「都市下層社会」などへの政治的・社会的統合政策と位置づけられており、社会事業行政や方面委員制度などによって、社会階層間格差の是正をおこない、米騒動以降、大規模な民衆騒擾を抑止して、都市支配を貫徹したという評価がなされてきた(1)。しかし、都市社会政策について市会などにおける政策的な争点、都市社会政策自体の機能、社会運動や都市社会政策の対象とされたクライエントの動向を組み込んだうえで、地域社会とその主要アクターの主体的な行為や活動の相互関係を重視した研究はほとんどおこなわれていない。そのため、近現代都市史研究、都市社会政策史／社会福祉史研究上重要な研究課題として残されている(2)。

従来の研究史を検討すると、芝村篤樹は、普選以後の大阪市の関一市政にとって、唯一の「野党」である無産政党の役割について指摘した。無産政党は普段は関一ひきいる大阪市政と反発しあっていたが、都市社会政策・社会事業においては、関市政と協調したことを積極的に評価した(3)。

沼尻晃伸は、神奈川県川崎市における都市社会事業の展開を、一九二〇年代前半から一九三〇年代まで検討した。沼尻の分析によると、一九二〇年代の川崎市の都市社会事業は、神奈川県社会事業行政が主導しながら、経済保護事業を中心として川崎市自身が実施する形態をとった。公設市場や社会館の利用者は伸び悩んだが、公設住宅の建設や住宅組合への資金融資は一定の普及をみた。しかし、川崎市会は都市社会政策にかかわる専門職員の必要性についての認識が不十分であり、「六大都市」のように専門職員層による都市社会政策は大きく展開しなかった。そして、一九三〇年代になると、失業救済事業や救護法の実施による貧困者の直接的救済事業が主体となり、地域有力者が就任する社会委員（方面委員）の役割が増したと結論づけた。(4) 一九二〇年代後半から一九三〇年代以降の構造変化を問うことは、沼尻が提起した重要な論点である。

一九二〇年代後半以降の京都市に関する研究としては、各自治体史や個別社会事業の通史が存在する。(5) また近現代「部落史」研究の通史叙述もある。(6) さらに、本章で対象とする一九二〇年代後半以降の崇仁学区に関しては、複数の通史的叙述が存在している。(7)

かつて私は、一九一八年から二六年までの京都市社会事業行政を検討した。まず、京都市社会行政が、経済保護施設を中心とした社会事業施設の建設に終始し、被差別部落改善事業に予算および施設配置の重点を置いていたことを指摘した。次に京都市社会行政が特定地域に集中して社会事業施設を設置する手法をとっており、直接的な貧困者救済事業を軽視していたことを明らかにした。このことはジャーナリズムや京都府側からも指摘されており、そこから京都府・京都市間において、都市社会政策をめぐっての調整や相互連絡が不全であったこともあわせて明らかにした。(8)

松下孝昭は、京都市社会事業と方面委員制度が、密接な相互依存関係で展開していたと指摘した。松下は、被差別部落を中心に展開された都市社会事業を分析の対象とした。事業運営が地元の融和団体や有力者に委ねられており、彼らに活動拠点や資金を提供する形になっていたことを析出した。そして、このようなシステムが被差別部落を含めた都市社会全般に展開し、社会不安の激発を防止する新たな支配機構として機能したことを明らかにした。[9]松下の研究は以上のように、一九二〇年代前半の京都市社会行政の基本的な構造を提示したのである。

その後松下は、一九二〇年代後半から三〇年代にいたるまでの京都市社会事業の展開を検討し、その構造が、市域拡大にともなって全市域に張り巡らされたことを明らかにした。さらに、学区の有力者は、学区会議員や方面委員などの公職について公共業務をおこないつつ、地域要求を市に陳情して事業を獲得することで、地域有力者としての政治的威信を得ていたことを指摘した。このような地域秩序への挑戦者として、無産政党や水平社が登場したが、区議選の議席占有率は低かった。その中で、例外的に無産勢力の一定の進出がみられた崇仁学区を対象に松下は無産勢力の闘争が地域社会秩序に大きな混乱をもたらした経過を詳細に分析したのである。[10]

そのほか、京都市の被差別部落を対象とした社会事業の予算・施設の概略・利用実態を分析した秋定嘉和、市立託児所の運営実態を検討した伊藤悦子、地域で作られた公衆浴場を市営施設として再設置し、それを地域有力者や融和団体が運営する形式をとった京都の市立浴場を検討した川端美季、京都市不良住宅地区改良事業計画・京都市児童院・京都市の失業救済事業の事業展開と社会的位置などを検討した拙稿など、個別の社会政策・社会事業施設に即した研究が存在する。[11]また、京都市域を対象とした方面委員制度の研究には山本啓太郎、早崎真魚の研究などがある。[12]

だが、従来の研究も、地域の中で取り組まれた社会事業、融和事業、内鮮融和事業や方面委員制度の変遷、各種社会事業の内容とその性格分析、担い手のパーソナリティの解明など個別的な論点にとどまっている。都市社会政策史／社会福祉史研究も、その事業が地域の人々にどのように受け止められ、運営がおこなわれたかを具体的に検討する必要があるだろう。そこで、以上の研究状況を克服するために、本章では地域社会およびその主要アクターの主体的な行為や活動の相互関係を重視した分析をおこないたい。

しかし、一地域レベルの政策形成過程の分析をおこなうには、おのずから史料的限界がある。さらに学区レベルの地域秩序の変容を明らかにすることは、史料的にきわめて困難であり、全国的にみてもマイノリティ関係の研究・史料公開が進んでいる京都の中でも、特に史料が豊富な崇仁学区をフィールドとすることで、初めて可能になる分析であろう。本章で崇仁学区に焦点をあてる理由はここにある。

以下、本章では、京都市が社会事業の重点地域として位置づけていた崇仁学区を中心に、京都市社会行政が批判を受けて、社会運動が勃興し、それに対応して都市社会政策の再編成がおこなわれる政策形成過程を検討していきたい。なお、崇仁隣保館は東七条隣保館とも呼称されているが、崇仁隣保館と名称統一する。

二　都市社会行政批判と社会事業運営の実態

(1)　京都市崇仁学区の状況

本論に入る前に、フィールドである京都市崇仁学区の状況を、京都部落史研究所・鈴木良・高野昭雄・松下孝昭の研究に依拠しつつ概観しておこう。崇仁地区（東七条）は当時日本でも二番目に大きい大型都市型被差別部落であり、京都最大の「不良住宅地区」であった。東九条と隣接していたため、京都市内有数の在日朝鮮人集住地区でもあった。崇仁学区内は構成員の流動性が高く、一九二〇年代以降の人口増加はほとんど朝鮮人の増加によるものであり、学区内の貧困者の比率が京都市内でもっとも高い地域だった。東七条と東九条の北部とのあいだには住民の移動もあった。しかし、隣接する東七条・東九条の経済基盤の違いは大きく、東七条は靴、履物、皮革関連産業が中心であったのに対し、東九条は友禅染、鉄工業中心の経済構造をもっていた。崇仁地区は、京都市内における社会問題の集約点の一つであり、政策形成のうえできわめて重要な位置をしめていた。また、託児所、職業紹介所などさまざまな社会事業施設の配備、地区改良事業などが重点的におこなわれている地域でもあった。

加えて、崇仁地区には自主的な部落改善運動、融和運動の系譜が存在していた。つまり、地域にさまざまな「名望家」による地域団体が存在しており、彼らの強固な自主的運営により、地域社会秩序を維持していたのである。それに対抗する水平社の設立は遅れ、一九二三年にようやく東七条水平社が創立された。旧来の市営浴場などを経営している崇仁青年団といった地域組織のほかに、地域有力者層は国民研究会を結成し、東七条水平社としばしば対立していた。また、さまざまな社会運動が勃興することによって、地域社会の中で多くの対立がおこり、既存の都市社会行政や、地域社会秩序のみでは抑止できず、新たな事業や対策が必要となってきていたのである。(13)

(2)　都市社会行政の拡大と批判

まず表9-1をみてみよう。一九二〇年代後半以降も、京都駅前の中央職業紹介所に併設した中央授産場や伏見職業紹介所など、京都市内では社会事業施設の建設がつづいた。また一九二七年、一九三一年の町村合併による市域の拡大に応じて、都市社会事業の範囲・規模は拡張していった。そして社会事業施設の利用者数も全市的に大きく増加した。(14) 次に表9-2をみてみよう。各種社会事業施設や事業が展開されていくにつれ、京都市の社会事業関係費も年々増加していることが確認できる。このように、社会事業や社会事業施設の数、その利用者数、経費は年々拡大していたのである。

京都市社会行政の規模は拡大の一途をたどっていたが、批判も多くあった。一九二七年二月一六日の京都市会では、無所属で下京区二級選出の市会議員山本時治郎(15)が批判の声をあげた。彼はまず、京都市に社会課ができて

表９－１　京都市社会課関係年表

年月	都市社会事業関係事項	備考
1926.4	中央授産場設立（中央職業紹介所楼上）	
1926.6	伏見職業紹介所設立（当初現伏見区役所で事務取扱）	
1926.8	養正授産分場設立（養正公設浴場楼上）、改進隣保館設立（伏見区竹田狩賀町）	
1927.3	八条公設市場開設（下京区西九条寺ノ前町）	公設質屋法公布（８月10日施行）
1927.4		新市庁舎竣工
1927.5	壬生家事見習所設立（壬生託児所内）	
1927.6	東七条隣保館設立（下京区東七条上ノ町）	
1927.8	東七条隣保館（下京区東七条上ノ町）に無料法律相談所設立	
1928.4	三条授産分場設立（東山区長光町一心会館内）	
1928.5	錦林公設浴場設立（左京区鹿ヶ谷高岸町）、伏見職業紹介所新築移転（伏見区下板橋町２丁目）	
1928.11	昭和大典記念で京都市に25万円の恩賜金の下賜（のちにこれを社会事業資金とする）	昭和大典を京都市で挙行
1928.11	下鴨（下鴨中河原町）、船岡（紫野藤ノ森町）の両公設市場を開設	
1928.12	上京区紫竹芝本町に市設住宅の建設完了	
1929.4		救護法公布
1929.5	七条職業紹介所で無料法律相談事業開始	
1929.6	第４トラホーム診療所開設（上京区鷹野町）	
1929.12	伏見市の公益質屋設立（伏見区下板橋町２丁目）	
1931.4	市域拡張の結果従来伏見市にて経営の伏見職業紹介所、公益質屋を京都市に移管・伏見区竹田狩賀町にトラホーム第６診療所開設	接続27か市町村を編入、大京都の実現
1931.9	児童院開設（上京区竹屋町千本東入ル）	
1932.1	救護法関係事務取扱開始	救護法施行
1932.4	改進隣保館の経営を京都市に移管・労働紹介所設置	
1932.6	社会課は教育部の所属を脱し、単独課となる、三井義金により失業労働者に対する食糧補給開始	
1933.2	三井家義金による無料宿泊所開設（下京区上鳥羽鉾立町）、労働紹介所新築成る（下京区七条千本東入鉾立町）	
1933.5	職制改革により庶務部社会課となる、社会課に保護、福利、職業三係設置する	
1933.12	第２回東七条地方改善地区整理事業着工、児童院妊産婦静養室の増築竣工、収容定員を10名増加し35名となる	
1934.2	竹田公設浴場設立（伏見区竹田狩賀町）	
1934.5	京都市、新編入の農業地域に農繁期託児所を初めて開設（横大路・納所・竹田ほか）	
1934.12	京都市右京区花園木辻南町に花園公設市場開設、右京区嵯峨折戸町に嵯峨公設市場開設	

1935.1	ほかの社会事業施設は市会で復旧予算が通るが、七条簡易食堂・簡易宿泊所は廃止	
1935.3	左京区聖護院に東部労働紹介所、上京区紫野に北部労働紹介所を開設。従来の京都市労働紹介所を千本労働紹介所と改称	
1935.6	社会課独立し、保護係・福利係・職業係設置、8月には庶務係も置く	
1936.4	既設の託児所、家事見習所を隣保館と改称、隣保館規則公布、また納所公設浴場設置	
1936.5	深草公設浴場設置	
1936.8	市民共済会、紫野隣保館を開設、公益質屋、診療所など併設	
1936.11	上京区紫野西野町に紫野公設質屋開設、下京区烏丸通七条下ル東塩小路町に七条公設市場開設	
1937.7	労務者健康相談所(中央・七条職業紹介所)開設	
1937.9	西陣・友禅の失業者救済のため、紫野、西陣、壬生に授産場分場を開設	
1938.3	「カード階級医療状況調査」を実施	
1938.5	中堂寺公益質屋開設	
1938.9	二条保健所開設(京都市最初の保健所)	
1938.10	銃後関係団体連合会結成	
1938.11	山科公設市場開設	
1938.11	軍事援護課新設	

出典：『京都市事務報告書』各年度版、『京都市社会事業要覧』各年度版

以来、社会行政の専門家を得たことがないと指摘した。次に、京都市社会事業は他府県のまねのみで独創性がなく、ほかの六大都市にくらべてもはるかに劣るとのべた。最後に、京都市社会事業の対象は被差別部落に限定されて一般市民とは乖離しており、これらの地域における社会事業はすべて救貧事業であるため、京都市の社会政策は防貧事業へと転換する必要があると指摘した(16)。この山本時治郎の意見に対して、京都市長である安田耕之助は、都市社会事業は経費がかかるので、財源などを考慮にいれて今後充分研究してみたいと応答した(17)。

一九二九年一〇月三〇日の市会では、労農大衆党所属で上京区選出の市会議員神田兵三が質問をおこなった(18)。神田は、京都市では社会課の事業が非常に軽視されていると訴え、他都市との比較の問題だけではなく、京都市のさまざまな事業の中での軽視が問題であること、要するに経費の使い道の問題であり、社会事業関係の経費がないわけではないのではないかと指摘した(19)。神田に対して、助役安川和三郎

（単位：円）

1932年	1933年	1934年	1935年	1936年	1937年	1938年
106,473.76	140,828.00	175,173.00	171,107.00	187,890.00	190,059.00	184,416.00
						8,555.00
5,705.09	5,754.00	14,875.00	5,314.00			
3,870.09	3,956.00	3,849.00				
				5,152.00	5,322.00	5,626.00
589.22	505.00	308.00	469.00			
690.73	832.00	708.00	469.00			
16,390.69	16,657.00	18,949.00				
17,552.19	18,300.00	17,382.00	18,795.00	23,171.00	27,502.00	7,750.00
5,731.04	6,588.00	7,737.00	12,928.00	14,989.00	21,507.00	6,540.00
5,398.44	10,673.00	10,083.00	20,535.00	31,073.00	9,380.00	10,166.00
59,863.75	66,447.00	68,370.00	72,852.00	77,804.00	82,909.00	89,843.00
30,269.09	30,622.00					
					9,647.00	
2,926.24	2,714.00					
5,188.40	5,296.00					
		38,170.00	39,689.00	46,745.00	59,145.00	62,005.00
21,132.19	21,975.00	19,477.00	20,226.00	22,723.00	26,188.00	29,155.00
23,613.97	25,463.00	24,620.00	24,512.00	24,301.00	26,119.00	28,837.00
20,712.49	21,510.00	21,191.00	23,241.00	24,912.00	25,238.00	
						6,226.00
49.82						

1932年	1933年	1934年	1935年	1936年	1937年	1938年
23,391.67	13,500.00	9,675.00	9,572.00			
	23,900.00					
	51,265.96					
	10,000.00					
	28,000.00	198,578.00	81,531.00	59,468.00	11,016.00	
					9,034.00	9,323.00
14,152.76	32,150.00	16,561.00	13,307.00	13,367.00	13,135.00	10,758.00
5,326.67	5,653.00	5,643.00	3,887.00			
1,394.42	3,434.00	3,351.00	3,342.00	2,548.00	2,487.00	
		69,464.00	3,962.00		12,934.00	

1932年	1933年	1934年	1935年	1936年	1937年	1938年
7,368.83	5,221.00					

表9－2　京都市社会事業関係費決算一覧

普通経済(経常部)	1927年	1928年	1929年	1930年	1931年
救護費					7,385.43
救護施設費					
市営住宅維持費	4,996.55	5,860.67	5,494.59	6,362.82	6,351.56
簡易宿泊所費	4,022.37	4,097.71	4,694.33	4,229.50	4,028.04
無料宿泊所費					
公設浴場費	1,173.21	1,209.04	1,361.57	1,542.83	2,092.00
簡易食堂費	883.25	975.23	986.45	1,280.75	1,001.70
公益質屋費					12,989.59
職業紹介所費	17,277.60	17,877.55	20,364.04	19,872.72	22,336.04
労働紹介所費					
授産場費	4,470.09	5,685.18	6,009.82	6,315.09	6,512.73
児童院費				75.50	42,187.02
託児所費	29,355.22	28,953.24	29,762.89	29,975.05	31,309.80
母子保護費					
隣保館費	1,438.66	1,351.88	2,358.43	2,425.22	2,372.67
改進隣保館費					
隣保事業費					
社会事業諸費	11,182.62	10,980.20	16,740.05	18,403.92	26,240.96
公設市場費	17,626.33	19,216.38	22,075.72	21,724.91	23,652.86
トラホーム予防救治費	11,804.77	11,570.00	14,795.68	17,731.11	20,729.96
軍事援護諸費					
児童遊園費	1,340.79	1,255.70	1,063.61	1,184.76	882.30

普通経済(臨時部)	1927年	1928年	1929年	1930年	1931年
簡易宿泊所費		218.00			
無料宿泊所費					
公設浴場費	24,950.77		996.00	1,564.00	305.00
簡易食堂費		430.00			
職業紹介費	358.30		649.92		
労働紹介費					
児童院費			2,496.45	94,927.75	132,228.00
託児所費	1,913.25	825.00	436.70	27,634.33	241.00
隣保館費	11,473.23				194.00
地方改善地区整理費	22,978.66				
不良住宅地区調査費					
失業救済事業費	54,485.32	87,868.16	197,305.11	31,648.78	
手工業者救済事業費			10,525.67	161.31	
少額給料生活者救済事業費					2,181.31
地方改善緊急施設事業費					
失業応急事業就労統制費					
公設市場費	33,744.87	32,870.78	3,632.79	1,531.70	17,596.13

特別会計	1927年	1928年	1929年	1930年	1931年
慈恵基金	5,393.95	15,498.42	7,802.90	5,077.82	10,302.09
市設住宅費	147,299.84	299,800.16			

出典：『京都市社会事業要覧』各年度版

は鋭意努力すると答えるにとどまった(20)。

また同日の市会で、中立会派で下京区選出の市会議員中川喜久が質問をおこなった(21)。中川は、まず、京都市は社会事業をきわめて軽視していると指摘し、社会課こそ専門的な卓越した人物が必要であるにもかかわらず、頻繁な人事異動がおこなわれていると批判した。次に職業紹介所など社会事業一般について経費が足りないので検討して欲しいと発言した(22)。中川に対して助役村田武は、社会事業にだけ経費をかけることはできないが、時代の要求には応えたいとした(23)。

府市社会事業行政の相互関係に対する批判もおこなわれていた。そもそも京都市長土岐嘉平は、一九二九年二月二二日の市会の答弁で「社会政策的ノ事業ニ付テ、府市ノ間ニ何等連絡ガナイ、モウ少シ連絡ヲ取ッタラ宜カラウト云ウコトデアリマス、成程其通リデアリマス、斯ウ云フ事業ハドチラカニ統一シテ連絡シテヤッタラ一層効果ガ挙ガル事デアリマス」と明確に認めていた(24)。しかし府市ともに具体的な対策はとらず、一九三二年二月二五日の市会では、市会議員菱野貞次(25)がこのことを批判している。菱野は、京都市の社会事業は貧弱であって「サンプル」社会事業というあだ名がつけられているが、府の社会事業もまた貧弱である。市と府の社会事業はいつも重複しており、京都府、京都市ともに同じところに同じような社会事業施設を建設しているので、京都市は府市社会事業の統一に尽力してほしいと訴えた(26)。この意見に対して市長森田茂は、市としても将来的に府市社会事業を十分協調しておこない、重複をさけたいと答えた(27)。

以上、京都市社会行政については、一九二〇年代後半から三〇年代初頭にかけ、都市社会事業施設の拡充、市町村合併にともなう設置範囲の拡大、社会事業関係費用の増大がみられた。しかし、都市社会行政職員の専門性が低いこと、都市社会事業施設の設置が被差別部落に限定されていること、社会事業関係予算が少ないこと、府・市の社会事業の連携が不十分であることなどが、つねに指摘されていた。

（3）市立託児所利用料問題

京都市は、被差別部落に市立託児所を設置し、被差別部落改善事業の拠点施設とした。京都市の託児所事業については すでに伊藤悦子が、被差別部落対策のための地方改善事業および防犯・治安的性格が強く、その運営は地域の有力者に委ねられ、なおかつ地域住民を組み込み、運営の省力化と円滑化をおこなっていたことを指摘している。[28] しかし、市立託児所をめぐっては、託児所の利用料についての問題が生じていた。

一九二四年九月二〇日の市会で社会課長長尾正之が、京都市設託児所規程に関する質問に応じた。長尾はまず、京都市の託児所は他都市とは異なり、労働者の児童保育だけでなく被差別部落改善という目的もあるので、収容力に余裕があり、貧困家庭以外の児童も含まれているとした。それゆえに託児所の利用料を楽に払える家庭もあれば、払うことが難しい家庭も混在しているため、利用料減免や分割払いの規定を設けたと説明した。この説明に対して市会議員田中新七は、豊かな家庭の児童から利用料をとるために、この規定を作ったように感じられると発言した。また利用料一か月一円は高額で、希望者は無料で入園できるとすることが、京都市託児所の基本原則ではないかと反論した。

長尾は、必ずしも無料でなければならない理由はなく、ある程度の利用料を徴収することが実際の社会政策では必要であると返答した。実際に、現在全国では、七〇か所程度託児所が存在し、公営では二〇か所程度が無料であるが、ほかは私営、公営ともに月額五〇銭、日額二～三銭程度を徴収していると説明した。市会議員鈴木紋吉は、託児所は労働者が日々働いていても、自分達の衣食すら困難なために子供を託すものであり、豊かな家庭の児童をいれるのはおかしい。余裕のある家庭は月額一円でも安いが、一般の労働者家庭に利用料月額一円は高いという現状をどう考えているのか、と質問した。

さらに、市会議員井林清兵衛は、託児所の目的は被差別部落改善にあることは分かっているが、我々が当初希望したのは京都の工業のためという目的が含まれているとのべた。その観点からみると、現在の託児所は朝に児童を預かる時間が遅く、返すのが反対に早いことを遺憾に思っている。また利用料について一か月一円以内とあるのは、本当に一円なのか、それとも五〇銭くらいなのかを明確にしてほしいと質問した。

長尾の返答は、まず救済を要する労働者の子弟を先に入れて、収容力に余裕がある時に漸次上層の家庭の子弟を入れていくという方法を採っている。利用料は基本的に月額一円徴集するが、来年度以降はなるべく利用料を値下げして、一日ごとの日額納入に変えていきたいと答えた。井林は長尾に念を押すように、現在市内各所でおこなわれている幼稚園のような施設に対してではなく、貧困者や日雇労働者の家庭のために力をいれることが重要であると主張した。また一か月一円という利用料は不適当であり、貧困者の児童を安く預かる必要があると質問した。しかし、ここで議論は打ち切られ、京都市設託児所規程は可決されたのである。(29)

託児所はさまざまな問題を内包したまま、一九二六年六月には崇仁、楽只、養正、錦林、三条、壬生の六か所に増設された。託児所設置地域の人口一万七八三五人の家庭から、七〇六名の幼児が保育されており、収容定員をみたしていた。しかし、崇仁託児所のみが受持地域が広く、収容している人数もほかの託児所の二倍以上の二二八名と群を抜いていたので、京都市は崇仁託児所の増築を計画した。(30)その後、崇仁託児所ではさらに利用者が増加し、五〇〇人程度の入所希望者があった。しかし、当時の設備では二四〇名を収容するのが限界だった。その対応策として、隣保館が昼間はほとんど利用されないので、これを第二託児所として利用してはどうかという提案があり、それゆえに同地域では一九二七年三月の竣工を待ちかねていると報じられた。(31)

一九二六年一二月には、各託児所が独自の運動として、幼稚園同様に市電の団体割引の適用を求め、京都市に京都市電条例の改正を訴えた。(32)

以上、一九二〇年代後半には、託児所は設備が整えられ、地域に受容されることによって利用者も増え、社会に存在が認知された。しかし、託児所に入るべき階層の問題や利用料の問題を内包していることも認識されており、この点について当初から市会で議論されていた。

（4）崇仁隣保館の設置

京都市社会課は一九二五年七月、実業家日下卯之助から社会事業費として一万円の指定寄付を受納した。日下は市社会課にこの資金を使った社会事業の具体化を再三督促したが、社会課の対応は遅く、日下は事業の実現をみることなく死去してしまった。そのあいだにも、社会課は崇仁学区の有志者から五〇〇〇円の寄付を受けており、日下からの寄付金とこの寄付金をあわせて敷地を買収し、隣保館を新設する計画であった。[33]

結局、崇仁隣保館は一九二六年六月に、崇仁学区の有志者と青年団の斡旋により建設が決定した。崇仁隣保館のモデルはロンドンのトインビーホールであるとされた。[34]また授産事業、ミシン講習、図書閲覧、諸相談、トラホーム救療、会合など各種の事業をおこない、地域の青年団と協力し、信用組合、購買組合などもはじめる予定であった。[35]同年八月三日には、隣保館の建設について東七条青年団幹部と協議した。[36]崇仁隣保館の工事には「崇仁青年団より労力奉仕の申出があった」とあるように、地元住民も崇仁隣保館の建設に期待していた。[37]このように、隣保館は地域住民の協力のもとに、地域改善のための総合的施設としての位置づけがなされていた。

一九二七年六月一五日には、二万三四〇〇円をかけて完成した崇仁隣保館開館式が挙行された。隣保館は木造二階建てで、一階には待合室・相談室・事務室・図書閲覧室・授産室・会議室・宿直室があった。二階には娯楽室と集会室の二つがあり、娯楽室は青年団・在郷軍人会・方面委員などの事務室にも兼用され、集会室は保育室とトラホーム診療室に兼用されていた。そして同月一六日から授産・図書閲覧・託児保育・諸相談・娯楽・諸集会などの事務を開始した。[38]以上、京都市社会事業行政の重点地域である崇仁学区に、都市社会事業の拠点施設が建設された。

では、すでに松下孝昭の研究にくわしい崇仁学区の区政革新運動について、新たな事実も加えつつ概観してみよう(39)。

(5)　区政革新運動の展開

表9-3は崇仁学区の地域有力者一覧である。商工業者が中心であり、彼らが地域の公職を歴任することにより、地域社会をとりまくさまざまな利権を調達し地域を支配するという地域社会秩序が形成されていたことがわかるだろう。一方、表9-4は東七条水平社を構成する主要人物の一覧である。一見してわかるように、崇仁学区内の比較的下層の出身者が多数をしめていた。東七条水平社は、地域社会秩序への一つの挑戦でもあった。

表9-3のとおり、一九二五年五月に東七条水平社と国民研究会青年団が連合して、国民研究会所属の地域有力者である松下平三郎を京都市市会議員選挙（下京区二級）に推薦した。その結果、松下は下京区立候補者一五名中一三位で当選した。また、表9-4にもあるように、東七条水平社の幹部であった津村栄一は、崇仁学区の地域有力者による事前調整の結果、学区会議員に就任している。一九二〇年代前半に激しい対立関係にあった東七条水平社と国民研究会も、この時期は和解と妥協をおこなっていたのである。

しかしその後、両者の関係は再び対立に転じる。一九二七年六月二七日、東七条水平社のメンバーを中心とした「東七条町政革新同盟」が、頼母子講金や崇仁学区にからむ学区会議員の不正を追及した。彼らは五万円の講金返却などを求め、糾弾演説会を開催した。糾弾演説会は七月七日と、同月二四日に開催された。七月二九日の集会は制服警官一〇〇名に包囲され、結局集会は解散し、六人が検束された。

また、第三八学区（崇仁学区——杉本）の「区政革新同盟要綱」では、合法的手段での区政改革を訴えた。中産

表9-3　戦前期崇仁学区の主要地域有力者一覧

氏名	職業	歴任した役職	備考
伊東茂光	小学校長	学務委員・方面委員	
浅野雄三	肥料商	下京連合公同組合理事崇仁学区幹事・学区会議員	
家村嘉次郎	毛皮問屋		
五十嵐栄助	土木建築請負業・金銭貸付業	学区公同組合副幹事・衛生組合副幹事・学区会議長	
大倉作之助(佐助)	鼻緒商	学区会議員	
大森徳次郎	旅館業	学区会議員	
桜田儀三郎	金融業・質商	学務委員・方面委員・衛生組合幹事	
鈴鹿甚三郎		学区会副議長・方面委員	
園村正一	下駄商	学区公同組合幹事・副幹事・衛生組合幹事・方面委員	
田村卯三郎	靴商		
富山治三郎		学区会議員	
丸本弥太郎	履物商		
松下平三郎	牛皮商・皮革商	京都市会議員・学区会議員・方面委員	
長谷川政二(治)郎		学区会議員	
藤岡円治郎	三等郵便局長	学区会議員・学区会副議長・方面委員・京都府親和会理事	詳細は表9-5参照
山口伊三蔵		学区会議員	
山口熊次郎	呉服商・履物卸商	学務委員・方面委員	
山下巳之吉	理髪業	学区会議員	
若林嘉七	履物卸商	学区会議員・学区会議長・方面委員	
吉岡小次郎	履物卸問屋・鼻緒製造業	学区公同組合幹事・学務委員・方面常務委員・京都府親和会理事	
吉村秀之輔	履物卸商	学区会議員・崇仁青年団相談役	
橋本政吉		方面委員	
小泉吉蔵		方面委員	
明石省三		方面委員・在郷軍人会分会長	
岸留吉		方面委員	
増田貞照		衛生組合副幹事	

出典：松下本章註10論文56頁を京都府社会課『京都府公同委員制度』(1923年)、『京都商工人名録』(1924年改版)、『京都市名誉職名鑑』(編集兼発行人青木政和、1926年)、『京都市各学区名誉職大観』(公同衛生教育新報社、1929年)、『日本紳士録　第29版　大正14年』『日本紳士録　第40版　昭和11年』(『京都人名録』所収、日本図書センター、1988年)、中央融和事業協会編『融和事業功労者事蹟』(1932年)を参照して加筆修正した。

表9－4　東七条水平社の主要人物一覧

名前	生年月日	経　歴	備　考
藤岡(桜田)規矩三	1895年 1月10日	高等小学校卒業後、京都の私立中学を2年で中退。高利貸の仲介をする。日本労働総同盟京都連合会の幹部と通じ、演説会などにも出席	賀川豊彦を崇拝し、特別要視察人らとも付き合い、部落民差別撤廃を唱え、共産主義思想をもつ。1926年頃、全国水平社青年同盟が水平社内のヘゲモニーを握る。水平社から離脱
梅谷新之助	1906年 11月7日	アナキスト。1926年頃から水平運動に参加。のちには共産主義者に反発して分派する。1935年6月京都市役所に就職、1942年2月同和奉公会京都府本部協議会協議員	1955年4月民主党公認で京都府議会議員
沖田留吉	1900年	元教員、1924年6月京都府水平社総本部事務、1926年以降、全国水平社の幹部	1931年4月25日堺市で死去
石田徳太郎	1877年	中学校卒業後、父にしたがい皮革業に従事したが、事業に失敗し、下駄商となる	藤岡規矩三、南梅吉などと親交
金森伊三郎	1894年	尋常小学校卒業後、日雇の土木建築労働者	
駒井栄之助	1892年 3月	尋常小学三年終了後、皮革商に従事、その後ウラジオストックに渡り皮革商に従事	
津村栄一		学区会議員	
菱野貞次	1897年 6月13日	印刷工、京都魚市場仲仕、市会議員、学区会議員	詳細は白木論文参照
吉岡広三郎	1876年 4月	不就学、魚行商に従事。のち青物行商	日頃から部落改善の志あり。水平運動がおこると執行委員に就任
山口源三郎	1873年 9月	尋常小学卒業後、金貸業に従事。失敗したのち青物行商	

出典：『京都府庁文書』昭2-14『昭和2年7月　杉山前知事大海原知事　事務引継演説書』「府下水平社一覧表(昭和2年4月現在)」、『水平社幹部調』警視庁(部落問題研究所「三好文庫」101)、この史料は年代未詳だが、「地方改善部」用紙に書かれているため、中央社会事業協会地方改善部が存在し、なおかつ東七条水平社創立後の1923年1月～1925年9月のあいだに作成されたものと推定される。菱野貞次については白木正俊「菱野貞次と京都市政(上)」(世界人権問題研究センター『研究紀要』12号、2007年)。そのほか『近代日本社会運動人物大事典』1～4巻(日外アソシエーツ、1997年)、『日本アナキズム運動事典』(ぱる出版、2004年)、『京都府議会歴代議員録』(1961年)など参照。

階級、無産階級のための区政促進が必要だとし、学区会会議の開放、町有財産の公表などを掲げて、一か月一〇銭で会員募集をおこなっていた[40]。しかし、この同盟は一一月にアピールを出したのち、動きがみられなくなる[41]。

以上、崇仁学区では、一九二〇年代後半から有産者中心の学区運営・地域社会秩序に対する反発が新たに生じていたが、散発的なものにとどまり、目立った動きはなかった。しかし、新たな地域秩序への挑戦が顕在化しつつあったのである。

三　崇仁隣保館の事業運営と地域社会

(1)　崇仁隣保館の教化事業の限界

ここで、崇仁隣保館を拠点とした都市社会政策の再編と、学区運営のありかたの変化をみてみよう。崇仁隣保館は開館以来、さまざまな教化事業をおこなっていた。まず少年少女対象のお話会や童話会、また、授産室での仕事に従事している一六歳以上の者や、夜間洋裁の講習生などの有志三〇名が対象の「京都博愛倶楽部」を設立した。また洗濯講習会の開催など、子供、女性に対する生活改善・教化活動をおこなった[42]。隣保館を活動拠点に、東七条女子青年会も結成された[43]。「京都博愛倶楽部」は著名人との座談会や、各種レクリエーションもおこなっていたが、会員は結婚すると退会しなければならなかった[44]。崇仁隣保館が事業の対象としたのは、子供と未婚女性だったのである。

一九二九年八月には、崇仁隣保館の運営に批判の声があがった。『文化時報』によると「館長さんと小使さんが手持無沙汰に朝九時から晩四時まで規則的に事務を取り扱っているのみで、ほかは託児所が狭溢の為め、二三十人の小児が保母に伴はれて遊んでいる位で、此等の子供には館長さんは一切無関係で、只階上や階下で騒がしい音を聞くのみ、夜間は以前は会館に青年会や処女会の会員が集合して講演夜学や色々と催された様であるが、昼の労れの為か来る者少なく有名無実の実態であったので、最近に於いては河村氏は、此の地域にて神様の如く尊敬されている伊藤（伊東茂光――杉本）崇仁校長と協議し会館の集合を廃し、各町内に出張して、或は人家に或は街道にと講演や映画を開催し、矯風や生活善改（ママ――杉本）の為に邁進しつつある（中略）隣保館は以上のような状況で、内部の改善は河村氏の唯一の事業である十数回の出張講演と博愛倶楽部の活動に待つべきもので（中略）支離滅裂で何等統一なく何れも微々たるもので期待すべきものなく」と、活動の形骸化が酷評されていた。(45)

以上のような崇仁隣保館の事業であるが、その後も「東七条夜間巡回講演会」が実施されている。これは、崇仁学区の世帯主と主婦の教化が目的であった。どのような内容かは不明であるが、一九二九年七～九月の三か月間、毎日午後七時から、崇仁学区内の街路の民家を借用し、毎回二〇～三〇人の参加があったという。(46)

一九二九年一一月一五日には、結婚式の簡素化を普及させるため、崇仁隣保館の大広間に結婚式場の施設を整えた。このとき日活時代劇部の俳優を使って仏式模擬結婚式をおこない、式場をアピールした。(47) 結婚式の簡素化のための規約をみてみると、結婚式は隣保館において仏式でおこなうこと、服装は華美でないこと、知人・付近の人には祝いとして紅白饅頭を贈呈すること、婚礼のお礼返しは全廃すること、婚礼衣裳を街路に陳列しないことがあげられている。(48) 仏式結婚式は、本派本願寺社会部が主体として引き受けることになっていた。一九二九年から開始し、一年後の三〇年一二月一五日には、一周年を迎える予定だった。この一年間で仏式結婚式をおこなったのは二十余組であった。(49) このようにして仏式結婚式は町内に普及されたが、不況のため三一年四月～六月の挙式はたった二組のみだった。(50) さらに一九三〇年には崇仁託児所の拡張増設もおこなわれようとしていた。当時二七九人を収容していたが、さらに六〇人定員を増員するとしていた。(51)

以上みてきたように、崇仁隣保館の事業は、中産階級以上の人々が対象の教化事業のみであり、必ずしも都市社会事業自体とつながってはいない事実が確認できる。

（2）　市立託児所・隣保館運営に対する批判

京都市会でも、依然として託児所や隣保館運営に対する批判は続いていた。一九三〇年三月二九日の市会において、市会議員神田兵三は、託児所が設置されている場所は被差別部落に限られているものの、京都市域周辺部の貧困者密集地帯の方がはるかに貧しく住宅が非常に狭隘なので、一学区につき一か所の託児所が必要であるとの理由から、一九三〇年度以降七〜一〇か所の託児所を建設するように要求したが、京都市側はまったく無反応であった[52]。

一九三三年二月二八日の市会で、被差別部落である崇仁学区を地盤の一つとする市会議員菱野貞次は、託児所が被差別部落対象の地方改善事業に限定されていることを改めて批判した。そのうえで菱野は、被差別部落だけでなく労働者の集住地区にも託児所が必要であるとのべ、その具体的な地域として東九条、西九条、西七条、今熊野、西陣、朱雀地域一帯をあげた。また京都市の託児所は「託児所ノ性質ハ其日々々ニ働イテ恵マレザル所ノ階級ノ子弟ヲ収容スル」施設であるはずなのに、利用料の徴収がおこなわれているのはなぜなのかと訴えた[53]。菱野は単なる被差別部落対策の地方改善事業から、市域全体の労働者保護事業としての託児所政策への根本的な政策転換を迫っていた。

さらに菱野は、託児所は貧しい人々のために設置されているはずなのに、なぜ年間利用料として三五〇〇円あまりの収入があるのか、託児所の使命を考えれば当然利用料は無料にするべきであると訴えた[54]。市長大森吉五郎は菱野の質問に答えて、市立託児所は被差別部落に必要を感じて設置したものである。ほかの地域には京都府の経営する託児所があるが、あらたに市域編入した地域においては農繁期託児所、また労働者の住居地域においては社会施設的な託児所も要求されるだろうから、順次要望にこたえていきたいと説明した。最後に託児所の利用料については、収入に応じて適正料金をとることが人格を尊重することにつながると考えているため、無料とすることがよいとは考えていないと答えた[55]。大森市長に対して菱野は、本来託児所は利用料負担能力がない人々のためのものであり、それらを払える家庭ならば、子供を幼稚園にやっているだろう。しかし、現在収容されている層はいくらか経済的に恵まれている者たちが含まれており、本当の貧困者の人々が報われていないというのである[56]。これに対して大森市長は、託児所一か所を視察したが、児童の栄養状態や服装をみてもわりとよい。ほかの地方の託児所とくらべても、京都市は比較的よい方だと思うので、菱野がいうように無料にしなければならないとは思わない。これからよく実情を調査して方針を決めたいと答えた[57]。このように京都市は、託児所に貧困家庭の子供以外も収容していることを認めていた。そのうえで、市会の議論においては、市域全体を対象とした社会事業施設としての託児所運営が求められていたことが分かる。

　市立託児所の事業運営への批判は、市会での議論にとどまらなかった。一九三〇年一〇月一八日、京都市東山学区方面委員会は、第一社会館で一日一銭の貯金加入者数百名を対象に会合をおこなった。その会合で、無産政党である社会民衆党京都支部連合会は「同方面委員の保育園（内容は無産家庭のための託児所）入園児の選考方が情実に左右されて、有産階級の子弟を入れて、社会的施策を裏ぎる結果」になっているうえ、方面委員の選定過程も感心しないとして、方面委員辞職勧告のビラをまいた[58]。また一九三二年四月二八日には、全国水平社田中支部が町民大会を開催し、議案の一つに、託児所の利用料全廃をとりあげた[59]。

　この時期、崇仁託児所の収容児童数は三〇五名であったが、入所希望者が非常に多いため、全員は収容できず、中産以下の家庭から一世帯一名のみ入所を許可していた。入所者は、社会調査を基礎として崇仁学区内の一〇名の相談役が各町を担当し決定した。事実上、地域有力者である相談役に、入所者の決定権が与えられていたので

ある。(60)

そして、新聞に以下のような投書が掲載された。この投書の主は「俺は東七条の貧しい住民だ」と名乗っていた。彼は失業して一か月三五銭の崇仁託児所の利用料を滞納し、「毎日々々何も知らない子供にまで」利用料を請求され、ついに崇仁託児所の保母長から、滞納した利用料をもってくるまで子供は預かれないとの宣告を受けた。ほかの保護者に問い合わせると、ほかにも七、八人が同様の理由で退所を命じられていた。当時の崇仁託児所は三〇〇名の保育児中、利用料滞納者はほとんどなく、利用料免除者は皆無であったが、それは過酷な利用料請求をおこない、三か月以上の滞納者は即座に退所を命じていたためであった。彼はさらに「市当局は一日一度の食事（三度食べるものはほとんどないのだ）を止めても、保育料だけは是非納めろというのか、または市立崇仁託児所は、保育料を滞納するやうな貧乏人の子は、保育しないといふのか」と訴えていた。(61)

以上、託児所や隣保館はおおいに利用されていたが、託児所の利用料や入所者の選定など運営上さまざまな矛盾が存在し、隣保館の事業も中産階級以上を対象とした教化事業が中心であることなどから、多くの批判もあった。

（3）　崇仁学区方面事業後援会の成立

それでは、崇仁学区における都市社会事業運営とその矛盾に対して、地域の人々はどのような対応をとっていたのだろうか。その代表的な人物として、藤岡円治郎の動きをみてみよう。藤岡の履歴と地域での位置は、表9-5に示したとおりである。藤岡は多くの地域の公職を歴任し、社会事業に熱心な人物として知られていた。また、崇仁学区に対するさまざまな事業に関与し、大きな貢献を果たした。彼は京都における救護法実施促進運動にも参画し、その有力メンバーでもあった。そして融和事業功労者にもなっていた。(62)

表９－５　藤岡円治郎履歴

生年月日	1880年12月
職　　業	酒・米・雑貨商、三等郵便局長
学　　歴	1889年３月30日柳原尋常小学校卒業、1899年３月30日北海道鷺泊高等小学校中等科卒業
経　　歴	1900年９月柳原町役場書記会計係、1903年依願退職、1914年９月柳原町役場書記会計、税務調度収入役代理、助役代理、1918年３月31日京都市編入自然退職。公同組長、衛生組長、託児所相談役、学区会議員、市設浴場相談役、方面委員、京都府親和会協議員、失業調査員、学区会副議長、方面常務委員、親和会理事、市設隣保館相談役などを歴任
賞　　罰	改善事業の功労によって、学区より銀杯授与、融和事業功労者、方面委員功労者、社会事業功労者として天皇に拝謁など

出典：『京都府庁文書』昭３-133『自昭和３年　至昭和５年度　社会事業奨励助成　社会課』「社会事業功労者取調ニ関スル件」、中央融和事業協会『融和事業功労者事蹟』(1932年)、『京都府庁文書』昭16-131『昭和16年罹災救助、済生会、低利資金、雑　社会課』「社会事業功労者事蹟調書」

一九二八年五月二日、崇仁学区内の有志者や京都府の有志三〇〇名を岡崎公会堂に集めて、藤岡の後援会である「藤円会」が結成された[63]。一九二八年六月二九日には、藤岡を中心とした崇仁学区方面委員一五名が、崇仁学区内への夜間診療所の設置を京都府知事に陳情した[64]。さらに同年一二月二日、崇仁託児所で会員三〇〇名を集めて、社会事業功労者として表賞された藤岡の祝賀会を兼ね「藤円会」が開催された[65]。また藤岡は、崇仁学区方面事業後援会の発足をめざして、資金の募集にあたった。この会は一万円を基本金にする予定であり、現在はその三分の一程度集まっていると報じられた。後援会の設立後は、基本金の利子を救済事業にあてる計画だった[66]。さらに、京都府・京都市の助成金も受ける予定であった[67]。藤岡は寄付金募集を続け、約一万三〇〇〇円集まった時点で、財団法人の申請をおこなった。最終的な寄付金は一〇万円をめざしていた[68]。また基金募集のため、京都市公会堂に三〇〇〇人を集めて演芸大会を開いた[69]。そのほか、崇仁学区方面委員会では、藤岡を中心に同学区の青年たちの就職問題について、協議会を開催した。また地域住民にミシン裁縫・刺繍技術の習得をさせるなどの経済的対策を検討していた[70]。

それでは藤岡が社会問題や社会事業に対し、どのような認識をもっていたか、藤岡の論説から検討してみよう。まず、彼は当時の社会情勢について、「まことに陰惨な空気」「失業者の群れは巷に溢れ、飢餓の声が野に圧する」「国家にとって実に容易ならざる危急の時で」あると認識していた。次に方面委員としては「常に事業資金に苦しめられた」ため、その経験から救護法実施促進運動に「寝る日も寝ずに奔走した」という。そして、救護法に関しては、「このように救護法が施行されても、崇仁学区内の方面委員のカード登録の要救護者は約八〇〇世帯以上いるが、救護法に該当するものは意外に少ない。健康で仕事のないものは救護法では全然救われない。多くの場合は扶養義務者そのものが生活困難者となっている」といっていた。救護法のおよばない所を補足するのが方面事業だが、方面事業の事業資金には一番苦労したようだ。藤岡は「口の先だけの方面委員では救済も救助もできる道理がない。第一線に立って働く以上は、何と云っても金であります」と発言している。そこで、方面事業の事業資金を捻出するために市内の財界有力者に援助してもらい、崇仁学区方面事業後援会を設立した。藤岡の認識によると、崇仁学区の要救護者は「多くは全国的に移動して来たものであります。（中略）故にこの地区の社会的不安を除くことは、つまり京都市の不安の（ママ）除くことであると云っても過言ではない」という。最後に「金持ちはなかなか社会事業を知らず、金をださない。我々方面委員が「金持階級」に社会事業を理解させることが重要である」と結んでいる(71)。

藤岡は社会事業や地域の社会問題の解決にきわめて熱心な「名望家」であった。彼は、崇仁学区民の救護事業の財源作りをはじめていた。その背景には、一九三二年一二月二日の調査にあるように、京都市内のカード要救護者五七六七世帯、一万二七三八人中、崇仁学区、陶化学区の下京区第二方面は一一五六世帯、四八六七人であり、崇仁学区は市内のカード階級の約三〇パーセントが集中する貧困学区であるという現実が存在した(72)。

また、当時京都市内の方面事業にかかる年間経費は七万一〇〇〇円であったが、京都府の補助は九〇〇〇円に

表9-6　昭和10年度崇仁学区方面事業後援会決算　（単位：円）

歳入		
科目	項目	決算額
預金利子		714.49
補助金		537.00
	府補助金	137.00
	市補助金	200.00
	府地方改善奨励金	200.00
生業資金償還		17.50
寄付金		1,500.00
講習会製品売上金		98.67
合計		2,867.66

歳出		
科目	項目	決算額
事務費		664.57
	事務所費	537.90
	会議費	126.67
救護費		305.95
	救護費	299.40
	児童保護救護費	6.55
水害罹災救護費		1,002.00
生業資金		100.00
講演講習会費		137.04
	講演会費	7.30
	講習会費	129.74
視察調査費		50.00
表彰慶弔費		55.44
寄付金及負担金		41.51
歳出合計		2,356.51
差引残高		511.15
資産金額		19,144.62

出典：『京都府庁文書』昭12-113-1『昭和12年社会事業団体助成　社会課』「昭和11年4月　昭和10年度決算昭和11年度予算　報告書　財団法人　崇仁学区方面事業後援会」

すぎなかった。朝日新聞社会事業団からの一万円を加えても事業費はまったく足りず、多くの経費を方面委員各自が負担していたのである[73]。

では、崇仁学区方面事業後援会がどのような運営をおこなっていたかをみてみよう。まず、事業としては婦人副業講習会や、女性向けの講演会[74]、融和問題懇談会を開いていたことが確認できる[75]。次に表9-6で一九三五年度の経営状況をみてみると、歳入は寄付金と府・市の補助金が大半をしめており、寄付金も順調に集まっていたことが分かる。歳出の多くは、救護法で救済できないものへの救済費や、方面委員事務費などにあてられた。藤岡が中心となって設立した崇仁学区方面事業後援会の資金は、市営社会事業で補うことのできない方面事業運営の経費として使用されたのである。

四　地域社会秩序の崩壊と再編

（1）地域社会秩序の崩壊と騒擾

一九二〇年代後半になると、崇仁学区の地域社会秩序にも大きな変動がおきる。ここでも松下孝昭の研究に依拠しながら、新たな事実を加えつつ論述していく。(76)

一九二九年五月二二日の京都市会議員選挙で、東七条水平社の菱野貞次が、労農大衆党公認で当選した。(77)その後、菱野たち無産党市会議員団は、当時おこなわれていた京都市バス争議を支援するための演説会を開催する。崇仁学区の有力者の一人である松下平三郎は、それに憤激し、市バス争議に呼応して市電がストライキに入るなら、崇仁青年団、国民研究会を率いて対抗すると威圧した。(78)このように、一見両者は融和しつつも、対立構造はいまだ解消されていなかったのである。

さらに無産政党の進出は続いた。一九三〇年九月の学区会議員選挙では、学区会議員当選者一二六名中、民政党系約六〇名、中立五〇名、政友会系約三〇名、国民同盟約一〇名が当選した。その中で無産政党が無産派を名乗り、立候補者一九名中、八名の当選を果たしたのである。待鳳学区は中村梅次郎（社会民衆党）、楽只学区は三品重次郎（社会民衆党）、小泉清次郎（社会民衆党）、衣笠学区は北村増一（社会民衆党）、養正学区は朝田善之助（労農党）、崇仁学区は西村利吉（大衆党）、松塚清三郎（大衆党）、瀬川房次郎（水平社）という面々であった。このように崇仁学区からは無産政党系の学区会議員が三名も当選した。この時期、京都市内全域で無産政党・水平社・在日朝鮮人の学区会議員選挙への進出が一気にみられた。さらに、三一年三月一一日には東七条履物組合正副組合長に柏原佐一郎、中村勇太郎の無産政党系が当選した。(79)一九三四年九月の学区会議員選挙では、崇仁学区の当選者一二名の中に、全国水平社京都府連東七条支部の西林治三吉と柏原佐一郎がいる。このように無産政党・水平社などの勢力は、社会運動としての抗議をおこなうだけではなく、学区会を中心とする地域秩序への参入もめざしていたのである。

一九三〇年一二月一五日、学区内の地域有力者たちは、これらの無産政党の進出に代表される地域社会秩序の動揺に対応するため、新たな団体を結成した。学区内の衛生・風紀改善・思想善導などを目的として、七条署長を会長に据えた「崇仁協清会」が、七条署を会場にして設立されたのである。(80)

このような崇仁学区の中での普選状況は、松下が強調する無産政党の進出という現象だけではなく、地域有力者層の世代交代につながる動きとなった。その典型的な事例の一つが、熊野喜三郎の市会議員立候補であった。熊野は国民研究会の幹部であったが、それを脱退し、国家主義団体「青年自由軍」を結成した。(81)熊野のように、反水平社を掲げた人物も既存の地域社会秩序に挑戦し、政治的進出を狙っていたのである。熊野は一九三三年の市会議員選挙で、崇仁学区の候補者に、地域有力者で国民研究会幹部であり、かつ政友会系の市会議員でもあった松下平三郎（中立）がいるのにもかかわらず、立候補した。その結果、同じ政友会系の熊野は、市会議員選挙に惨敗した。(82)松下が一一六一票で当選し、熊野は一〇八票で落選という圧倒的な差だった。(83)この時の市会議員選挙では、無産政党系で水平社に所属する菱野貞次、柏原佐一郎も落選した。(84)このように、崇仁学区の地域社会秩序への挑戦者たちは、無産政党系の市会議員たちにも確実な支持層がいるため、学区会では進出を果たすが、学区全体の広範な支持が必要な市会議員選挙では、当選圏内に入るほどの支持を得ることはできなかった。

しかし、この頃、崇仁学区の地域社会秩序をふたたび動揺させる事件がおこっていた。一九三四年七月二二日、京都市によっておこなわれる東七条不良住宅改善事業の対象となった沿道地区の住民約二〇戸が、全国水平社京都府連執行委員の駒井栄之助を中心に「須原通家追出反対同盟」を組織した。彼らは京都市当局に市営住宅建設とその貸与を何度も陳情したが、最終的には立ち退き補償料の増額などで決着した。また、彼らは「公同組合・

衛生組合費の公開、公同組長・衛生組長の全区民による選挙」「方面委員事業後援会の寄付金即時公開」「市営浴場の経営継続反対」「市営簡易住宅の設置」など、区政の民主化と社会政策の実施を要求した。そして、学区の地域有力者である藤岡円治郎、松下平三郎、吉岡小次郎を名指しで非難した。

その後、一九三五年六月二九日に、京都市を大水害が襲った。同年七月七日には、市に委託された水害救護金六〇〇〇円の分配が、一世帯あたり五円の割合で予定されていた。同七月、崇仁学区に割り当てられた水害救護金が三三一名に分配された。しかしその過程で困窮世帯が対象から外され、余剰分が家主などに多く分配されることになり、地区内に不満が高まった。この状況下で、全国水平社東七条支部は「東七条罹災者救護金不公平分配反対同盟」を結成した。同年七月二五日、約三〇〇名（うち朝鮮人約五〇名）が京都市役所を訪ね、同盟の代表約二〇名が抗議した。

さらに同じ時期、不幸にも崇仁隣保館が隣家の火災に巻き込まれ、焼失してしまった(85)。

一九三五年八月四日には、崇仁学区の町民有志が「救護金不公平分配反対演説会」を開催した。そこでは、「方面委員総辞職」「分配金の回収再配分」「方面委員の公選要求」が決議された。同年八月五日には、京都府知事に対し、水害救護金問題を陳情するため、崇仁学区の人々が京都府庁前に集結した。しかし、結局警察に解散させられ、朝田善之助、駒井栄之助ら一七名が検束された。その日の夜、人々は検挙者奪還のために集団で七条署に押し掛けた。翌八月六日には、崇仁学区の住民約一〇〇名が、崇仁学区方面委員一八名の自宅を訪問し、水害救護金問題の責任を追及した。この行為に対して、七条署は五名（『水平新聞』では一八名）を検束した。

同年八月七日、崇仁学区方面委員会は、水害救護金分配問題に関する声明を発表した。それによると、学区民の一部が騒いでいる内容はまったくの誤解であり、救護金は区役所と方面委員の調査において救護条項に該当した四三九名に分配した。なお救護が必要な世帯約一〇〇〇世帯に対しては、崇仁学区方面事業後援会が富豪に借金して、一人当たり二円ずつ約七〇〇世帯に配給したが、残りの約三〇〇世帯がもらえないと騒いでいるとしていた。

しかし、表9-6から分かるように、崇仁学区方面事業後援会が支出した水害救護費用は一〇〇二円で、声明の内容と一致しているとはいえない。彼らは何もしていないわけではないが、明らかに地域住民の要求には対応できていなかった。

同年八月一八日には、方面委員の藤岡円治郎が、この水害見舞金分配問題を契機として、社会事業からの引退を表明した。その後一九三七年一月には、一九三四年時点での崇仁学区の方面委員の中心メンバーは、全員姿を消していたのである。

以上の出来事は、地域社会秩序の動揺に対して、既存の社会事業や地域社会秩序による抑止効果が、十分に機能しなかった結果だった。地域社会秩序への挑戦者たちは一定の力をもち、次第に対抗運動を組織化していったのである。

(2) 戦時体制と地域社会秩序の再編

では、このような闘争があったのち、崇仁学区ではどのように秩序が再編されたのであろうか。一九三六年四月、託児所・家事見習所が改組され、隣保館と統合されて、地方改善事業の統合機関となった[86]。同年六月には、火災で焼失した崇仁隣保館の改築も完了した[87]。一九三六年三月三〇日の京都市会で、京都市隣保館規則改正が決議された。しかし、託児所利用料は一人月額一円以内、家事講習料五〇銭以内という、料金の規定は存続し、変化はなかった[88]。

一九三七年四月一一日には、崇仁学区で「崇仁会」が発会予定と報じられた。従来のさまざまな団体による事業を統一的におこなうための組織であり、委員長は地域有力者の一人である吉岡小次郎であった。[89] 同年六月二四日、貞明皇太后が崇仁隣保館に行啓した際には、特別に崇仁隣保館のみに行啓がおこなわれるということで、学区をあげて奉迎しようとしていたが、このときも崇仁会が中心となり、打ち合わせをおこなった。[90] また三八年五月には、前年に行われた皇太后の行啓を記念して、記念絵画と五箇条の御誓文を崇仁隣保館の集会室に掲げた。[91]

一九三九年一〇月二四日、方面事業の拡張で方面委員事務所である第五社会館が狭くなり、新たに崇仁方面会館が建設され、落成式がおこなわれた。建設経費四一四三円は有志の寄付であった。その中には、恩賜財団慶福会の補助一五〇〇円をふくんでいる。[92] また、崇仁学区方面委員会は、皇紀二六〇〇年記念として、第五社会館に方面授産所を開設した。[93] このように、既存の勢力が中心となって、さまざまな騒擾で混乱した学区の地域社会秩序の再編が図られたのである。

そして、かつては地域社会秩序への挑戦者であった菱野貞次が学区会議員に就任した。彼は一九三八年九月三一日の就任以来、四一年四月の死にいたるまで学区会議員であった。[94] かつての崇仁学区の地域社会秩序の体現者たちも、病に倒れたり引退したりしていった。一九三九年六月一日には松下平三郎が死去した。[95] そして、四一年五月二四日、崇仁学区方面事業後援会長の藤岡円治郎が死去し、崇仁方面葬がとりおこなわれた。[96] 崇仁地区の地域有力者たちも次々と世代交代していったのである。

戦時期に組織された京都市厚生報国会は、隣保館を拠点とし、京都市社会行政と協力して戦時都市社会政策を補完する役割を果たした。厚生報国会は水平社の活動家や融和運動の指導者がすべて参加する形で結成され、厚生報国会系列の人脈が地域の主導権をにぎった。[97] このような経緯で力をのばした熊野喜三郎が、地域有力者として完全に崇仁学区を掌握しうる存在となるのは戦後のことである。[98]

五　おわりに

本章でフィールドとした京都市崇仁学区は、当該期には京都市内最大の「不良住宅地区」であった。崇仁学区の貧困者の比率は市内随一で、京都市も託児所・職業紹介所などさまざまな社会事業施設を重点的に配備して、地区改良事業をおこなっていた。学区内には部落改善運動や融和運動の系譜もあり、地域の自主的な運営をおこなう有力者層が存在していた。しかし東七条水平社などの運動が勃興すると、既存の社会事業行政や地域社会秩序ではこれを抑止できず、新たな事業や対策が必要とされた。京都市社会行政は、一九二〇年代後半から三〇年代にかけて都市社会事業の拡充を図るが、都市社会事業施設の設置が被差別部落に限定されていることに加え、都市社会行政職員の専門性の低さ、社会事業関係予算の少なさ、京都府・市の社会事業の連携の悪さなどが指摘されていた。

京都市の託児所の運営は、米騒動以降の防犯・治安対策として重視され、地方改善事業の拠点施設と位置づけていた。しかしその運営には問題も多く、利用料の高さや、利用者の中に貧困家庭以外の児童が含まれることなどが批判されていた。特に崇仁託児所は受持地域が広く、収容している人数もほかの託児所の二倍以上であったうえ、さらに利用者が増加し、入所希望者を収容しきれない状態であった。また一九三〇年代には、市会議員菱野貞次が地方改善事業に限定されている託児所の運用を改めて批判して労働者保護事業としての政策転換を迫るなど、市会内外で託児所運営への批判が高まった。一九二七年に開館した崇仁隣保館は、地域改善事業の総合的施設として位置づけられた。しかしその事業内容は中産階級以上を対象とした教化事業が主であり、施設の充実が必ずしも活発な都市社会事業につながっておらず、運営の再検討を迫られることになった。このように託児所や隣保館は、地域に受容され利用されていたものの、そこにはさまざまな矛盾が存在していた。

一方、崇仁学区では一九二七年、「東七条町政革新同盟」により学区会議員の不正が追及され、有産者中心の学区運営・地域社会秩序に対する反発と挑戦が強まった結果、無産政党・水平社出身の市会議員や学区会議員が進出した。そして、一九三〇年代になると東七条水平社を中心に、旧来の地域社会秩序に対する挑戦者たちが一定の力をもち、運動を組織化していった。こうした動向は、既存の社会事業や地域社会秩序による抑止効果が機能しなくなった結果、一挙に爆発したものといえる。

その後、一九三六年四月に託児所・家事見習所が隣保館に統合されて、地方改善事業の統合機関と位置づけられた。翌年四月には、従来のさまざまな団体の事業を統一的におこなうための組織として崇仁会が設立されるなど、一九三〇年代後半になると、崇仁学区の地域社会秩序の再編が進んだ。また地域有力者層の世代交代もおこった。そして、菱野貞次が学区会議員に就任するなど、かつての地域社会秩序への挑戦者たちが地域運営に関与する事態へといたった。

一九四一年には京都市でも学区制度が廃止され、公同組合が戦時町内会に移行した。各地区単位の融和団体の解消がおこなわれ、被差別部落にも戦時町内会が編成された。かつて私は、京都市のすべての被差別部落の地域組織を統合した戦時期の京都市厚生報国会から、戦後の京都市自治会連合会が再編成される過程を示したが、こうした戦時期から戦後にかけての変化が都市社会政策と地域住民組織の関係を形成していったのである(99)。

以上、本章では地域の政治的動向や地域社会、クライエントの反応を組み込んで京都市崇仁学区の社会事業運営を分析した。地域社会およびその主要アクターの主体的な行為や活動の相互関係を重視した分析をおこなうことにより、一つの地域の社会事業の運営実態においても、さまざまなアクターを無視できないことが明らかになった。今後は、このような地域社会やクライエントに内在する動向を組み込んだ分析手法による社会政策史／社会福祉史研究が必要になるであろう。

（1）主要な研究は、小路田泰直『日本近代都市史研究序説』（柏書房、一九九一年）、芝村篤樹『日本近代都市の成立』（松籟社、一九九八年）、同『関一』（松籟社、一九八九年）など。
（2）本書序章参照。
（3）前掲註（1）芝村書。
（4）沼尻晃伸「第一次大戦期から一九三〇年代の川崎市の行財政」（大石嘉一郎・金澤史男編『近代日本都市史研究――地方都市からの再構成――』日本経済評論社、二〇〇三年、第四章第三節）。
（5）京都市編『京都の歴史』九巻（学芸書林、一九七六年）、京都市政史編纂委員会編『京都市政史』第四巻（京都市、二〇〇三年）、同『京都市政史』第一巻（京都市、二〇〇九年）、『京都児童福祉百年史』（京都児童福祉研究会・京都児童福祉センター、一九九〇年）など。
（6）井上清ほか編『京都の部落史』二　近現代（京都部落史研究所、一九九一年）。
（7）渡部徹編『京都地方労働運動史　増補版』（一九六九年）、部落問題研究所編『近代京都の部落』（部落問題研究所、一九八六年）、前掲註（6）書、崇仁地区の文化遺産を守る会編『柳原銀行とその時代』（一九九一年）、柳原銀行記念資料館の各種展示図録がある。また各種の年表を編集して、崇仁学区に関する事項のみを抽出したものに、竹口等『我等の歌――崇仁歴史年表――』（阿吽社、二〇一〇年）がある。しかし、この年表は、一次史料をもとにした項目から、既存の沿革史や記念誌、『京都の部落史』第一〇巻年表など二次史料から採録した項目まで、さまざまな性格の異なるデータが混在し、利用には十分な注意が必要である。
（8）本書第一章。
（9）松下孝昭「都市社会事業の成立と地域社会」（『歴史学研究』八三七号、二〇〇八年）。
（10）松下孝昭「都市社会事業の展開と地域社会」（『神女大史学』二八号、二〇一一年）。
（11）秋定嘉和『近代日本の水平運動と融和運動』第二部第四章（解放出版社、二〇〇六年、初出一九七二年）、伊藤悦子「市立託児所の設置とその役割」（『京都部落史研究所紀要』六号、一九八六年）、川端美季「京都における公設浴場の設置過程および運営に関する考察」（『Core　ethics』五号、二〇〇九年）、本書の各章を参照。
（12）山本啓太郎「京都市域における地域福祉の源流」（日本地域福祉学会地域福祉史研究会編『地域福祉史序説』中央法

規、一九九三年)、早崎真魚「大正期京都市における方面委員制度の展開と地域社会秩序」(『日本史学集録』三一号、二〇〇八年)。近年の研究動向は沼尻晃伸「戦間期・戦時期日本における方面委員論に関する一考察」(『成城大学経済研究所研究報告』四八号、二〇〇八年)を参照。

(13) 京都部落史研究所『京都の部落史』第二巻(前掲註6)、鈴木良『水平社創立の研究』(部落問題研究所、二〇〇五年、第五～七章)、高野昭雄『近代都市の形成と在日朝鮮人』(人文書院、二〇〇九年、第六章)、高野昭雄「戦前期京都市東七条・東九条における事業所の立地状況」(京都女子大学宗教・文化研究所『研究紀要』二三号、二〇一〇年)。

(14) 前掲註(11)秋定論文参照。

(15) 山本時治郎は、京都市出身で『京都日報』の記者(『京都日出新聞』一九二五年五月二三日夕刊)だが、のちに牛乳販売業となっている(『京都日出新聞』一九二九年五月一五日)。一九二五年から二九年まで下京区二級の市会議員だった。

(16)『京都市会会議録』五号(一九二七年二月一六日、二一九～二二〇頁)。

(17) 同右、二二三～二二四頁。

(18) 神田兵三は、一八九九年京都市生まれ、一九二三年一〇月に、日本労働総同盟京都連合会に入会し、労働運動に従事。一九二六年五月に労働農民党京都滋賀支部を組織し、書記に就任、一九二八年四月に同党解散まで書記長、執行委員、宣伝組織部長。一九二九年一月労働大衆党書記長、一九二七年九月京都府会議員に当選(一九三一年九月まで)、一九二九年五月京都市会議員当選(一九三三年五月まで)、一九三四年頃東京に転住した。職業は酒小売業(京都府議会事務局『京都府議会歴代議員録』一九六一年、一五三～一五四頁、以下『議員録』と省略する)。

(19)『京都市会会議録』二三号(一九二九年一〇月三〇日、三六〇～三六一頁)。

(20) 同右、三六一頁。

(21) 中川喜久は、一九〇三年石川県生まれ、神戸税務署嘱託を勤め、大蔵省所管中央税務教習所、大阪税務監督局、京都市立職業紹介所長を歴任。一九二九年五月京都市会議員当選、三期(一九四一年まで)。一九三五年九月には京都府会議員当選、二期(一九四七年まで)。学区会議員・方面委員も歴任していた(『議員録』三五七～三五八頁)。

(22)『京都市会会議録』二三号(一九二九年一〇月三〇日、三五五～三五七頁)。

(23) 同右。
(24) 『京都市会議録』八号（一九二九年二月二二日、一〇四八頁）。
(25) 菱野貞次の履歴・活動については白木正俊「菱野貞次と京都市政(上)(下)」（世界人権問題研究センター『研究紀要』一二、一四号、二〇〇七、二〇〇九年）参照。
(26) 『京都市会議録』六号（一九三二年二月二五日、一八〇〜一八二頁）。
(27) 同右、一八三〜一八四頁。
(28) 前掲註(11)伊藤論文、四六〜四八頁。
(29) 『京都市会議録』二二号（一九二四年九月二〇日、六一一〜六一五頁）。制定自体は『京都市公報』二六号（一九二一年四月六日）。
(30) 『京都日出新聞』一九二六年六月二一日。
(31) 『京都日出新聞』一九二六年八月五日。
(32) 『大阪毎日新聞京都版』一九二六年一二月一六日。
(33) 『大阪朝日新聞京都版』一九二六年七月七日。
(34) 隣保事業の創始者イギリスのアーノルド・トインビーを記念した隣保事業施設。「それは要するに性、年齢、宗教、階級等の如何に拘わらず、すべての人々がデモクラシー、平等、機会均等、隣保相扶等の社会精神に基づいて相接触し、個人および社会の改善という共同目的のために相互に助力することである。さればその本拠である隣保館はその付近居住者の福利増進、向上発展のための諸種の集会所であり、学園であり、図書館であり、講習所で有り《ママ》、診療所であり、相談所であって換言すれば教化、勧業、衛生、共済、社交の殿堂である」（京都市教育部社会課『東七条隣保館概要』、渡部徹・秋定嘉和編『部落問題・水平運動資料集成』第二巻〈三一書房、一九七八年、三二六頁〉と位置づけていた。ただし、この史料は原本の所在が現在不明である。
(35) 『大阪毎日新聞京都版』一九二六年九月二日。
(36) 『京都日出新聞』一九二六年八月四日、五日、『大阪毎日新聞京都版』一九二六年八月一日。
(37) 『大阪毎日新聞京都版』一九二六年九月九日。

(38)『京都日出新聞』一九二七年六月一七日。
(39) 前掲註(10)松下論文、五五〜五七頁。以下、松下論文にもとづく部分は注記をおこなわない。
(40)「綱領」第三八学区区政革新同盟（崇仁小学校所蔵史料D三〇—四—九、京都部落問題研究資料センター所蔵複写版）。
(41) 渡部徹編『京都地方労働運動史　増補版』（一九六九年、四三五頁）。
(42)『京都市社会課季報』二号（一九二七年一〇月）。
(43)『中外日報』一九二七年一〇月一二日。
(44)『京都市社会課季報』三号（一九二八年一月、一四頁）、同四号（一九二八年四月、一一〜一二頁）。
(45)『文化時報』一九二九年八月一四日。
(46)『中外日報』一九二九年七月三一日、『大阪毎日新聞京都版』一九二九年七月二九日、『京都市社会課季報』九号（一九二九年一〇月、一四頁）。
(47)『大阪毎日新聞京都版』一九二九年一一月二日。
(48)『京都市社会課季報』一〇号（一九三〇年一月、六頁）。
(49)『文化時報』一九三〇年一一月一五日、崇仁学区における浄土真宗本願寺派の社会事業は、一九二四年から活動を開始した龍谷大学生中心のセツルメント団体ルンビニ学園があった。活動の詳細は高島幸次「ルンビニ学園の設立と活動」（千葉乗隆編『日本の歴史と真宗　千葉乗隆博士傘寿記念論集』自照社出版、二〇〇一年）を参照。
(50)『京都市社会課季報』一五号（一九三一年七月、二八頁）。
(51)『京都日出新聞』一九三〇年八月二三日。
(52)『京都市会会議録』六号（一九三〇年三月二九日、一一三五〜一一三六頁）。
(53)『京都市会会議録』三号（一九三三年二月二八日、一三一〜一三三頁）。
(54) 同右。
(55) 同右、一三七〜一三八頁。
(56) 同右、一三九〜一四〇頁。
(57) 同右、一三一〜一三三頁。

(58)『社会運動通信』一九三〇年一〇月二六日。
(59)『水平新聞』一九三二年七月三日。
(60)『社会時報』二巻二号（一九三二年二月、三二〜三四頁）。
(61)『大阪朝日新聞京都版』一九三四年四月一九日。
(62)『大阪朝日新聞京都版』一九二八年二月二七日。
(63)『融和時報』二〇号（一九二八年七月一日）。
(64)『大阪朝日新聞京都版』一九二八年六月二〇日、『京都医事衛生誌』四一一号（一九二八年六月）。
(65)『大阪毎日新聞京都版』一九二八年一二月一日、三日。
(66)『大阪朝日新聞京都版』一九二九年一一月六日。
(67)『融和時報』四三号（一九三〇年六月一日）。
(68)『大阪朝日新聞京都版』一九三〇年四月三〇日。
(69)『融和時報』六一号（一九三一年一二月一日）。
(70)『融和時報』六二号（一九三二年一月一日）。
(71)『社会時報』二巻八号（一九三二年八月、二〇〜二二頁）。
(72)『社会時報』三巻一号（一九三三年一月、六〇〜六二頁）。
(73)『大阪朝日新聞京都版』一九三五年一月三一日。
(74)『融和時報』八六号（一九三四年一月一日）。
(75)『大阪毎日新聞京都版』一九三四年三月一四日。
(76)前掲註(10)松下論文、五八〜六二頁。
(77)『大阪朝日新聞京都版』一九二九年五月二三日、『大阪毎日新聞京都版』一九二九年五月二三日。
(78)『京都日出新聞』一九三〇年六月二四日。
(79)『京都日出新聞』一九三一年三月一三日。
(80)『京都日出新聞』一九三〇年一二月三日、一六日、『大阪毎日新聞京都版』一九三〇年一二月一六日。

(81) 内務省警保局編『社会運動の状況』昭和七年　復刻版（三一書房、一九七一年）、一三二〇頁。
(82) 木俣秋水「秋水半生記（1）」（『現代人』二九巻四号、一九八一年、四四～四六頁）。
(83) 『京都日出新聞』一九三三年五月二三日夕刊。
(84) 『大阪朝日新聞京都版』一九三三年五月二三日。
(85) 『京都日出新聞』一九三五年七月二六日、七月二七日夕刊。
(86) 『京都市事務報告書』昭和一一年度版、六六頁。
(87) 『大阪朝日新聞京都版』一九三六年六月七日。
(88) 『京都市会会議録』第六号（一九三六年三月三〇日、九三九頁）、京都市隣保館規則は同年四月一日に公布、施行された（『京都市公報』号外、一九三六年四月一日）。
(89) 『中外日報』一九三七年四月一一日。
(90) 『社会時報』七巻七号（一九三七年七月、二七頁）、『京都日出新聞』一九三七年六月一一日。
(91) 『社会時報』八巻五号（一九三八年五月、三三頁）。
(92) 『京都日出新聞』一九三九年一〇月二五日、『社会時報』九巻一一号（一九三九年一一月）、『融和時報』一五七号（一九三九年一二月一日）。
(93) 『社会時報』一〇巻六号（一九四〇年六月）。
(94) 『昭和九年学区会議書類』（崇仁小学校所蔵史料D三〇―四、京都部落問題研究資料センター所蔵複写版）。菱野貞次は京都市会議員も兼任し、一九四一年四月一一日死去（『融和時報』一七五号、一九四一年六月一日）。
(95) 『融和時報』一五二号（一九三九年七月一日）。
(96) 『同和国民運動』一七六号（一九四一年七月一〇日）。『社会時報』一一巻六号（一九四一年六月）。
(97) 本書第一一章参照。
(98) 前川修「もうひとつの「オールロマンス行政闘争」」（大阪人権博物館編『戦後部落問題の具体像』一九九七年）。
(99) 本書第一一章参照。

第一〇章　不良住宅地区改良事業の形成と変質

一　はじめに

本章は、戦前期に京都市社会課によっておこなわれた「京都市不良住宅地区改良事業計画」（以下「事業計画」と省略）を事例として、戦前期都市社会政策・社会事業と融和事業の関係、またそれらの形成過程について、京都市最大の社会政策として位置づけられた「事業計画」が部落改善事業に変質していった過程をみていくことで、明らかにするものである。

京都市の不良住宅改良事業計画に関して、管見の限りで最初に言及したのは、秋定嘉和である(1)。秋定は、被差別部落に対する地区整理事業の概略をまとめ、「事業計画」に水平社側の関与があった事実と計画の概要をのべた。その後も都市計画史研究の立場から三輪嘉男が、水平運動史との関連を押さえながら、全国的な概述ではあるが、戦前から戦時下の地区整理事業を整理した。三輪は「事業計画」の展開を簡単にふれるにとどまっている(2)。

本格的な「事業計画」の検討としては、師岡佑行の研究があげられる。師岡は京都における部落厚生皇民運動を、被差別部落民の生活擁護運動の側面から大きく評価した。その立場から戦時下における京都市独自の融和事業体制が「事業計画」の主体となったとし、その母体としての京都市厚生報国連盟、京都市厚生報国会の分析をおこなうことで、戦時下における「事業計画」の変遷を実証的に明らかにした(3)。

一方、同時期に藤野豊は、部落厚生皇民運動の実態が地域経済更生運動であったと明らかにした。京都市当局に被差別部落に対する都市計画・区画整理の実行を求める地区改良促進期成同盟の活動が、生活改善実行組合連合会と合併し、京都市厚生報国連盟が結成され、行政と運動の一体化が進んだ結果、不良住宅地区改良事業への地元関係者の協力が期待されていく過程を分析したのである。(4)

さらに不良住宅地区改良事業自体に関しては、水内俊雄が分析をおこなっている。水内は各都市の地区指定のあり方に言及するとともに、都市社会政策の中でも不良住宅地区改良事業が非常に大きな役割を果たしたことを指摘している。この観点から京都市の「事業計画」も、戦後の「同和地区」の改良事業の先鞭としてとらえられ、水平社の生活擁護運動の一環として、地区改良期成同盟と京都市社会課が協力しながら、事業を推進したとのべた。しかし、もっとも重要な指摘は、一般の都市社会政策としてはじまった不良住宅地区改良事業が、しだいに融和事業としての性格を帯びていったということである。具体的には、「事業計画」を戦後における同和地区対象の不良住宅地区改良事業の先例と位置づけつつ、同和地区においては公営住宅が中層建築になり、ほかの一般地区にくらべて、視覚的固定がなされたことと、融和事業が一般都市社会政策・社会事業からきりはなされたことという二つの問題点が戦後にもちこされたと指摘した。(5)

また戦前期の不良住宅地区改良事業は、戦時下の水平運動と行政の一体化にきわめて密接に関係しており、十分に留意が必要である。このことはすでに師岡・藤野が指摘している。しかし、師岡・藤野の研究は、部落厚生皇民運動に関しての実証と歴史的評価の視点でおこなわれているため、「事業計画」自体の分析は十分でない。水内の研究も、運動と行政の協力で事業を策定したという一面的な評価しかおこなっておらず、戦時下における行政と運動の関係が「事業計画」にどのような影響を与えたかという面の言及がない。なお、師岡・藤野の見解は部落厚生皇民運動と、「事業計画」自体に対する評価の点で異なる。師岡は「事業計画」を戦時下において皇民運動がおこなった生活擁護のための「実質的な抵抗」として位置づけたが、藤野は師岡に対する批判の中で「京都市内の被差別部落の改良事業はけっして師岡のいうような皇民運動の独創的なものではなく、一九三九年に改訂された『融和事業完成一〇年計画』にそったものにすぎず」という評価をおこなっている(6)。

しかし、京都市における「事業計画」は当初都市社会政策として計画され、戦時下に運動の関与によって融和事業化したものである。師岡も藤野も、戦時下の改良事業だけを念頭においており、全体的な分析にはなっていない。

本章は以上の研究の成果と批判をもとに、「事業計画」を分析していく。第一に「不良住宅地区改良法」の検討をおこない、京都市域における地区指定の問題に言及する。第二に京都市が「不良住宅地区改良法」が制定された一九二七年から、戦時期にいたるまで、どのような政策形成過程をへたのか確認していく。最後に京都市厚生報国連盟が具体的にどのような形で改良事業に関与していたのかを明らかにし、「事業計画」の変質過程をみていくことになろう。

二　「不良住宅地区改良法」の性格と特質

(1)「不良住宅地区改良法」の制定経過

一九一八年六月二五日に設置された救済事業調査会は、同年一一月五日、「小住宅改良要項」を議決した。この要項の一〇項と一一項では、細民住宅改良の件を記している。それは「一〇　衛生上又ハ保安上有害ナリト認ムル住宅ノ一部又ハ全部ノ修築ヲ命シ、其ノ利用ヲ停止若ハ禁止シ、並其ノ取崩シヲ命ズル権能ヲ地方長官ニ与フルコト。但シ取崩シヲ命ズル場合ニ於テハ、時宜ニ依リ公共団体ノ費用ヲ以テ補償ヲ与フルコト、一一　衛生上又ハ保安上有害ナリト認ムル地区ノ改良ニ付テモ、亦前項ノ例ニ依ルコト(7)」という内容であったが、細民住宅改良については、この二項目で答申されたにすぎなかった。

その後、一九二三年内務省社会局は、人口五万人以上の都市および、それらに隣接する町村を対象に、一〇〇戸以上の不良住宅密集地区を選定し、『細民集団地区調査』を実施する。この調査は地理的状況・戸口（人口・出産死亡・世帯主の職業・住宅・灯火）・衛生・要保護者学事・社会的施設・木賃宿・地区内特殊商店などの項目設定をおこなって地区の状態を把握し、地域構造を明らかにしようとしたものである。京都市域においては、東七条・西三条・東三条の三地区が調査対象地区となった。(8) 調査結果によると、不良住宅地区は全国で二一七地区、七万二六一二世帯、三万八五人が把握され、六大都市だけでも一五か所、一万三〇〇〇世帯におよんだのである。(9)

スラム・クリアランスについては、前述の『細民集団地区調査』が一九二五年六月に公刊され、この調査報告書にもとづき、一九二六年六月二二日、社会事業調査会が再び設置された。ここでは、スラム・クリアランスの方策が「不良住宅密集地区ノ改善方策ニ関スル件」と称して審議された。期間は一九二六年七月一五日から九月二九日で、本会議二回、特別委員会三回を経て、「不良住宅地区改良法案要項」(10)と、「不良住宅地区改良事業実施要綱」(11)を答申した。これらの答申内容では、都市計画上のスラム・クリアランスおよび、不良住宅地区一掃を目指す地区環境の整備に重点がおかれ、地区居住者の生活改善、向上を目指す意図はなかった。そして一九二七年三月三〇日公布、七月一五日施行で、不良住宅地区改良法（以下、改良法と省略）は制定されたのである。

（2）「不良住宅地区改良法」の性格と特質

改良法については、その成立過程をふまえて、宮野雄一がすでに検討している。宮野の研究では、第一に地区指定権や、施行命令権が自治体にはなく、国にあったこと、第二に改良事業の財源として国庫補助と低利資金融資があったが、実際には財源の総額が少なく、対象も「代表的不良住宅地区」すなわち六大都市の不良住宅に限定されるうえに、地区指定の認可権が国にあるために、地区指定の認可がなかなかおりなかったことを指摘している[12]。ここでは宮野と前出の水内の研究をふまえながら、改良法の性格と特質をみていく。

まず改良法の性格として、地区指定基準の欠如があげられる。改良法第一条では「公共団体ハ不良住宅密集シ、衛生、風紀、保安等ニ関シ有害又ハ危険ノ虞アル一団地ニ付、改良事業ヲ行ナフコトヲ得[13]」としており、不良住宅自体の規定や数量などの客観的な基準がまったく欠如していた。このことが各都市の地区指定に大きな差を生みだした。一九三四年に幸嶋禮吉は都市問題会議において、「かくて概念上「不良住宅地区」は純粋の意味に於ける不良住宅密集地区乃至非衛生地区住宅地区と一致すべきに拘らず、不良住宅地区改良法に於ては、事実上に両概念を裁別し、後者に比し前者を遥かに狭義に解せしむるものの如くであって、その法文上に於ける意義の不明確性は実際上地区の決定に当って益々当該決定基準の主観性を増大せしむることとなっているのである[14]」と述べ、改良法の問題点を指摘している。しかし、同時に幸島が「惟ふに、本法はその制定当時に於て存在せる不良住宅地区の改善を以て其規制の対象としたものの如くである[15]」とのべたように、一九二四年におこなわれた内務省社会局の『全国五万人以上都市不良住宅地区調査』によって対象地区は内定していたため、客観的な基準がなくても済んだのである。

もう一つは現地再居住主義の徹底である。内務省社会局はイギリスの住宅政策を参考にし、不良住宅地区の拡散を防ぎ、かつ低所得者を多く含む地区居住者が、労働市場から離れたところに移住する必要のないよう、現地再居住主義を採用した。しかし、実際にはイギリスでも事業費用負担、買収・補償問題がクリアできず、低家賃の住宅が建設できなかったため、現地再居住主義は徹底されなかった[16]。

そのような事例をふまえ、改良法では第一四条において、「本法ニ依ル改良事業施行ノ為必要アリト認ムルトキハ、行政庁ハ地区内ノ建物、其ノ他ノ工作物ノ所有者ニ対シ其ノ移転ヲ命ジ、又ハ其ノ占有者ニ対シ立退ヲ命スルコトヲ得[17]」とし、第一七条では「第一四条ノ規定ニ拠リ移転又ハ立退ヲ命セラレタル者、其ノ移転又ハ立退ニ因リ損害ヲ受ケタルトキハ、事業施工者ハ其ノ通常受クベキ損害ニ限リ補償スヘシ　前項ノ規定ニ依ル補償金ハ収用審査会之ヲ決定ス[18]」という規定をおいた。この二つの規定によって補償義務の範囲を、移転によることが明確な損害に限定することができた。つまり、工作物全体の買収・収用を行う必要がなくなり、補償金を抑えることが可能になったのである。さらに第九条では「国庫ノ勅令ノ定ムル所ニ依リ、事業施行者ニ対シ、其ノ事業ノ施行ノ為支出スル経費二分ノ一以内ヲ補助ス[19]」という国庫補助金の規定をおこない、現地再居住主義を可能にする条件を整えたのである。

これらの規定で、不良住宅地区の拡散を防ぎ、指定地区の全面改良を目指す意図が明確化したといえる。しかし、それは地区指定が認可されないと改良事業を独自におこなうことができないという構造の原因になった。また現地再居住主義の徹底は、面積の狭いことが多い指定地区内において改良住宅を高層化することになり、さらに平均七・五坪という居室面積の狭さを生みだした。これについては内務省社会局技師の中村寛が述べる通り、「国庫が事業費の二分の一補助、二分の一を低利資金に依るものとし、建物の保存期間を約五〇年とするとき、現に地区内居住者が、支払える家賃と同額を徴収して貸入金を償却し得る計数的基礎を基ず《ママ》けるに他ならない[20]」という前提があり、敷地面積と予算の制約を受けた結果といえる。

改良住宅については、そもそも改良法が住宅様式を規定していないという問題も存在していた。このことは改良住宅の構造様式の制限をなくし、各都市によって建築様式が異なるという結果を生む要因となった[21]。この問題に対しても、幸嶋は「不良住宅地区改良法に於ける欠陥は、更に、地区の改良に際し新たに造らるべき住宅の様式乃至単位に関し、何等の規定をも存せらる《ママ》べき点に有る。（中略）不良住宅地区改良法案要綱に於ては、湿気、通風、採光、給水、排水、其の他の衛生設備並に間数等に就いて、衛生上居住適合の最低水準を示すべきものとせられたにも拘らず（中略）折角の改良住宅が『木造の粗末なる集団的不良住宅の代わりに、鉄筋コンクリート造りの堅固なる集団的不良住宅を建設する』の結果にならずして済むや否やを疑わしむるものがありはしないであらうか(22)」と問題点を的確に指摘している。

さらに「不良住宅地区改良法案要綱」「付帯決議の二」においては、「不良住宅地区の改良事業は地区外における散在不良住宅の改良、並に小住宅の適当なる維持管理と相俟ちて其の効果完きを得るを以て、政府に於ては更に住宅監督制度を調整立案せらるむ《ママ》ことを希望(23)」しているが、住宅監督制度については法整備されなかった。内務省社会局長の池田宏などは、すでに一九二四年に制度の必要を提唱していた(24)。住宅監督制度は、必要性が長く訴えられながらも整備が見送られたのである。

これまでのべてきたような不良住宅地区改良法の特徴は、都市行政の専門家たちだけではなく、一般にも認識されていた。たとえば『大阪朝日新聞』は社説において改良法に言及している。それによると「今日まで住宅問題といへば、借家の供給、家賃の緩和に限られ、借家借地法なども発布されたけれど、その借家の構造、内容等、かんじんの衛生的設備を丸きり度外視していたのは、福祉政策としては頗る不徹底なものであったが、内務省社会局では今度六大都市の不良住宅を改善する計画をたてつつある。住宅問題の改善もこれでいよいよ触れるべき点に触れたのである(25)」として、改良法の制定自体には賛成意見をのべているが、同時に次のような憂慮も示している。「しかし、ここに注意しなければならないのは、不良住宅の改善は単にかかる住宅行政だけの問題ではなくして、同時に環境と習慣とに関する社会的問題であることである。——深く遡ればその根底に貧乏の問題を含んでいるが、それは姑らく論外として——住宅そのものだけをいかに改善しても、その環境が改善されず、そのうちに住む人の習慣が以前のままであるならば、不良住宅や貧民窟はいくらでも後から後からと発生してくる。」というのである。社説はその対策について次のようにのべている。「こんな場合にはいかにそのような住宅だけを改善したところでその効果は少ない。貧民窟の格式が少しばかり上等になるくらいである。つまり高等貧民窟の出現である。そこでかういふ場合には、その近所に広々とした公園を設けるとか、運動場、遊技場の設備を十分にするとか、学校、市民館のやうなものを設けて、指導や教育の力で根強い習慣や風俗を改めさせるとか、いろいろ特別の注意を払はなければならぬ[26]」として、住民教育や住宅監督制度の必要に言及しているのである。

そのうえでこの社説は、改良法が六大都市のみを対象とすることについて「自治体としてならばとにかく、国家としてこの事業に手を染めるならば、あへて六大都市に限るべきではなかろう。他の小都市、少なくとも都市計画法や市街地建築物法を実施しつつある各都市にも及ぼすのが当然ではないか。不良住宅の存在は六大都市とは限らない。小都市のうちにも随分ヒドいのがある。不良住宅が肉体的にも精神的にも有毒なるバチルスを発散して、共同生活団体の幸福を害し、公共的、社会的にみて、都市の財産の負量となつていることは、大都市においても小都市においても、変りはないのである[27]」と、反対意見を提示している。改良法は、このような言説にさまざまな問題を含みこみながら成立し、各地の改良事業に強い影響をあたえることになるのである。

三　京都市における改良事業計画の展開

(1)　改良事業計画の推移

先に、内務省社会局による各都市の地区指定が、それまでの調査の蓄積により内定していたことを指摘しておいた。京都市については、内務省社会局がおこなった『全国五万人以上都市不良住宅地区調査』の調査対象地区は、崇仁・楽只・養正・西三条・東三条の五地区だった。

また、京都市は、改良法にもとづく地区指定前から、方面委員の協力を得て、京都府から依頼のあった崇仁・有済・養正の三地区を調査していた[28]。この調査と、前掲の内務省社会局の調査の結果をふまえて、一九二七年四月一日、内務省社会局の主催で六大都市不良住宅に関する協議会が開催された。このとき埴岡京都市社会課長は、崇仁・有済・粟田・養正・錦林・楽只の六地区について指定を要望すると語っている(29)。内務省による当初の調査地区と京都市の調査地区指定希望地区はすべて被差別部落であった。

京都市では、一九二七年四月一日、不良住宅改善方針樹立のために助役・電気局長・土木局長・都市計画課長・区画整理課長・営繕課長・衛生課長・庶務課長・社会課長などがそろって、協議をおこなった(30)。しかし、詳細な事業計画の策定のためには市独自の調査をおこなう必要があり、同年五月二日から、一二日まで、市内六地区（壬生・楽只・錦林・東七条・田中・三条）の不良住宅地区調査を第一次調査として実行した(31)。六地区はいずれも被差別部落であった。この調査結果を踏まえて、同年六月二一日、再び市の局長・課長級が集まり、京都市土木局長室において、意見交換をおこなったのである(32)。

その後、何度かの調査と協議が繰り返され、京都市はついに一九二八年秋に挙行される昭和大典の記念事業として、不良住宅改良事業にとりくむことを決定した。事業費は京都市空前の大事業と呼ばれた中央卸売市場建設費四二〇万円を上回り、既存の社会事業予算の枠をこえて、四五〇万円の大事業となる予定と報じられた(33)。単なる社会行政のレベルではなく、都市行政をあげてのとりくみとして改良事業を位置づけたのである。これは改良法にもとづく事業費の半額国庫補助や償還条件のよい借入金を前提とした事業計画で、京都市はそうした財源を得るために、地区指定を目指したともいえるだろう。

しかし、内務省が提出した京都・大阪・神戸の不良住宅改良事業費要求のうち、京都市に関する事業費は大蔵省で削除されてしまった(34)。そこで京都市は、一九三四年九月の室戸台風災害に乗じ、不良住宅改良事業費の国庫補助について二度目の要求をおこなった。漆葉見龍京都市社会課長は、風害復旧予算説明のために上京した際、あわせて不良住宅地区改良事業費として一二〇〇万円の国庫補助金を陳情したが、不首尾に終わった(35)。この経緯については、「市社会課においては、不良住宅地区改良法の公布せられし当時より、再三その調査を行ない、改良計画を樹立し、関係当局と折衝したることあり、殊に昭和九年の風水害復旧対策として不良住宅改良事業を計画し、主務省に申請したるも、財政上の困難あるいは、地元における諸事情等によりて実現する能わず今日に至れり(36)」というように説明されている。つまり、市社会課は室戸台風による風害のあと、災害復旧をかねた新たな「事業計画」を構想していた。

つまり、京都市の不良住宅地区改良事業計画は、最終的な計画以前に二つの「事業計画」が存在しており、その対象地区は、すべて被差別部落であった。市はこれにあわせて改良法にもとづく地区指定も希望していたが、改良事業計画については、地区指定以前から、京都市全体の既存の社会事業の枠をこえた計画と位置づけていたのである。

(2)「不良住宅地区調査」をめぐって

では、京都市として「不良住宅地区」を一体どのように認識していたのであろうか。それを明らかにするため、京都市社会課による二つの不良住宅地区調査の調査過程を分析し、政策形成への影響をみていく。

まず、一九二七年五月から一九二八年九月まで調査をおこない、一九二九年に刊行された『不良住宅密集地区ニ関スル調査』をみてみよう。対象地区は、錦林・楽只・壬生・崇仁・三条の五地区で、すべて被差別部落であった。調査方法については「区役所、税務署及び警察署などの公簿調査と実地調査とを兼ね行った(37)」とある。表10-1の調査項目をみてみると、表10-2の内務省社会局が地区指定にあたり要求した地区内の状況に関する調査データとおおむね一致している。特色としては「朝鮮人の概況」の項目があげられよう。朝鮮人に関する調査は、不良住宅地区改良事業の参考にするとの名目で、錦林・養正・楽只・壬生・崇仁の各地区と東九条岩本町在住の

表10-1　「不良住宅密集地区ニ関スル調査」調査項目

①人口及ビ世帯		
②建　　物		
③土地ノ種別		
④土地収用法施行令第三条		
⑤人口世帯・及ビ建物		
⑥住居状況		
a　建坪ト家賃	b　便所使用状況	c　用水ノ状況
d　畳数ト家賃	e　一世帯ニ於ケル世帯人員数と畳数	f　畳数別室数
g　室数別戸数	h　借家敷金ノ有無	
⑦居住者ノ職業ト概要		
a　職業の有無	b　職業種別	
⑧居住者生計ノ状況		
a　収入状況	b　全家族ノ収入ト世帯人員	c　収入ト年齢
d　所得アル人数ト世帯総人員		
⑨衛生・保安並ニ風紀		
a　概況	b　母ノ初産年齢	c　嫡・庶・私生子
d　健康状態	e　前科者	f　昭和２年中犯罪検挙数
g　現在刑務服役者	h　精神病者	i　学齢児童
j　最近３カ年間火災状況	k　最近３ヵ年間火災原因	l　昭和２年度壮丁検査結果
m　出生数	n　死産数	o　乳幼児死亡数
p　死亡者数	q　乳幼児死亡原因	r　死亡原因
s　伝染病患者発生数		
⑩　朝鮮人の概況		
a　人　口	b　住　居	c　職業ノ有無
d　世帯内勤労人員	e　１世帯１ヶ月ノ収入	

出典：京都市社会課『不良住宅密集地区ニ関スル調査』(1929年)

表10-2　内務省社会局要求調査データ

①当該地区内ノ人口及世帯数	
(イ)総人口	(ロ)総世帯
(ハ)不良住宅ニ居住スル者ノ人口	(ニ)不良住宅ニ居住スル者ノ世帯
②当該地区内居住者ノ職業ノ概要	
③当該地区居住者の生計状況ノ概要	
④当該地区内居住者ノ衛生・風紀・保安等ノ状態	
⑤当該地区内ノ土地ノ状況	
(イ)総面積	(ロ)道路及排水給水設備状況
⑥当該地区内ノ建物ノ状況	
(イ)建物ノ棟数及延坪概数	(ロ)住宅ノ戸数及ビ延坪概数
(ハ)住宅以外ノ建物ノ用途別棟数及其延坪概数	(ニ)不良住宅ノ戸数延坪概数及不良住宅ノ概況
(ホ)不良住宅ノ家賃概況	
⑦図面	
(イ)土地ノ高低図	
(等高線一尺ヲ以テ図示縮尺600分ノ1平均海潮面以下又ハ著シキ高低アル土地之ヲ要ス)	
(ロ)道路・排水・給水設備・地下埋設物・建築線等ノ配置図(600分ノ1)	
(ハ)建物ノ用途別配置図(不良住宅ハ著色其他ノ方法ニヨリ明示。縮尺600分ノ1)	

出典：京都市民生局蔵『地方改良計画一件』(1939年度)所収、内務省社会局第112号「不良住宅改良法施行ニ関スル件依命通牒」

朝鮮人を対象に六月一〇日から一三日までおこなっていたが、不良住宅地区の調査においても特別の項目を立てているところに、京都市の状況認識がうかがえる。[38] さらに、重要なのはこのとき『不良住宅地区密集図集』を作成したことである。これにより、市が明確に「不良住宅地区」と認識する各地区の範囲が確定したのである。[39] また、この調査では、定性的な記述分析はまったくみられず、統計的な手法に終始している。調査項目が内務省の要求データと一致していることなどからみても、この調査がある程度の独自性を含みつつ、改良法による指定を受けるための提出データ作成を兼ねていたことが明らかである。

次に、京都市において本格的に改良事業計画が策定される一九三七年に調査が開始された『京都市に於ける不良住宅地区に関する調査』を検討してみよう。調査対象は楽只・養正・錦林・三条・壬生・崇仁・竹田・深草の八地区であった。竹田・深草は、一九三一年四月一日の市域拡張によって京都市に編入され、あらたに「不良住宅地区」の認定を受けた地区である。これにより京都市における「八大不良住宅地区」が成立した。

その調査方法について、「本調査は調査対象の広汎なるに鑑み、実地調査期間を二期に分ち、昭和一二年五月乃至同年一〇月に於て楽只、養正、錦林、三条、壬生の五地区を、又昭和一三年五月乃至同年一〇月に於て崇仁、竹田、深草の三地区を夫々実地調査した。（中略）人口・世帯・居住者の生計等社会的部門を社会課にて担当し、その調査員として少額給料生活者失業応急事業従事者を充用し、又土地、建物の測量の其他技術的部門に付、市土木局が之を担当実施したのである。尚公簿調査に於ては、所轄警察署、消防署、区役所、区裁判所、小学校等の援助を煩わした」[40] との記述がある。調査の規模が拡大したため、調査員に、警察官・方面委員など従来の層から失業中のインテリ層までを活用し、戸別調査方式を導入することで調査意図と精度の徹底を図るとともに、公簿調査も併用していた。

表10-3の調査項目をみてみると、前回一九二七年調査の視角を踏襲しつつも、地域の実態を具体的に把握し

表10-3　『京都市に於ける不良住宅地区に関する調査』項目

①土地状況	
(1)沿　革	
(2)地　勢	
(3)道　路	
②家屋状況	
(1)様式及構造	
a　家屋様式	b　住宅構造
(2)室数ト畳数	
a　室数ト住宅等級	b　畳数ト住宅等級
c　居住人員別室数別現住住宅数	d　居住世帯数別現住住宅数
e　世帯人員数別畳数別世帯数	f　畳数別室数別住宅数
(3)用　途	
(4)用　水	
a　用水専共別現住住宅数	
(5)便　所	
(6)通風採光	
(7)下水溝及竈	
(8)電　灯	
a　電灯設備ノ有無	b　電灯有無別室数別現住住宅
(9)家　賃	
a　家賃ト住宅等級	b　家賃額別畳数別現住住宅数
c　日家賃ト畳数	d　畳数別間代別世帯数
e　一戸当平均家賃其他	f　敷金有無別戸数
g　家賃ト支払方法	h　間代ト支払方法
i　家賃階級別滞納状況	
③居住者状況	
(1)世帯状況	
a　家屋敷世帯数及人口	b　年齢別人口
c　一戸内ノ居住世帯数及人員別現住住宅数	d　年齢別性別配偶有無別人口
e　世帯主本籍地ト居住年月	f　居住態様別世帯数及人口
(2)生計状況	
a　収入階級別世帯人員別世帯数	b　支出階級別世帯人員別世帯数
c　収入階級別収支過不足別世帯数	d　一世帯平均収支額其ノ他
e　カード階級世帯数及人口	
(3)教育状況	
a　教育程度	b　在籍児童数
c　卒業者進路状況(地区児童)	
(4)職業状況	
a　性別職業別有業者数	b　有業者数別世帯人員世帯数
c　勤労所得人員別収入階級別世帯数	
(5)保険状況	
a　疾病種類ト治療ノ有無	

出典：京都市社会課『京都市に於ける不良住宅地区に関する調査』(1941年)

表10-4　京都市社会課による不良住宅地区地域選定基準

A　地域ノ選定
各地区ニ於ケル不良性ノ程度ヲ見ル為、一定基準ニヨリテ其ノ程度ヲ一級ヨリ一〇級ニ分チ、其ノ中八級乃至九級ニ該当スルモノニ付(一〇級ニ該当スルモノナシ)其ノ地区ニ於ケル位置環境ヲ考慮シ、一地区凡ソ一〇〇〇坪乃至三〇〇〇坪トシテ選定ス

参考
◎地域等級選定基準
各地区共左記三点ヲ以テ一級乃至一〇級ニ区分シ之ヲ総合ノ上決定ス
イ、住宅ノ質ニヨル等級
住宅ノ良、不良及ビ不良住宅中ノ甲級乙級(※)ノ比率ヲ算出シ、比率三以上ヲ一級、同〇・〇九以下ヲ一〇級トシ其ノ間ヲ区分ス
ロ、延建坪ニヨル等級
八地区平均良住宅一戸当延建坪三一・四九ヲ基準トシテ三〇坪以上ヲ一級、六坪未満ヲ一〇級トシ其ノ間ヲ区分ス
ハ、密集度ニヨル等級
八地区平均現住者一人当面積六、三坪ヲ基準トシテ六、三坪以上ヲ一級、二坪未満ヲ一〇級トシ其ノ間ヲ区分ス

備考
※良住宅
①住宅の形質、規模及構造等よりして可良とするもの
②現状の儘、移転可能なるもの
※不良住宅
①住宅の構造粗悪にして、之を移転せんには多大の補足材を要し、寧ろ新築するを利益と考えらるるもの
②仮設的「バラック」建物乃至は腐朽傾斜の為、頽廃して使用不可なりと認めらるるもの甲乙は①②と照応すると思われる

出典：京都市民生局所蔵京都市社会課「地区改良計画一件」(1939年度)所収、「不良住宅地区改良事業計画概要」

ようという意図が分かる項目設定になっている。前回調査のような統計のみの記述とは異なり、実証的な統計データをふまえながら定性的な分析記述をおこなっていること、前回調査との比較の視点も存在することに、調査としての質的な向上がみられる。また調査視角として「本市における八大不良住宅地区はいづれも融和事業関係地区であって、他の五大都市にみるがごとく資本主義社会機構の副産物たる近代的スラム街として、純然と存在するのではなく、何れも古い伝統を有し、長い多難の歴史に変遷を重ね来った集団地域である」(41)と記されていることに、都市貧困層の問題や不良住宅地区問題と事実上重なっている部落問題への認識が表れている。そして「殊に近来都市計画、区画整理に伴ひ、これら事業より取り残された大規模の不良住宅地区が多数存在することは啻《ただ》に地区居住者のみならず、一般に及ぼす影響の甚大なるは蓋《けだ》し察知するに難しからぬ処である」(42)という記述の通り、都市計画上の大きな問題として被差別部落が浮き上がってきたことが明確になったのである。

しかし、いざ地域全体の改善を目指し事業策定するとなると、「各地区ニ於テ最モ不良住宅ノ密集セル一定の地域ヲ選定(43)」する必要が生じた。そのため、表10-4のような、京都市独自の客観的な基準が設けられることになったのである。このような場面で、調査にもとづく各地区の実態把握が政策形成に大きく影響したことは間違いないであろう。

四　不良住宅地区改良事業の変質過程

(1) 行政と運動の一体化

京都市の二度にわたる「事業計画」は、計画遂行の前提である地区指定を受けることができず、実現にはいたらなかったが、一方で被差別部落のみを対象とした地区整理事業は進められていた。しかし、この事業は、道路の拡幅・新設、下水道新設、改修・排水工事・河川改修など地区内の個別の問題に対する処置であり、根本的な地区改良には程遠い内容だった[44]。二度にわたり地区整理事業の対象となった崇仁地区においても「国庫ノ補助ヲ受ケ、地方改善地区整理事業トシテ道路ノ築造ヲナシ、又都市計画路線ノ開通、或ハ下水道ノ敷設ヲナシタルモ、之等ノ事業ハ同地区ノミニ付テ一小部分ニ過ギズ、他ノ七地区ニ至リテハ未ダ改良ニ着手スルニ至ラズ[45]」と、あくまで部分的改良に過ぎないという認識を示しており、地区の全面改良を目指す不良住宅地区改良事業の重要性を改めて認識する結果となったのであった。

改良事業の必要性は、水平運動の側でも徐々に認識されはじめていた。一九二九年八月二八日、京都府水平社は崇仁・東三条の二地区において解放令発布記念演説会を開き、差別撤廃とともに不良住宅即時改築を訴え、これらの要求をビラとして、市内のみならず市の外部にまで配布した[46]。管見の限り、不良住宅地区の改良が運動の要求として打ち出されたのは、これが初例である。

要求は徐々に具体性を帯びていった。一九三六年九月三日、融和団体である京都府親和会の主催により、京都府会議事堂で京都市内一八地区の部落代表懇談会が開催された。その席上で、養正地区の代表者より提起されたのは、養正、楽只、壬生、錦林、東三条の五地区に関する改良促進問題であった。そこでは、この問題について「旧市内の六ヵ地区の内、五ヵ地区が今回実施される都市計画および区画整理から除斥され、部落改良の前途に暗影を投じているものであり、同一時期に於ける五ヵ地区の除斥は、実に当局が部落問題解決に対する不親切である事の責任を問ひ、彼等が除斥の理由としている受益者負担に対し、それに代はる地区整理並びに不良住宅法等による地元負担に堪へ得る施行方法を考慮させ、その実行を迫るべく大衆運動を決議し、実行するよう申し合わせ、町民大会、五ヵ地区連合大会等を開催し、全水京都府連も之に連合協力し、成功的遂行を精力的に戦い抜いている」とのべている。全国水平社京都府連も積極的に改良事業推進に乗り出したのである[47]。

この背景として、一九三五年に問題となった錦林地区における土地区画整理事業の受益者負担の一件があると考えられる。地区に受益者負担を課す整理事業ではなく、地元負担のない地区改良事業の実施を要求するという前提が運動側にあったのである。[48] そして、一九三六年九月一七日には、京都市による区画整理事業の対象から外された被差別部落の代表者八名が、京都府庁を訪問し、知事や府社会課の担当者に実地調査と善処を要望している。[49] そして、同年九月二二日、ついに「市社会課では昭和八年以来、四三万円を投じて東七条町の地区整理事業を行っているが、東三条、鹿ヶ谷高岸町（錦林地区――杉本）、田中町（養正地区――杉本）、楽只、西三条も市社会課の手で地区整理を行ふ必要があり、地元民もこれを要望しているので、市村市長は廿二日、関係各課長を伴ひ実地視察を行なった。近く立案、順次工事を行なふはずである」[50] と報道され、さらに市社会課は、内務省の命により、市内一〇〇戸以上の不良住宅地区の調査をおこなうことになった。[51] これは、三度目の「事業計画」の策定を目指すことを意味していた。

京都市は「事業計画」に向けて、着々と準備を進めた。このような動きをふまえて、市内六地区の住民は地区改良促進期成同盟を結成、京都市内六か所での地区改良即時実施を要求する町民大会を開催し、一九三六年一二月二二日には、代表である堀新之助、佐野佐平、大島巳太郎が市村慶三市長に即時実施要求決議文を渡したのであった。[52]

さらに翌年一九三七年一月七日には、地区改良促進期成同盟主催の五地区連合大会が、三条青年会館で開催された。出席者に森梁香京都府親和会幹事と漆葉見龍京都市社会課長がおり、行政と運動の一体化が、すでにこの時期からはじまっていたことが明らかだった。同盟の主張と要求は、第一に五地区の都市計画および区画整理からの除斥に反対すること、第二に地区整理による道路拡張ならびに新設を即時実施すること、第三に不良住宅地区改良法による不良住宅改良を即時実施することであった。注目すべきは、このとき「我々のみが一般と異なり現在の如き不衛生地区に在住することは不合理である。観光都市京都たる京都市の面目上捨てては置かれない。

従来当局の顧みられなかったのは財源の問題もあるだろうが、一門我々地区民の努力熱意が不十分で有ったからで、関係者は協力一致して当局を積極的ならしむる様努力するべきである」との発言があったことである。不良住宅地区を放置することは京都市の名誉に関わるという意識にもとづき、地区民をはじめとする関係者は単に要求をつきつけるだけではなく、行政に対し積極的に関与してゆくという姿勢を公式に表明したのであった[53]。

これらを受け、京都市社会課・土木課は楽只・養正・錦林・三条・壬生の五地区で、一九三七年五月から一〇月にかけて調査を実施し、さらに崇仁・竹田・深草の三地区で、一九三八年五月から一〇月にかけて調査をおこなって計画策定に備えた[54]。以上のような動きを象徴する出来事は、一九三八年三月、朝田善之助が京都市社会課の融和事業嘱託になったことであろう[55]。

こうして、行政と運動の一体化が進む中、京都市は不良住宅地区調査の結果をもとに、市として三度目となる地区改良事業計画案、「不良住宅地区改良事業計画概要」を策定したのである。

（2）社会課・市会改善委員会・厚生報国連盟

地区改良促進期成同盟などの活動に後押しされた形で、三度目の「事業計画」を推進した京都市の動きに呼応し、京都市会において、一九三九年三月「京都市会地区改善促進に関する委員会」（以下、改善委員会と省略）が設置された。委員長に菱野貞次、副委員長に川端道一、久保元、委員には、渡辺清一、中川喜久ら一二名、ほか参加者二名という構成であった。委員長の菱野は被差別部落出身で、水平運動にも関わったことがある経歴をもつ。委員のメンバーも政友系、民政系をとり揃えており、府会議員でもある渡辺清一や、元七条職業紹介所長などを務めた中川喜久を含んでいた[56]。

改善委員会はまず、一九三九年五月三一日、京都府知事・学務部長に対し府補助金の交付と、厚生省へ陳情をおこなう際の援助を要請した。同年六月五日には、厚生省におもむき、不良住宅改良事業の主管である衛生局と、地方改善事業の主管である社会局に陳情し、前向きの回答を得た(57)。

では、改善委員会は「事業計画」について、どのような認識をもっていたのであろうか。まず、改善委員会の「地区改良事業所見」によると「本市に於ける実情は、上述の如く崇仁地区の一部を除くのほか、改良を緊要とする都市的地区に於て、未だ改良事業の着手せらるるものなく、一方地区周囲部に於ける都市計画事業、土地区画整理事業は着々として進捗し、殆どその完成を見るに至りしにかかわらず、地区は之等の事業より事業費負担の関係上、全く除斥せらるる実情にあり(58)」と認識されていた。つづいて他都市の不良住宅地区改良事業計画を検討し、土地収用法、市街地建築物法、下水道法の適用や、融和事業関係地区の地区整理などを実施する地方改善事業に言及するが、これらについては「所詮、不徹底にして地区改良の本質に触るるに至らざる憾みあり。且事業遂行上不良住宅地区改良法に規定せらるる如き強制権無き為、幾多の紛争難関に逢着せるものをみる」とのべて、財政的な問題とともに、移転立ち退き問題も存在することを指摘している。改善委員会の最終的な意見は、都市計画法、不良住宅地区改良法、地区整理事業を併用し、住宅改良を重点的に実施するという趣旨であった(59)。

また、改善委員会は、事業にともなう財政上の問題と移転立ち退き問題について「即ち技術的に不良住宅地区改良法に規定せらるるが如き、各種の強制権に代わりて、地元関係者の自主的なる協力を以てし、又財政的には応分の受益者負担金を負担し、あるいは地主・家主に於て自主的に改良住宅を建設する等、国庫補助金・府補助金及び市費負担とあわせ地元関係者の積極的な財政的協力を要す」とのべた。地元住民に対して応分の負担と、移転立ち退き問題をめぐる紛争を事前に防ぐための財政的協力とを求める方向を打ち出していたのである(60)。

地域の協力を得る役割については、漆葉見龍京都市社会課長が「地区は事業の『推進勢力』として行動することを要求せられるのでありまして（中略）地区居住者を『単に事業の客体』として考えることなく、その集団的協同によってこれを町民運動として、自主的に実践するよう指導することを方針としているのであります。（中略）地区居住者の協同組織によって作るべく、まず地区の有識者を発起人として地区内の諸団体を糾合し、あるいは、その連絡をはかり、『厚生報国連盟』の結成を助長したのであります」と指摘したように、京都市厚生報国連盟が担ったのであった(61)。事務所を京都市役所内におき、第一の事業として「地区整理並ニ不良住宅ノ改良促進」を掲げた厚生報国連盟の役割や機能については、先にあげた師岡や藤野の研究にくわしいが、ここでは先行研究の成果にくわえて、厚生報国連盟が結成当初から、「事業計画」の遂行に関して重要な役割を期待されていたことを強調しておきたい。事業を実施する上で避けて通ることのできない財政と移転立ち退きの問題について、全面的な協力が要求された結果として、連盟と行政との一体化が進んでいったのである。

改善委員会に詳細な調査データを提供した京都市社会課は、地区の実態をよくつかんでおり、改善委員会の認識からさらにふみ込んで「現下時局ニ於テ戦時体制ノ愈強化セラルルアリ、之ガ国民生活ニ及ボセル影響ハ甚大ナルモノアリ、特ニ融和事業関係地区ニ於ケルガ如ク、歴史的因習ニ基ヅク脆弱ナル経済状態ノ上ニ職業転換ノ不自由ナル地区居住者ハ其ノ打撃ヲ被ルコト著シク、之ガ対策ハ実ニ緊要ヲ要シ」との認識に達していた。社会課はそれまでの調査活動を通じて被差別部落の生活状態を具体的に把握したうえで、「事業計画」の目的を「劣悪ナル環境ノ改善」においたのであった(62)。

では京都市において、改良法の運用上の問題点は、どのように解消されていたのかみておこう。まず第一に、先にもふれたとおり、京都市独自の地区内における住宅建設地域の選定基準をつくったこと、第二に住宅管理方法として「改良住宅ハ夫々ノ地区ニ管理事務所ヲ設ケ管理ス」る制度をつくったことが(63)、具体的な対策としてあげられる。第三に藤野の分析にあるように、購買組合を重視し、経済更生運動の母体ともなった厚生報国連盟の存在により、地区内の「住民教育」を図ったことも注目すべき事実である。市の「事業計画」は改良法に規定されつつも、事業策定レベルでは問題点が解消され、都市社会政策としての構想を充分にもっていた。

このような経過の中で、「事業計画」は、改良法と地区改善事業を組み合わせた形で計画され、最終的には地区改善事業のみに縮小されてしまった。しかし、「事業計画」は京都市当局・改善委員会・厚生報国連盟の三者が、お互いの立場から徐々に一体化しながら、策定されていった。事業推進のために、京都市は厚生報国連盟のような地域住民組織の協力を必要としたのである。そして、京都市の社会事業が「多方面に於ては、本市の歴史性に基づく融和事業関係地区の多量的存在、並びに因習的差別観念の根強き依存に規制せられ、あるいはこれ等に特別の顧慮を払いつつ発展してきた特殊の性格を有するのであります」とのべられたとおり、もともと融和事業的な性格をもっていたことも重なり、「事業計画」は次第に部落改善事業へと変質したのである。(64)

五　おわりに

以上のように、「事業計画」の政策形成過程をみてきた。もともと一般の都市社会政策として構想された「事業計画」であったが、京都市においては、内務省社会局による当初の内定地区がすべて被差別部落であり、京都市も同様に、被差別部落の不良住宅地区指定を希望していた。

その後、都市計画事業や土地区画整理事業の進展の中で被差別部落は排除され、ますます存在が目立つようになってきた。さらに、各種事業計画のための入念な調査は、都市貧困層や不良住宅地区の問題が、京都市においては被差別部落と事実上つながっているとの認識を市当局にもたらした。調査にもとづく地域実態の正確な把握は、事業計画策定の基礎資料となり、京都市における「事業計画」の主眼は地域環境と住民生活の改善に移っていったのである。

そして、市が独自に設定した制度の自在な運用によって、改良法の欠点を補い、地域の実態にあった「事業計

表10-5　京都市不良住宅地区内の世帯主構成

地区名	総世帯数	本籍地同一世帯主数(%)	朝鮮人世帯主数(%)	流入者世帯主数(%)
楽　只	443	199(44.92)	142(22.05)	102(33.03)
養　正	856	464(54.20)	211(24.65)	181(21.15)
錦　林	247	166(67.21)	15(6.07)	66(26.72)
三　条	830	525(63.25)	24(2.89)	281(33.86)
壬　生	317	123(38.80)	155(48.90)	39(12.30)
崇　仁	1991	1052(52.84)	211(10.60)	728(36.56)
竹　田	420	295(70.24)	75(17.89)	50(12.87)
深　草	263	212(81.31)	11(4.18)	40(14.51)

出典：京都市社会課『京都市に於ける不良住宅地区に関する調査』(1940年)

画」が策定されたのである。それは、あくまで一般の都市社会政策の一部として計画された施策であり、融和事業ではなかった。にもかかわらず「事業計画」の融和事業化が進んだのは、戦時期に京都市と水平運動、地域住民団体との利害が一致し、事業を推進する方策として戦時融和事業体制を利用したためであろう。

こうした京都市の動きにもかかわる全国的な変化が生じたのは、一九三八年二月二六日のことである。内務省において都市融和事業協議会が各都市の関係者を集めておこなわれ、その際、被差別部落の環境整備について議論が交わされた。そこで指摘された課題は第一に改良法を被差別部落に適用することは、現地再居住主義と鉄筋コンクリートの中層建築を採用するということになり、問題があるのではないかということ。第二に被差別部落には朝鮮人や外部からの流入者が多数おり、融和事業としての純粋性がはかれないこと。第三に改良法は六大都市のみを対象にしているが、同じように被差別部落の不良住宅地区が存在している広島市、福岡市などにも早急に適用するべきではないかということであった(65)。

そもそも京都市は、「事業計画」の中で「本市に於いては地区環境は一般的に鉄筋コンクリート造り高層アパートに適せず、且居住者の生活感情、生活態様等之に沿わざる憾みあり。かかる状況をあわせ考慮するときは、結局耐久性を相当加えたる木造住宅により計画することをもって適当なるものの如く認めらるる所なり」[66]として、地区の視覚的固定化を避けるために木造住宅を連接する配慮をおこない、「他都市ニ於ケル木造改良住宅基準」という調査もおこなっていた。[67]
表10-5をみても分かるとおり、朝鮮人をはじめ外部から地区内への流入者が多い京都市の現状から、あえて指摘を待つまでもなく、被差別部落を対象にした融和事業の純粋性を保つことにはもともと無理があったのである。
こうして京都市の「事業計画」は、一般的な都市社会政策ではなく、被差別部落改善のための融和事業に、改良事業を適用することの先駆けとなった。
しかし、その後、師岡が指摘するように、「事業計画」は戦時下における物資不足などから縮小をせまられた。改良法の適用をあきらめ、地区整理事業のみに切りかえたがそれも困難となり、さらに防空用地を造成するための立ち退き推進事業へと様変わりした。[68]
そして、さまざまな問題はすべて戦後の不良住宅地区改良事業へともちこされることになったのである。

（1）　秋定嘉和『近代日本の水平運動と融和運動』（解放出版社、二〇〇六年）第二部第四章。
（2）　三輪嘉男「戦前期の部落における住宅・住環境対策と部落解放運動」（部落解放研究所編『論集近代部落問題』解放出版社、一九八六年）。
（3）　師岡佑行「幻の住宅建設計画――戦時下京都市融和事業の挫折――」（『京都部落史研究所紀要』八号、一九八八年）。
（4）　藤野豊『水平運動の社会思想史的研究』（雄山閣出版、一九八九年、第八章、初出一九八八年）。
（5）　水内俊雄「戦前大都市における貧困諸階層の過密居住地区とその居住環境整備事業――昭和二年の不良住宅改良法をめぐって――」（『人文地理』三六巻四号、一九八四年）。そのほか、大阪における不良住宅地区改良事業については、佐賀朝『近代大阪の都市社会構造』（日本経済評論社、二〇〇七年）第九～一〇章と同「戦前期における大阪市の住宅政策と住民生活」（『大阪市公文書館紀要』一二号、二〇〇〇年）が詳細な分析をおこなっている。
(6) 前掲註(4)藤野書、二四六頁。
(7) 「小住宅改良要項」（内務省社会局『救済事業調査会報告』一九二〇年、二四～二六頁）。
(8) この調査は一九二六年六月に刊行された。
(9) ここでの六大都市とは、東京・横浜・名古屋・京都・大阪・神戸をさす。
(10) 「不良住宅地区改良法案要項」（内務省社会局『社会事業調査会報告』一九二八年）。
(11) 「不良住宅地区改良事業実施要綱」（内務省社会局『社会事業調査会報告』一九二八年）。
(12) 宮野雄一「関一と住宅政策」（『大阪の歴史』一八号、一九八六年）。不良住宅地区改良法の制定経過に関しては、安岡憲彦「昭和戦前期のスラム・クリアランス――『不良住宅地区改良法』の制定をめぐって――」（東京都立大学都市研究センター編『東京――成長と計画――』一九八八年）参照。
(13) 「不良住宅地区改良事業施行ニ関スル法規並手続」（京都市厚生局「環境改善事業一件」一九四三年度所収）。
(14) 幸嶋禮吉「我国不良住宅改善方策に関する若干の批判的考察」（『全国都市問題会議総会　一　研究報告第一議題甲編その一（都市環境の改善）D』一九三四年、四六九頁）。
(15) 同右。
(16) 本間義人『内務省住宅政策の教訓』（御茶の水書房、一九八八年）、小玉徹『欧州住宅政策と日本』（ミネルヴァ書房、一九九六年）。
(17) 前掲註(13)。
(18) 同右。
(19) 同右。
(20) 中村寛「不良住宅地区改善事業と其の改善住宅」（『建築世界』二五巻七号、一九三一年、一三九頁）。
(21) 京都市会事務局『京都市地区改善促進に関する委員会報告書』（一九三九年九月）。
(22) 前掲註(14)幸島論文、四七二頁。
(23) 「不良住宅地区改良法案要綱」（内務省社会局『社会事業調査会報告』一九二八年、六一～六五頁）。

(24) 内務省社会局「住宅問題資料第一輯」。
(25)『大阪朝日新聞』社説「不良住宅地区の改善　六大都市以外にも及ぼせ」一九二六年六月二一日。
(26) 同右。
(27) 同右。
(28)『京都日出新聞』一九二六年八月三日・一〇日・二〇日。
(29)『大阪毎日新聞京都版』一九二七年三月三〇日、『大阪朝日新聞京都版』一九二七年四月一日。
(30)『京都市社会課季報』一号、一九二七年。
(31) 同右。
(32)『京都日出新聞』一九二七年六月二九日夕刊。
(33)『京都日出新聞』一九二八年二月六日。
(34)『京都日出新聞』一九三〇年一一月一日。
(35)『京都日出新聞』一九三四年一〇月二三〜二四日。
(36) 京都市会事務局『京都市地区改善促進に関する委員会報告書』(一九三九年九月)。
(37) 京都市社会課『不良住宅密集地区ニ関スル調査』(一九二九年)、凡例。
(38)『京都市社会課季報』五号、一九二八年。
(39) 京都市社会課『不良住宅地区密集図集』一九二九年。
(40) 京都市社会課『京都市に於ける不良住宅地区に関する調査』(一九四〇年)、はしがき。
(41) 同右、一頁。
(42) 同右、一頁。
(43)「不良住宅地区改良事業計画概要」(京都市民生局蔵、京都市社会課「地区改良計画一件」一九三九年度所収)。
(44) 詳細は、前掲註(1)秋定書。
(45)「改良事業計画理由書」(京都市民生局蔵、京都市社会課「地区改良計画一件」一九三九年度所収)。
(46)『大阪毎日新聞京都版』一九二九年八月二八日。

(47)『全国水平社第一四回全国大会報告並議案書』(一九三七年三月)。
(48)『水平新聞』第六号、一九三五年三月。
(49)『大阪毎日新聞京都版』一九三六年九月一八日。
(50)『大阪毎日新聞京都版』一九三六年九月二三日。
(51)『京都日出新聞』一九三六年九月二七日。
(52)『京都日出新聞』一九三六年一二月二三日。
(53)『融和時報京都親和会版』一二三号(一九三七年二月一日)。
(54)京都市社会課『京都市に於ける不良住宅地区に関する調査』(前掲註40)。
(55)朝田善之助『差別と闘い続けて』新版(朝日新聞社、一九七九年、一六三頁)。
(56)京都市会事務局『京都市地区改善促進に関する委員会報告書』(一九三九年九月)。
(57)同右。
(58)同右。
(59)同右。
(60)同右。
(61)京都市社会課『京都市の融和事業』(一九三九年九月)。
(62)「改良事業計画理由書」(京都市民生局蔵、京都市社会課「地区改良計画一件」一九三九年度所収)。
(63)「不良住宅地区改良事業計画概要」(京都市民生局蔵、京都市社会課「地区改良計画一件」一九三九年度所収)。
(64)前掲註(61)。
(65)「都市融和事業協議会」(『融和事業年鑑』一九三八年度版、八一～九三頁)。
(66)京都市会事務局『京都市地区改善促進に関する委員会報告書』(一九三九年九月)。
(67)「他都市ニ於ケル木造改良住宅基準」(京都市民生局蔵、京都市社会課「地区改良計画一件」一九三九年度所収)。
(68)前掲註(3)師岡論文、二一四～二一五頁。

第一一章　一九四〇～六〇年代の都市社会政策と地域住民組織

一　はじめに

本章は一九四〇～六〇年代初頭にかけての、京都市社会行政と京都市内の不良住宅地区における地域住民組織との関係を論じるものである。戦時動員体制が国民化を一層推し進めたとして、戦時期と戦後の連続性を強調した山之内靖を代表とする、「総力戦体制」研究は、(1)「社会的マイノリティ」に関して以下のように位置づけている。日本人、健常者といった「第一級市民」に対して、社会の支配的システムから排除され、劣等なものとされていた在日朝鮮人などのエスニック集団や女性などの「第二級市民」についても、総力戦遂行を目的として「強制的均質化」がおこなわれた。それが戦後における「社会的マイノリティ」の社会運動の高揚や主体的な活動につながったとする。主要な論者の一人である雨宮昭一は「長期的かつ体制的にみれば戦時体制と戦後体制は構造的に連続しているといってよい(2)」と指摘した。マイノリティの存在に関しても〈新たな主体〉として戦前・戦時・戦後の連続性という視点からとらえることを提案する。(3)

私は、雨宮が提起する戦時と戦後の連続性に着目する視点と、さまざまな「社会的マイノリティ」へ分析対象を拡大する手法には賛成だが、一方で大きな問題点の存在も指摘せざるをえない。まず戦時・戦後における主体の連続・非連続に関する歴史的かつ具体的な分析が抜け落ちていることである。雨宮は「戦時体制と戦後体制は、構造的に連続していることについては、もはや自明」[4]と規定するが、戦時と戦後の連続性を強調するために、戦時体制の中で制度化されたもの、戦後に連続するものが選択されて論じられる傾向が強い。逆に戦時体制のもとで制度化されなかったものや、戦後に連続しないものは、議論の対象から捨象されている。

しかし、現在の研究状況は、総力戦体制期から戦後にかけての主体の形成とそれをとりまく環境をとらえ、戦時と戦後の連続・非連続の議論をおこなうべき段階に達している[5]。

たとえば、代表的な「社会的マイノリティ」研究のひとつである、近代部落問題研究[6]においては、戦前・戦時・戦後を連続して把握する研究は管見の限り皆無で、特に戦時と戦後は基本的に断絶している研究状況にある。しかし近年では、全国水平社の創立者である阪本清一郎などが、戦時体制を利用して居住村でどのような地域支配体制を構築したかを明らかにする朝治武の研究[7]など、戦時体制下の事象についても個人の活動家レベルの実態解明が進みつつある。また、地域社会における行政主体と、マイノリティ集団の主体化との関係や重層性、社会的関係に着目した研究も着手されつつある[8]。いずれも地域社会における行政主体とマイノリティ集団の重層性を、どのように把握するかが問われている。

こうした研究上の課題に対し、私は戦時と戦後の関係を制度やシステムの問題に還元せず、実証的に議論することが重要であると考える。そこで本章では戦時期から戦後にかけての都市社会行政と地域住民組織の関係に着目することで、戦時と戦後の連続性の中にある段階性を明らかにしていきたい。特に戦時期の動向が戦後をどう規定したのか、また戦時と戦後の都市社会行政や地域住民組織の相互関係、地域住民組織の担い手にはどのような質的な差異が存在したのかを中心に論じていく。

具体的な分析対象としては、戦時から戦後にかけての京都市社会行政と、「八大不良住宅地区」の地域住民組織との関係をとりあげる。京都市の「八大不良住宅地区」は、すべて被差別部落であった。「八大不良住宅地区」

の改善は京都市の社会行政上、戦前・戦時・戦後を通じた課題であり、戦前の部落解放運動においても一貫して地区改善を要求されていた[9]。都市社会行政と、地域社会における主体の一つである地域住民組織の、戦時から戦後にかけての相互関係を分析する素材として、京都市の事例は格好の対象である。一般的に、戦時から戦後にかけての「社会的マイノリティ」に関する史料群は、残存状況がきわめて悪い。しかし、本事例については現在、京都部落問題研究資料センターや部落問題研究所に、複写版が所蔵されている京都市民生局所蔵の行政史料が利用できる。そのため、運動側の動きだけでなく、行政側の動向も視野に入れて分析することができるという点でも貴重な事例である。

本事例に関する従来の研究は、部落解放運動のリーダーの一人であった朝田善之助の回想や[10]、当時の社会行政担当者、あるいは解放運動の運動家の回顧談に依拠しており、実証的にきわめて問題があった。最初に実証的な研究をおこなったのは、戦時期については、藤野豊である[11]。藤野は戦時下の運動の実態が経済更生運動であったと規定し、京都市厚生報国連盟が地域の融和団体をもとに結成され、特に不良住宅地区改良事業計画に関係して、京都市当局と運動の一体化が進んでいくことを明らかにした。次に師岡佑行は、戦時下の運動を生活擁護運動として高く評価し、不良住宅地区改良事業計画を運動による戦時下の実質的な抵抗と位置づけた[12]。藤野と師岡の研究は、部落厚生皇民運動の評価については異なるが、その組織構成や性格についての分析は現在でも依拠すべき研究である。

戦後の京都市の同和行政については山本敏貢の研究がある[13]。山本は、京都市厚生報国連盟が改組され、戦後も被差別部落の地域組織として残存した京都市厚生報国会について、組織自体の目的は戦争遂行だが、事業内容は占領政策とも関連しつつ、生活の安定化、地域社会の民主化に積極的なものもあったと評価した[14]。厚生報国会の解散後、新たに京都市が組織した地域自治会については、行政機関の全面的指導でつくられた団体であり、行政の末端機構として地域住民の把握を重視していたことを明らかにした。また師岡佑行は、京都市厚生報国会自体は戦後も存続したが、解散を命じられ、その後京都市が「地元代表自主的団体」の結成を推奨し、再び地域自治会の再結成をしたと位置づけた(15)。自治会の再結成にあたっては各地で自治会内の紛争が絶えなかったが、京都市主導で組織化が進み、さらに各自治会の連合組織として京都市自治連合会が結成されたと指摘した。しかし山本や師岡の研究は、戦時から戦後にかけての地域住民組織のあり方の段階性をとらえていない。また戦時期から戦後の地域自治会の担い手の相違についてもふれておらず、京都市との関係についても分析がおこなわれていない。

　京都市行政と部落解放運動との関係については、師岡佑行と馬原鉄男の研究がある(16)。たしかに、朝田善之助は戦時から戦後にかけて、京都市社会行政の特定の職員たちと密接な関係があった。だが馬原鉄男が先駆的に明らかにしたように、朝田などを中心とする部落解放全国委員会（一九五五年に部落解放同盟に改組）京都府連合会（以下京都府連と省略）自体の活動も一九四七年に第一回大会を開いて以降、京都製靴株式会社の経営をめぐる争いにより、朝田自身が地元田中地区の人々に不信任決議をされ解任されるなど組織がまとまらず、一九五四年まで定期大会すら開けなかった。京都市側の対応も、朝田を優遇していないことが明らかである(17)。一九五〇年代後半から六〇年代前半の同和行政と解放運動の経過を描いた仲村精文・山本敏貢(18)や師岡佑行(19)も、解放運動の京都府や京都市に対する行政闘争の経過、運動の動向、同和事業の展開に言及しているが、京都市の都市社会政策の受け皿となった地域自治会と部落解放運動との関係にはまったくふれていない。そのため、師岡佑行、金静美《キムチョンミ》、前川修が指摘したように、地域における在日朝鮮人の存在を無視したオールロマンス行政闘争(20)がおこる一九五二年以前の、被差別部落内部における部落解放運動の影響力の低さや、五〇年代後半から六〇年代初頭の自治会民主化闘争の意味、そして六〇年代以降、形骸化した部落解放運動が地域自治会にとってかわり、新たに京都市の都市社会政策である同和事業の受け皿となった理由が充分説明できない。

本章は、以上のような研究史上の問題点を克服するとともに、これまでの研究でふれられてこなかった被差別部落内部の階層性、抑圧構造の問題や、それらを前提とした地域における部落解放運動のあり方自体を、分析の俎上に乗せる試みでもある。

二　戦時体制期の都市社会政策

(1) 戦前期の「八大不良住宅地区」と地域住民組織の状況

まず本章のフィールドである「八大不良住宅地区」の全体的な状況を、先行研究に依拠しながら説明する(21)。京都市域において「八大不良住宅地区」と呼ばれたのは、大規模な都市部落でスラム化が進行していた楽只、養正、東三条、錦林、西三条（壬生）、崇仁（東七条）、竹田（改進）、深草（辰巳）の八地区だった。

一九三七年から三八年の「八大不良住宅地区」の状況は人口二万三五一六人、世帯数五三六七世帯であり、そのうち、朝鮮人世帯は八四四世帯であった。同一地区に本籍をもつ者が七割から八割をしめていることから、きわめて社会的移動が少なく、地域的閉鎖性が強いことがわかる。職業は靴履物関係、日雇登録労働者がそれぞれ一割をしめた。その次に土工、鉄工業などの肉体労働者、行商、駄菓子商、古物商などの零細商業に従事する人々が多い。地区全体の労働市場は限定されており、「部落産業」と行商、力役、雑業などに代表される不安定な単純労働がほとんどだった。所得平均は、不安定な就労を反映して、京都市の平均より軒並み三割以上低かった。生活扶助を受けている世帯の割合も、京都市の平均より高い。住宅状況はきわめて劣悪で、一〇坪以下の住宅が五割以上をしめ、五坪以下の家屋も二割に近かった。室数も二室や一室の住宅が八割であり、畳数九畳以下の住宅が九割であった。水道や台所のない家も五割以上をしめ、京都市全体の平均をはるかに下回っていた。住宅は荒廃し、多くの家屋が破損をきたしており、修理の必要のない住宅は三割にすぎなかった。こうした状況は戦後においても同様であったが、大きな変化が生じたのは人口構成である。表11-1をみての通り、すべての地区において一九四〇年から五一年にかけて人口数、世帯数ともに減少が著しい。この要因として、アジア・太平洋戦争の終結により、地区内の在日朝鮮人の多くが、朝鮮半島に帰国したことがあげられる。在日朝鮮人の人口は一九四〇年には一四・四パーセントをしめていたが、一九五一年には四・八パーセントに激減した。

これらの地区の地域住民組織のあり方は、各「不良住宅地区」に家持層を中心とする旧来の有力者が地域支配層として存在する一方で、貧困層や従来の区政運営に反対する人々を中心とした水平社の活動が、困難をともないながらおこなわれていた。各地区には自主的な部落改善団体が存在していたが、米騒動や水平社の結成にともない、貧困層が区政民主化などを求めて運動するようになると、崇仁地区の国民研究会に代表される反水平社団体などへの再編成も起こった。つまり、元々の地域支配層がつくった融和団体に対して、それに反対する人々が水平社を組織し、地域運営の主導権をめぐる対立がつづいていたのである。

表11-1　京都市「八大不良住宅地区」世帯数・人口の推移

	1940年世帯数(人口)	1951年世帯数(人口)
楽只	443(2069)	379(1667)
養正	856(3698)	518(2000)
三条	577(2211)	464(1800)
錦林	247(1209)	204(834)
壬生	317(1406)	263(1108)
崇仁	1991(8691)	1673(6312)
竹田	420(1916)	443(1768)
深草	263(1136)	323(1203)

出典：京都府民生部『京都府同和地区の生活実態』(1953年)

(2)　京都市社会行政と「不良住宅地区」

次に京都市「八大不良住宅地区」の社会政策における位置づけと状況を概観する。本書第一章で明らかにしたように、京都市社会事業行政は、公設市場、職業紹介所などの経済保護事業を重視し、施設配置も「八大不良住宅地区」である被差別部落と西陣地域に重点をおいていた。「八大不良住宅地区」はすべて被差別部落、つまり融和事業関係地区であって、ほかの五大都市の不良住宅地区のように純粋なスラムではないことは京都市も認識していた。そのため都市社会事業の内容が差し迫った一部市民の窮迫の緩和にとどまっていて、根本的救済策になっていないとの批判もあった[22]。一九二〇年代初頭にはほかの社会事業施設も整備されはじめ、一時的かつ慈恵的、恩恵的な社会政策から恒久的社会事業政策へと政策自体の変化がみられた。京都市の融和事業は被差別部落について重点的に配置され、各種の社会事業施設や救護事業、失業救済事業についても特別に配慮していると、一九三九年の時点で京都市社会課長漆葉見龍が発言したように、「八大不良住宅地区」は京都市の社会政策において、当初から特別な位置づけを与えられていたのである[23]。

戦時体制の進行にともない、京都市は若年層の応召と軍需産業の拡充により、労働力不足におちいった。結果として失業者は激減し、前年度の失業救済事業を繰り越して施行するという状況になった[24]。当時の京都市の経済状況は、軍需産業への転換の影響で、労働力不足や賃金の高騰が指摘されるほどの好景気だった。京都市内の「八大不良住宅地区」においても、「融和事業完成十カ年計画」にもとづき、満州移民や軍需工業への転業を政策として進めていた。しかし「不良住宅地区」の状況について京都市社会課は、戦時体制下で国民生活に大きな影響がおよんでいるが、特に融和事業関係地区は歴史的に経済状況が脆弱なので、地区居住者がその打撃をうけることが著しく、至急対策が必要であるとの認識を調査活動によって得ていた[25]。京都市内の「八大不良住宅地区」において就業助成金の交付を受けて、軍需産業に進出した者は、一九三九年一二月以来一九四〇年一一月までに一年間で七二名にすぎなかったのである[26]。

(3)　京都市厚生報国連盟と「不良住宅地区」

京都市厚生報国連盟（以下報国連盟と省略）に関しては、藤野豊[27]、師岡佑行[28]の研究がある。ここでは、両氏の研究に依拠しつつ、新たな史料を加え、詳述していく。すでに両氏の研究でふれられているように、朝田善之助は、一九三八年三月から融和事業関係の嘱託として京都市社会課に勤務していた。さらに北原泰作も『京都市職員録』では確認できないが、『特高月報』によると、一九三八年一月に朝田の斡旋で、京都市社会課に融和事業の嘱託として、就職が内定したという[29]。これらの記述については個別に検討を要するが、いずれにしろ、京都市がかつて水平運動をおこなった活動家に、融和事業を担わせたのは事実である。

一九四〇年一月、報国連盟は「八大不良住宅地区」の融和団体八団体によって結成された。委員長は松下源三郎（養正厚生報国会）が務め、役員には部落代表一〇名が就任した[30]。各地域で個々に存在していた地域住民組織を、京都市当局が認知する形で再編成したのである。事務所は京都市役所内に置き、第一目標として地区整理と不良住宅改善を掲げており、京都市域における融和行政を一元的に進めるために、行政補助団体化を目指す意図が明確だった。それにともない五月九日に京都市は厚生委員規定を制定し、つづく五月一六日、市内一八部落に六四人の厚生委員を委嘱した[31]。厚生委員は、京都市の嘱託として、地元に居住しつつ被差別部落と各種地域団体の融合を図ることを目的に選任された[32]。期待される機能は、融和事業促進のため「公同組合・方面委員会・社会教育委員会・青年団・婦人会・農事実行組合あるいは諸種の町内会の各種団体」との連絡連携を図ることだった。厚生委員の選考にあたっては、地元団体との関係を考慮して、厚生委員がその団体の中で活動するために、地元有力者や既存の融和団体の役員などを京都市の側から指名した[33]。厚生委員の性格・役割として、第一に市長から嘱託される名誉職であること。第二に社会課という市の組織に属していること。第三に地域の現状について観察・報告すること。第四に地域住民を監督・指導すること。第五に地元と社会課の連絡役を務めることの五つをあげることができる。京都市は地域団体のさまざまな公職を兼任あるいは歴任している層に厚生委員への就任を期待しており、地域社会における統制力と従前の地域団体の機構を利用しようという意図がうかがえる[34]。

一九四〇年九月一一日、内務省は各都道府県に部落会・町内会・隣保班・市町村常会整備要項を通達した。京都市では、公同組合が戦時町内会に移行することになった(35)。そして一一月には、報国連盟の委員長松下源三郎以下役員一〇名が連署して、市内八地区の不良住宅地区改良事業の促進を京都市に陳情した(36)。融和行政の一元化を目指す京都市は、報国連盟を発展的に解消する形で各地区に厚生報国会を組織し、京都市厚生報国会への統合を準備した(37)。従来からの融和団体である京都府親和会は、一九四一年二月一日の『融和時報』において「市町村融和実行機関設置要綱」を発表し、市町村融和機関の再編成を図り、各地区に厚生報国会を組織するなど、新体制強化を目指した(38)。

同年二月一一日、京都府融和団体連合会の旧理事である野口西道、熊野喜三郎、渡辺豊次郎らは、連合会解散について声明書を発表した(39)。その内容は、連合会の解消、加盟団体の解体、大政翼賛運動に帰一できる積極的運動の展開をうたうものだった。

すでに同年一月には、公同組合は町内会に改組されていたが、同年二月一一日、京都市社会課は、統制力の強化とともに、各地区厚生報国会の一元化と大政翼賛体制の確立を目指して、下京区役所において京都市厚生報国会を結成、発会式には、各地区の代表約三〇〇名が参集した(40)。京都市厚生報国会は、各地区の町内会を母体に各種団体を外郭団体として協力させて、一元的統合を図ることを目的に結成され、会長に漆葉見龍京都市社会課長が就任した(41)。常任幹事のうち七名が野口西道、朝田善之助などの被差別部落出身者であった。厚生報国会は、厚生報国連盟の性格を引き継ぎつつも、京都市当局との統合と関与が強化された。市部落会・町内会・隣組などの連合体を基本として、報国会を一元的に統合し、運動の組織体として、地域の組織・機構をすべて利用しようとしていた(42)。同年五月には、報国会において中核的役割を果たす「常任指導局員」を委嘱したが、これも野口西道、朝田善之助、柳生為一、萩崎繁蔵などの被差別部落出身者が中心をしめていた(43)。また京都市は「八大不良住宅地区」の八つの隣保館に専任職員を設置した。これを受けて『中外日報』は、社会部福利課長の松島吉之助、同主事岸田亨、川原誓鳳など隣保館職員は厚生報国会系統の人脈で固められていると報じた(44)。また、近畿都市融和連盟の京都支部役員も厚生報国会関係者であった(45)。厚生報国会の活動実態については、藤野豊の研究によると、事業として報国貯金の励行、生活必需品の共同購入ならびに協同保管、会員の協同製作品の販売などをおこなっていた(46)。活動の範囲は「不良住宅地区」指定に照応し、地区すべての世帯を対象とした地区改良と生活改善を主目的に掲げていた。特に購買組合運動を重視しており、顧問に府・市の社会課長、警察署長や各地区の厚生報国会長が就任した。実務は地域の活動家が担当し、行政ときわめて密着した運営をおこなっていた。

このような動きは、中央融和事業協会が進める融和団体の系統化と統合政策に対応していた。一九四一年六月二五日、同協会理事会は協会を同和奉公会に改組することを決めた。そして八月二一日、京都府親和会は京都府庁で理事会を開き解散を決定(47)、八月二八日、府庁で同和奉公会京都府支部が設立された。九月五日、本部長を安藤狂四郎京都府知事、副本部長を和田寛京都府学務部長および加賀谷朝蔵京都市長に委嘱している。理事二〇名のうち、被差別部落出身者は一〇名であった(48)。同和奉公会京都府支部は官僚主導の組織構成で、市や各郡に支会・分会を設置するための協議会は各警察署でおこなった(49)。京都市厚生報国会として市内八地区の融和団体の統合を終え、厚生委員制度を設立した。京都府は京都市に対し、学務部長名で、同和奉公会の支会・分会の設立について、必要な措置と育成指導に努めるよう通達した(50)。

結局、京都市分会は最後に結成され、翌一九四二年二月五日、同和奉公会京都市支会結成理事会が、京都市役所で開催された。支会長は加賀谷市長、副支会長は山崎隆義助役、漆葉見龍京都市社会課長で、理事一三人のうち、被差別部落出身者は朝田善之助（養正）、糸岡俊（東七条）、萩崎繁蔵（高岸町）、野口西道（楽只）、柳生為一（川田）、山田三郎（東七条）、和田清吉（吉祥院）の七名であった(51)。漆葉見龍は挨拶の中で、各地区で町内会と一体の地元厚生報国会を組織し、これらの厚生報国会を連合して京都市厚生報国会を結成し、「以テ本部ト支部ノ形態ニ於テ運営セラレテイルノデアリマス」[52]と京都市厚生報国会の存在を強調しつつ、「厚生報国会コソハ全地区居住者ノ生命一体感ニ立ツ生活協同デアリマシテ、日常生活ノ全面ヲアゲテ国力ノ拡充ヲ目指ス現下我国ノ国策ヘノ協力組織、翼賛艇（ママ）身体ニ外ナラヌ」[53]とのべた。そして、京都市厚生報国会を「本市ノ同和事業経営ノ中核体」に、同和奉公会京都市支会を「厚生報国会ノ運動展開ヘノ協同助成ノ組織」に位置づけた。こうして、同和奉公会京都市支会は、厚生報国会の補助機関となった。このように厚生報国会と、同和奉公会京都市支会は、ほぼ同一の組織として存在し、地域の有力者が主導権をもつことにより、地域運動・住民運動としての性格を維持した。そして従前の融和団体を地域の行政機構の中に組み込むことで、行政との接点を大幅に増やし、行政補助団体化した。それは、京都市社会課が主導した結果だったのである。

（4）不良住宅地区改良事業と地域編成

では、京都市厚生報国会は具体的にどのように機能したのだろうか。ここでは先行研究でふれられていない、戦時期の改良事業にともなう地域支配機構の形成をみることで、厚生報国会が果たした機能について具体的にみていきたい。そのためにまず、京都市の不良住宅地区改良事業（以下改良事業と省略）について概略をのべる。京都市は被差別部落に改良事業をおこなうことを望んだ。都市貧困層などの問題も、事実上部落問題につながっているという認識から、一般の社会政策として「不良住宅地区改良法」（以下「改良法」と省略）適用を申請した。しかし、「改良法」適用のメリットである事業費半額の国庫補助は、三度申請しても受けられなかった。そのため、膨大な費用を必要とする立退問題など事業推進上のさまざまな問題を解決するには、厚生報国会のような地域住民組織が必要であった。また、厚生報国会の側も改良事業に積極的に協力した。[54]改良事業自体の推移は師岡佑行が詳細に明らかにしているので[55]、ここでは最小限にふれるにとどめる。

京都市の融和行政を掌握した厚生報国会は、一九四一年九月二六日には、京都市役所前中央ホテルにおいての懇談会で、「従来各地区に於ては方面事業の対象数多く（中略）その実情に基き、地区側と方面委員との懇談会の関係等、具体的方法について協議[56]」するという動きをみせていた。京都市役所内では改良法の適用をあきらめ、改良事業は部落改善事業へと変質していた[57]。一九四三年二月三日、京都市役所で「地方改善地区整理事業促進協議会」が開催され、京都府・市の関係各課や各厚生報国会会長が参集し、改良事業計画について報告した[58]。それにともない、厚生報国会は定例幹事会を毎月一回開き、職業再編成促進協議会をおこなっている[59]。その前年の一九四二年一二月一四日には、厚生報国会は京都ホテルで結婚斡旋促進協議会を開催した。協議会では、被差別部落は結婚が自然に一地区内に局限されるため、近親結婚が多く、優生学上良くない結果が生じるので、「人的資源の増強確保策」として結婚斡旋をおこない、京都市内全域にその対象を広げる必要があった。事業推進については、「地元方面委員のみにては停滞がちなる点よりして厚報（厚生報国会――杉本）をも協力せしむる様、本支会に於てその仲介の労を執り」、厚生報国会も同和地区の未婚者リストを作ることなどを討議した。

このように、京都市も厚生報国会の地域支配機構を利用した活動をおこなっていた[60]。方面委員のみでは事業の遂行は不可能で、厚生報国会の協力が必要であった。厚生報国会は、地域社会に密着した存在とみなされていたのである。一九四三年八月二五日には、厚生報国会が枳殻邸において、会の第一線指導者である隣組長約三〇〇名を対象に錬成会を開催し、厚生報国事業の具体的な実践方策などを協議した[61]。また、同年九月七日から一〇月二六日まで一二か所で、厚生報国運動の浸透と組織整備を目的に地元別懇談会を開催し、厚生報国会自体の地域統合機能の強化と隣組レベルまでの浸透を図った[62]。

このような厚生報国会の地域統合力は、改良事業の推進にも利用されている。改良事業の実施要件として、第一に地元厚生報国会が主体の職業再編成運動をおこなうこと、第二に地区内住民の転居や空き家の発生状況を把握するために「町内会長、隣組長（厚生報国会役員）等ニ委嘱シ、情報収集ニ努ムル」こと、第三に地区内への新規流入者をなるべく防止することをあげて、隣組を最小単位とした地域支配機構を利用する形で計画が進められた(63)。地区における市行政の窓口である隣保館主任には、第一に不良住宅地区改良事業の重要性を地元住民に徹底することや地元厚生報国会と緊密に連絡を取り合うこと、第二に事業自体に利害関係が錯綜しているので「地元市民動向ヲ観察シ、反対的動向ハソノ萌芽ノ間ニ摘ミ取ル様努ムル」こと、第三に地元住民の動向を調査し、集会の状況などを厚生報国会、警察に連絡してほかの隣保館主任とも相互に連絡を取り合うこと、第四に地元住民の動向に変化があるときは市生活課長や厚生部長にも至急連絡することなどの指示が与えられた(64)。このように、京都市社会課―隣保館主任―京都市厚生報国会―隣組という支配系列を形成しながら、地域支配機構の形成と行政補助団体化が進められたのである。その上で、各地区の隣保館を拠点に地域の監視と統合が図られたといえよう。

焦点は改良事業をおこなうための立退問題であった。京都市は改良事業実施にともなう紛争を回避するために、地域の運動家、有力者を利用したのである。彼らも長年の要求である改良事業推進のために厚生報国会に積極的に協力した。その後京都市は「地方改善地区整理事業疎散勧奨要綱」をつくり、養正、三条、壬生、錦林、楽只の五地区に適用して移転をすすめた。一人世帯には五〇円、二人から四人までの世帯には九〇円、五人以上の世帯には一二〇円の特別移転奨励金を出したが、「軍人、軍属、応徴士ノ遺家族」は五割増であった。さらに後には移転金を、それぞれ二〇〇円、四〇〇円、五〇〇円と増額したが、立ち退きに応ずるものはなかった(65)。このような状況下で、京都市は地方改善地区整理事業促進協議会規定を制定し、さらに厚生省からの指示および地元の要望で、関係職員と地元代表者からなる改良事業促進協議会を設置した(66)。ここでは関係職員が八名と、すでに五地区に計画が縮小されていたが、各地区の厚生報国会会長が地元代表者に就任し、連絡の緊密化を図った。一九四五年一月一八日には、資材不足のため、計画はさらに変質し、防空用地の造成に力点をおいたものとなった(67)。一九四五年三月に京都市が「画期的進捗ヲ示スニ至ル」として、協議会のメンバーに総額二三三六円の慰労金を支払ったことをみても分かる通り、立ち退きは改良事業促進協議会の協力をえてはじめて進んだのである。戦前期・戦時期の京都市社会政策構想の中核に据えられた「京都市不良住宅地区改良事業計画」は、結局防空用地造成の立退政策となったのである。

三　戦後都市社会政策体制の再構築

(1)　京都市厚生報国会の解散と住民再組織

戦後都市社会政策体制の再構築は、一九四五年九月一八日に、京都市が隣保館家事講習嘱託常会を開催したことに始まる(68)。この会議には各隣保館より参加があり、敗戦後最初の「不良住宅地区」対策を協議した。同年一〇月一九日には、京都市は「不良住宅地区」の地元有力者や管轄の警察官などを市役所に招集し、地区内の職業転換や失業救済対策などを協議した(69)。一九四六年一月二二日、京都市左京区の錦林隣保館では地元代表、地区関連の学校長、厚生報国運動事務属託などが集まり、今後の隣保館運営に関する協議会が開催されるなど、新たな体制への模索がはじまった(70)。同年二月二六日、同じ錦林隣保館では、地元無給嘱託四名、市関係者四名による京都市厚生報国会改組懇談会が開催された。ここで京都市厚生報国会の解散が検討され(71)、三月には常任理事会において解散が決議された。ついで各「不良住宅地区」における厚生報国会にも解散を指示した(72)。しかし、各地区の厚生報国会は指令を受けても解散しなかった。一九四七年五月三〇日に、京都市民生局は市内の各「不良住宅地区」の代表に、厚生報国会の解散を再度うながした(73)。こうして、戦時期の都市社会政策を補完した地域組織が解散したのである。

翌年、一九四八年三月八日に、京都市民生局福利課は隣保館主任打合会を開き、各「不良住宅地区」に「地元自主的団体」の結成を急ぐように指示した。同時に「地元代表自主的団体結成規約案」も作成し、各地区代表者に提示した。[74] 同年三月一八日にはさらに具体的に「地元自主的団体」の結成、青年婦人文化講座・少年補導講座に関する懇談会の開催を各隣保館主任に通知した。京都市厚生局は、地元の動向の察知を指示し、地域団体の再組織に向けて準備を進めていた。[75] 隣保館主任打合会の内容を表11-2をもとにみると、職員の勤務状況や託児所、家事講習所、浴場、トラホーム治療所などの市営社会事業施設の運営状況や地元の状況などについて、報告をおこなっている。特に地域自治会の活動状況と職員の勤務状況については、くわしく聞きとりされている。

同年四月に京都市最初の公選市長に就任した神戸正雄は、「国際観光都市」としての復権を狙い京都市域に「美化運動」を推進した。その中で「不良住宅地区」に対する、京都市民生局福利課の実施計画案は次のようなものだった。第一に美化運動の重点を隣保館所在地区に置くこと、第二に隣保館が戦後荒廃しているので、隣保館主任の専従制、保母の再教育を実施し、地区全般への指導力を回復すること、第三に「地区内に民主的な組織団体が結成されねばならない。隣保館はこの民主的な組織機関と密に協力し、本美化運動を通じて地区改善教化等を強力に推進する」ことである。[76] 具体的な運動項目としては、第一にトラホーム治療を徹底し、薬品の整備や患者の持続的治療をおこなうこと、第二に地区内の道路、河川・疎開空地・溝渠の清掃を青年、婦人、少年団体を組織して協力奉仕させること、第三に浴場を清潔にするために、浴槽の清掃やＤＤＴの散布をおこなうこと、第四に隣保館の建物の修復や美化があげられていた。地区の要望としては、塵芥捨場・簡易焼却場の設置、清掃トラックの巡回数の増加、地区内の共同便所増設などがあがった。[77] この美化運動の実施計画案は、いずれも地域住民を動員して事業をおこなう目的があった。厚生報国会解散によって失われた地域支配機構の回復と、隣保館

表11-2　京都市隣保館主任より聞取事項

館	職員勤務状況	託児家事講習状況（託児保育/家事講習）	地元状況	浴場状況（入浴料/一日入浴者数）	トラホーム治療所状況
楽只	良好	保育は3時まで。出席人数90	大人はバクチをやるもの□□、本年はダンスが盛んである	大人5円・中人4円・小人3円／1000名	看護婦1人なので困る、患者1日150名
養正	良好	保育は4時55分まで。出席人数143	自治会の会合は活発にあるが結論は出ない、ミシンの件については婦人部は自治会に同調していない、青年はグランドに関心をもっているが、自治会の空気は□□□□□□に集中している	大人5円・小人3円／200名（ケシ）	看護婦一日中勤務を希望
三条	源保母病欠多し、その他良好	保育は3時まで。出席人数50／出席者10	トバクが相当多いようである。保健分□□評判はよい	大人7円・小人4円／500名	近く集団検診をやる予定
錦林	良好	保育は3時まで。出席人数40／出席者10	旧幹部と自治会との関係も大分うまく行ってきた	大人7円・小人5円／250名	壬生看護婦病欠につき円山看護婦応援にいっている
壬生	田中□長、子供に□する躾に今度はやかましすぎる時がある。同保母の保育日には来ない子供が少しある。講習終了後は楽只に転勤させること希望	保育は3時30分まで。出席人数50／出席者6	今まで隣保館でやってきた薪炭類の配給も過般より済美会でやることになった。浴場の修繕を4万円でやった	大人5円・中人4円・小人3円	安井看ゴ婦眼病にて欠勤、錦林より応援者。中央保健所宇吹医師が一斉検診を計画している。来週これが打ち合わせをやる予定
崇仁	良好	保育は3時まで。出席人数160／出席人数10	育成会は活発に動いている。青年団は音楽や体育に力を入れている。本年よりさわらび会（師範）の日曜学校を第2・第4日晩にやることになった	大人7円・中人5円・小人4円	治療室を階下に移してから評判がよい。早く手術設備をしてほしい
改進	良好、藤岡□長着任以来リズム教育を積極的に採り入れてやっている	保育は3時まで。出席人数110／出席人数5、三島嘱託よく休む	自治会の活動は目下の処一ぷく状態	（竹田）大人5円・小人3円／900名（深草）同上／700名	上野先生は熱心にやって貰っている。看護婦の出勤が非常に遅くまた決まって居らないので困る
辰巳	町内の会合深夜に及ぶこと連日に亘るので浜□保母、使丁の疲労が甚だし、なんらかの方法を考へる必要がある。保母はやはり通勤がよいと思ふ	保育は3時まで出席。人数30／出席人数3、藪田嘱託よく休む	自治会の動きは活発。本年度の分裂も最近漸く解決がついた。会合が明方にまでなることが多いので困る		看護婦は隔日に来る。患者は1名程度である

出典：京都市民生局『隣保事業一件』(1948年度)所収「隣保館主任打合会」(1948年)

を拠点とした地域住民の再組織を、京都市社会行政の主導で実現しようとしていたのである。

一九四八年五月には京都市民生局福利課が、各隣保館に「隣保館運営の具体方策如何」という通牒を出した。[78]その結果、六月から七月にかけて各隣保館より回答が寄せられた。[79]その内容をみると、第一に地元民の保健衛生思想、教養、娯楽、文化などの生活環境改善に関する具体策を要望している。第二に青少年婦人に対する教養、文化、健全娯楽の向上改善のための提案があった。第三に現行の家事講習並びに日曜学校に対する改善策を指摘した。第四に保健指導面の改善策を提示している。このように戦後京都市の「不良住宅地区」対策においても、隣保館が事業実施の拠点としてきわめて重要な位置をしめていたのである。

(2)　地域自治会の再組織

以上のような状況下で、各地区の「地元自主的団体」が結成される。最初に一九四八年五月五日、左京区の養正自治会が、京都市民生局の勧奨による「地元自主的団体」として、地区内の独証寺で結成総会を開催した。[80]次に同年九月一八日、左京区高岸町自治会が錦林隣保館で発会式を挙行した。[81]同年一二月一七日には、東三条自治会が結成された。しかし、東三条においては、隣保館付属の託児所が、子供に対して暴言を加える保母を雇用し、託児所内でもっとも評判の悪い、保母資格をもたない人物を、保母長に選任していることに対し、同年七月一四日付で、託児所保護者会が連名の意見書を出すなどの動きがあった。[82]京都市社会行政は、自治会の結成に対し「自治会の活動、運営は自主的機関としての建前から、専ら地元住民の総意に基づいて行はれる事は勿論（中略）民主的能動的に運営されるためには物心両面に亘っての指導と援助とは是非必要」という認識をもっていた。[83]

ほかの地区においても、自治会はスムーズには結成されなかった。上京区楽只自治会は同年四月六日に結成され、五月一二日無事に役員を選出したが、[84]同年四月八日に開かれた隣保館主任打合会では、各地区自治会の結成状況について、壬生地区自治会の組織困難や竹田自治組合・深草自治会の内部対立の様子が報告された(85)。同年五月一〇日には市内各隣保館を通じ、各地区の地理、沿革、教養娯楽、風俗習慣、経済生活、環境などを調査項目として、実態調査をおこなった(86)。各地の様子をみてみると、伏見区深草自治会は七月にようやく役員が決定するものの、決まった役員が総辞職してもう一度選挙をおこなうという状況であった(87)。伏見区竹田自治組合においては、翌年一九四九年四月五日に役員選挙を実施し、組合長、副組合長が決定したが、市営浴場の修繕費負担や町内の主導権争いから、自治組合役員が二派に分かれ対立が激化した。そして、町内で調停委員を選出したが収まらず、ようやく七月に隣保館主任があいだに入り、調停するにいたった(88)。

このように紛争をともないつつも、各地区自治会の結成に従い、地域統制機構は徐々に機能を取り戻しつつあった。結果的に、自治会の結成された竹田、崇仁、養正、楽只、深草、東三条、錦林の各地区は、同年一〇月七日、七自治会の連合体である京都市自治会連合会を結成した(89)。この時点で壬生地区を除き、地域統制機構の再組織が完了したのである。

では、表11-3によって京都市自治会連合会の役員をみてみよう。戦前の京都市厚生報国会の主要メンバーはふくまれていない。また、表11-4のとおり、戦前の京都市厚生報国会幹事に名前を連ねている者についても、一人も京都市自治会連合会の役員に入っていないのである。このことから、すべての地域自治会で役員の公選がおこなわれたと考えられる。史料的制約が大きいが、具体的な自治会役員選挙の事例をあげてみよう。第一に深草自治会協議会役員選挙は、一九四九年六月一八日におこなわれた。定員一五名で深草地区を一区とする五名連記方式であった。表11-5をみての通り、理由のはっきりしない「一身上の都合」による辞退者もいるものの、基本的には選挙で選ばれた者が自治会の役員に就任している(90)。第二に竹田自治組合の役員選挙は一九四九年三月一九日におこなわれた。方法は竹田地区の中の醍醐田町と竹田狩賀町を一区とする六名連記制であった。結果は

表11-3　京都市自治連合会役員一覧

役名	氏名	所属団体役名
連合会長	井上慶之助	養正自治会長
副会長	小西岩之助	竹田自治組合代表
副会長	佐野房次郎	東三条自治会長
会計	青木福三郎	錦林自治会長
経済部長	岩井利一	深草自治協議会長
厚生部長	増田半七	楽只自治会長
青少年対策部長	津村朗	崇仁青年会長
浴場対策部長	上田時松	東三条自治会衛生部長
総務部長	松尾義雄	錦林自治会副会長
渉外部長	松尾八百吉	養正自治会副会長
常任幹事	森川猛雄	深草自治協議会副会長
常任幹事	時岡広次	楽只自治会副会長
常任幹事	吉村孝一	崇仁青年会副会長
常任幹事	藤岡吉三郎	竹田自治組合副組合長

出典：京都市民生局蔵『隣保事業一件』(1949年)

表11-4　京都市厚生報国会幹事一覧

氏名	地区
中村恵順	楽只
寺田清四郎	養正
丸木由次郎	養正
安田松太郎	錦林
松浦繁蔵	三条
坂井政次郎	三条
山田伊之助	壬生
梅谷新之助	崇仁
桜田義一	崇仁
住田弥三郎	改進
水谷清三郎	改進
松山熊吉	太秦
山下栄吉	上鳥羽
森川市平	松尾
吉岡売造	山科
西口幾松	納所
南崎政蔵	辰巳

出典：京都市民生局蔵『同和奉公会一件』(1941年)

表11-5　深草自治組合役員選挙結果

投票数	氏名	当落	備考(自治会役職・職業など)
126	岩井利一	当選	会長・職工長
111	小森助八	当選	当選後一身上の都合で辞退
90	森川猛雄	当選	副会長・金網砥石商
79	福田清三郎	当選	会計監査
52	山田伊之助	当選	会計・履物修繕業
52	松田西吉	当選	当選後一身上の都合で辞退
42	岩井音吉	当選	育成
33	小西谷三	当選	当選後一身上の都合で辞退
32	武田慶三郎	当選	当選後一身上の都合で辞退
32	岡田安五郎	当選	当選後一身上の都合で辞退
28	福田金八	当選	記録
25	武村米造	当選	当選後一身上の都合で辞退
20	岡田元三郎	当選	会計監査・衛生兼任
20	岩井松太郎	当選	事業
18	中□義蔵	当選	
17	福田栄三郎	落選	補欠中役員会で推薦・育成
16	大石雅一	落選	補欠中役員会で推薦・育成
14	水谷清三郎	落選	補欠中役員会で推薦・衛生
14	野口長之進	落選	
13	武田信三	落選	
13	武村安治郎	落選	
13	北山正雄	落選	
11	水野藤太郎	落選	
5	池田栄太郎	落選	補欠中役員会で推薦・事業
3	熊本治三郎	落選	補欠中役員会で推薦・調度
2	山口庄太郎	落選	補欠中役員会で推薦・衛生

出典：京都市民生局『隣保事業一件』1949年度所収「深草自治会経過報告書」

表11-6の通りであり、辞退者はいなかった[91]。第三にもっとも詳細に役員選挙の内容が分かる高岸町（錦林地区）自治会の事例を検討してみよう。選挙は一九五〇年三月一六日におこなわれた。有権者数三四九名（満二〇歳以上）で投票数は三〇六名、投票率は八八パーセントであった[92]。表11-7をみてみると、さまざまな職業の者が立候補している。この選挙に関して、錦林隣保館長佐野春雄は「自治会を無視しようとし、横車を押してきた旧勢力が、次第にそれが効かぬことが解ってきて、選挙によって自治会に大きな発言権を得ようと努力した跡が見え始めた」と記している[93]。また高岸町自治会は、会長を役員の互選で決定していた深草自治会協議会や竹田自治組合とは異なり、自治会長も公選制をとっていた。同年三月二〇日の会長選の有権者数は、不在者が帰宅したため一六日よりも多い四〇五名で、投票数は三九三名と投票率は九七パーセントにのぼった。結果は錦林隣保館長の

表11-6　竹田自治会役員選挙結果

投票数	氏名	当落	備考（自治会役職）
340	川部留次郎	当選	対外部
282	中川正三郎	当選	文化部
187	奈良松太郎	当選	対外部
173	山田喜代松	当選	厚生部
173	小西岩之助	当選	組合長
173	山本宇三郎	当選	厚生部
171	池田松太郎	当選	与論部
154	藤川新助	当選	衛生部
134	山本正治	当選	衛生部
129	駒井菊太郎	当選	会計
124	武村信一	当選	文化部
124	小西正春	当選	書記
92	駒井勘兵衛	当選	厚生部
78	森口才次郎	当選	厚生部
70	山田栄一	当選	
70	藤田吉三郎	当選	
69	小西幸春	当選	書記
68	小西幸雄	当選	
61	森口金次郎	落選	
48	小西一夫	落選	
45	北山石蔵	落選	
36	桝井重美	落選	
17	福本敬三	落選	

出典：京都民生局所蔵『隣保事業一件』1949年度所収「竹田自治会紛争事件報告書」

表11-7　高岸町（錦林地区）自治会役員選挙結果

投票数	氏名	当落	備考（職業）
171	青木福三郎	当選	
152	松尾義雄	当選	洋服仕立業
145	橋元信雄	当選	印刷工
96	宝来光春	当選	工員
84	青木広松	当選	印刷工
81	橋元健一	当選	あんま業
69	山尾美喜雄	当選	土建会社員
68	永田円次郎	当選	土建請負業
62	長谷定晴	当選	古物商
53	松尾梅松	当選	佐官業
51	井上茂	当選	土建請負業
49	杉原勇次郎	当選	会社員
49	田中長吉	落選	自由労働

出典：京都市民生局『隣保事業一件』1949年度所収「高岸町自治会役員選挙報告」

佐野春雄が「革新派」と記した青木福三郎が二五〇票、「保守派」と記した松尾梅松が一三八票、無効五票となり、青木福三郎が当選した(94)。史料的制約で、この時の高岸町自治会の役員構成は不明だが、公選制を導入したことによって、戦前期の行政による指名や、地域有力者相互の推薦に拠ってきた地域団体役員の選任とは異なり、地区の有力者であっても自治会選挙で多数をとらなければ地域運営の主導権が握れなくなったことが分かる。戦前期においては京都市厚生報国会などの役員は、地域住民の選挙や推薦で選ばれる訳ではなく、京都市側の指名を受けた既存の融和団体や水平運動の関係者がほとんどだった。しかし戦後の地域自治会の役員は、地域住民の選挙や自治会総会の指名によって決められていた。そのため戦前と戦後とでは地域団体の役員構成に入れ替わりがおき、先にあげた深草自治会や竹田自治組合のように、選挙結果などをめぐってさまざまな紛争がおきた。これは、戦後の地域自治会で選挙や総会での指名によって役員を選任しているためにおこる、地域有力者間の紛争であり、戦時期の京都市厚生報国会ではみられない出来事だった。これが厚生報国会の役員との重複が少ない要因だろう。

このことは戦時期に京都市厚生報国会を基盤とした活動家たちが進めてきた不良住宅地区改良事業や、融和事業が結果的に失敗に終わった事実に対して、地域住民自身が批判的であったことを表している。そのため従来の活動家たちは、公選制となった地域自治会選挙で支持を得ることができず、戦後新しく結成された地元自治会に影響力をおよぼすことはできなかった。最終的には残る壬生地区についても、壬生地区済美会が結成された(95)。このように、戦前とは異なる新たな地域自治組織の形成をともないながら、「八大不良住宅地区」＝「被差別部落」のすべてに自治会が結成された。地域住民組織の担い手は大きく変化したが、システムとしては戦時期の都市社会政策体制の再編成であったと位置づけることができるだろう。

四　地域住民組織と部落解放運動

（1）部落解放全国連合会京都府連と地域住民組織

朝田善之助は戦時から戦後にかけて、京都市社会行政の特定の職員たちと密接な関係があった[96]。戦後京都市側の対応は戦時期とは異なり、朝田を優遇していなかった[97]。戦後の地域自治会役員選定が、選挙による公選制になったことで、自治会選挙で多数をとらなければ、地域運営の主導権が握れない状況になっていた中で戦時期に厚生報国連盟の活動を主導し、戦後部落解放運動の担い手となった朝田らは、戦後、具体的にどのような活動をしていたのだろうか。史料的制約が大きいが、比較的史料の残存状況のよい養正（田中）地区を中心に、明らかにしていく。

一九四七年九月二八日、京都における戦後部落解放運動の再出発は、京都市の東本願寺で京都府連が主催した、部落解放京都府大会にはじまる。この大会で、委員長に朝田善之助、書記長に三木一平が選出された[98]。その後、京都製靴株式会社経営をめぐる騒擾《そうじょう》がおきた[99]。結果、京都府連は、「オールロマンス行政闘争」以降まで組織的な活動ができなかった。このような状況下、一九四八年三月二二日に左京区養正隣保館で、地元代表自主的団体結成準備委員会が開かれ、松下源三郎、丸木由次郎、朝田善之助などが集まった。しかし、京都府連の代表であるにもかかわらず朝田は、養正地区の地元自主的団体の役員にすらなれなかった[100]。戦時期に活躍した朝田は、すでにのべた理由から地元住民の支持を集めることができず、養正地区の地域運営の主導権を握れなかったのである。そこに京都製靴に関わる騒動もからみ、彼の地元における影響力はきわめて弱くなっていた。一九四八年八月二四日に朝田は、京都市から個人名義で借用していた養正隣保館分場ならびに元大正婦人会所有のミシンを返還するように要請され、民生局長など京都市の幹部と会見した[101]。この一件に関するその後の展開は不明だが、戦後、朝田が京都市当局や地元の全面的な支持を得ていたとは考えにくい。また、一九四九年四月八日に開かれた隣保館主任打合会で、地区内の諸問題が討議されたとき、養正地区については、「五月には自治会改選の予定なるも、井上慶之助が地元民に一応人気が持たれて居るが、川合、朝田両氏も候補に挙げ得る。回顧すれば自治会相談役として朝田氏を加えなかった事」を指摘された。戦後の地域自治会において、朝田は相談役にすら就任できなかった[102]。戦時期の厚生報国会の機能を引き継ぎ、戦後結成された地域自治会は当時唯一、京都市行政に認知された組織であり、地域社会と行政の接点として機能していた。京都府連が地域社会に影響力をおよぼすには、役員の公選制をとった地域自治会で支持を広げる必要があった。

一九五一年二月一日には、錦林隣保館長の橋本尚が京都市福利課長宛の報告で、自由労働者組合と部落解放全国委員会地元支部の幹部がほとんど重なっており、日本共産党が解放委員会の支部を最後の合法拠点にしていることや、青年会長が最近解放委員会に入会し、次第に青年会も解放委員会の色に染まりつつあることを記している[103]。橋本は自治会役員の改選にもふれ、「自治会以下役員全員が来る四月任期満了となりますので、改選を機に解放委員会及び自由労組の提携の上に新しい役員が選出されるもの[104]」とみているとのべた。このように、京都府連支部は、次第に地域自治会の主導権を握ろうとしていた。そして一九五一年一一月一日に養正自治会選挙がおこなわれた結果、ついに朝田善之助は養正自治会長に就任した。当選した京都府連の関係者は役員の過半数には届かなかったが、京都府連が地域自治会の主導権を握る端緒になったのである[105]。

（2）「オールロマンス行政闘争」以後の京都市社会行政・京都府連・地域自治会

朝田善之助が養正自治会の会長に就任する以前の一九五一年一〇月一九日、京都市九条保健所勤務の杉山清次が、京都市崇仁地区周辺を差別的に描いた小説「特殊部落」が雑誌『オールロマンス』一〇月号に掲載された。

これを発見した京都府連は、東京のオールロマンス社を尋ね、内容について抗議した[106]。これが著名な「オールロマンス事件」である。この事件に関しては、師岡佑行が行政史料と運動側の史料を駆使して分析した結果、「オールロマンス行政闘争」の主体は京都府連のみではなく、京都市の幹部職員が要項を作成したことをもって、京都市行政の転換は京都府連の主導ではなく、行政が主体的におこなったことなどが明らかになった[107]。さらに前川修は、「オールロマンス行政闘争」について地元崇仁地区の人々は、朝田を中心とした京都府連とは対立しており、戦前の反水平社団体である国民研究会の主要メンバーで、京都市会議員でもあった熊野喜三郎を代表として、京都府連とは、まったく無関係に京都市と交渉をおこなったこと、そして、「オールロマンス行政闘争」後には京都府連の意見を重視する京都市を批判し、地元の意向を聞いて同和事業の設置をおこなうよう要求していたことをのべた[108]。

以上の研究をふまえながら、その後の具体的な経過をみてみる。「オールロマンス行政闘争」後の一九五二年一〇月九日、京都市会第二議員室で市会の環境改善事業促進に関する委員会が開かれた際、京都市福利課長は地元自治会が事業の受け皿を担っていると指摘したうえで「地元の意向か否かを確かめ、譬《ママ》え自治会の意向にしても、その反対派の人の意見をも参考にして事業を行っている[109]」と発言した。それを受けて、市会議員の梅林信一委員は「自治会は町の代表的団体としてもよいが、これと反対派の団体が必ず存在するものであるから、これらの人々の意向も参考としてほしい。又理事者の取り組み易い団体のそれが町の総意とされやすいが、譬《ママ》えば全国的な組織を有する団体（部落解放委員会の如きもの）の意見も徴されたい[110]」と発言した。これは、地域自治会中心に事業や交渉をおこなってきた京都市に対する批判であった。さらに梅林は「過去における地区改善団体としては、政府の指導奨励する親和会的組織と水平運動組織等がある[111]」として、戦前の融和団体であった京都府親和会からの系譜を引く組織と、水平運動を担った人々の組織、二つの勢力が存在することを指摘したのである。このような状況下で一九五二年一一月には、京都府連田中支部が京都市と交渉して、共同水栓八か所を設置させ[112]、一九五三年二月四日には水道本管を工費四〇万円で地区内に引き入れることを約束させた[113]。また水道管敷設に続き、住宅要求闘争もおこなおうとしていた[114]。京都府連錦林支部も京都市と交渉して、コンクリートの下水側溝の設置を約束させ、工事が始まった[115]。最大の動きは、一九五三年三月一九日に京都府連養正、錦林、崇仁支部が共同で、教科書無償化を求め、京都市教育委員会にデモをかけたことである。この結果、三月二四日には左京区養正小学校と下京区崇仁小学校で貧困家庭の子供全員に教科書が支給されるという成果を得た[116]。部落解放運動側の要求が自治会経由ではなく、直接京都市行政に受け入れられ、実現しつつあったのである。

京都市も改良住宅の建設などさまざまな環境改善事業を進めた。一九五三年五月二七日には、左京区鹿ヶ谷高岸町に京都市最初の改良住宅二四戸が建設された[117]。続いて同年八月三日には左京区養正地区に改良住宅二四戸が完成した[118]。地元自治会を中心とするさまざまな改良事業の動きも活発化した。同年一一月二〇日に開かれた京都市会環境改善促進に関する委員会には、地元代表としては崇仁自治協会会長の熊野喜三郎を筆頭に、各地区の自治会長八名が集った。この中には戦前の融和団体である京都府親和会の流れを組む同和連盟の理事長山下栄吉も含まれていたが、京都府連からは一人の代表も選ばれなかった[119]。

京都府連最大の活動である教科書無償化デモにおいても、「八大不良住宅地区」のうち三地区しか動員できなかったことから明らかなように、いまだ京都府連は京都市内では養正（田中）地区を中心に、一部の地区で勢力をもっているにすぎなかった。だがこの段階で、旧来の地域自治会から京都市行政へという伝達機構のほかに、行政と京都府連の直接交渉という回路が初めてできあがった。戦時から戦後にかけて、一貫して部落解放運動と行政との密接な関係があったわけではなく、京都市としても戦後はあらたに結成した地域自治会を事業の受け皿としており、「オールロマンス行政闘争」を画期としてあらたに京都市と京都府連の関係が形成されたのである。

その後しばらく大きな動きはみられなかったが、それまでの状況を一変させたのは、京都府連を中心とした地域自治会民主化闘争である。きっかけは勤評闘争であった。京都府連と勤評闘争の関係について、先行研究で明らかなことをまとめておこう。自由民主党を結成した保守層や文部省に対して、教育の分野では日本教職員組合が平和教育を主張し、その政策に抵抗していた。一九五六年、愛媛県教育委員会は学校長に対し、教員の勤務状態を評価し報告する権限と義務を与える。文部省は教員の活動に強い規制を加えるため勤務評定を強行した。京都においては、一九五八年二月に京都教職員組合が臨時大会を開いて、勤評の絶対反対を決議した。同年三月三一日に、京都府連は京都府教育委員会に「勤務評定に対する申入書」を提出した。勤務評定が実施されると、同和教育に取り組むことで学校経営や教育行政の改革をおこなう努力ができなくなり、「事なかれ主義」がまかり通ると主張し、差別の拡大再生産がおこなわれるとして強く反対したのである。同年七月四日、京都府連は和歌山県での勤評闘争に呼応して、七月七日から養正・養徳小学校、高野中ほか京都市内一〇校などで三日間の同盟休校をおこなうことに決定した。同年七月五日、養正地区で勤評反対の町民大会が開催された。二〇〇名が参加し、一日延期して七月八日からの同盟休校実施を確認した。そして養正小学校で二五五名、高野中で一二九名の同盟休校がおこなわれたのである[120]。

これらの動きに対して、同年七月八日、養正自治会は緊急自治会を召集したが、六名しか集まらず定員不足で流会した。翌七月九日に再召集され討議したが、結局意見がまとまらず、自治会を一旦解散して再選挙をおこなうべきであるとの意見が出され、投票の結果、解散賛成六票、反対六票で同票となったため会長から解散を宣言した。改選は七月二〇日までにおこなうことに決定した[121]。史料的制約のため、この後の選挙結果について明らかにできないが、地域自治会の影響力は確実に低下していた。京都市最大の地域自治会である崇仁自治協会についても、京都市当局は「毎年同一人が（自治会委員に）就任され、仕事よりも顔役といった雰囲気がたぶんにあり、積極性は欠けている」[122]と評価しており、自治会機能の停滞は否めなかった。

養正地区では、一九六〇年三月の養正自治会役員選挙において、当選者の過半数以上を京都府連田中支部の推薦者がしめた。しかし、選挙結果をめぐって紛糾し、旧養正自治会会長の川口一政、旧副会長の山崎時次郎などが新役員の買収工作や新自治会結成の引き延ばしを図り、買収に失敗すると[123]、旧役員たちは再選挙の実施を決議した[124]。養正自治会の新会長小林清一、新副会長山崎末一を中心に新役員一〇名は当然、再選挙に反対した[125]。京都府連田中支部も同様の立場であったが、同年四月一五日、養正隣保館に自治会の旧役員が集まり、再選挙を四月一六日、一七日、一八日の三日間でおこなうことを決定した。これには再び自治会新役員や京都府連田中支部も反対したが、選挙は強行された[126]。結果は、前自治会長の川口一政が落選するなど[127]、再選挙をおこなってもなお京都府連田中支部の推薦者が二一、旧役員を中心に構成する対立派が一八と京都府連関係者が多数をしめた[128]。だが結局、新自治会が結成されることはなかった。自治会の旧役員は声明書を出し、町内に混乱を起こしたのは京都府連側の自治会新役員の責任として、そのまま会計や事務の引き継ぎなしで留任したのである。さらにその後も新たな自治会の選挙はおこなわれなくなるという事態に陥った[129]。

そして、一九六一年九月六日、住宅地区改良法にともなう住宅建設のために、養正隣保館横の田中親友夜学校が京都市に三五〇万円で買収され、前自治会長の川口一政以下、松下源三郎、西村元治郎、岡村朝子、早瀬俊夫、浅井清一、藤岡豊三郎の七人にその売却費が支払われた。すでに自治会組織も失われている状況では売却金の受取先が存在せず、彼/彼女ら七人の父や祖父が夜学校の登記代表名義人であるため、支払いの対象者となったのだった。しかし、この夜学校は町民と青年団の労働奉仕によって建てられ、一八八九年の設立当時から頼母子講の利益金と町民の寄付で経費が賄われ、当時の青年会が維持管理している施設だった[130]。

そこで京都府連田中支部は、同年九月二四日、七人に対して公開質問状を提出した。夜学校は設立の経緯から登記代表名義人の私有財産ではなく、売却費は個人に分配される性格ではないこと、部落の教育目的のために使うべきであることを主張したのである。その内容は町民にも発表された[131]。しかし、七人からは一一月一七日まで返答がなく、この日町民大会が開かれた。大会会場に集合した人々は、その後、七人の家にデモに行くことになった。集団による交渉の結果、七人は夜学校売却費を返還することを約束した[132]。こうしてついに養正自治会は消滅し、京都府連が地区の主導権を完全に掌握したのである。

ここまでのべてきたように、戦後の地域自治会は京都市を中心に設立されたもので、さまざまな改善事業も自治会を通じておこなわれた。しかし、地域自治会が徐々に住民の支持を失う過程で、自治会と京都府連が主導権を奪いあうようになった。地域自治会は差別撤廃と生活改善の要求などに充分に応えるどころか、京都府連との争いに終始して、さらに住民からの信頼を失っていき、代わって京都府連が支持を集めるようになったのである。

五　おわりに

本章で明らかにした事実をまとめる。戦時期の京都市厚生報国会は、「八大不良住宅地区」の住民組織として、また市の行政補助団体として京都市と協力し、隣保館を拠点に戦時都市社会政策を補完する役割を果たしていた。戦後の都市社会政策も、政策推進のために戦時の構造を必要とし、再び京都市社会行政の主導で厚生報国会に代わる団体の再組織化を図った。「八大不良住宅地区」＝「被差別部落」独自事業の受け皿として、地域統制機構が必要とされたのである。ただし戦後は自治会役員の公選制が広まり、地域住民の選挙や自治会総会での指名によって役員が決められた。京都市厚生報国会が受け皿となっておこなった、不良住宅地区改良事業や融和事業も結局失敗に終わったことで、朝田など報国会を基盤とした活動家たちは、地域住民の支持を失っていた。彼らは地域自治会選挙で主導権を握れず、戦後新しく結成された地元自治会に影響力をおよぼせなかった。そのため戦時と戦後の地域住民組織の担い手には大きな変化があった。朝田などを中心とする京都府連も、大衆的な基盤をもてず、組織的な活動はできなかった。京都市側の対応も、戦後は朝田に対して冷淡だった。京都府連が地区内で影響力をおよぼすには、自治会の支持が不可欠で、京都府連は自治会の主導権を握るために活動しはじめた。

「オールロマンス行政闘争」後には、地域自治会中心に京都市に対する明確な批判が公然とおこなわれた。ここれを機に、京都市も改良住宅の建設などさまざまな環境改善事業を進める。この時、旧来の地域自治会から京都市行政へという伝達機構のほかに、行政と運動団体の直接交渉という回路がはじめて出来あがり、環境改善事業などの要求をおこなえるようになった。京都市は戦後あらたに結成した地域自治会を事業の受け皿としており、当初、運動団体との接点はなかったが、「オールロマンス行政闘争」を画期として、同和事業をめぐる京都市と京都府連の関係が形成されたのである。

その後、京都府連を中心とした地域自治会民主化闘争がおこった。養正地区での一九六〇年三月の自治会役員選挙で、当選者の過半数以上を京都府連田中（養正）支部推薦者がしめた。しかし結果をめぐり紛糾し、再選挙になった。四月の再選挙でも、田中支部の推薦者が多数をしめた。そこで自治会旧役員が選挙の無効を訴え、強引に留任したため、自治会は結成されず、自治会民主化闘争がおこなわれた。自治会の影響力は低下していったのである。そして、不良住宅地区改良法にともなう住宅建設のために田中親友夜学校が京都市に買収され、有力者が金銭を受けとるという問題を契機に地域自治会は消滅し、京都府連が地区の主導権を掌握した。

戦時と戦後の地域住民組織と京都市行政との密接な関係は、一見連続しているようにみえる。しかし、その内実は地域住民組織のあり方とともに変化しており、雨宮昭一のいうところの「社会的マイノリティ」においても、単純に戦時の運動や組織が戦後に連続しているとはいえない。むしろ戦後に戦時の都市社会政策の構造を復活させようという京都市行政の働きかけから、「八大不良住宅地区」の地域住民組織の再編成がはじまったという側面を重視するべきだろう。そして自治会が徐々に地域住民の支持を失う過程で、地域自治会と運動団体が主導権を奪いあうようになった。差別撤廃と生活改善の要求などに、地域自治会は充分に応えることができず、それに代わり部落解放運動が、地域住民の支持を集めるという結果にいたったのである。

（1）代表的な研究として山之内靖ほか編『総力戦と現代化』（柏書房、一九九五年）、雨宮昭一『総力戦体制と地域自治』（青木書店、一九九九年）など。
（2）雨宮昭一「地域の戦時・戦後と占領――茨城県を中心として――」（天川晃・増田弘編『地域から見直す占領改革』山川出版社、二〇〇一年、七三頁所収）。
（3）同右、六九～七〇頁。
（4）同右、七三頁。
（5）詳細は森武麿ほか編『地域における戦時と戦後』（日本経済評論社、一九九六年）、『年報日本現代史　三号　総力戦・ファシズムと現代史』（現代史料出版、一九九七年）所収、赤澤史朗ほか「総力戦体制をどうとらえるか」参照。
（6）部落解放研究所編『資料占領期の部落問題』（部落解放研究所、一九九一年）、『部落問題と日本占領文書研究ニュース』一～三三号（部落解放・人権研究所、二〇〇〇年）などがあげられる。
（7）朝治武『アジア・太平洋戦争と全国水平社』（解放出版社、二〇〇八年）第一、二章。
（8）代表的なものは、大阪人権博物館編『戦後部落問題の具体像』（一九九七年）所収論文。
（9）本書第一〇章
（10）朝田善之助『差別と闘い続けて』新版（朝日新聞社、一九七九年）。
（11）藤野豊『水平運動の社会思想史的研究』（雄山閣出版、一九八九年）第八章。
（12）師岡佑行「幻の住宅建設計画――戦時下京都市融和事業の挫折――」（『京都部落史研究所紀要』八号、一九八八年）。
（13）山本敏貢「同和行政の再出発」（部落問題研究所編『現代京都の部落問題』部落問題研究所出版部、一九八七年）。
（14）同右、七七頁。

(15) 井上清ほか編『京都の部落史』二　近現代（京都部落史研究所、一九九一年）第四章、師岡佑行執筆部分。
(16) 同右。
(17) 同右。詳細な検討は、前川修「戦時下における京都市の改善事業と朝田善之助」（秋定嘉和・朝治武編『近代日本と水平社』解放出版社、二〇〇二年）、馬原鉄男「戦後部落解放運動の再建」（前掲註13『現代京都の部落問題』）がある。
(18) 仲村精文・山本敏貢「戦後部落解放運動の高揚と同和行政の展開」（前掲註17『現代京都の部落問題』第二章）。
(19) 前掲註(15)師岡佑行執筆部分。
(20) 詳細は、前川修「『オールロマンス事件』と『オールロマンス行政闘争』の史実を求めて」（『部落解放史ふくおか』八〇号、一九九五年）、同「もうひとつの「オールロマンス行政闘争」」（前掲註8『戦後部落問題の具体像』）、金静美『水平運動史研究――民族差別批判――』（現代企画室、一九九七年）参照。なお、金静美の研究は、在日朝鮮人の問題を部落解放運動が「オールロマンス行政闘争」から排除したことを先駆的に指摘しているが、当該期の部落解放運動自体のあり方や、被差別部落内部における階層性や具体的な構造については明らかにしておらず、事実の指摘にとどまっている。
(21) 本章で対象とする「八大不良住宅地区」の実態については、前掲註(15)『京都の部落史』第二巻、前掲註(17)『現代京都の部落問題』、高野昭雄『近代都市の形成と在日朝鮮人』（人文書院、二〇〇九年）参照。京都市内の水平運動、改善団体との関係については、鈴木良『水平社創立の研究』（部落問題研究所、二〇〇五年第五～七章）、朝治武「創立期全国水平社と南梅吉（上）（中）（下）」（『京都部落史研究所報』一〇～一二号、一九九九～二〇〇〇年）参照。
(22) 『京都日出新聞』一九二〇年一〇月八日。
(23) 京都市『京都市の融和事業』（一九三九年）。
(24) 京都市社会課『京都市社会事業要覧』（一九三九年）。
(25) 京都府庁文書「昭和一五年四月赤松知事川西知事事務引継演説書」（一九四一年）。
(26) 『京都市事務報告書』昭和一五年度（一九四一年）。
(27) 前掲註(11)。
(28) 前掲註(12)師岡論文。

(29) 前掲註(10)朝田書、一六三頁。『特高月報』一九三八年二月分、一八三頁。
(30) 『京都府庁文書』昭一五―一四一―三。
(31) 『融和時報　京都親和会版』一六三号（一九四〇年六月一日）。
(32) 京都市役所『厚生委員の栞』（一九四〇年五月）。
(33) 同右。
(34) 同右。
(35) 『大阪毎日新聞京都版』一九四〇年九月一三日。
(36) 京都市民生局蔵『環境改善事業一件』（一九四〇年）。以下、京都市民生局所蔵資料については、「民生」と省略する。これらの史料は京都部落問題研究資料センターと部落問題研究所所蔵の複写版を利用している。
(37) 『京都市事務報告書』昭和一五年（一九四一年、一六五頁）。
(38) 『融和時報　京都府親和会版』一七一号（一九四一年二月一日）。
(39) 同右。
(40) 『京都市事務報告書』昭和一五年（一九四一年、一六五～一六六頁）、『融和時報　京都府親和会版』一七二、一七三号（一九四一年三月一日、四月一日）。
(41) 同右。
(42) 『融和時報　京都府親和会版』一七三号（一九四一年四月一日）。
(43) 『同和国民運動　京都府親和会版』一七六号（一九四一年七月一〇日）。
(44) 『中外日報』一九四一年五月二日。
(45) 同右。
(46) 前掲註(11)。
(47) 『同和国民運動　京都府親和会版』第一七八号（一九四一年九月一日）。
(48) 『同和国民運動　京都府版』第一七九号（一九四一年一〇月一日）。
(49) 同右、第一八〇号（一九四一年一一月三日）。

(50)『同和奉公会一件』(一九四一年九月「民生」所収)。
(51)『京都市町内会時報』第一三号(一九四二年五月)。
(52)『社会時報』七巻二号(一九三七年二月)。
(53)京都府庁文書『昭和一五年四月赤松知事川西知事引継演説書』(一九四一年)。
(54)本書第一〇章。
(55)前掲註(12)師岡論文。
(56)『同和国民運動　京都府版』一八〇号(一九四一年一一月三日)。
(57)本書第一〇章。
(58)『同和国民運動　京都府版』一九六号(一九四一年三月一日)。
(59)同右、一九五号(一九四一年二月一日)。
(60)「結婚斡旋促進協議会開催に関する件」(『支出決済書類』一九四二年、「民生」所収)。
(61)『同和国民運動　京都府版』二〇二号(一九四三年九月一日)。
(62)同右、二〇三号(一九四三年一〇月一日)。
(63)「京都市地方改善地区整理事業計画変更要綱」(『地方改善地区整理』一九四三年、「民生」所収)。
(64)「地区整理ニ関スル隣保館主任者ニ対スル指示事項」(『地区改善』一九四三年、「民生」所収)。
(65)『地方改善事業一件』(一九四四年、「民生」所収)。
(66)同右。
(67)『地方改善一件』(一九四五年、「民生」所収)。
(68)『隣保事業一件』(一九四五年、「民生」所収)。
(69)同右。
(70)『隣保事業一件』(一九四六年、「民生」所収)。
(71)同右。
(72)同右。

(73)『隣保事業一件』(一九四七年、「民生」所収)。
(74)『隣保事業一件』(一九四八年、「民生」所収)。
(75)同右。
(76)同右、「美化運動実施趣旨」。
(77)同右。
(78)『隣保事業一件』(一九四八年、「民生」所収)。
(79)同右。
(80)同右。
(81)「高岸町自治会発会式行事予定報告」(一九四八年、「民生」所収)。
(82)「意見書」(一九四八年、「民生」所収)。
(83)「東三条自治会結成について報告」(一九四八年、「民生」所収)。
(84)「楽只自治会発足について」(一九四九年、「民生」所収)。
(85)『隣保事業一件』(一九四九年、「民生」所収)。
(86)同右。
(87)「深草自治会経過報告書」(『隣保事業一件』一九四九年、「民生」所収)。
(88)「竹田自治会紛争事件報告書」(『隣保事業一件』一九四九年、「民生」所収)。
(89)前掲註(87)。
(90)「深草自治会経過報告書」(『隣保事業一件』一九四九年、「民生」所収)。
(91)「竹田自治会紛争事件報告書」(『隣保事業一件』一九四九年、「民生」所収)。
(92)「高岸町自治会役員選挙報告」(『隣保事業一件』一九四九年、「民生」所収)。
(93)同右。
(94)「高岸町自治会会長選挙報告」(『隣保事業一件』一九四九年、「民生」所収)。
(95)『同和事業一件』(一九五〇年、「民生」所収)。

(96) 前掲註(15)書第四章参照。詳細は、前掲註(17)前川論文。
(97) 前掲註(17)馬原論文（四四～五二頁）、前掲註(13)『現代京都の部落問題』、前掲註(15)書（四五七～四六〇頁）。
(98) 「部落解放人民大会速記録」（『京都部落史研究所紀要』一二号、二〇〇〇年）。
(99) 前掲註(17)馬原論文。
(100) 「地元代表自主的団体結成準備委員会」（『隣保事業一件』一九四八年、「民生」所収）。
(101) 『隣保事業一件』（一九四八年、「民生」所収）。
(102) 「隣保館主任打合会記録」（『隣保事業一件』一九四九年、「民生」所収）。
(103) 「錦林地区に於ける部落解放委員会及び自由労働者組合の最近の動向について」（『隣保事業一件』一九五一年、「民生」所収）。
(104) 同右。
(105) 「養正自治会新役員について」（『隣保事業一件』一九五一年、「民生」所収）。
(106) 『解放新聞』一九五一年一〇月一九日。
(107) 前掲註(15)書、第四章。
(108) 前掲註(20)「もうひとつの「オールロマンス行政闘争」」。
(109) 「環境改善事業促進に関する委員会記録」（『同和事業』一九五二年、「民生」所収）。
(110) 同右。
(111) 同右。
(112) 『解放新聞』一九五二年一二月二五日。
(113) 『解放新聞』一九五三年二月一〇日。
(114) 『解放新聞』一九五三年三月二五日。
(115) 『解放新聞』一九五三年二月一〇日。
(116) 『解放新聞』一九五三年三月二五日。
(117) 『京都新聞』一九五三年五月二〇日。

(118)『京都新聞』一九五三年八月四日。
(119)「環境改善に関する座談会」（京都市民生局同和対策室『京都市の同和行政』一九八一年、一八二～二〇八頁）。
(120)詳細は、前掲註(15)書、五〇七～五一六頁参照。
(121)「養正自治会解散経過について」（『隣保事業一件』一九五八年、「民生」所収）。
(122)「事務引継書」（『隣保館事業一件』一九五七年、「民生」所収）。
(123)京都部落問題研究資料センター蔵／部落解放同盟田中支部町内を明るくする会『田中部落町内民主化闘争関係資料』①「町内のみなさん」一九六〇年四月一四日、以下『田中』と省略する。
(124)『田中』②「インチキ再選挙をたたきつぶせ!!」一九六〇年四月一六日。
(125)『田中』③「声明書」一九六〇年四月一七日。
(126)『田中』④「町民の皆さん二重選挙は無効です」一九六〇年四月一七日。
(127)『田中』⑦「自分のしかけたワナにおちた川口一政氏」一九六〇年四月一八日。
(128)部落問題研究所蔵『三木一平氏所蔵史料』一―一―一六二―四―一〇二（部落解放同盟京都府連合会「第十回府連定期大会議案書」一九六二年四月二二日、四～七頁）、以下『三木』と省略する。
(129)『田中』⑪「いすわり自治会に反対しよう!!」一九六〇年四月二一日。
(130)前掲註(128)参照、田中親友夜学校に関しては、白石正明「上田静一と田中親友夜学校（1）（2）（3）」（『京都部落史研究所報』三三～三五号、一九八〇年）参照。
(131)『三木』一―一―一六一―九―一四四（「町内の兄弟の皆さん!!」一九六一年九月二四日）。
(132)前掲註(128)参照。

終章　総括と課題

自分の詩に欲を言えば、その場所、その時刻と切り離すことの出来ない、ぬきさしならない詩を書いてみたいと思います。永遠、それは私の力では及ばない問題です。

石垣りん「立場のある詩」（一九六七年）

一　本書の要旨

では、本書でこれまで明らかにしてきたことをまとめる。

第一部では、都市社会行政の成立と展開を明らかにした。まず第一章では、京都における都市社会事業行政の成立過程を論じた。これまでの先行研究では、京都市社会事業行政に対して大阪市社会事業行政と同様に比較的高い評価が与えられてきた。しかし京都市は一九二〇年代前半まで、経済保護施設を中心とした社会事業施設の建設に終始し、被差別部落改善事業に予算および施設配置の重心を置いた。また、社会事業施設の運営をめぐっても、形式的で実質化されていないなどの問題点が指摘されていた。

一方、京都府社会事業行政は京都市とほぼ同時期に成立したが、京都市とは異なり、西陣地域への施設配置を優先し、京都府独自の方面委員制度である京都府公同委員制度を立ち上げた。京都府はこの制度を運用することで、医療救護事業・直接的救護事業への対策や、各学区内での方面カードを利用した詳細な貧民調査などをおこなった。公同委員の側も自主的にみずからの地域の社会問題改善に動いていた。また、京都府は京都市社会事業行政の特定地域に集中して社会事業施設を設置する手法と、直接的な貧困者救護事業を軽視する傾向を京都市の問題点として指摘していた。京都府・京都市の間で相互連絡がうまくいかず、事業の調整に多大な時間を要するという課題もあった。

こうした事実をふまえると、京都市社会事業行政に対して従来のような高い評価を与えることができるのは、少なくとも一九二〇年代後半以降、漆葉見龍などの人材が指導力を発揮したのちの活動についてであろう。小倉襄二や浜岡正好が高く評価する『京都市社会課調査報告』の発刊も、一九二五年一一月のことである。京都市がさまざまな批判を浴びながら、ようやく独自の直接的救護の規定を明文化するのは、一九二六年五月であった（第一章）。

次に第二章では、京都府社会事業行政の成立過程とその特徴を、京都市社会事業行政との関係に留意して、より詳細に論じた。第一に、財団法人京都共済会をめぐる動きである。京都共済会の前身である臨時救済団の資金は、当初は被差別部落の改善を目指す社会事業施設の改良に利用される予定であった。資金を円滑に活用するため臨時救済団を財団法人化する過程では、京都市と京都府との資金利用の主導権をめぐる駆け引きがあったが、結局京都府の管轄で、財団法人京都共済会を設立することに成功した。さらに京都府は社会課嘱託として社会事業専門家の海野幸徳を迎え、内務部に社会課を設立し、本格的な社会事業行政機構を整備した。しかし、この時すでに府市社会事業行政の相互関係や連携が不十分であることも指摘されていた。

第二に府市の社会事業行政がとった施策の相異である。被差別部落とその周辺に社会事業施設を集中させる手法を選択した京都市社会事業行政とは異なり、京都府社会事業行政は公同委員を利用した社会調査にもとづき、まずは西陣地域に社会事業施設を設立していく。その後、被差別部落にも公設浴場を設置するが、京都府は経費不足であり、共済会の資金を利用しなければ、これらの事業も展開できない状況であった。

第三に京都府社会事業行政の内部で生じた摩擦についてである。京都府社会事業行政は経費難の中でも共済会資金を運用することにより社会事業施設の設置運営にあたっていた。

その政策方針に対して、府内部には二つの異なる見解が存在していた。府社会課顧問の大谷瑩韶は、京都府社会事業行政が社会事業の指導監督や保護育成、奨励助成の枠をこえて、直接都市社会事業施設の運営などをおこなうことについて反対する立場をとった。逆にもう一人の府社会課顧問である海野幸徳は、社会事業施設を設置するための調査を積極的におこない、施設の設置、運営にも積極的であった。大谷と海野は京都府社会事業行政の政策形成をめぐる基本線において違った考えをもっていたため対立したのである。また海野は、その謹厳実直な性格から、社会課のスタッフや実際に保護救済をおこなう方面委員などからは反感をかうこともあり、海野の理論的な指導や意見はうまく取り入れられなかった。一方の大谷は、京都における民間社会事業界、仏教界の利害を擁護する立場にあったが、海野が繰り返し、民間社会事業の伝統的な救済方法を「非科学的」とする主張を展開したため、両者の対立は次第に深まっていった。それが府社会課の運営の障害となるにいたり、大谷・海野はともに更迭されたのである。大谷・海野両嘱託の辞職により、京都府社会事業行政は新たな段階を迎えた。

以降、京都府社会事業行政はより積極的に社会事業施設の設置、運営を手がけていく。府社会課は公同委員制度の運営と託児所の経営が主力事業であると認識していたが、資金不足の影響もあって府社会課の存在は社会一般に十分認められていないという意識をもっていた。京都府社会事業行政にかかわる予算は徐々に増加していたものの、その多くは人件費や直接的な救済費用、民間社会事業やほかの法人組織などへの貸付金にしめられ、事業費として直接運用できる資金は多くなかった。その中で共済会の存在は京都府の都市社会施設の設置、運営を支える非常に大きな存在であった。その後も京都府社会事業行政は、共済会資金や寄付にたよらざるをえない不安定な財政基盤に変化はなかったものの、方面委員制度による直接的な救護事業を中心としながら、社会館や住宅建設など新たな事業展開をおこなった。京都市と同様に都市社会事業施設の設置運営も一定規模で継続したという事実によって、京都府社会事業行政は京都市社会事業行政に対し、直接的救済事業の軽視を批判する立場となりえたのである（第二章）。

以上のような過程をへて、京都における都市社会行政機構は成立した。第三章では、都市社会行政の具体的な機能について、京都市が当時最新の都市社会事業施設として喧伝していた京都市児童院の事例を通じて論じた。

京都市児童院は恩賜社会事業資金を元手に、当初から総合的な社会事業施設として構想された、京都市が誇る最新鋭の施設であった。京都府の少年教育相談所も市児童院に吸収合併された。市児童院は中産階級以下の母性および一八歳未満の児童を対象とし、職員には京都帝国大学出身者を中心とする優秀な人材を揃えていた。その事業構想は、まず母性、児童保護事業を有機的に連関させる機能を果たすこと、予防医学的な発想に重点を置くこと、そして京都市民全体を対象にした啓発活動をおこなうことであった。

児童院の事業体系は助産診療、相談保護事業、講演・宣伝を三本柱としたが、利用者である市民の来院をうながすだけでなく、当初から積極的に都市社会におもむいて各種事業をおこなうスタイルをとっていた。被差別部落における院外健康診断事業や、養正地区を拠点とする訪問看護婦事業、各託児所保母の再教育も児童院が担当していた。児童心理相談事業も当初は伸び悩んでいたが、宣伝のかいもあり、軌道にのった。また一般市民の組織化も進めており、母の会、お産の会などを立ちあげて、啓発や保育指導を適時おこなっていた。『母親読本』や、お産や乳幼児・児童にかかわるパンフレットを多数作製し、一般市民の啓蒙をおこなうことも事業の大きな柱であった。

児童院に対しては、設立前から京都市産婆会が反対運動をおこすほど大きなリアクションがあった。利用者は急増し、児童院の存在は京都市民に広く受け入れられた。歳入の八割以上が使用料、手数料などの収入でまかなわれた。しかし、現実には中産階級以下の利用者が少なく、利用できるのは生活に余裕のある人々だけであることが市会で指摘されている。この指摘を裏づけるように、使用料・手数料の内訳をみると、減額、無料、救護法適用の無料分をあわせても、全利用者の一割に届かない事業がほとんどであった。児童院は中産階級以下の利用者を増やす対策をとったが、その後も結局、利用者のほとんどが有産者であるとあらためて指摘されている。児童院の経営方法についての疑義は続いていた。

また児童院の利用者には近隣在住者が多いことも、運営上の課題として認識されていた。京都市南部出身の市会議員や方面委員会などは、南部への児童院の増設を望んでいた。その背景には市内の地域格差の問題がある。一九一八年の市域拡張以来、市の人口はあらたに編入された市域周辺部のいわゆる「新市域」と、旧来からの富裕層が住む市域中心部に二極化し、生活水準の地域格差が急速に拡大していた。貧困者が多い京都の南部方面にこそ、児童院の建設が必要であるというのが増設推進派の論調であった。増設は実現しなかったが、一九三七年以降、児童院は、産婦人科事業関係の大きな功績を報道され、貞明皇太后の行啓を受けるなどの権威づけがおこなわれ、評価がますます高まった。事業の内容にも変化が生じた。保健所法の施行によって児童保健関係事業を保健所に移管したため、産婦人科事業を重視する傾向が強まり、あわせて院外健康相談の廃止、保育事業の創設がおこなわれた。

最終的には、設立当初の児童福祉に関する総合的な最新施設という意義は失われ、国策である戦時厚生事業にもっとも適合した施設と位置づけられるようになる。しかしその一方、使用料減額、もしくは無料の患者は一九三七年をピークに再び減少する。そして利用者の階層格差、地域格差という矛盾をはらみながら、戦時期の施設運営がおこなわれることになったのである（第三章）。

第四章では、都市社会事業行政を支えた都市社会事業行政職員の役割について、都市社会調査の執行過程を通じて論じた。京都市社会課は一九二〇～二六年の間に第一期調査を実施している。このときおこなわれた六八の調査のうち、一六の公刊調査の中から選ばれた、一〇の調査結果が『社会課叢書』として発刊された。公刊調査の対象を分類すると、児童調査、中でも被差別部落の調査に重点をおいていたことが分かる。また一九二五〜二六年にかけて労働者生活関係の調査が増加していく。公刊調査は内容をみるかぎり、先行研究の指摘とは異なる本格的かつ多様な調査であった。ただし、純粋な社会的関心による調査も少なくなく、すべてが政策形成のための調査とはいえなかった。しかし、この詳細かつ本格的な一連の調査は、のちの第二期調査につながる内容を備えていた。

第二期調査は第一期とくらべると、明らかに調査のスタンスが変化している。まず第一期調査の中心であった児童保護関連調査と都市下層調査が激減し、かわって労働者生活、職業労働事情関係の調査が中心となった。なかでも特徴的な調査として、西陣などの伝統産業地域調査、在日朝鮮人、被差別部落関係調査があげられる。年代でいえば、一九三〇年代前半に全調査の約六割が集中しており、三〇年代後半以降は調査数が急減した。また政策展開のための調査という目的が明確化し、他都市との比較の中で、京都市の社会事業を位置づけようとしている。さらに第一期にくらべて、社会調査と政策形成の関係が、より密接になったことも指摘できる。すでに一九二〇年代前半には、社会的にもよりよい都市社会事業をおこなうために、都市社会調査が必要という認識が形成され、各種調査結果が新聞報道で市民に知らされていた。また社会調査と政策形成の関連性についての指摘もおこなわれていた。

京都市社会課の調査体制は、旺盛な調査活動と調査の精緻化にもかかわらず、初期の体制からほとんど変化がなかった。京都市社会課の調査活動は、漆葉見龍のリーダーシップのみではなく、実際は京都帝国大学などで高等教育を受けた人材による長時間労働と、「少額給料生活者失業救済事業」の経費による高学歴失業者の雇用に支えられていた。そして、彼らの中で優秀な者を正職員に適時登用することで体制を補強していた。以上のように、京都市社会課調査は、少ない調査担当人員の中、調査視角を変化させつつも、継続的におこなわれたのである（第四章）。

また、都市社会政策の分析にあたっては、社会事業施設だけではなく、市域全体に展開された政策の機能やあり方をみることも必要不可欠である。その一例として、第五章では全市的に展開された都市失業救済事業を事例に論じた。「冬期失業救済事業」として実施された初期の失業救済事業は、土木工事による救済事業が中心であったが、登録希望者が多すぎ、すべての登録希望者を救済するにはいたらなかった。事業規模は次第に拡大したものの、土木労働者以外への対応の不十分さや、予算不足が批判された。実際、一九二九年には在日朝鮮人や金融恐慌の影響で失職した工業・農林業労働者の登録が大幅に増加しており、実態を正確に反映した批判だったが、以降も大半は土木作業での事業執行にとどまった。

一九三〇年以降、失業救済事業の循環労働制に対する批判がおこり、恒常的におこなわれていなかった知識階級や工場労働者向けの失業救済事業も求められた。失業者が特に多かった被差別部落に対しては、新たな事業がおこなわれた。その一方、登録基準の厳格化により、在日朝鮮人労働者の就労率が低下し、西陣地域を代表とする工場労働者についても依然、特別な対策はとられなかった。

一九三〇年代の京都市には、拡大しつづける救済事業でも救済しきれない大量の失業者が存在し、事業への不満が噴出した。無産政党やその系列労働組合も、失業反対闘争に力を入れ、積極的に「登録労働者」を組織化し、さまざまな騒擾や陳情がおこった。その対策として、労働紹介所や、事業執行上の適正や公平を維持するための就労統制員が設置される。そのほかの制度改革や賃上げ、説明会、意見聴取などもおこなわれるが、「登録労働者」のさまざまな運動は一九三七年前後まで続く。また、「登録労働者」の中で多数をしめ、政策上重要な位置にあった在日朝鮮人については、一九三七年の京都府協和会設立後、軍需産業への労務動員計画の中に取り込まれ、軍需産業を中心に投入されることになった。

一九三七年の日中戦争全面化による軍需景気をうけて、京都市域にも軍需産業が勃興すると、失業者のうち肉体労働者は軍需産業に吸収され、一転して人手不足に陥った。西陣労働者を代表として、軍需産業に従事できない層も存在したが、何の対策もとられなかった。この時期に、失業救済事業は一般の仕事に従事できない人々の救済事業に変化した。そして「登録労働者」が激減し、事業自体が廃止される結果となったのである。

各時期における失業救済事業のあり方と、「登録労働者」や社会運動の動向は密接に関連していた。都市社会行政も、このような、クライエントや社会運動の動向を視野に入れなければ、政策形成が不可能だったことは、これまでの分析を通して明らかになった（第五章）。

第二部では、第一部の分析をふまえて、都市社会政策と社会的マイノリティの関係を、被差別部落や在日朝鮮人の動向を中心に明らかにした。

第六章では、一九二〇年代以降におこる被差別部落への在日朝鮮人の流入が、地域にどのような影響を与えたかを論じた。京都市社会行政は一九二九年の不良住宅地区調査において、被差別部落と朝鮮人集住地区をほぼ同一のものとしてとらえていたが、実態はそうではなく、認識と実態とに大きなズレがあった。しかし、その後の不良住宅地区調査や朝鮮人の調査においては、ほとんど調査対象地区が重なり合わず、朝鮮人問題と部落問題が、個別の政策課題として分化していったことが明らかになった。そして、このような地域認識と先行研究の成果から、京都市は直接的な朝鮮人に対する政策をほとんどおこなわず、部落問題を重視していたこと、朝鮮人問題については京都府が主導しておこなっていたことを確認した。

朝鮮人集住地区の分布と形成過程については、具体的事例として京都市の楽只地区と三条地区をとりあげた。不良住宅地区指定を受け、かつ被差別部落であり、在日朝鮮人の主要な集住地区の一つでもある楽只地区と、朝鮮人がほとんど流入しなかった三条地区を比較して、一九二七年から一九三八年の人口動態や職業構成を分析した。結果、両地区とも在日朝鮮人の流入とはほぼ無関係に、地域の主要産業の崩壊と余剰労働力の都市雑業への転化がみられ、楽只地区の場合は流入した在日朝鮮人がその都市雑業に従事した割合が高い。また不良住宅地区や朝鮮人集住地区では、一般地区とくらべて日本人と朝鮮人の賃金格差が少なかった。これはもともと賃金格差の少ない都市雑業がしめる割合が多いことによる。

一九三〇年代以降、在日朝鮮人の中にも家族を形成しているものが増え、「リーダー層」も立ち現れてくる。彼らは地域にそくした教育や生活の問題を朝鮮人自身で解決するために、学区会議員として立候補し、地域秩序に参入していこうとする。楽只地区においても、このような動きが顕著にみられたのである。

以上のように、不良住宅地区、被差別部落、在日朝鮮人集住地区の三つの性格をもつ京都市楽只地区を中心に、できるだけ周辺の状況を示しながら、一九二〇年代から一九三〇年代にいたる変容過程を論述した。わずか一〇年前後の間にもめまぐるしい動きがあり、特に在日朝鮮人の流入が地域にどのような影響を与えたかが明らかになった（第六章）。

第七章では、地域における在日朝鮮人の具体的な存在形態と、都市社会政策への関与について論じた。一九二〇年代初頭の京都市内における朝鮮人は、民族差別にさらされ、失業者も多数存在し、きわめて低い生活水準であった。また、京都市域の在日朝鮮人に対する救済活動はおこなわれていなかった。このような状況から、自主的な朝鮮人救済団体である「京都朝鮮人労働共済会」が、京都帝国大学などの朝鮮人留学生たちや朝鮮人キリスト者たちを母胎として生まれた。初代の会長には、特高の甲号要視察人で、朝鮮人キリスト者自身による礼拝を京都で初めて組織した李順鐸が就任した。しかし、徐々に内鮮融和団体としての性格を強めていき、「内鮮融和」を標榜する金公海が会長となる。この団体は日本聖公会主教や日本組合基督教会関係者の支援を受けていた。

金公海の「妻」である金朴春は、一九二一年九月、大阪朝日新聞社主催の第三回婦人会関西連合会（全関西婦人連合会の前身）大会に登場した。彼女は、朝鮮人女性の日本における教育機会の補償と、世界的な女性運動の展開を提起した。また彼女は、一九二二年一月に「朝鮮職業婦人救済会」を設立した。メディアでも彼女の活動は大いに宣伝された。彼女は基督教女子青年会による朝鮮人女性に対する事業にも関与していた。金公海も一九二一年九月「京都朝鮮人労働共済会」の会長となり、運営資金に行き詰りながらもさまざまな活動をおこなっていた。しかし、組織運営の困難や財政上の理由から、「京都朝鮮人労働共済会」はほどなく瓦解した。

金朴春の行動と思想は、在日朝鮮人女性に関する希少な事例として、大変興味深い。彼女は一九一七年ごろ、金公海とともに京都に来住し、西陣織の工場で働くうちに、日本社会での朝鮮人差別に直面する。しかし、基督教女子青年会の人々の援助を受け、大阪の紡績工場などへ出向いて講演するようになった。その後、先にあげた第三回婦人会関西連合会大会に出席して多くの日本人女性活動家たちと出会い、キリスト教関係の人々からも多大な援助を受けた。彼女はこの時期、朝鮮人救済事業を進める中で、「独立運動派」としてあつかわれたことへの反発を示している。また、日本の婦人団体が朝鮮人女性救済に消極的であることを批判している。さらに彼女は一九二二年一月、夫とともに大阪へ活動の基盤を移す。彼女は、植民地支配を肯定しつつも、植民地支配の矛盾や朝鮮人差別を指摘し、日本に住む朝鮮人が思想的に悪化するのは日本の下層社会の影響を受けてのことであると主張した。そして、朝鮮人の救済を積極的におこない、「内鮮融和」を進めることで、日本も日本人もよくなるのだという論理にもとづき、朝鮮人女性救済事業を進めようとした。だが、彼女は日本の下層社会に対する蔑視感があり、自分たちの活動が「独立運動派」との誤解を非常に受けやすいと認識していた。大阪に移住する際も、朝鮮人差別が原因で借家がみつからず、天満の女子青年会館の一室に移住している。しかし、大阪毎日新聞慈善団は彼女たちに寄付金を与え、市営住宅を借りさせ、事業開始を援助した。彼女は朝鮮人女性を「下層社会」に接触させず、「上流階級」に接触させるために、大阪で朝鮮人女性への「女中」紹介事業を開始したが、その実効性は明らかでない。

一方、「京都朝鮮人労働共済会」においては、内部の路線対立や「内鮮融和」を標榜する朝鮮人に対する在日朝鮮人社会の反発などにより金公海が排除され、金朴春・金公海の二人は京都における活動の基盤を失った。金朴春が立ちあげた「朝鮮職業婦人救済会」は、朝鮮人女性の身の上相談・職業紹介・教育慰安の活動をおこなっていた。朝鮮人キリスト者たちの関与もあり、朝鮮人女性紡績労働者を対象とする「慰安会」を大阪市市民館で開催するといった活発な活動もみせている。社会的反響もあったが、同年七月、金朴春は活動の無理がたたり、大阪市立産院で死去した。

その後も、全関西婦人連合会の大会に「第二の金朴春」を称する金梅子が出席し、朝鮮人問題に関する発言を続けた。尹慶玉のように、金朴春に影響されて大阪にくる女性も存在していた。また思想的にはまったく異なるが、元康和が演説会で登壇して、植民地支配や朝鮮人女性であるがゆえの差別や悲しみについて発言するなど、金朴春が朝鮮人女性たちに与えた影響は一定程度存在していた。しかし、婦人団体の代表者たちがとった態度は、あくまで植民地支配を肯定したうえでの「内鮮融和」にとどまり、義捐金を出すという程度の関与で、具体的な行動をともなうものではなかった。

だが、金公海の詐欺事件によって、「朝鮮職業婦人救済会」は解散することになった。しかし、金公海自身はその後も一九三〇年代初頭にいたるまで、大阪でさまざまな活動を続けている。彼が本当に詐欺事件に関与したのであれば、大阪の朝鮮人社会でその後の活動が可能であったとは考えにくく、事件そのものがフレームアップであった可能性が高い。これは在日朝鮮人による自主的救済事業に対する処遇の、一つの典型的な事例といえるだろう。

こうして、在日朝鮮人女性による在日朝鮮人女性のための自主的救済事業の試みは潰えた。金朴春の活動の軌跡は、「内鮮融和」を標榜して自主的な救済活動をおこなう在日朝鮮人女性の苦悩と葛藤について教えてくれる。日本社会の中で、植民地支配下のマイノリティとして、社会政策／社会福祉の「対象」とされながらも、「内鮮融和」を標榜し、朝鮮人女性救済事業を展開する彼／彼女らの活動は、各種団体から注目され、さまざまな援助をうけていた。しかし、その反面、彼／彼女らは、日本人からは「独立運動派」ではないかと疑惑の目を向けられ、在日朝鮮人からは救済団体を利用して、利益を得る裏切り者と憎悪される存在でもあった。彼／彼女らがさまざまな援助を受け続けるためには、植民地支配を肯定し、「独立運動」とは無関係であることを繰り返し、日本社会に対して示し続けなければならなかったのである。

金朴春は、植民地支配そのものは肯定していたが、植民地支配のあり方についてさまざまな批判をおこない、日本の下層社会に対しては差別意識をも内包していた。それは、帝国日本のマイノリティである朝鮮人として、容認されうるギリギリの訴えであった。植民地支配の力学や諸矛盾は彼／彼女らの発言や活動にも大きく影響していた。その活動は、ほかの在日朝鮮人女性にも一定の影響を与えた。金朴春は朝鮮人女性への職業紹介や社会事業を推進する目的をもち活動した「親日派新女性」であったと考えられるだろう。しかし、金朴春の死と金公海の逮捕により、「朝鮮職業婦人救済会」の活動は頓挫した。そして、一九二四年五月、大阪府内鮮協和会が設立され、行政主導の内鮮融和事業が本格的に始動していった。

金朴春・金公海の事例から、帝国日本のマイノリティであり、社会政策／社会福祉の「対象」とされた在日朝鮮人たちの自主的救済事業をめぐる苦悩や葛藤と社会政策／社会福祉との関係を、植民地支配の「圧力」を組み込んで明らかにすることができた（第七章）。

さらに第八章では、戦前期都市社会政策と内鮮融和団体との相互関係を検討し、都市社会政策におけるマイノリティの歴史的位置を明らかにした。京都市内における自主的な朝鮮人救済団体である「京都朝鮮人労働共済会」は、京都帝国大学などの朝鮮人留学生たちを母胎として生まれた。そして、徐々に内鮮融和団体としての性格を強めていく。そのリーダーであった金公海は、「妻」の金朴春とともに、植民地支配の矛盾や朝鮮人差別を指摘し、朝鮮人が日本に移住せざるえなくなり、日本の下層社会の影響が受けるがゆえに、日本に住む朝鮮人が思想的に悪化すると主張した。そして、朝鮮人の救済を積極的におこない、「内鮮融和」を進めることで、日本も日本人もよくなるのだという論理を持ち、朝鮮人救済事業を進めようとしたのである。

しかし、組織運営や財政上の困難から、「京都朝鮮人労働共済会」は瓦解した。その後、新たなメンバーの努力によって後身の組織である「朝鮮人協助会」が結成され、安定した朝鮮人救済事業の運営のため、京都府や京都市の援助を得ようとしたが、この組織も財政上の理由から維持できず解散してしまった。その後、ようやく朝鮮人救済事業の必要を感じた府・市社会行政や、朝鮮人を治安対策の対象としていた京都府警などが動きはじめ、東本願寺連枝である大谷瑩韶などの民間人も関与し、京都協助会が設立される。

ところが、朝鮮人救済事業の受け皿となるべく設立された京都協助会も、疑獄事件によって運営困難になった。朝鮮人たちは、日本人による運営責任を厳しく批判し、再び朝鮮人自身による自主的運営をおこなうことを決定した。しかし京都協助会の運営は資金難などの理由で行きづまり、拠点である協助会館も全焼し、事実上活動の継続が不可能になるという過程をたどった。その後、新たな組織を立ち上げて、再び会館を造ろうという活動もあった。しかし、一九三六年一一月に京都府協和会が設立されると、自主的な朝鮮人救済事業を担った人々の一部は、戦時下において朝鮮人の自主的な活動ができなくなってきた中で、生活改善や差別撤廃を実現するため、協和会の幹部になっていった。このようなあり方は、京都だけの特殊な事例ではなく、ほかの地域の内鮮融和団体のあり方にも共通する、植民地支配下での諸矛盾の結果である。

植民地支配の矛盾にさらされながらも、朝鮮人は単なる救済事業の受益者や協力者という存在ではなかった。さまざまな都市社会行政や団体と交渉しながら、主体的にみずからの生活改善や、朝鮮人自身の救済活動をおこなおうとした活動のありようが明らかになった。また都市社会政策／社会福祉史研究の観点からも、朝鮮人自身による朝鮮人救済事業の形成と崩壊を明らかにできた。そして、社会政策史研究／社会福祉史研究に対しては、マイノリティを組み込んで分析することの必要性を、改めて提起した（第八章）。

続く第九章では都市社会政策の再編成と市政・地域社会との相互関係について、一九二〇年代から四〇年代における京都市崇仁学区の社会事業運営と地域社会との関係を中心に明らかにした。フィールドとした京都市崇仁学区は、当該期には京都市最大の「不良住宅地区」であった。崇仁学区の貧困者の比率は京都市内随一で、京都市も託児所・職業紹介所などさまざまな社会事業施設を配備して地区改良事業を重点的におこなっていた。また、学区内には部落改善運動や融和運動の系譜もあり、地域の自主的な運営組織が強固に存在していた。しかし東七条水平社などの運動が勃興すると、既存の社会事業行政や地域社会秩序ではこれを抑止できず、新たな事業や対策が必要とされた。京都市社会事業行政は一九二〇年代後半から三〇年代にかけて都市社会事業の拡充を図るが、行政職員の専門性が低いこと、都市社会事業施設の設置が被差別部落に限定されていること、社会事業関係予算が少ないこと、京都府・市の社会事業の連携が不十分なことなど、さまざまな問題が指摘されていた。

この頃、京都市は託児所を地方改善事業の拠点施設と位置づけていた。しかしその運営には問題も多く、利用料が高いことや、利用者の中に貧困家庭以外の児童が含まれることなどが批判されていた。特に崇仁託児所は受持地域が広いうえ、収容人数もほかの託児所の二倍以上あったためなおさら利用者が増加し、入所希望者を収容しきれない状態であった。一九三〇年代には、地方改善事業に限定されている託児所の運用を改めて批判し、労働者保護事業としての政策転換を迫る動きがあり、市会内外で託児所運営への批判が高まった。実際に京都市は貧困家庭以外の児童が託児所に収容されていることを認めていた。また、一九二七年に開館した崇仁隣保館は、地域改善事業の総合的施設として位置づけられた。ただし、その事業内容は中産階級以上を対象とした教化事業が主であり、施設の充実が必ずしも活発な都市社会事業につながるとはいえず、運営の再検討を迫られることになった。託児所や隣保館は地域に受容され利用されていたものの、そこにはさまざまな矛盾が存在していたのである。

一方、崇仁学区では一九二七年に「東七条町政革新同盟」が学区会議員の不正を追及したことをうけ、有産者中心の学区運営・地域社会秩序に対する反発と挑戦が強まり、無産政党や水平社出身の市会議員、学区会議員が進出した。一九三〇年代になると東七条水平社を中心に、旧来の地域社会秩序に対する挑戦者たちが一定の力をもち、運動を組織化していった。こうした動向は、既存の社会事業や地域社会秩序による抑止効果が機能しなくなった結果、一挙に爆発したものといえる。

一九三〇年代の後半、一九三六年四月には託児所・家事見習所が隣保館に統合されて、地方改善事業の統合機関と位置づけられた。翌年四月には、従来のさまざまな組織の事業を統一的におこなうための組織として崇仁学区に崇仁会が設立されるなど、崇仁学区の地域社会秩序の再編が進んだ。同時期に地域有力者層の世代交代も起こった。そして、菱野貞次が学区会議員に当選するなど、かつて地域社会秩序への挑戦者であった層が地域運営に関与する事態へといたった。

一九四一年には京都市でも学区制度が廃止された。かつて筆者は、京都市の被差別部落すべての地域組織を統合して戦時期に組織された京都市厚生報国会が、戦後京都市自治会連合会へと再編成される過程を示した。こうして、戦時期に成立した都市社会政策と地域自治組織の関係が戦後へとつながっていったのである。

以上、地域の政治的動向や地域社会、クライエントの反応を組み込んで京都市崇仁学区の社会事業運営を分析した結果、一つの地域の社会事業の運営実態においても、さまざまなアクターを無視しえないことが明らかになった。このことから、地域社会やクライエントに内在した動向を組み込んだ分析手法による社会政策史／社会福祉史研究が必要になることを改めて示した（第九章）。

第一〇章では、被差別部落に対する不良住宅地区改良事業について論じた。まず、戦前期に京都市社会課によって計画された「京都市不良住宅地区改良事業計画」を事例として、京都市最大の社会政策と位置づけられた「事業計画」が次第に部落改善事業へと変質していく経過から、戦前期都市社会政策・社会事業と融和事業の関係、またそれらの形成過程を明らかにした。

もともと一般の都市社会政策として構想された「事業計画」であったが、京都市においては、内務省社会局による地区指定の当初案がすべて被差別部落であり、京都市も同様に被差別部落に対する不良住宅地区指定を希望していた。

都市計画事業や土地区画整理事業が進展する中で、被差別部落は排除され、ますます存在が目立つようになっていった。また事前の入念な調査によって、京都市は市内の都市貧困層や不良住宅地区の問題が被差別部落と事実上つながっていると認識していた。地域実態の正確な把握は、「事業計画」策定の基礎資料となり、地域環境と住民の生活改善が計画の主眼とされたのである。

そして、京都市は既存の制度を自在に運用することで不良住宅地区改良法の欠点を補い、地域実態に即した計画を策定したのである。ただし、それはあくまで一般の都市社会政策の一環であり、融和事業ではなかった。戦時期に水平運動や地域住民組織と利害が一致し、事業推進のために戦時融和事業体制を利用した結果、次第に融和事業化していったといえるだろう。

一九三八年二月二六日には、内務省に各都市の関係者を集めて都市融和事業協議会がおこなわれた。その際、被差別部落の環境整備について議論が交わされ、三つの課題が指摘された。それは第一に、不良住宅地区改良法を被差別部落に適用すれば、現地再居住主義と鉄筋コンクリートの中層建築を採用することになり、問題が生じる可能性があること。第二に、被差別部落には朝鮮人や外部からの流入者が多数おり、融和事業としての純粋性がはかれないこと。第三に、不良住宅地区改良法が六大都市にしか適用されていないため、同じように被差別部落の不良住宅地区が存在している広島市、福岡市などにも早急に適用する必要があるということであった。

京都市は「事業計画」の中で、地区の視覚的固定化を避けるために木造住宅を連接するなど配慮し、他都市の木造住宅の基準調査もおこなっていた。しかし、地区の中に朝鮮人や外部からの流入者が多い京都市の状況では、このような指摘を待つまでもなく、被差別部落対象の融和事業としての純粋性を保つことには無理があった。

このように京都市の「事業計画」は、一般的な都市社会政策ではなく被差別部落改善のための融和事業として、不良住宅地区改良事業を適用することの先駆となった。しかし、戦時下における物資不足などから、最終的には不良住宅地区改良法の適用をあきらめ地区整理事業のみ実施することになり、さらに防空用地を造成するための立ち退き推進事業へと様変わりした。そして、さまざまな問題はすべて戦後の不良住宅地区改良事業へと持ち越されることになった（第一〇章）。

最後の第一一章では、一九四〇〜六〇年代初頭にかけての、京都市社会事業行政と京都市内の不良住宅地区における地域住民組織との関係を論じた。戦時期の京都市厚生報国会は隣保館を拠点とし、京都市社会事業行政と協力して戦時都市社会政策を補完する役割を果たしていた。戦後の都市社会政策体制も、政策推進のために戦時期と同様の構造を必要とし、再び京都市社会行政の主導で組織化を図った。「八大不良住宅地区」＝「被差別部落」独自事業の受け皿となる団体が各地区で組織されたのである。戦時期の京都市厚生報国会は京都市と協調して不良住宅地区改良事業や融和事業をおこなったが、事業が失敗に終わったことで、報国会を基盤とした活動家たちは地域住民の支持を失い、戦後、役員公選制をとり結成された地域自治会では影響力をもたなかった。そのため、戦時と戦後の地域住民組織の担い手には大きな変化があった。朝田善之助などを中心とする京都府連も大衆的な基盤を得られず、組織的な活動ができなかったうえ、京都市側も戦後は朝田を冷遇した。京都府連が地区内で影響力をおよぼすには、自治会での支持が不可欠であり、京都府連支部はまず自治会の主導権を握るために活動しはじめた。

オールロマンス行政闘争のあとには、地域自治会中心に事業や交渉を進めてきた京都市に対する明確な批判が公然とおこなわれた。京都府連は養正（田中）地区を中心に、一部で勢力をもっているにすぎなかったが、このとき、旧来の地域自治会と京都市行政という伝達機構のほかに、行政と運動団体の直接交渉という回路がはじめて成立し、以降運動団体はさまざまな要求をおこなえるようになった。オールロマンス行政闘争を画期として、同和事業をめぐる京都市と京都府連のあらたな関係が形成されたのである。その後、京都府連を中心とする地域自治会民主化闘争がおこった。一九六〇年三月、養正地区の自治会役員選挙で当選者の過半数を京都府連田中（養正）支部推薦者がしめたことをきっかけに事態は紛糾し、ついに地域自治会が消滅するという結末にいたった。その過程で自治会の影響力は低下していったのである。そして養正隣保館横の田中親友夜学校が不良住宅地区改良法にともなう住宅建設のため京都市に買収され、有力者が金銭を受けとった問題を契機に、地域自治会は消滅し、京都府連が地区の主導権を掌握した。

戦時と戦後の地域住民組織と京都市行政との密接な関係は、一見すると連続しているようにみえる。しかし、その内実は地域住民組織のあり方とともに変化しており、雨宮昭一のいうところの「社会的マイノリティ」においても、単純に戦時期の運動や組織が戦後に連続しているとはいえない。むしろ戦後になって戦時期の都市社会政策の構造を復活させようとした京都市行政の働きかけから、「八大不良住宅地区」の地域住民組織の再編成がはじまったという側面を重視するべきだろう。そして自治会が徐々に地域住民の支持を失う過程で、地域自治会と運動団体が主導権を奪い合うようになった。差別撤廃と生活改善などの要求に地域自治会は充分に応えることができず、それに代わり部落解放運動が地域住民の支持を集める結果にいたった事実から、戦後の都市社会政策への展望を示した（第一二章）。

二　本書の意義と課題

本書は近現代都市における都市社会政策と社会的マイノリティの相互関係について、都市社会政策／社会福祉政策が地域の人々にどのように受け止められたか、またその政策の変容過程はどのようなものだったかということを中心に明らかにしてきた。その際、都市社会政策の散布や運営がおこなわれてきた地域社会、およびその主要アクターの主体的な行為や活動の相互関係を重視した。このような分析は、近代都市社会政策史研究でははじめてのものであり、大きな意義があるだろう。

すでにのべたように、一九二〇年代以降の都市社会政策が、国の社会政策にくらべて先進的な施策をおこなっていることを先行研究は明らかにしている。しかし私は、従来の研究ではおこなわれなかった一般の都市社会政策と、被差別部落対象の融和政策、在日朝鮮人に対しての内鮮融和政策の関係構造を分析することで、地域社会の都市社会政策による変化を析出した。そして労働運動や水平運動、在日朝鮮人運動といった社会運動の影響や、融和団体、内鮮融和団体への地域社会の「リーダー層」の参加など、政策と運動の相互作用によって、一九二〇〜六〇年代にいたるまで、政策自体が変容していくことを指摘した。

では、本書は研究史に対しどのような問題提起をおこなったのだろうか。

第一に近現代都市史研究に対しては、行政・市会・運動・事業の受益者など、さまざまな「主体」の相互作用による政策形成過程を重視して分析することで、統合的な視点が強調された都市社会政策像を克服し得たと考える。従来の近代都市史研究が述べているように、「都市専門官僚」が、都市社会政策を通じて、市会・民衆・「都市下層社会」を一方的に統合するというものではない。行政は、その受益者や社会運動の動向を視野に入れなければ、政策形成をおこなうことができなかった。このような形で政策形成がおこなわれたからこそ、米騒動以降、散発的なものを除いて、大規模な民衆騒擾を抑止できたのである。これまでの統合的な都市社会政策史像は、修正されなければならない。

第二に社会政策史・社会福祉史研究に対しては、マイノリティの存在をつねに組み込んでいくことの重要性を提起し得た。本書で論じた一九二〇～六〇年にいたるすべての事例において、被差別部落・在日朝鮮人などの問題が、都市全体の社会政策形成を大きく規定している。被差別部落史や女性・ジェンダー史、在日朝鮮人史の成果を援用することなしに、今後の都市社会政策史／社会福祉史は構築しえない。本書の成果によって、マイノリティの動向をほとんど無視した社会政策史・社会福祉史研究の枠組みを変えることができたと考える。また現代の都市社会政策を構築するうえでも、マイノリティの存在を重視しながら施策をおこなうことで、さらなる政策効果を得ることができるだろう。

第三にマイノリティ研究、社会運動史研究に対しては、ゆらぎやゆがみを組み込んで政策形成過程を明らかにしていく方法論を提起した。マイノリティがおこなう社会運動内にも、運動の主体となるマイノリティ間にも、つねに社会的差別や矛盾が存在する。このような要素を積極的に取り込んで分析することで、従来のマイノリティを分類して分析する方法では、マイノリティ内の階層格差やジェンダー秩序、社会的差別の問題を串刺しにしてとらえられないと示すことができた。

以上三点が本書によって得られた成果と考える。

残された課題は、第一に、一九二〇年代後半以降の方面委員制度の具体的機能や展開をわずかしか明らかにしていないことである。すでにのべたように、方面委員制度については、分析の大半を先行研究に依拠した。本書は京都市社会事業行政に分析対象を集中したため、京都府が主管する方面委員制度の分析・検討は京都市に直接関係する範囲にとどまっている。今後本格的な分析が必要であろう。

第二に、戦時期の軍事援護事業における社会的マイノリティの関与やありようである。被差別部落出身兵士、在日朝鮮人兵士やその遺家族に対する軍事援護事業の展開については、管見の限り研究がほとんど存在しない。また、京都市をフィールドにした軍事援護事業の本格的な研究も存在しないため、基礎的な事実の発掘や整理が必要とされる段階である。

第三に、対象とする年代の問題がある。本書はこれまで、一九一〇年代の都市社会政策の本格的な成立から、戦時期にいたるまでを中心に分析してきた。今後は本書と同様の方法や分析視角で、明治維新期から一九一〇年代、そして戦後から現在にいたるまでの都市社会政策史／社会福祉史研究を推進する必要があるだろう。少なくとも近代都市京都における社会政策／社会福祉の歴史的展開を、明治維新から現在にいたる通史として描ききることを今後の課題としたい。

あとがき

本書を編むのも一つの長い旅であった。私は卒業論文から京都をフィールドとして都市社会政策／社会福祉史研究をおこなってきた。本書の素材となった論攷も一九九八年から二〇一四年に及んでいる。自分でも成果の貧しさには驚くばかりである。

初出は以下のとおりである。

序　章「日本近代都市社会政策と「下層社会」研究の再構成――不良住宅地区・被差別部落・在日朝鮮人――」（京都民科歴史部会『新しい歴史学のために』二五六号、二〇〇五年一月）。

第一部　都市社会行政の形成と展開

第一章「日本近代都市社会事業行政の成立――京都市社会課を中心として――」（大阪大学文学会『待兼山論叢』史学編三七号、二〇〇三年一二月）。

第二章「府県社会事業行政における都市社会事業の構造と展開――京都府・京都市社会事業行政と財団法人京都共済会の関係構造をめぐって――」（世界人権問題研究センター『研究紀要』一〇号、二〇〇五年三月)。

第三章　「一九二〇―三〇年代の都市社会事業運営と市政――京都市児童院をめぐる「格差」と都市社会――」(京都民科歴史部会『新しい歴史学のために』二六四号、二〇〇七年四月)。

第四章　「戦前期都市社会調査における調査活動と社会事業行政職員――京都市社会課調査を事例に――」(法政大学大原社会問題研究所『大原社会問題研究所雑誌』五九一号、二〇〇八年二月)。

第五章　「一九二〇―三〇年代の失業救済事業の地域的展開と「登録労働者」――京都市失業救済事業を事例に――」(近現代史研究会『年報近現代史研究』四号、二〇一二年三月)。

第二部　都市社会政策と社会的マイノリティ

第六章　「戦前期「不良住宅地区」の変容過程――不良住宅地区・被差別部落・在日朝鮮人――」(部落解放・人権研究所『部落解放研究』一三六号・一三七号、二〇〇〇年一〇・一二月)。

第七章　新　稿

第八章　「戦前期都市社会政策と内鮮融和団体の形成と崩壊――京都市における内鮮融和団体を事例として――」(歴史科学協議会『歴史評論』七一二号、二〇〇九年八月)。

第九章　「都市社会政策の再編成と市政・地域社会——一九二〇—三〇年代の京都市崇仁学区における社会事業運営を中心に——」（同志社大学人文科学研究所『社会科学』四三巻三号、二〇一三年一一月）。

第一〇章　「戦前期都市社会政策の形成過程——京都市不良住宅地区改良事業計画を中心に——」（部落問題研究所『部落問題研究』一四五輯、一九九八年一二月）。

第一一章　「一九四〇—六〇年代の都市社会政策と地域住民組織——京都市社会行政と「不良住宅地区」対策をめぐって——」（歴史学研究会『歴史学研究』八二四号、二〇〇七年二月）。

終　章　新　稿

いずれも大幅な加筆修正をおこなっている。本書は二〇一五年二月現在の私の見解であるので、今後は本書の内容を参照されるようにお願いしたい。

幼少の頃から、演劇と詩と文学、そして歴史に強く興味をもっていた私は、一年中、演劇、詩、文学、歴史にとりくみつつ、学校の文化祭全体の裏方稼業にあけくれるという日々を送っていた。私はとにかく「何か」を無性に創りたかったのだった。そんな私が学校の勉強に興味をもつはずもなく、他に大学でやりたいこともないという全くの消去法で歴史学を専攻することとした。なんと当時はテレビや小説にもろに影響を受け、シルクロードの考古学をやりたかったのだから、本書の内容との違いに自分でも驚かされる。

一九九四年四月に進学した大学では、これまた勉強はせず、あいかわらず自分の衝動に忠実に、学園祭や展示即売会などの裏方稼業にあけくれていた。そのかたわら、郷里の広島県ではほとんど存在しなかったため、長年憧れていた小演劇や詩の朗読会などにできる限り通いつめ、自分なりに充実した日々を過ごしていた。

やっと学問への興味が芽生えるのは、大学二回生の春である。私は当時、シルクロードから大きく方向転換し、宮本常一などを代表とする民俗誌やシカゴ社会学のモノグラフに魅了されていた。そして、私は無性に「フィールドワーク」なるものをやりたくてたまらなくなり、友人とともに民俗学研究会に入会した。私の期待通り、研究会では長期にわたる合同合宿調査を定期的に行っており、フィールドワークや聞き取りの作法をおおいに学ぶことができた。研究会にはさまざまな興味関心を持った人々がいた。そこでどうやら、自分は民俗学には興味がほとんどないということに気づいてしまった。私は「近代社会」そのものの歴史と構造に興味を持っていたのである。そこで、再び方向転換し、日本近現代史を専門とすることとなった。

なぜ、私が本書のような研究テーマを選んだのかは、すでに書いたことがある。その葛藤については、拙稿「近代日本社会と差別をめぐる研究動向」(『部落問題研究』一五八輯、二〇〇一年)を参照してほしい。私は卒業論文で明治前期の芸能興行をやろうか、戦前期の都市社会政策で書こうか迷っていた。芸能興行は私自身が演劇をかじっていたということで大変関心があった。都市社会政策というテーマは大学のサークルでの村落調査を通じて、調査自体のおもしろさに魅了されており、社会調査を使っての研究にも興味があったため、どちらにしようか悩んでいた。結局その時は社会問題的な関心が勝って、都市社会政策をテーマにすると決めた。私は近現代芸能史の研究者になる可能性もあった。だが、近代都市社会政策/社会福祉史研究をテーマとする研究者となることを選択したのである。

本書を刊行するまでの間、多くの方々にお世話になった。

まず、原田敬一先生の存在が大きい。先生はまったく私を自由に研究させてくださった。先生から研究テーマや内容、どの学会・研究会に出入りするかなどについて、制約を受けたことはただ一度もない。また、座談の名手である先生にはいろいろなことを教えていただいた。その中で最も強調されたことは、自分だけのオリジナルな研究テーマを見つけ、追求し、「師匠殺し」をせよと言うことであった。近代都市史研究や軍隊の社会史のパイオニアである先生の背中を見つつ、私なりのオリジナルな研究テーマでの「師匠殺し」を目指してきたつもりである。本書についても、先生が『日本近代都市史研究』を出版された思文閣出版に紹介してくださった。

猪飼隆明先生には、大学院演習で鍛えられた。演習は、明治前期の史料を精読にもとづき、史料の一語、一語からできるだけの情報を引き出し、さまざまな史料と比較検討しつつ、議論するというものだった。議論は時に三時間を超えることもあり、大変勉強になった。ゼミの後、ほぼ毎回開かれた先生との酒席での議論や座談も含蓄深く、楽しみであった。現在、一九世紀を対象とする社会政策／社会福祉史研究を開始している私の血となり、肉となっていることを実感している。猪飼先生も、まったく自由に研究をさせていただいた。先生は懐が非常に深く、さまざまなタイプの学生・院生が先生のもとでいきいきと活動していた。それをあたたかく見守る先生の姿が忘れられない。私は学生・院生の自主性を重んじる両先生のもとで学ぶことができ、大変幸せであった。

飯塚一幸先生には、猪飼先生の御退職後、いまだ博士論文を出せていなかった私にご配慮いただき、博士論文の審査をお引き受けいただいた。副査は平雅行・村田路人の両先生にしていただいた。その後、飯塚先生はお会いするたびに、博士論文を著書にすることを求めてくださった。先生の叱咤激励に応え、博士論文を大幅に増補したうえ、加筆修正して、仕上がったのが本書である。

須崎愼一先生には、その名人芸というべき講義や史料講読で、私が日本現代史を学ぼうとするきっかけを作っていただいた。講義では『信州郷軍』や「森本州平日記」との出会い、古思了氏との邂逅など、後に『日本ファシズムとその時代』(大月書店、一九九八年)にまとめられる内容を話されていた。そこでは様々な人や史料との出会いがドラマチックに語られ、地道な史料調査やフィールドワーク・ヒアリング調査こそが新しい歴史像を構築しうるという熱気が生来愚鈍な私にも強く伝わった。たちまち魅了され、すでに単位を取得して、それ以上とっても卒業単位にもならないのに、先生の開講されている授業を毎年、全部履修した。史料購読は「古家実三日記」であり、なれない崩し字に四苦八苦したことも昨日のことのように思い出される。

青山忠正先生には、その切れ味するどい論理から繰り出される講義や史料講読に圧倒させられた。また、政治家が所蔵していた書簡集の史料集編纂にご一緒させていただいたことがあるが、その史料読解力の凄まじさには、ご一緒されていた佐々木克先生の史料読解力ともども驚嘆させられた。先生の講義や著作のシャープさに及ぶべくもないが、本書が少しでも先生の著作に近づいていることを願っている。

八木透先生には、民俗学研究会の顧問としてお世話になった。私は史料の徹底した収集と精読、そして比較検討による文献史学の実証力を信頼している。しかし、先生は文献史料だけでは、決してわからないことが数多くあるということを教えてくださった。私が、文献史料の徹底した収集や精読・比較検討とともに、地図をもってのフィールドワークや関係者のヒアリング調査を同時並行でおこなうようになったのは、先生のおかげである。それによって、多くの基礎的な誤りや勘違いを修正することができ、文献史料の解釈もより深めることができた。

本書の史料については、第三章は平野貴子、第七章、第八章は塚崎昌之、高野昭雄、水野直樹、宮本正明のみなさんに史料や研究のご教示、ご提供をいただいた。また、本書の歴史叙述が可能となったのは、部落問題関係史料が豊富に発掘され、研究目的なら誰でも利用が可能な環境と実証的な多くの研究蓄積のある稀有な地域である京都をフィールドとしたことによる。京都地域においては部落問題研究所・京都部落問題研究資料センター(旧京都部落史研究所)の長年の研究・史料調査活動の成果である史料が整理され、学術研究目的ならば大半の史料が閲覧・利用できる環境にある。したがって、京都地域における近現代「部落史」研究は、現在の所、ほとんど原史料にあたって検証することができる。他の研究分野ではごくあたりまえのことだが、近現代「部落史」研究においては、稀有な史料利用・研究環境がなければ、本書は生まれえなかった。ヒアリング調査に協力していただいた方々にもお礼申し上げたい。あまりにも数多いため、遺漏を恐れ、お名前をあげることは控えさせていただくが、みなさんのご協力がなければ、本書は多くの誤りをおかしていただろう。そして、全国各地の二三か所の史料保存・公開機関、図書館のみなさんのおかげで、本書は成りたっている。

また、自治体史編纂室や資料館・博物館などでの調査経験なしに本書は編めていない。私は学部三回生から、民俗調査、金石文調査、古文書調査、社会調査や本の編集にいたるまで、さまざまな調査に携わることができた。私の大学院の進学資金や現在にいたるまでの日常生活は、まったくこれらの調査でいただく賃金でまかなわれている。まさに私の研究生活の根幹であった。合宿調査なども含めれば、一二か所もの自治体史編纂室、博物館・資料館・研究機関などでお世話になった。そして、中世から現在におよぶ多様な史料を調査することができ、視野が飛躍的に広がった。これらの調査を通じて、歴史学研究者としてのもっとも大事な基礎的な力を養うことができた。その中で反面教師も含めて、史料の保存や公開、地域史に関わる研究倫理などを学ぶこともできた。これらの調査に携わることができたことは、私にとって大きな財産である。

大学・短大の非常勤講師をご紹介いただき、教える機会を与えていただいたのもありがたかった。伊藤悦子さんには京都工芸繊維大学工芸科学部、原田敬一先生には佛教大学社会福祉学部・社会学部・通信教育部、加藤博史さんには龍谷大学短期大学部、田中聡さんには立命館大学経済学部の非常勤講師をお世話いただいた。わたしの拙い講義を聴いていただき、さまざまな感想や疑問を寄せてくれる学生さんたちにもお礼を申し上げる。特に京都工芸繊維大学工芸科学部と佛教大学社会福祉学部・社会学部ではフィールドワークも行うことができ、毎回、新鮮な気持ちで臨んでいる。

　秋定嘉和さん、庄司俊作さん、田中聡さんには、共同研究にお誘いいただき、さまざまな経験や発表機会をいただいた。

　学会・研究会などでは出身大学・年齢を問わず多くの研究仲間・友人ができ、大変刺激になった。これまで、部落問題研究所歴史部会、大阪歴史学会近代史部会、世界人権問題研究センター第二部近現代班、同第三部、日本史研究会近現代史部会、歴史学研究会近代史部会、大阪歴史科学協議会帝国主義研究部会、京都民科歴史部会、部落解放・人権研究所、朝鮮史研究会関西部会、社会事業史学会、在日朝鮮人運動史研究会関西部会、近現代史研究会、関西社会事業思想史研究会、東海ジェンダー研究所、同志社大学人文科学研究所、佛教大学総合研究所、立命館大学人文科学研究所などの学会、研究会、研究機関で報告させていただき、ご助言やご批判をいただくことができた。そして、手弁当で続けてきたいくつかのささやかな研究会・読書会を共に運営してくれている仲間たちにもお礼を言いたい。

　また、日本史研究会・京都民科歴史部会の委員を合計八年間つとめたことは、研究の視野を広げ、多くの友人をえることができた。このような学会・研究会・研究機関の共同研究の場でお世話になった方々はあまりに多いので、遺漏を恐れて、お名前を記すことは控えたい。ただし、本書の出版は、すでに単著のある河西秀哉、櫻澤誠、冨永望、福家崇洋、安岡健一のみなさんのアドバイスやご助力がなければ不可能であった。

　大学・大学院を通じて、多くの先輩・同級生・後輩のお世話になった。これも、あまりに数が多すぎるので、遺漏を恐れて、お名前を記すことは控えたい。ただ、お一人だけ、お名前をあげさせていただきたいのは、松延眞介さんである。現在、司法書士として活躍されている松延さんには、多くのことを教えていただいた。私は先生に大変恵まれていた。しかし、やはり大学や大学院の力量は学生や院生の力によるところが非常に大きい。松延さんにさまざまな基礎的な研究の手ほどきや私の幼稚な議論の相手をしていただけなければ、私はとても研究者にはなれなかったろう。また洒脱な人柄で多くの人脈を築いていた松延さんとともに、多くの学会・研究会に参加させていただくことで、私はなんとか鍛えられ、研究を続けることができた。自分も誰かにとっての松延さんのような存在でありたいとつねに願っている。

本書の校正や索引作成などは、青谷美羽、佐々木拓哉、成島友美のみなさんにお手伝いいただいた。本書がかなり読みやすくなり、かつ誤りが少なくなったのは、お三方のおかげである。面倒な仕事をお引き受けいただいたご厚情に感謝したい。当然、本書に関するすべての責任は私にある。カバー写真については、平野貴子さんにご助力をいただいた。

思文閣出版の原宏一さん、三浦泰保さんには大変心配をおかけした。本書が出版されるのも、お二人の絶妙な督促と導きのおかげである。特に本書を直接担当された三浦さんの厳密な編集によって、完成度を高めていただいた。

このように、一人一人のお名前を思い出していると、数えきれない方々の名前があがってしまう。本書は私の作品でもあるが、私の研究にご助力いただいた方々なしでは成り立ちえないことが実感できる。

本書は、科学研究費補助金（特別研究員奨励費）「日本近代都市における社会的差別形成過程とその政策的対応に関する研究」、科学研究費補助金（若手研究Ｂ）「一九四〇―七〇年代の失業対策事業と失対労働者に関する基礎的研究」の研究成果の一部である。

なお、本書の出版にあたっては、平成二六年度科学研究費補助金（研究成果公開促進費）による助成をうけた。

今後は、研究を続けることが許されるなら、本書への批判に応えつつ、第一に一九世紀、そして戦後から現在にいたる社会政策／社会福祉史研究に、今後も取り組んでいきたい。第二に私にとって最も重要な研究テーマの一つである近代天皇制と社会政策／社会福祉史研究にもチャレンジしたい。第三に近現代日本における演劇と社会の関係についての研究にも着手したい。

最後に、家族や親族、そして、京都のさまざまな場所をともにあゆんでくれたあなたへの謝辞は、含羞のため、直接申しのべることを読者諸賢にお許しいただきたい。

二〇一五年一月　逃現郷にて、ルフナとともに

杉本弘幸

◎著者略歴◎

杉本　弘幸（すぎもと　ひろゆき）

1975年12月広島県福山市生.
大阪大学大学院文学研究科博士後期課程修了，博士（文学・大阪大学）.
日本学術振興会特別研究員，龍谷大学非常勤講師を経て，現在，京都工芸繊維大学・佛教大学・立命館大学非常勤講師.

〔主要業績〕

- 「1940-60年代の都市社会政策と地域住民組織——京都市社会行政と「不良住宅地区」対策をめぐって——」（『歴史学研究』824号，2007年）
- 「戦前期都市社会調査における調査活動と社会事業行政職員——京都市社会課調査を事例に——」（『大原社会問題研究所雑誌』591号，2008年）
- 「1950年代「京都」における失業対策事業・女性失対労働者・被差別部落——戦後都市社会政策とマイノリティをめぐって——」（『日本史研究』547号，2008年）
- 「戦前期都市社会政策と内鮮融和団体の形成と崩壊——京都市における内鮮融和団体を事例として——」（『歴史評論』712号，2009年）
- 「1920-30年代の失業救済事業の地域的展開と「登録労働者」——京都市失業救済事業を事例に——」（『年報近現代史研究』 4 号，2012年）

近代《きんだい》日本《にほん》の都市《とし》社会政策《しゃかいせいさく》とマイノリティ
——歴史《れきし》都市《とし》の社会史《しゃかいし》——

2015（平成27）年 2 月28日発行

定価：本体7,200円（税別）

著　者　杉本弘幸
発行者　田中　大
発行所　株式会社　思文閣出版
〒605-0089 京都市東山区元町355
電話 075-751-1781（代表）

印　刷
製　本　亜細亜印刷株式会社

©H. Sugimoto

ISBN978-4-7842-1789-2　C3036

索　引

【事項】

あ

か

た

な

は

ま

【人名】